国家教师资格考试

专用教材

保教知识与能力

朗阁考试研究中心
海伦教师之家　编著

内容提要

本书是为幼儿园教师资格申请者编写的笔试用书，根据《中小学和幼儿园教师资格考试标准及大纲（试行）》和《〈保教知识与能力〉考试大纲》，全面解读考核知识点，以考核模块为单位进行编写，全书分为学前儿童发展、学前教育的基本原理、生活指导、环境创设、游戏活动的指导、教育活动的组织与实施、幼儿园教育评价七章。每章由知识要点梳理、章末小结、经典真题解析、单元自测四部分组成。

本书可供参加幼儿园教师资格考试的考生使用。

图书在版编目（CIP）数据

保教知识与能力. 幼儿园 / 朗阁考试研究中心，海伦教师之家编著. —上海：上海交通大学出版社，2020
国家教师资格考试专用教材
ISBN 978-7-313-22517-7

Ⅰ.①保… Ⅱ.①朗… ②海… Ⅲ.①学前教育—幼教人员—资格考试—教材 Ⅳ.①G61

中国版本图书馆CIP数据核字（2019）第250444号

保教知识与能力（幼儿园）
BAOJIAO ZHISHI YU NENGLI（YOU'ERYUAN）

编　　著：朗阁考试研究中心　海伦教师之家
出版发行：上海交通大学出版社　　地　　址：上海市番禺路951号
邮政编码：200030　　电　　话：021-64071208
印　　制：常熟市文化印刷有限公司　　经　　销：全国新华书店
开　　本：889 mm × 1194 mm　1/16　　印　　张：19
字　　数：465千字
版　　次：2020年3月第1版　　印　　次：2020年3月第1次印刷
书　　号：ISBN 978-7-313-22517-7
定　　价：55.00元

编　委　会

主　编

王海伦

策　划

刘　跃　王赫男

编委会成员

（按姓氏笔画排序）

王海鸥　申菲菲　陈　莹　莫彦旻

钱晓珺　倪雯静　曹佳凌

前言

自2011年起，我国开始实行由国家统一命题的教师资格国家标准化考试，到2019年，除了新疆、内蒙古、西藏三个地区外其他省份全部纳入了教师资格证统考，由教育部考试中心出题，地方教育考试院主考，主要针对师范专业和非师范专业需要考取教师资格证的考生。

在教师地位提升、二胎政策施行、教师资源缺乏的时代背景下，教师资格证已经成为中国含金量最高的十大证书之一，2019年下半年参加教师资格证笔试的考生超过550万人。为了帮助并指导参加考试的人员以及即将从事教师职业的群体迅速掌握知识要点，达到考试大纲规定的理论与实际能力水平，形成符合教师职业从业要求的教育教学能力与素养，我们组织了一批在一线从事师资培训的学者、教师，在专家指导下编写了“国家教师资格考试专用教材”系列丛书。

《保教知识与能力（幼儿园）》是为幼儿园教师资格申请者编写的笔试用书，根据《中小学和幼儿园教师资格考试标准及大纲（试行）》和《〈保教知识与能力〉考试大纲》，全面解读考核知识点，以考核模块为单位进行编写，共七章，分为学前儿童发展、学前教育的基本原理、生活指导、环境创设、游戏活动的指导、教育活动的组织与实施、幼儿园教育评价。每章由知识要点梳理、章末小结、经典真题解析、单元自测四部分组成。知识要点梳理运用纲要式结构，以点带面标明知识的内在联系，并采用知识点与真题相结合的编写方式，帮助考生夯实基础，掌握要点；章末小结汇总重点知识点，帮助考生进一步巩固；真题解析重在思路分析，帮助考生举一反三；自测练习模拟考试真题，查漏补缺。

《保教知识与能力》考试大纲

一、考试目标

1. 学前儿童发展知识和了解幼儿的能力。熟悉婴幼儿生理与心理发展的基本规律、年龄阶段特征、个体差异及其影响因素的相关知识和了解幼儿的基本方法,并能够运用这些知识了解幼儿。

2. 学前教育理论知识和应用能力。掌握教育基本理论和学前教育基本原理,理解幼儿园教育的特性,了解幼儿教育历史和幼儿园教育改革动态,并能结合幼儿教育实践问题进行分析。

3. 幼儿生活指导的基础知识与能力。掌握幼儿园一日生活和幼儿卫生、保健、营养、安全等方面的基本知识,并能在实践中应用。

4. 幼儿园环境创设的知识与能力。了解幼儿园环境创设的意义、功能和创设原则,并能结合幼儿园教育实际加以运用。

5. 游戏指导与组织实施教育活动的知识和能力。理解幼儿园游戏的意义、作用与指导方法,能根据幼儿园教育目标和幼儿实际组织和实施教育活动。

6. 幼儿园教育评价的基础知识和能力。了解教育评价的基础知识,能够运用评价知识对教育活动进行反思,改进保育教育工作。

二、考试内容模块与要求

考试内容主要涵盖学前儿童发展、学前教育原理、生活指导、环境创设、游戏活动的指导、教育活动的组织与实施、教育评价等七个模块。能力要求分为了解、理解、熟悉、掌握、运用五个层次。

具体考试内容与要求如下:

(一)学前儿童发展

1. 理解婴幼儿发展的含义、过程及影响因素等。

2. 了解儿童发展理论主要流派的基本观点及其代表人物,并能运用有关知识分析论述儿童发展的实际问题。

3. 了解婴幼儿身心发展的年龄阶段特征、发展趋势,能运用相关知识分析教育的适宜性。

4. 掌握幼儿身体发育、动作发展的基本规律和特点,并能够在教育活动中应用。

5. 掌握幼儿认知发展的基本规律和特点,并能够在教育活动中应用。

6. 掌握幼儿情绪、情感发展的基本规律和特点,并能够在教育活动中应用。

7. 掌握幼儿个性、社会性发展的基本规律和特点，并能够在教育活动中应用。

8. 理解幼儿发展中存在个体差异，了解个体差异形成的原因，并能运用相关知识分析教育中的有关问题。

9. 掌握观察、谈话、作品分析、实验等基本研究方法，能运用这些方法初步了解幼儿的发展状况和教育需求。

10. 了解幼儿身体发育和心理发展中容易出现的问题或障碍，如发育迟缓、肥胖、自闭倾向等。

（二）学前教育原理

1. 理解教育的本质、目的和作用，理解教育与政治、经济和人的发展的关系，能够运用教育原理分析教育中的现实问题。

2. 理解幼儿教育的性质和意义，理解我国幼儿教育的目的和任务。

3. 了解中外幼儿教育发展简史和著名教育家的儿童教育思想，并能结合幼儿教育的现实问题进行分析。

4. 理解学前教育的基本原则，理解幼儿园教育的基本特点，能对教育实践中的问题进行分析。

5. 理解幼儿园以游戏为基本活动的依据。

6. 理解幼儿园环境创设的重要性。

7. 理解幼儿园班级管理的目的和意义。

8. 掌握《幼儿园教育指导纲要（试行）》在幼儿园教育活动的目标、内容、实施和评价上的基本观点和要求。

9. 了解我国幼儿教育的改革动态与发展趋势。

（三）生活指导

1. 熟悉幼儿园一日生活的主要环节，理解一日生活的教育意义。

2. 了解幼儿生活常规教育的要求与培养幼儿良好生活、卫生习惯的方法。

3. 了解幼儿卫生保健常规、疾病预防、营养等方面的基本知识。

4. 了解幼儿园常见的安全问题和处理方法，了解突发事件如火灾、地震等的应急处理方法。

（四）环境创设

1. 熟悉幼儿园环境创设的原则和基本方法。

2. 了解常见活动区的功能，能运用有关知识对活动区设置进行分析，并提出改进建议。

3. 了解心理环境对幼儿发展的影响，理解教师的态度、言行在幼儿心理环境形成中的重要作用。

4. 理解协调家庭、社区等各种教育力量的重要性，了解与家长沟通和交流的基本方法。

（五）游戏活动的指导

1. 熟悉幼儿游戏的类型以及各类游戏的特点和主要功能。

2. 了解各年龄阶段幼儿的游戏特点，并能提供相应材料支持幼儿的游戏，根据需要进行必要的指导。

（六）教育活动的组织与实施

1. 能根据教育目标和幼儿的兴趣需要和年龄特点选择教育内容，确定活动目标，设计教育活动方案。

2. 掌握幼儿健康、语言、社会、科学、艺术等领域教育的基本知识和相应教育方法。

3. 理解整合各领域教育的意义和方法，能够综合地设计并开展教育活动。

4. 能根据活动中幼儿的需要，选择相应的互动方式，调动幼儿参与活动的积极性。

5. 在活动中能根据幼儿的个体差异进行指导。

（七）教育评价

1. 了解幼儿园教育评价的目的与方法，能对保育教育工作进行评价与反思。

2. 能够利用评价手段发现教育活动中出现的问题，提出改进建议。

三、试卷结构

模　　块	比　　例	题　　型
学前教育原理	31%	单项选择题 简　答　题 论　述　题
学前儿童发展	33%	单项选择题 简　答　题 材料分析题
生活指导 环境创设 游戏活动的指导 教育活动的组织与实施 教育评价	36%	单项选择题 材料分析题 活动设计题
合　计	100%	单项选择题：约20% 非选择题：约80%

四、题型示例

1. 单项选择题

幼儿最先掌握的实词是

A. 形容词　　B. 动词　　C. 名词　　D. 代词

2. 简答题

幼儿园教育与中小学教育的主要不同之处是什么？

3. 论述题

结合实例，试论游戏的教育价值。

4. 材料分析题

请分析下面案例中教师指导行为的适宜性，并说出依据。

活动片段：一场足球赛

17位幼儿自愿组成了班级足球队，老师和他们一起来到了操场草坪上。刚聚在一起，幼儿就迫不及待地展开了讨论：

小杰：我们大家要分成两队才能比赛。

老师：好啊！我们该怎么分？

（幼儿迅速分成了两堆，结果一边7人，另一边10人）

小红：不行不行，他们队多了3人，这样不公平！

（其他幼儿也跟着数了起来）

小泰：是呀，多了3人。

老师：怎样让两队的人数相等呢？

光恒：让他们队过来2人。

江昀：不对，过去1人。

宗涵：老师，到底要过来几个？

欣怡：试试不就知道了吗？

（幼儿们自己指挥起来，先让一个伙伴过去，然后大家数数，发现还是不平均）

昱煌：不行，要过去2人。

（他们又让一个伙伴过去，大家又数了起来。这次他们发现原来多一人的队现在却少了一人，大家不知该怎么办。这时，老师把多出的小朋友请到大家面前，幼儿发现两队的人数一样多了。）

老师：多出了一位小朋友怎么办？

鹭杰：就让他当裁判。

（于是，足球比赛开始了……）

5. 活动设计题

围绕保护动物的主题，设计一个幼儿园大班活动方案。

目录

第一章　学前儿童发展

第二章　学前教育的基本原理

第三章 生活指导

第四章 环境创设

第五章 游戏活动的指导

第六章 教育活动的组织与实施

第七章　幼儿园教育评价

第一章　学前儿童发展

考试要求

（1）理解婴幼儿发展的含义、过程及影响因素等。

（2）了解儿童发展理论主要流派的基本观点及其代表人物，并能运用有关知识分析、论述儿童发展的实际问题。

（3）了解婴幼儿各年龄阶段身心发展的特征、发展趋势，并能运用相关知识分析教育的适宜性。

（4）掌握幼儿身体发育、动作发展的基本规律和特点，并能够在教育活动中应用。

（5）掌握幼儿认知发展的基本规律和特点，并能够在教育活动中应用。

（6）掌握幼儿情绪、情感发展的基本规律和特点，并能够在教育活动中应用。

（7）掌握幼儿个性、社会性发展的基本规律和特点，并能够在教育活动中应用。

（8）理解幼儿发展中存在个体差异，了解个体差异形成的原因，并能运用相关知识分析教育中碰到的有关问题。

（9）掌握观察、谈话、作品分析、实验等基本研究方法，能运用这些方法初步了解幼儿的发展状况和教育需求。

（10）了解幼儿身体发育和心理发展中容易出现的问题或障碍，如多动症、自闭症、焦虑症等，学习如何预防与矫治。

本章内容简介

学前期是人的认知发展最为迅速、最为重要的时期，在人一生的认识能力发展中，奠定了十分重要的基础。已有研究证明，单调、贫乏的环境和适宜的学前教育的缺乏会造成儿童的认知方面的落后；适宜的学前教育可以帮助儿童形成正确的学习态度、良好的学习习惯和强烈的学习动机，从而对儿童的认知发展和终身学习产生重大影响。

学前教育对于人的社会性、人格品质发展非常重要。著名教育家陶行知曾说过："幼职教育实为人生之基础，凡人生所需之、重要的习惯、趋向、态度多半可以在5岁前培养成功。"诸多研究和事实均反映，6岁前是人的行为习惯、情感等基本形成的时期，是儿童养成良好社会性行为和人格品质的重要时期。并且，这一时期儿童的发展状况具有持续性影响，其影响并决定儿童日后的社会性以及人格的发展方向、性质和水平。适宜的学前社会性教育有助儿童在学前期形成良好的社会性和人格品质,帮助他们适应环境、适应社会生活,从而有助儿童健康成长、成才。

本章首先介绍了婴幼儿发展的含义、过程、影响因素以及年龄阶段特征和儿童发展理论的主要流派,其次介绍了幼儿身体发育、动作发展的基本规律和特点、认知发展的基本规律和特点、情感发展的基本规律和特点、个性发展的基本规律和特点以及发展的个体差异性及其教育,最后介绍了观察、谈话、作品分析、实验等幼儿教育基本研究方法以及幼儿在身心发展中的常见问题和预防方法,为各位考生全面了解学前儿童发展、做好保教工作打下相关理论基础。

本章节知识体系在考试中比重很大,主要涉及的题型有单项选择题、简答题、论述题、材料分析题等。

第一节 学前儿童发展概述

考纲提要

通过本节学习能够理解婴幼儿发展的含义、过程和影响因素;幼儿在发展过程中存在个体差异,了解个体差异形成的原因,以及因材施教的意义和举措,并能运用相关知识分析教育中的有关问题。考试主要涉及的题型有单项选择题、简答题、材料分析题等。

内容结构图

本节内容框架如图1-1所示。

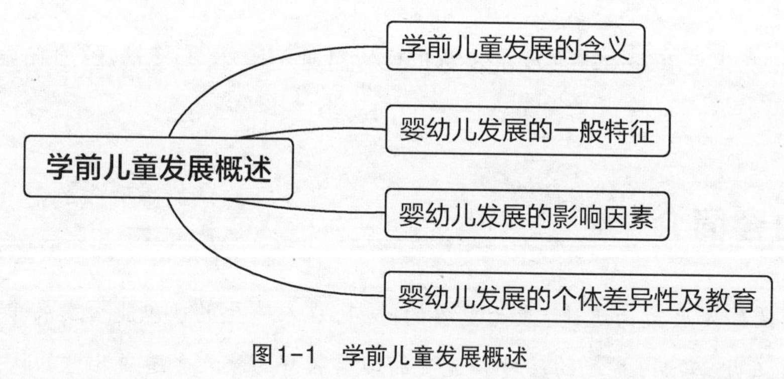

图1-1 学前儿童发展概述

一、学前儿童发展的含义

1. 学前儿童的概念

学前儿童是指尚未达到入学年龄的儿童。从世界范围来看,各国对儿童入学年龄的规定各有不同,一般为6岁或5岁,因此,学前儿童的年龄界限也不尽相同。目前,中国儿童的入学年龄规定为6岁。由此,0～6岁前的儿童即为学前儿童,学前儿童包括0～3岁婴儿期,也包括了3～6岁的幼儿期。

2. 学前儿童发展的概念

学前儿童发展是指学前儿童在成长过程中生理和心理有规律地从量变到质变的过程，也是学前儿童生理成熟与个性心理品质形成与变化的复杂过程。生理成熟是指儿童个体作为一个生物体，其生理结构和生理功能的发展是纯粹的生物性演变过程。个性心理品质的形成和变化过程是以个体的生理成熟为基础，并与其生理功能发展混为一体、互为表里的过程。

二、婴幼儿发展的一般特征

1. 幼儿心理发展的重要概念

1）发展与发育。对于“发展”一词，可以从不同角度进行理解。从哲学角度理解，发展是指事物由小到大、由简到繁、由低级到高级、由旧物质到新物质的运动变化过程。唯物主义辩证法认为：上升的、进步的运动即是发展。发展的本质是新事物的产生和旧事物的灭亡，即新事物代替旧事物；从生物学角度理解，发展是指自出生到死亡的一生期间，在个体遗传的限度内，其身心状况随着年龄与学得的经验增加而产生顺序性改变的历程。

本章中的“发展”概念主要是指后者。“发展”有时与“成长”“发育”这些词交替使用，但与这些词的内涵存在一些差异。“成长”与“发育”，主要是指身体、生理方面的生长，代表量的变化。而发展不仅包含数量上的变化，更重要的是质的变化，如躯体的比例发生变化，智力、情绪等的变化等。

发展一词的内涵主要包含了以下几点：① 发展包括个体身体与心理两方面的变化。② 发展的历程涵盖个体的一生。无论个体的年龄大小，都存在发展。③ 发展涉及多个领域，如个体的躯体、大脑、思维、想象、情绪等，都在发展的范畴之内。④ 发展不仅指向前推进的过程，也指衰退消亡的变化。

儿童发展是指个体从出生至18岁这一期间身心整体连续变化的过程。儿童发展是一个从不成熟到成熟、从不定型到定型的成长过程。儿童发展还是一个不断矛盾统一、从量变到质变的过程。儿童发展的特点如下：

（1）儿童发展与动物发展不同。动物发展的方向是保障自身在自然界中的生存，儿童发展的方向则是适应社会、成为一个独立的社会成员。儿童一出生就生活在社会环境中，与他人不断进行互动和交流，通过与成人的交往和系统的学习，掌握人类已有的社会经验，慢慢成长为一个独立的社会成员。

（2）儿童发展与成人发展不同。虽然从发展方向上看，儿童发展与成人发展基本相同。但两者的发展水平却存在较大的差异。如儿童的大脑结构与成人相比还不成熟，儿童的思维方式与成人不同，儿童的自我控制能力也与成人存在差异。

2）儿童心理发展的转折期、危机期和关键期

（1）转折期。在儿童心理发展的两个阶段之间，有时会在短期内发生突然、急剧的变化，称为儿童心理发展的转折期。

心理学家早已研究发现，儿童从出生到成熟（0～18岁）要经历6个关键的转折时期：A. 新生儿（0～1个月）；B. 1岁左右；C. 3岁左右；D. 6岁左右；E. 女孩在十一二岁、男孩在十三四岁；F. 十七八岁。如果在这些关键时期出现的主要问题没有得到充分的重视和解决，就会出现这样或那样的问题。现主要介绍0～6岁阶段的转折期。

出生1个月的孩子　主要是从生理上和心理上适应外界环境的巨大变化。在此期间，新生儿的脑发育是否健康，功能是否正常，将对以后的心理发展有重大影响。正常的新生儿应该具备下列神经系统反射：觅食、吸吮、抓握、拥抱、踏步和交叉伸腿反射。

1岁之内的孩子　各月份智能发育的正常规律如下：一视二听三抬头，四握五抓六翻身，七坐八爬九扶站，十捏周岁独站稳。当然，父母不应坐等孩子自行发展，而应主动训练孩子进行这些活动，否则就会影响孩子今后大脑功能的发育，如注意力、语言、动作协调等能力。一直到3岁前，对孩子的训练应着重知觉，即动作的训练，如练习爬行、蹦床、滑梯、平衡木、抛接球、拍球、跳绳等。

3岁的孩子首次有强烈的独立倾向　他们开始要求"我自己来"。尽管他们会把饭吃得到处都是，把东西弄得乱七八糟，但他们还是要求自己干，而不让父母帮助。这时父母不要压制孩子的独立意识，而要因势利导，训练和培养孩子的独立能力。这时的孩子开始具备具体形象思维，口头语言表达能力发展迅速。父母开始给孩子讲故事，教他们识字、数数，但不要占用过长时间。家长要有意识地带孩子与外界交往，锻炼孩子的胆量，消除敏感。同时，继续训练孩子的知觉——动作综合能力，不要限制孩子活动。

脑电图研究表明，孩子在成长过程中，脑的发育并不是匀速发展的，在4～20岁，有两个显著的加速时期。一个是5～6岁时，另一个是13～14岁时。

6岁的孩子将结束自由自在的生活　这时的孩子身上有了一些责任——完成作业，也有了一些竞争的压力。随着孩子社会角色发生变化，人们对他们的要求也在变化。对一二年级的孩子，学习成绩并不是衡量优劣的标准，此时的课程都很简单，孩子们大多能得到90分以上的成绩。这一时期关键要在注意力、自制力、独立性和良好习惯等方面对他们提出更高的要求。有些父母只看到自己孩子的学习成绩还可以，而忽略了孩子在学习能力上存在的问题，如注意力不集中、写作业拖拉或不爱写作业，粗心大意；还有性格上存在的问题，如胆小、爱哭、爱吃手、发脾气等。这些问题孩子在八九岁时会突出地表现出来，如学习成绩突然下降，情绪不稳定等。这些问题的出现，与不良的学习习惯有很大关系。因此，父母和老师在孩子6岁时，就应该把教育重点放在培养孩子良好的学习习惯上。

（2）危机期。危机期是指儿童在某些特定的年龄时期，心理常发生紊乱，表现为各种否定和抗拒的行为，3岁是学前儿童发展的危机年龄。

儿童的心理发展具有年龄阶段性。一般来说，2～3岁的孩子感知觉和肌肉运动的准确性大大提高，言语能力也提高了，大脑皮层的构造发生了显著的变化。在这一时期，孩子爱提各种各样的问题，对一切事物都有着浓厚的兴趣，摸一摸，动一动，总想弄清是什么。同时，在与成人的交往过程中，儿童扩大了视野，认识了自己的能力。此时，由于自我意识的萌芽，个性初具雏形，孩子表现出非常强烈的独立意识和愿望。于是，他们一反过去安静、听话、有较大依赖性的一面，常常闹独立，突然变得固执、任性，什么事都要自己去干，不听父母的吩咐，力图摆脱父母的约束，拒绝接受父母的帮助。如果自己的要求受到限制，就会引起反抗情绪。孩子喜欢和别人比较、竞争，而且爱说并喜欢别人说自己好；情绪波动较大，有时表现为爱吵架、爱发脾气、爱哭等。在心理学上，把儿童出现这些特点的时期称为"3岁危机期"。

有的父母不了解儿童心理发展的特点，当孩子进入"危机期"，表现出不同寻常的言行时，竟不知所措，倍觉教养孩子不顺手。对这个年龄阶段孩子的教育，要正确把握儿童心理变化的规律和特征，采取恰当的方法，因势利导培养孩子的独立性、坚持性及对事物的兴趣，帮助孩子顺利地度过这一时期。针对这一时期儿童的特点，父母对孩子的独立性需要不能一味满足，也不能过多限制。

一味满足孩子的要求很容易造成孩子的任性、固执，甚至使其产生极强的占有欲；对孩子过多限制，又会挫伤孩子的自尊心，使其变得顺从和依赖，缺乏主动性。当孩子的想法不切实际时，不要和孩子硬顶，可适当转移孩子的注意力，再伺机进行教育。家长还要注意以身作则，周围人要紧密配合，共同做好孩子的思想工作。总之，要通过各种有效途径，帮助儿童渡过"危机期"，培养孩子健康的个性。

（3）关键期。也称为敏感期或最佳期。关键期是指对特定技能或行为模式的发展最敏感的时期或者做准备的时期。个体发育过程中的某些行为在适当环境刺激下才会出现的时期。如果在这个时期缺少适当的环境刺激，这种行为便不会再产生。

关键期这一概念最初是由奥地利生态学家康罗德·洛伦兹（1937）提出来的。他在对鸟类自然习性的观察中，发现刚孵出的幼鸟、小鸡、小鹅等，会在出生后很短的一段时间内学会追逐自己的同类或非同类，过了这段时间便再也不能学会此类行为或印刻自己的母亲，而这段时间很短。后来，心理学家将这类研究借用到儿童早期发展的研究中，提出了儿童心理发展的关键期问题，又称最佳期、敏感期、临界期、转折期。

学前儿童相关关键期：

2岁前：动作发展。儿童神经传导迅速而准确，动作开始表现得比较成熟。

2～3岁：语言发展。这一时期是学习口头语言的关键期，要特别注意用标准语言准确表达想要告诉孩子的意思。

2.5～3.5岁：建立规则意识。孩子开始学习简单的社会规范和生活规则，这时学习自我约束和培养有秩序的生活方式，对孩子很有帮助。

3岁：计数能力发展。给孩子确立数字顺序概念，教孩子按物点数。

4岁：儿童形象视觉发展的关键期。经常让孩子看一些彩色图片，有利形象视觉的发展。

4～5岁：口语、书面语言。4～5岁是儿童口语的第二个质变期，也是学习书面语言的关键期，要注意孩子语言表述的规范和文明。

5～6岁：语言词汇能力。多给孩子讲些儿歌、童话、故事、古诗词，可以诱发孩子的感性认识，奠定文学基础。

3～5岁：音色、节奏。3～5岁是学习音乐的关键期。这个时期的孩子对音色、节奏都有强烈的感受。

3～8岁：学习外语。8岁以后学外语在语音方面可能会受母语的影响。

5～5.5岁：悟性萌芽。5～5.5岁是儿童悟性萌芽的关键期，也是学习心态、学习习惯以及学习成功感开始产生的关键时期。

2. 婴幼儿发展的一般特征

1）发展具有方向性和顺序性。正常情况下，儿童的发展具有一定的方向性和顺序性，既不能逾越，也不会逆向发展，按由低级到高级，由简单到复杂的顺序进行。如个体动作的发展，遵循自上而下由躯体中心向外围、从粗动作到细动作的发展规律，这些规律可概括为动作发展的头尾律、近远律和大小律，体现在每个儿童身上都是如此。

2）发展具有连续性和阶段性。儿童心理发展的连续性表现：先前的较低级的发展是后来较高级的发展的前提。儿童心理时刻都在发生量的变化，随着量变的积累，到了一定程度，就会发生“质变”从而使儿童心理发展呈现“阶段性”。如儿童每天都在感知新事物，听成人教他的词，这些知识经验在他的头脑中日积月累（即量变），到了一定时期他就开始从理解词到说出词，产生了语言发展中的质变，进入了语言发展的新阶段。

3）发展具有不平衡性。人的发展不是等速的，学前期是加速期之一。在学前期的不同时期，儿童的发展速度也不相同。儿童年龄越小，发展速度越快，这是学前期儿童心理发展的规律。关键期和危机期就是发展不平衡的表现。关键期也称为敏感期或者临界期，指的是儿童各种心理机能的发展有一个最佳年龄段。如果在这个最佳年段为儿童提供适当的条件就会有效促进这方面的发展，如果错过了这一时期，将来就很难弥补。目前有研究提出：2岁是口头语言发展的关键期，4岁是数概念形成的关键期，4～5岁是学习书面语言的关键期。另外，学前儿童心理活动各个方面的发展也是不平衡的。比如，感知觉在出生后发展迅速，而思维的发生则要有相当长的孕育过程。

4）个别差异性。个别差异性是指在儿童发展具有整体共同特征的前提下，每个儿童的身心发展在表现形式、内容和水平方面，都具有独特之处。这种表现在个体发展方面的差异性来自个体遗传因子和生活环境的差别。其中，环境和教育还能对遗传因子的优势与不足有一定的发挥与弥补作用。这一特征也是实行因材施教、“长善救失”教育原则的基础。

综上所述，儿童的生理成熟先于其心理的成熟；每一年龄阶段儿童发展水平、特点的充分实现，将有助于其后续的发展，否则儿童在下一阶段的发展将会受到一定阻碍；儿童的身心发展归根结底是儿童个体的发展，尊重和顺应儿童个体发展的差异性，是促进儿童整体发展水平丰富性的根本道路。

三、婴幼儿发展的影响因素

1. 影响婴幼儿发展的外部客观因素

1）遗传因素和生理成熟（生理因素）。遗传是一种生物现象。遗传是指祖先的生物特性传递给后代的现象。遗传特性也称为遗传因子。遗传为幼儿心理发展提供最基本的自然物质前提，奠定了幼儿心理发展个别差异的最初基础。

生理成熟是指儿童身体生长发育的程度或水平。儿童的生理成熟具有一定的顺序性。生理成熟的顺序性为儿童心理活动的出现与发展的顺序性提供了基本的前提。儿童生长发育的速度，也服从一定规律。儿童的生理成熟在一定程度上对其心理发展起制约作用。奥地利生物学家劳伦兹提出0～2岁是亲子依恋形成的关键期，5岁前是语言、数概念和音乐学习的关键期。

2）社会和教育因素

（1）社会因素。社会因素是指儿童生活的环境。若按环境范围分，环境可分为大环境（指个体所处的总体自然环境和社会环境）和小环境（与个体直接发生联系的自然环境和社会环境）。若按环境的性质分，环境可分为自然环境（包括自然条件与地理环境）和社会环境（包括政治、经济、文化以及与个体相关的其他社会关系）。自然环境是生物有机体所共有的维持生存所必需的自然物质环境，提供儿童生存所需要的物质条件，如空气、阳光、水分、养料等。自然环境对儿童发展的影响是不可忽视的。如空气中的负氧离子可以促进儿童身体健康发展，而过强的噪声会抑制儿童正常发展。社会环境是指儿童所处的社会生活条件和教育条件，包括家庭、社会、学校等方面的各种影响。社会环境对儿童发展的影响十分巨大，因此社会因素对儿童发展的作用主要指的是社会环境的作用。

使遗传提供的发展可能性变为现实性　1920年，一名传教士在印度某地区发现了两个"狼孩"。从外形看这两个狼孩属于人类，但行为举止、作息规律却完全和狼一样，白天睡觉，夜晚活动，用四肢爬着走路，吃食物时不用手拿，而是放在地上用牙齿啃着吃。身体检查发现，狼孩的生理系统是正常的，只是有点营养不良。有研究者专门对其进行训练，教他们识字，让他们学习人类的基本行为方式和生活技能。然而他们的学习速度非常慢，一个狼孩2年后才会直立，6年后才艰难地学会独立行走，但快跑时还得四肢并用。两个狼孩至死也未能真正学会讲话，只能勉强说几句话。16岁时，狼孩的智力也只相当于三四岁的孩子。这种动物养大儿童的案例并不少见，而案例中的孩子的发展往往存在较大的缺陷和障碍。对动物进行"感觉剥夺"实验，结果也证明了环境对有机体发展的重要性。两组同样的老鼠：一组从小饲养在形、色丰富的环境里，另一组饲养在视觉刺激缺乏的环境里。结果，无论是智力表现还是脑细胞形态结构的发展，后者都比前者差。这说明，先天的遗传素质仅仅为儿童提供了发展的可能性，要使这种可能性变为现实，必须有赖于社会环境和社会生活条件。儿童只有在后天的环境和教育的影响下，才能够使先天的因素得以正常发展。

制约儿童发展的方向、水平、速度　H. F. 哈洛（H. F. Harlow）在1956年进行了恒河猴行为发展的研究。他把刚出生就离开母亲的恒河猴分成二组：一组的研究人员为它们提供了一个用金属做成的"铁丝妈妈"，在金属母猴身上安装了皮头奶头，小猴子饿的时候可以从金属母猴那里吸吮奶汁。另一组给小猴子提供了一个"布妈妈"，是浑身包裹着柔软绒布的布母猴。布母猴的面部表情温和些，但她却没有可以给小猴子吃的奶汁。经过半年或一年后，研究人员发现完全隔离的猴子常呆呆地坐着，对外界很冷淡，又显得特别恐惧、畏缩。研究人员把由不同"妈妈"抚养的幼猴与其"妈妈"分开一段时间，发现两组幼猴的行为表现很不一样。由金属母猴抚养的小猴子见到自己的"铁丝妈妈"时，表现焦躁不安，没有任何与"母亲"亲热的反应。而由布母猴抚养的小猴子马上依偎到母亲的怀里，拥抱母亲，亲吻母亲，显得非常安静。

多项动物实验和婴幼儿研究表明，社会环境在有机体的发展中有重要的影响。不仅动物发展受环境的极大影响，儿童的发展也受周围生活环境的制约。不同历史时期社会生活条件不同，相应的科学文化和教育水平不一样，对儿童的影响不同，儿童获得的发展也不一样。如同为5岁的儿童，现代社会儿童的身体发育就比古代社会的要好，见识更广，心智发展也更为成熟。即使是同一社会制度下，地区不同、家庭不同以及周围环境不同，儿童的发展也存在差异。尤其生命早期的社会交往对儿童智力、情感发展有重要作用，其中婴儿早期所感受到的母爱、社会交往更具有深远的影响。

这些事实都说明，不同的社会环境以及不同的社会交往对象与群体对于儿童发展会造成不同的影响，使儿童的发展在方向、速度上表现有所差异。

对儿童发展的影响从胎儿时期开始　国外有研究者做过这样的实验，将贫穷地区的孕妇分成两组，实验组提供充分的营养，对比组仅给以安慰剂。事后当她们的孩子长到3～4岁时，测定这些孩子的智力，结果发现实验组孩子的智商显著高于对比组。这说明，怀孕的母亲摄入的营养物质会影响胎儿的发展。不过，这些研究多数是在一些不发达国家的贫穷地区进行的，这些母亲的营养水平往往在最低标准线以下，因此，适当增加营养就产生了显著的效果。如果孕妇已达足够营养水平，增加营养对下一代智力的提高并不会产生显著效果。

社会环境发挥作用不是从儿童出生之后才开始的。近年来多项研究表明，母亲的营养、疾病以及药物、烟酒等都会对胎儿发育产生影响。孕妇的情绪对胎儿也有影响，怀孕期孕妇精神压力过大，会影响胎儿发育及心理成长，导致孩子将来出现生长迟缓、认知障碍、抑郁焦虑症状，甚至可能引发自闭症。以色列希伯来大学的玛塔·温斯多克-罗辛教授在“早期生活压力带来的长期影响”的国际学术会议上介绍，他们对老鼠实验结果显示，当母鼠处在压力下，后代出现认知和记忆力损失、环境适应差及焦虑抑郁等症状，这与人类怀孕期遭遇压力后生下的婴儿类似。在胎儿大脑发育时期，若母体遭遇压力，肾上腺分泌过量皮质醇进入胎儿大脑，将严重影响胎儿大脑发育，引起大脑结构和功能变化，过量皮质醇还刺激胎盘释放其他激素而可能引起早产。这些研究都说明，社会环境发挥影响作用是从胚胎时期开始的。

（2）*教育条件发挥着主导作用*。教育本身也是一种社会生活条件，但是教育与一般的社会生活条件或环境影响不同，它是一种特殊的社会环境。教育是一种有目的、有计划、有系统的环境影响，是由教育者按照一定的教育目的，对社会环境加以选择，组织成一定的教育内容，并且采取一定的教育方法来对儿童心理施加的有系统的影响。

教育无论是有组织的还是没有组织的，是系统的还是零碎的，是家庭教育，还是社会、学校的教育，都是一种有目的的培养人的活动。教育的目的性就促使家庭、社会或者学校选择一些积极的社会环境或社会条件，为儿童的发展创造更多正面教育的机会。“孟母三迁”的故事就典型地反映了教育的这种目的性。由于教育有目的地选择了社会环境中的积极因素，经常给予人正面的影响，各方面的影响很容易形成一股合力，集中地作用于人的身心发展，这是一般社会环境自发的、偶然的、片面的影响无法比拟的，因此对人发展的影响特别大，规定着人的发展方向。

在各种教育中，幼儿园教育对儿童具有特别重要的作用。幼儿园教育是根据社会的要求，按照一定的目的，选择适当的内容，利用集中的时间，有目的、有计划、系统地向学前儿童进行全面的培养和教育。可以说，这种影响力较之家庭教育、社会教育的影响力更加强烈而集中。幼儿园由受过专业训练、专门负责教育工作的幼儿教师对儿童思维、个性等进行全面培养与教育。幼儿教师对幼儿教育的目的非常明确，对教育内容也很熟悉，懂得教育的规律与方法，有利于促进儿童的全面发展。可以说，幼儿园教育对儿童的影响是比较全面、系统的。

2. 影响婴幼儿发展的内部主观因素

一般认为，在儿童主体和客观事物（客体）相互作用的过程中，社会和教育向儿童提出的要求所引起的新的需要和儿童已有的心理水平或心理状态之间的矛盾是儿童心理发展的内因或内部矛盾。这个内因或内部矛盾也就是儿童心理不断向前发展的动力。影响婴幼儿发展的主体内部因素如下：

① 幼儿自身的心理活动，自身的积极性和主动性等因素。② 兴趣和爱好是影响幼儿心理发展的重要因素。③ 幼儿的心理是在活动中形成和发展的。活动是促进幼儿心理发展的有效途径。

四、婴幼儿发展的个体差异性及教育

1. 婴幼儿发展的个体差异性的含义

《幼儿园指导纲要》中指出：“尊重幼儿在发展水平、已有经验、学习方式等方面的个体差异，用适当

的方式给予帮助和指导，使每一个幼儿都能感受到安全、愉快和成功。”一般认为，婴幼儿发展的个体差异性是指幼儿个体在成长过程中受遗传与环境的交互影响，导致不同个体之间在身心特征上显示彼此不同的现象。

2. 婴幼儿发展的个体差异性表现

1）发展水平的差异。能力有高低的差异。大致来说，能力在全人口中的表现为正态分布：两头小，中间大。以智力为例，智力的高度发展为智力超常或天才；智力发展低于一般人的水平为智力低下或智力落后；中间分成不同的层次。

2）表现早晚的差异。人的能力的充分发挥有早有晚。一种是“人才早熟”。即有些人的能力表现较早，年轻时就显露了卓越的才华。这种情况古今中外都有，在音乐、绘画、艺术领域尤为常见。另一种是“大器晚成”。这些人在年轻时并未显示有出众的能力，但到中年才崭露头角，表现出惊人的才智。这在科学和政治领域中屡见不鲜。可见，并不是取得重大成就的人智力都是早熟的。

3）结构的差异。能力有各种各样的成分，它们可以按不同的方式结合起来。由于能力的不同结合，构成了结构上的差异。如有人长于想象，有人长于记忆，有人长于思维等。不同能力的结合使人们互相有所区别。如在音乐能力方面，有些人有高度发展的曲调感和听觉表象能力，而节奏感较差；而另一些人有较好的听觉表象能力和强烈的节奏感，而曲调感差。查子秀（1990）比较了超常儿童与正态儿童的认知能力，包括语词类比推理、图形类比推理、数概括类比推理、创造性思维和观察力。结果发现，两者在认知的不同方面并非都差异明显，而是在解决难度大的问题上思维能力差异大，如超常儿童在创造性思维和数概括类比推理上发展特别突出。

4）性别的差异。20世纪30年代的许多研究发现，男女在一般智力因素上没有性别差异。40年代，韦氏智力表问世，使智力测验既能考察一般智力因素，还能测查特殊智力因素。性别差异并未表现在一般智力因素上，而是反映在特殊智力因素中。

*（1）数学能力的性别差异。*数学能力是对数学原理和数学符号的理解与运用能力，这种能力主要表现在计算和问题解决上。计算能力体现在对程序性知识的速度和精确性技巧的要求；问题解决能力则体现在对信息的正确分析与选择、组织好策略性知识、应用统计方法的综合性技能的要求。海德（1990）纵观40年来100个相关的研究，经过元分析发现：女生在计算能力上具有一定优势，但这种优势只表现在中、小学阶段；在问题解决上，中学时期女性略好，而高中及大学阶段男生则表现出优势。对于数学操作来说，男生在标准化测验上普遍比女生好，而女生在学校所获得的评定等级比男生高。一些研究认为，男生在竞争性数学活动中比女生好，而女生在合作性数学活动中比男生好。

*（2）言语能力的差异。*言语能力是对语言符号的加工、提取、操作的能力，表现在听、说、读、写4个方面。言语能力并非是单一结构，它包括对言语信息的记忆、转换、理解、组织和应用等方面。霍沃（1987）总结了3～8年级的一系列研究后发现：女生言语能力普遍比男生好。在各种言语能力中，以词的流畅性显示的女性优势最为明显，而言语推理则显示了男性优势。但研究言语能力的性别差异并没有得到完全一致的结论。

*（3）空间能力的性别差异。*空间能力是体现性别差异最明显的一种能力，也是较难描述和解释的一种能力。林兰德等将空间能力定义为一种涉及表征、转换、生成和回忆符号及非言语信息的技能。基

于以往的研究，他们提取了空间能力的3个因素：① 空间知觉是指在干扰条件下，对垂直与水平方位的确定；② 心理旋转是指对二维或三维图像表征的旋转能力；③ 空间想象是指对所显示的空间信息进行多步分析加工的能力。研究表明，在空间知觉和心理旋转测验中，男性明显优于女性；而在空间想象力测验中，男女差异不显著。

3. 因材施教的意义和举措

1）因材施教的意义。因材施教是教学中重要的教学方法和教学原则，在教学中根据不同学生的认知水平、学习能力和自身素质，教师选择适合每个学生特点的学习方法进行有针对性的教学，发挥学生的长处，弥补学生的不足，激发学生学习的兴趣，树立学生学习的信心，从而促进学生全面发展。

因材施教具有丰富的现代内涵，对于教师、家长、学校以及教育公平的实现都具有重要意义。它包括两层含义：

一是“因性而教”。古代女子是不能同男子一样受教育的，所以当时不存在“因性而教”的问题。社会发展到今天，显然“因材施教”应涵盖“因性而教”。本来，男女在生理、心理上的确存在着差异，女生在生理发展上较男生一般早熟一、两年，在小学和初中低年级时，女生的语言能力和机械识记能力一般优于男生，再加上此时的学习内容中抽象思维的成分比较少，因而女生的学习成绩普遍较男生好。但随着年级的升高，学习内容中机械识记成分减少，相应地，对抽象思维的要求越来越高，男生的优势开始发展。所以，教师应看到男女生各自的优势，因势利导，帮助他们分别保持和发展各自的优势，共同进步。

二是“因龄而教”。根据皮亚杰的认知发展四阶段说，各年龄阶段都有其特征，因此对不同年龄阶段的儿童，教师要因年龄特征而教。

首先，要因个体能力的差异而教。学生的能力有大有小，基本上呈正态分布：两头小，中间大；能力的充分发挥也有早有晚，有人早熟，也有人大器晚成；能力的结构上也有差异，有的长于想象，有的长于记忆等，故应因学生能力的个别差异而教。

其次，要“因材施教”与“因教而学”“因材择学”相辅相成，共同促进学生的全面发展。在教学过程中，教师的讲授活动和学生的学习活动客观地存在着相互适应。老师“因材施教”，学生也应“因教而学”，择其善从之，不善而改之；还应允许学生“因材择学”，根据学生的能力、兴趣等特殊情况进行自由发展。三者结合，既重视教师的“教”，又重视学生的“学”，使之达到和谐统一。

再次，要因性格施教。每个人有不同性格，很多学生学习困难的根本原因往往是由性格造成的，而且不同性格的人对于学习的方式和内容的敏感度也不一样。

2）因材施教的举措

（1）细心观察，做好家园沟通。观察是一切教学研究最基本的手段，教师通过有目的、有意识的观察，可以获得大量具体、真实的信息。孩子只有在活动中才会显露自己真实的一面，教师要耐心细致地观察、聆听每个孩子的声音，感受孩子的一举一动，做到“耐心倾听，努力理解幼儿的想法与感受，支持、鼓励幼儿大胆探索与表达”，成为孩子活动的参与者。经常与孩子沟通，才能够走进孩子的内心世界，了解每个孩子的特点。

了解孩子最直接有效的办法就是及时和孩子的父母沟通，父母是孩子的第一监护人，对孩子的言行举止观察得可谓是细致入微，有时候孩子不愿意和老师说的话回去会和爸妈说。教师要做到每天都和孩子父母至少有只言片语的沟通，只要有机会就要多了解孩子在家的状况。这样有利于了解孩子的特点，及时调整对孩子的教育，做到心中有孩子，个个有不同。

（2）识别优弱势，寻求突破口。儿童找到他所擅长的领域时，就会乐于探索，并逐步建立良好的自我感觉，而成功的体验让孩子有信心迎接另一个难度更大的挑战。但儿童的优势和弱势并不一定都是显性的，教师应关注儿童在活动中的表现，准确分析其行为，同时要分析造成弱势的原因。只有真正了解、分析幼儿，才能找到突破口，让优势带动弱势，最终促进儿童全面和谐地发展。

（3）用心琢磨，满足孩子需求。每个孩子来自不同的家庭环境，他们的个性也截然不同，有的活泼开朗，有的内向文静，有的善于表达，有的沉默寡言……教师应了解他们的个性，努力进入孩子们的内心世界，了解他们的需求，发现他们的闪光点，通过循序渐进的教育，帮助他们树立信心。还要善于发现不同儿童在不同发展领域的差异，要满足不同儿童的兴趣需要，给予他们不同的关爱，实施不同的教育方法，让每个儿童都能在原有基础上得到提高。

第二节 儿童发展理论的主要流派

考纲提要

通过本节学习能够了解儿童发展理论主要流派的基本观点及其代表人物，并能运用有关知识分析、论述儿童发展的实际问题。考试主要涉及的题型有单项选择题、简答题和材料分析题等。

内容结构图

本节内容框架如图1-2所示。

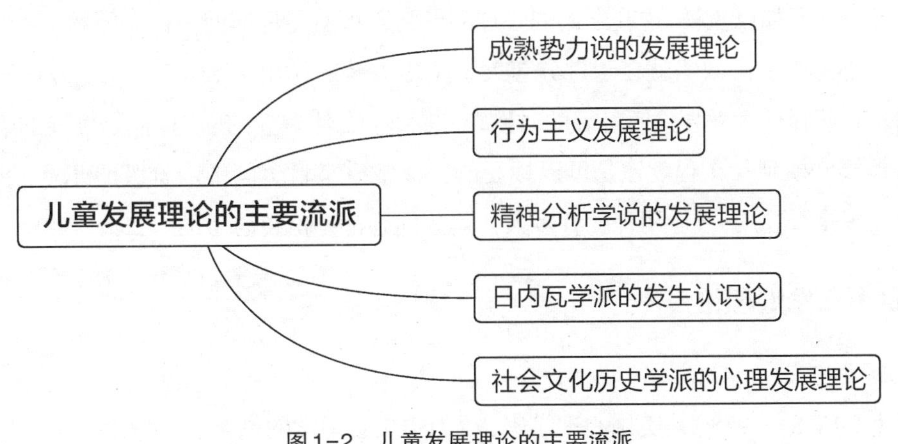

图1-2 儿童发展理论的主要流派

一、成熟势力说的发展理论

格塞尔（1880—1961）是美国著名的儿童心理学家。1911年他任教于耶鲁大学，同时建立了儿童发展

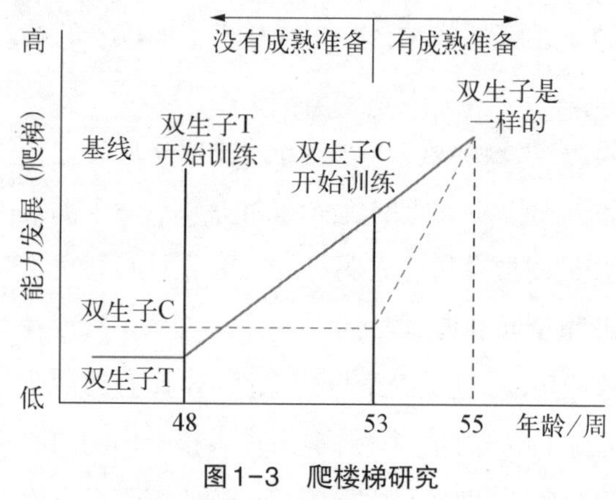

图1-3　爬楼梯研究

的临床诊所。格塞尔和他的同事们广泛而详尽地研究了儿童(包括婴儿)的神经运动发展。他的理论被公认为属于遗传决定论,理论的核心是所谓"成熟势力说"或"成熟潜能说"。这一理论的思想来自卢梭的自然教育理论、18世纪的胚胎学的研究、霍尔的复演说和达尔文的进化论、机能心理学家考喜尔的环境决定论。

格塞尔的观点源自他的双生子爬楼梯研究(见图1-3)。1929年,他首先对双生子T和C进行了行为基线的观察,确认他们发展水平相当。在他们出生第48周时,对T进行爬楼梯、搭积木、协调肌肉和运用词汇等训练,而对C则不做训练。训练持续了6周,其间T比C更早地显示了某些技能。到了第53周当C达到爬楼梯的成熟水平时,对他开始集中训练,发现只需少量训练,C就赶上了T的熟练水平。进一步观察发现,55周时T和C的能力没有差别。由此格塞尔断言,儿童的学习取决于生理上的成熟,在生理成熟之前的学习和训练难有显著的效果。

格塞尔认为,支配儿童心理发展的因素很多,但主要是"成熟"。儿童心理的发展过程是有规律、有顺序的一种发展模式。这种模式是由物种和生物进化顺序决定的,是由生物体遗传的基本单位——基因决定的。所谓"成熟"就是"给予通过基因来指导发展过程的机制一个真正的名字"。在格塞尔看来,所有儿童都毫无例外地按照成熟所规定的顺序或模式发展,只是发展速度可在一定程度上受每个儿童自己的遗传类型或其他因素所制约。

格塞尔根据他的理论提出了一系列育儿观念,把他的学说从儿童心理的范畴延伸至养育和教育的范畴,扩大了格塞尔学说的应用价值和社会价值。格塞尔认为,父母和儿童教育工作者都应当了解儿童成长规律,根据儿童自身的规律去养育他们。具体而言,每一个教师都应当把自己的工作与儿童的准备状态和特殊能力结合起来;每一个家长都应当与孩子一起成长,一起体验每一个阶段的乐趣和烦恼。如果成人以急功近利的方式教导孩子,往往会导致儿童成年以后的失落,甚至引起一系列的心理问题。如果对儿童的教导方式不加以重视,这些个人的心理问题将不可避免地演变为社会问题。

格塞尔的成熟势力说的缺陷就在于过分夸大了生理成熟的作用,而忽视了儿童心理发展的其他条件。尽管格塞尔在解释行为发育诊断量表的时候,也提到了个体差异的问题,但是发展的事实却带有太多的多样性。偏离常模到什么程度才是可以接受的?该常模来自美国中产阶级的儿童,那么它对其他文化或阶层的儿童是否适用,或适用程度有多大?这些问题都是值得思考的。

二、行为主义发展理论

1. 华生的行为主义

约翰·华生(1878—1958)是美国心理学家,行为主义心理学的创始人。华生的主要研究领域包括行为主义心理学理论和实践、情绪条件作用和动物心理学。他认为心理学研究的对象不是意识而是行为,主张研究行为与环境之间的关系,心理学的研究方法必须抛弃内省法,而代之以自然科学常用的实验法和观察法。他还把行为主义研究方法应用在动物研究、儿童教养和广告方面。他在使心理学客观化方面发挥了巨大的作用，对美国心理学产生了重大影响。

华生的大多数研究都属于比较心理学，比如他常研究动物的行为。华生深受俄国生理学家伊万·巴甫洛夫经典条件反射理论的影响，强调生理学，认为以刺激能得到条件反射的反应对比其他所有器官，也会有类似的刺激—反应（Stimulus—Response, S—R）反射作用。华生十分重视儿童早期行为习惯对人格形成的影响，他强调环境对塑造儿童行为的决定性作用，进而发展为教育万能论，强调对儿童发展的控制，片面夸大环境和教育的作用。

2. 斯金纳的操作性条件反射理论

斯金纳（1904—1990）是美国心理学家，新行为主义学习理论的创始人，也是新行为主义的主要代表。他在华生等人的基础上又向前迈进了一大步，提出了有别于巴甫洛夫的条件反射的另一种条件反射行为，并将两者做了区分。在此基础上提出了自己的行为主义理论——操作性条件反射理论。他长期致力于研究鸽子和老鼠的操作性条件反射行为，提出了“及时强化”的概念以及强化的时间规律，形成了自己的一套理论。

斯金纳关于操作性条件反射作用的实验是在他设计的一种动物实验仪器，即著名的斯金纳箱（见图1-4）中进行的。箱内放进一只白鼠或鸽子，并设一杠杆或键，箱子的构造尽可能排除一切外部刺激。动物在箱内可自由活动，当它压杠杆或啄键时，就会有一团食物掉进箱子下方的盘中，动物就能吃到食物。箱外有一装置记录动物的动作。

图1-4 斯金纳箱

斯金纳把动物的学习行为推广到人类的学习行为上，他认为虽然人类学习行为的性质比动物复杂得多，但也要通过操作性条件反射。斯金纳在对学习问题进行了大量研究的基础上提出了强化理论，十分强调强化在学习中的重要性。强化就是通过强化物增强某种行为的过程，而强化物就是增加反应可能性的任何刺激。斯金纳把强化分成积极强化和消极强化两种。积极强化是获得强化物以加强某个反应，如鸽子啄键可得到食物。消极强化是去掉可厌的刺激物，是由于刺激的退出而加强了那个行为。如鸽子用啄键来去除电击伤害。教学中的积极强化是教师给予的赞许等，消极强化则是教师不再皱眉等。这两种强化都增加了反应再发生的可能性。斯金纳认为不能把消极强化与惩罚混为一谈。他通过系统的实验观察得出了一条重要结论：惩罚就是企图呈现消极强化物或排除积极强化物去刺激某个反应，仅是一种治标的方法，它对被惩罚者和惩罚者都是不利的。他的实验证明，惩罚只能暂时降低反应率，而不能减少消退过程中反应的总次数。而对于儿童的不良行为，如愤怒、无理取闹，可以不予理睬，采取“冷处理”。

3. 班杜拉的社会学习理论

阿尔伯特·班杜拉（1925— ），美国当代著名心理学家，新行为主义的主要代表人物之一，社会学习理论的创始人。

班杜拉的社会学习理论包含观察学习，自我效能，行为适应与治疗等内容。他把观察学习过程分为注意、保持、动作复现、动机4个阶段。简单地说，就是观察学习须先注意榜样的行为，然后将其记在脑子里，经过练习，最后在适当的动机出现的时候再一次表现出来。班杜拉认为儿童社会行为习得主要是通过观察、模仿现实生活中重要人物的行为来完成的。

按照班杜拉的理解，对于有机体行为的强化方式有3种：一是直接强化，即对学习者做出的行为反应当场予以正或负的刺激；二是替代强化，是指学习者通过观察他人实施这种行为后所得到的结果来决定自己的行为指向；三是自我强化，是指儿童将社会对他所传递的行为作为判断标准，结合个人的理解对自己的行为表现进行正或负的强化。自我强化参照的是自己的期望和目标。

班杜拉重视环境对人的影响，也重视人的认知因素，并认为它们之间是相互影响、相互作用的。班杜拉强调人的自我调节，突出人的主观能动性。社会学习理论对于培养幼儿良好个性的实际教育工作有现实意义，其局限性在于他认为人的一切个性特征都是从观察学习中获得的，带有主观片面性，对认知因素认识不够。

尽管行为主义对心理学的发展起了革命性的作用，但却矫枉过正。因而其本身也存在一定的不足和局限性。其生物学化倾向严重、缩小了心理学的研究范围，犯了环境决定论的错误等，其局限性使行为主义在心理学中也逐渐面临失势。

三、精神分析学说的发展理论

1. 弗洛伊德的心理发展观

西格蒙德·弗洛伊德（1856—1939），奥地利精神病医师、心理学家、精神分析学派创始人。他开创了潜意识研究的新领域，促进了动力心理学、人格心理学和变态心理学的发展，奠定了现代医学模式的新基础，为20世纪西方人文学科提供了重要理论支柱。

在早期，弗洛伊德把人格分为意识、前意识和潜意识3个层次。在晚期，他进一步提出了新的人格学说，提出人格是由本我、自我和超我3个部分组成。本我是指原始的、与生俱来的潜意识的结构部分，其中蕴含着人性中最接近兽性的一些本能性的冲动，是按照快乐原则行事；自我是指意识的结构部分，处于本我和自我之间，监督自我，予以适当满足，是按照现实原则行事；超我是人格中的最道德的部分，代表良心、自我理想，处于人格的最高层，是按照至善原则行事。

精神分析理论认为，个体的成长可以划分为5个阶段：口唇期、肛门期、性器期、潜伏期和生殖期。

口唇期是0～2岁，这个阶段婴儿对口腔的刺激，如吮吸、咬和吞咽等，是性满足的主要来源。

肛门期是1～3岁，这一阶段性敏感区转到肛门。

性器期是3～5岁，这个阶段生殖器成为性敏感区。恋父情结和恋母情结正是在这一阶段产生的。

前3个阶段是人格发展的重要阶段，为成人后的人格模式奠定了基础。

潜伏期是5～12岁，这一阶段儿童力比多（一切寻求快乐的心理能量，主要是指性本能的能量）受到压抑，没有明显表现。

生殖期是12～20岁，这一阶段个体的性器官开始发育成熟，力比多压抑逐渐解除，生殖期成为主导的性敏感区，其他性敏感区成为辅助的性敏感区。

弗洛伊德对人格进行了全面而深刻的研究，强调人的生物本能尤其是性本能在人的行为中具有决定意义。弗洛伊德强调个性形成与儿童早期经验有关，与父母对儿童的教养态度有关。推动心理学，重视并积极开展儿童早期经验、早期教养和儿童期心理卫生问题的研究。但是，弗洛伊德的观点也有不足之处，比如过于注重人的心理发展本能和性本能，认为潜意识比意识重要，缺乏实证的科学实验依据等。

2. 埃里克森的心理发展观

爱利克·埃里克森（1902—1994），美国精神病学家，著名的发展心理学家和精神分析学家。他提出人格的社会心理发展理论，把心理的发展划分为8个阶段，指出每一阶段的特殊社会心理任务；并认为每一阶段都有一个特殊矛盾，矛盾的顺利解决是人格健康发展的前提。

埃里克森认为，人的发展是按阶段依次进行的，如果人的生命是一个周期，那么可划分为8个阶段，就像身体器官是按照一个预定的遗传时间表发展的一样，人格发展同样也有一个心理时间表。他还认为，在心理发展的每一个阶段都存在一种“危机”，这里所说的危机并非是灾难性的事件，而是指发展中的一个重要转折点。积极地解决危机可以增强自我的力量，帮助个体更好地适应环境，从而顺利度过这一阶段，并且增加后一阶段危机积极解决的可能性；消极解决危机则会削弱自我的力量，阻碍个体适应环境，并减少后一阶段危机积极解决的可能性。积极解决与消极解决之间并非是全或者无的关系，事实上每一次危机的解决都同时包含着积极和消极因素。

第一阶段　口唇期（出生～1周岁）：基本信任—基本不信任。

第二阶段　肛门期（1～3周岁）：自主—羞愧和怀疑。

第三阶段　性器期（3～6周岁）：主动自发—罪恶感。

第四阶段　潜伏期（6～12周岁）：勤奋—自卑。

第五阶段　两性期（12～20周岁）：同一性—角色混乱。

第六阶段　青年期（20～25周岁）：亲密—疏离。

第七阶段　成年期（25～65周岁）：生产—迟滞。

第八阶段　老年期（65周岁以后）：自我统整—失望。

埃里克森提出的心理发展八阶段论思辨性多于科学性。到目前为止，这一理论没有确凿证据的完全支持。虽然埃里克森强调社会因素与人格发展的关系，但他仍然把本我作为人格的生物学起源，在论述人格发展动力时也认为是个体的“同一性”在起作用，实际上他对社会因素的重视是远远不够的，所以也无法对社会改革和创新提出切实可操作的建议。

四、日内瓦学派的发生认识论

让·皮亚杰（1896—1980），瑞士人，近代最有名的儿童心理学家。发生认识论是以他为代表的日内瓦学派对儿童心理发展的研究和其他学科有关认识论的研究而提出的一种关于认识论的理论。认识论的理论试图以认识的历史、社会根源以及认识所依据的概念和“运算”的心理起源为根据来解释认识，特别是解释科学认识。他对心理学最重要的贡献是把弗洛伊德的那种随意、缺乏系统性的临床观察，变得更为科学化和系统化，使日后临床心理学上有长足的发展。

1. 建构主义发展观

皮亚杰认为，发展有4个条件，即成熟、实际经验、社会环境的作用和平衡化。前3个条件是发展的3个经典性因素，而第四个条件才是真正的原因。理论强调心理既不是起源于先天的成熟，也不是起源于后天的经验,而是起源于动作,即动作是认识的源泉,是主客体相互作用的中介。最早的动作是与生俱来的无条件反射。儿童一出生就以多种无条件反射反应外界的刺激,发出自己需求的信号,与周围环境相互作用。随之而发展起来的各种活动与心理操作都在儿童的心理发展中起着主体与环境相互作用的中介作用。第四个因素平衡化促进了同化与顺应之间的和谐发展,并使得成熟、实际经验和社会环境之间处在协调状态。更为重要的是,平衡的倾向作为一种过程,总是把儿童的认知水平推向更高阶段。当低层次的平衡被冲破以后,由于有了这种倾向,平衡才能在高一级的水平上得以恢复,从而导致智力发展,因此平衡是最根本的因素。

2. 儿童认知发展阶段论

皮亚杰把儿童的认知发展分为4个阶段:

1)感知运算阶段(0~2岁)。儿童的主要认知结构是感知运动图式,儿童借助这种图式可以协调感知输入和动作反应,从而依靠动作去适应环境。

2)前运算阶段(2~7岁)。儿童将感知动作内化为表象,建立符号功能,可凭借心理符号(主要是表象)进行思维,从而使思维有了质的飞跃。具体运算思维的特点:具有泛灵论、自我中心主义、思维不可逆性、不具备守恒能力等。

3)具体运算阶段(7~11岁)。儿童的认知结构由前运算阶段的表象图式演化为运算图式。已具有守恒性、脱自我中心性和可逆性,但思维活动需要具体内容的支持。

4)形式运算阶段(从11岁开始一直发展)。儿童思维发展到抽象逻辑推理水平。其思维形式摆脱思维内容,可以对假言命题做出逻辑的和富有创造性的反应。同时儿童可以进行假设——演绎推理。

皮亚杰的工作为心理科学的发展做出了巨大的贡献。皮亚洛的理论比传统的儿童心理学向前跨了一大步——他对局级行为方式进行了新的研究。但是皮亚杰抛开儿童的历史发展来谈儿童的心理发展,把儿童的心理发展简单化为受内部力量驱使、由内在逻辑支配的过程。随着时间的推移,皮亚杰发生认识论的有效性必将受到进一步的考验。

知识拓展

1. 三山实验

三山实验,是心理学家皮亚杰做过的一个著名的实验(见图1-5)。实验材料包括3座高低、大小和颜色不同的假山模型,在一个立体沙丘模型上错落摆放。首先让儿童从前后、左右不同的方位观察

图1-5 三山实验

这座模型，然后让儿童看4张从前后、左右4个方位所摄的沙丘的照片，让儿童指出和自己站在不同方位的另外一人（实验者或娃娃）所看到的沙丘情景与哪张照片一样。前运算阶段的儿童无一例外地认为别人在另一个角度看到的沙丘和自己所站的角度看到的沙丘是一样的！

这个实验证明：前运算思维缺乏逻辑性的表现之一，是不具备观点采择能力——从他人的角度来看待事物的能力。

2. 守恒实验

皮亚杰在实验开始时，向儿童出示两个一模一样的瓶子，两个瓶子中装有相同体积的液体。在儿童确认两个瓶子装有相同数量的液体后，实验者将一个瓶子中的液体倒入另一个比较高但比较狭窄的瓶子里，并问被试儿童："这个比较高的瓶子里的水比这个矮瓶子里的水多，还是一样多呢？"处在前运算阶段的儿童的回答通常是：较高的瓶子里的水比较多。皮亚杰守恒任务的经典实验如图1-6所示。

他在实验中发现，对这个问题，处在前运算阶段的儿童只注意高瓶子里液体的高度超过了矮瓶子，而不会考虑杯子口径的大小；他们只能将注意力集中在事物变化的一个方面或一个维度，不能同时注意事物变化的多个方面或多个维度。因而做出了错误的判断。

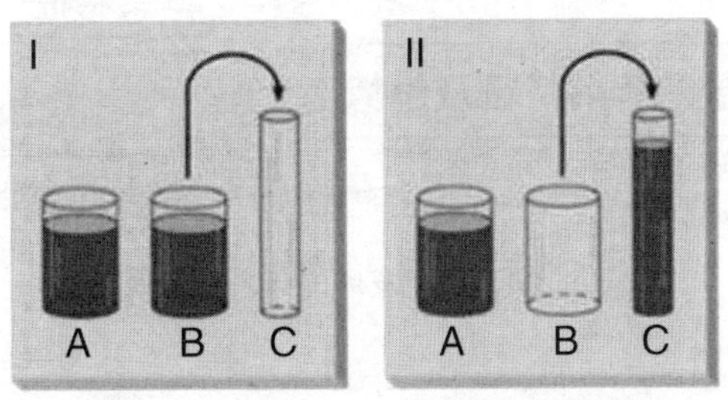

图1-6 皮亚杰守恒任务的经典实验

五、社会文化历史学派的心理发展理论

维果斯基（1896—1934），苏联心理学家，"文化-历史"理论的创始人。他提出了"最近发展区""教学必须走在发展的前面"等观点。

维果斯基所提出的"文化-历史"发展理论认为：人的高级心理机能亦即随意的心理过程，并不是人自身所固有的，而是在与周围人的交往过程中产生与发展起来的，是受人类的文化历史所制约的。其实现的具体机制是通过物质工具如刀斧、计算机等，以及精神工具如各种符号、词和语言等实现的。

他在说明教学与发展的关系时，提出了"最近发展区"的理论，认为教学必须要考虑儿童已达到的水平并要走在儿童发展的前面。为此，就要确定儿童的发展水平。儿童发展的两种水平：一是现有的发展水平；二是在有指导的情况下借助成人的帮助可以达到的解决问题的水平，或是借助于他人的启发帮助可以达到的较高水平。这两者之间的差距，即儿童现有水平与经过他人帮助可以达到的较高水平之间的差距，就是"最近发展区"。这一思想对正确理解教育与发展之间的关系，具有重要意义。由此得出教学促进儿童发展、教学创造最近发展区、教学要走在发展的前面、教学的开始必须以儿童发展成熟和发育为前提。

第三节　学前儿童发展的年龄特征及趋势

考纲提要

通过本节学习能够了解婴幼儿身心发展的年龄阶段特征、发展趋势，能运用相关知识分析教育的适宜性。考题主要涉及题型有单项选择题、材料分析题等。

内容结构图

本节内容框架如图1-7所示。

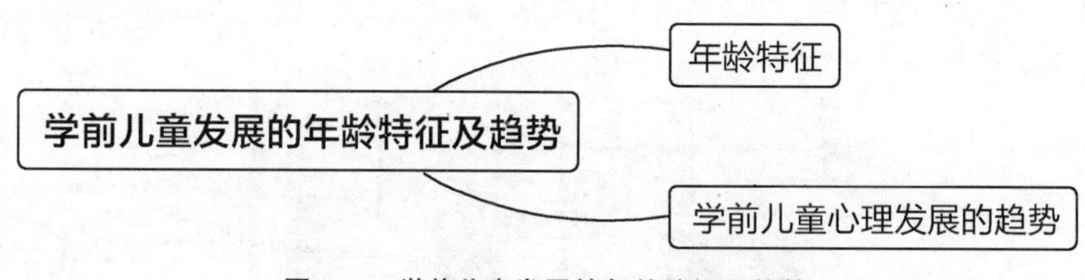

图1-7　学前儿童发展的年龄特征及趋势

一、年龄特征

1. 年龄特征的含义

年龄特征是指以年龄为指标划分的一个人从出生到成人的各阶段的生理、心理特征。人成长过程中每个阶段所经历的情况各不相同，从而构成了各种不同的年龄特征。人们在各年龄阶段不仅在身高、体重、肌肉、神经系统等生理发展方面速度不同，而且在知觉、记忆、思维、情感、意识、能力、愿望、兴趣等心理发展方面也有显著的差异。

在一定条件下，心理发展的年龄特征既是相对稳定的，也可以随着社会生活和教育条件等文化背景的改变而有一定程度的改变，包括生理年龄和心理年龄特征，两者密切联系，相互影响。心理年龄特征是人在一定的社会条件下，在心理发展的各个不同的年龄阶段中所形成的质的心理特征。在狭义的发展心理学或儿童心理学中，心理年龄特征主要是指儿童（含青少年）的心理发展的年龄特征。

儿童心理年龄特征是指个体儿童心理因年龄增长而发生的规律性演变。这是各年龄阶段儿童心理最典型、最一般的特征，包括儿童智力、情绪和个性、社会性等各方面的特征及总体特征。儿童心理年龄特征与生理年龄特征同受年龄制约，但又有区别，前者是指各年龄阶段儿童心理发展的普遍特征，后者则是形成心理年龄特征的自然物质基础。儿童心理年龄特征因社会制度、历史发展阶段、生活和教育条件的不同而有差异，具有稳定性和可变性。稳定性表现为年龄特征的阶段性、阶段的顺序及每个阶段变化的过程和速度大体趋同，变化的方向总是从简单到复杂、从笼统到分化、从具体到抽象、从被动到主动、从零乱到成体系。可变性表现为由于社会和教育的条件不同而形成的相对差异，虽不可忽视社会环境和教育的作用，但又不能夸大其作用。

2. 0～3岁儿童发展的年龄阶段特征

1）出生到满月（0～1个月）。儿童的生命并不是从新生儿才开始的。儿童出生前，在母体内大约度过了10个月（约280天）。从受精卵开始，逐渐变成完整的胎儿，这个阶段是胎儿期，胎儿期为儿童心理的发生和发展提供了物质前提。

新生儿期是从出生到满月，是身心高速发展的一个时期。新生儿期具有以下几个方面的特点：① 从生理上的寄居生活转为独立生活。新生儿出生后与外界建立独立的关系，开始独立的生理活动，为其心理的出现和发展创造了条件。② 新生儿已开始与客观现实直接接触，从而出现最初的心理活动。③ 新生儿一方面是软弱无力的，时时处处需要成人的关怀和照料，另一方面又存在着发展的巨大可能性，发展速度非常快。④ 新生儿主要依靠由皮下中枢实现的无条件反射来适应内外环境。新生儿的反射有生存反射与原始反射，新生儿大约在2周时，出现条件反射，使心理现象的出现真正成为可能。

2）满月到半岁（1～6个月）。与胎儿期、新生儿期相比，满月到半岁的婴儿身心发展依然非常迅速。在视觉和听觉发展方面，婴儿满月以后，视线可以追随物体移动，而且会主动寻找视听目标；会积极地用眼睛寻找成人，还会主动寻找成人手里摇动着的玩具。这个阶段的婴儿，在原始感情（舒服、不舒服、恐惧、发怒）的基础上，又增加了人类情绪中的喜、悲、羡慕、妒忌。见到生人会害怕，拽着爸爸妈妈不放的"认生"表现已经或即将出现，时间大约在4～6个月。"认生"证明了亲子之间情感的连接已经成功。出现认生的孩子已把母亲作为可以信赖的"心中基地"。

第一个月的婴儿：俯卧、握拳、蹬腿、挥动手臂、听声音有反应、感官敏锐、视力比较模糊。

第二个月的婴儿：开始学习抬头，发现自己的手，偶尔会露出笑容，会有各种情绪的反应。

第三个月的婴儿：俯卧可以撑起上身，头可以抬45度角，开始把看和做联系在一起。

1～3个月的婴儿对声音的反应也比以前积极了。这一时期的婴儿，开始主动和他人交往，出现了最初的亲子游戏，亲子游戏可以满足婴儿的社会性交往需要。

4～5个月的婴儿，开始出现手、眼协调动作，即出现视觉和手的触觉协调活动。

5～6个月的婴儿开始认生，对交往的人有所选择。认生是儿童认知发展和社会性发展过程中的重要变化。

3）半岁到1周岁（6～12个月）。在这个时期，婴儿的身体动作迅速发展，玩耍时间延长，啼哭时间减少。一般学前儿童粗大动作的发展要经过一个比较长的过程。在出生后一年多的时间里，婴儿学会抬头、翻身、坐、爬、站、走等动作。在这阶段应为婴儿准备一些适宜的玩具，对促进其动作发展有重要作用。

在掌握了坐和爬的动作后，手的动作开始发展。在半岁到1周岁，婴儿的手日益灵活，其中最重要的是五指分工动作发展起来了。所谓五指分工，是指大拇指和其他四指的动作逐渐分开，而且活动时采取对立的方向，而不是五指一把抓，五指分工动作和眼手协调动作是同时发展的，这是人类拿东西的典型动作。

满半岁以后,婴儿喜欢发出各种声音。与婴儿早期相比,这个阶段的婴儿发出的音节比较清楚,可以发出许多重复、连续的音节。9～10个月以后的婴儿,能够听懂一些词,并按成人的命令去做一些动作,如成人说"欢迎",婴儿会拍拍手;成人说"谢谢",婴儿就拱拱手。这个阶段的婴儿开始主动发出不同的声音,来表示不同的意思。

6～7个月的婴儿:可以自己坐、能够灵活翻身、表情更丰富。

7～8个月的婴儿:开始爬行、发出的声音增多,理解成人语言的能力增强。

8～9个月的婴儿:可以扶物站立、喜欢敲打能够发出声音的物品,手部动作更加灵活。

9～10个月的婴儿:开始认识自己的存在,懂得一些简单词义,如拍手表示欢迎、摆手表示再见。

10～11个月的婴儿:能够站起来,偶尔可以走几步,可以自己用杯子喝水。

11～12个月的婴儿:能够扶物行走、手指灵活性大大增强,变得好动,能说简单的单字。

这个阶段孩子马上就要作为一个真正的人起步了。

(1)*用两只脚站立并开始走路*。人类因为两足行走,使得手能够自由活动,文明也因此而获得发展,所以有必要给孩子以自由使用手的机会。这就使得尽可能地容忍孩子的"淘气"具有重要的意义,而且淘气对孩子自发性(意欲)的成长起着很大的促进作用。

(2)*开始说话*。最初只会发出诸如"妈妈"或"不不"这类音,渐渐地,语言的量增多起来,不时哭泣、不时嬉笑,以此来强烈地表达自己的情绪。如果父母与孩子玩耍过少,孩子的情绪发育将受到阻碍,往往会变得很少笑、频繁地吸吮手指,或是出现有节奏地摇动头或身体的怪癖。所以,多与孩子在一起,施以亲密的抚触,这一点是相当重要的。

同时6～12个月也是婴儿依恋关系的发展阶段。研究表明,6个月之前的孩子离开依恋对象,分离焦虑较轻;而将近1岁时离开依恋对象,分离焦虑就相当明显。

4)1～3岁。这个阶段儿童首先学会直立行走。1岁左右的儿童刚刚开始学步,走路还不是很稳。2岁以后,便能行走自如,并开始学习跑、跳、攀登等动作。但他们的动作还不是很灵活,显得缓慢、笨拙,摔跤是常有的事情。

1岁以后,儿童手的动作进一步灵活,能够准确地拿各种东西。1.5岁左右的孩子已不是拿着任何东西只会敲打打,单纯地摆弄,而是会根据物体的特性来使用,这是把物体当作工具来使用的开端。2.5岁以后,儿童能够自己用小毛巾洗脸,用笔画画。2～3岁的儿童能够学会各种动作,不仅能使双手协调,而且能使全身和四肢的动作协调。

人类所特有的言语和思维活动是在2岁左右开始真正形成的。1岁前只是言语发生的准备阶段;1岁到1.5岁是理解语言阶段;1.5岁以后的儿童有一个突然开口的时期,一下子会说很多,而且说得很好。2岁左右的儿童,虽然说话还不成句,但总是喜欢叽叽咕咕地说话,更喜欢模仿大人说话。思维也是在这个时期出现的。与此同时,想象也开始发生。2岁左右的儿童已经能够拿着物体进行想象性活动,出现游戏的萌芽。

2岁的儿童出现最初的独立性,不再像1岁前那么顺从了。特别是2～3岁的儿童有了自己的主意,开始"不听话"了。比如要求独立穿衣服、脱衣服;父母为他系好鞋带,非要解开自己重新系。

2岁左右的儿童开始萌发自我意识,自我意识就是幼儿对自己行为的看法和态度。幼儿在与他人的交往过程中，逐渐认识作为主体的自己与其他客体的不同，从而形成对自己的认识。幼儿知道了“我”与他人的不同，在行为上表现为“我要自己来做”，自我意识萌发的重要标志是在语言上对代名词“我”的掌握。

点红实验

这是研究儿童自我发展的一项经典实验。研究者在88名3～24个月的婴儿鼻子上点一红点，然后观察他们照镜子时的反应，并对其中2名12个月的婴儿做追踪研究。结果发现，15～24个月的婴儿会对着镜子观看自己的身体，并对着镜子触摸自己的鼻子。研究者认为，这是婴儿出现自我意识的自我认识的表现。

3. 3～6岁儿童发展的年龄阶段特征

幼儿3岁以后，在生活和活动上发生了很大的变化——进入幼儿园这个新的环境。这对于多数幼儿来说，是个重大的变化，3岁是他们生活上的一个转折年龄。从3岁起，幼儿开始离开父母进入幼儿园，过起了集体生活，这需要有一个适应过程。

1）幼儿初期（3～4岁）。3～4岁的儿童在幼儿园小班。这个阶段儿童的主要特点如下：

（1）情绪性强，行为受情绪支配。在幼儿期，情绪对幼儿的作用比较大，对3～4岁的幼儿，其作用更大。他们的行动常常受情绪的支配，而不像成人那样受理智支配。小班幼儿情绪性强的特点表现在多方面。如高兴时听话，不高兴时说什么也不爱听；常常为一件小事哭闹不停；不喜欢大灰狼，就把图书上所有大灰狼的眼睛都戳成洞；对喜欢的老师组织的活动特别爱参加，等等。小班幼儿的情绪很不稳定，很容易受外界环境影响，也很容易受周围人的情绪感染，看见别的孩子哭了，也会莫名其妙地哭起来；老师拿来玩具，又马上破涕为笑了。

了解幼儿以上的特点，对教育工作有重要意义。如每年开学初，小班教师都面临接待新入园幼儿的问题。对大多数初次离开妈妈的幼儿，刚入园的几天总爱哭，有经验的老师一边用亲切的态度对待每个孩子，稳定他们的情绪；一边用新鲜事物（如新奇的玩具、儿童喜爱的小动物等）吸引他们的注意力，使他们不知不觉地加入伙伴的行列。

（2）爱模仿。小班幼儿的独立性差，模仿性很强。看见别人玩什么，自己就玩什么，看见别人有什么，自己就要什么。玩娃娃家时，看见别人当妈妈，自己也要当妈妈，他们才不管一个家里有几个妈妈呢！因此小班玩具的种类不宜太多，但同样的玩具要多准备几套。在教育过程中，多为幼儿树立模仿的对象。例如，当着全班幼儿的面，表扬某位小朋友：“看小明坐得多直呀！”马上全班幼儿都会挺起小胸脯。如果需要集中幼儿的注意力，可以说：“悠悠小朋友学习最认真了，眼睛使劲地看着老师呢！”如果老师说：“小朋友，不要看外面了，外面没什么好看的！”则会引起更多小朋友看外面。

（3）思维带有直觉行动性。依靠动作和视觉进行思维是3岁前幼儿的典型特点。小班幼儿保留着这个特点。例如,让他们说出手中小汽车的个数,他们只会指点着小汽车数才会数清,而不会像大班幼儿那样在心里默数。由于小班幼儿的思维还要依靠动作和视觉,因此,他们不会计划自己的行动,只能先做后想,或者边做边想。例如,在画画之前往往说不清自己要画什么,而常常是在画出某个形象后,才突然有所发现地说"我画的是太阳"或"是饼干"。

小班幼儿的思维很具体、很直接,他们只会从表面去理解事物。因此对小班幼儿更要注意正面教育,而不能讲反话。例如,在教学活动时,有一个幼儿要上厕所,其他幼儿也要上厕所,教师就不高兴了,说:"都去、都去",结果孩子们都去了。此外,对小班幼儿提要求也要具体,因为他们不容易接受一般性的、抽象性的要求。

2)幼儿中期(4~5岁)。中班幼儿已经适应了幼儿园的生活,加上身心方面的发展,显得非常活泼好动。与小班相比,中班幼儿比较突出的特点如下:

(1)*爱玩、会玩*。*幼儿都喜欢游戏*。但小班幼儿虽然爱玩却不大会玩。大班幼儿虽然爱玩,也会玩,但由于学习兴趣日益浓厚,游戏的时间相对少了一些。中班属于典型的游戏年龄阶段,是角色游戏的高峰期。中班幼儿已能计划游戏的内容和情节,会自己安排角色。怎么玩,有什么规则,不遵守规则应怎么处理,基本都能商量,但游戏过程中产生的矛盾还需要保育员帮助解决。

(2)*活泼好动*。正常的幼儿都是活泼好动的,他们总是手脚不停地变化姿势和活动方式。如果要求他们安静地坐一会儿,很快就会表现出疲倦;如果此时让他们自由活动,那么一个个立即又生龙活虎了。

活泼好动的特点在中班幼儿身上表现得特别突出,甚至表现为顽皮、淘气。不少保育员都反映"中班的孩子最难带"。与中班相比,小班幼儿还不大熟悉和习惯幼儿园的集体生活,有些还"怯生生的",加上动作、语言的速度相对慢些,头脑里的主意也不多,所以比较"乖";而大班的幼儿懂的道理比较多,兴趣比较稳定,自我控制的能力也有所增强,对自己喜欢的事能比较长时间地集中注意力,因此显得比较懂事。中班的幼儿介于两者之间,既不像小班那样乖巧听话,又不像大班那样懂事,但他们的可爱之处恰恰在于他们的"活泼好动"。因为活泼好动锻炼了他们的身体,增强了他们的活动能力,扩展了他们的视野。不少研究发现,中班是幼儿许多心理品质发展最快的时期。

(3)*思维具体形象*。中班幼儿的思维可以说是典型的幼儿思维。他们在解决简单问题时,可以不再依赖实际的常识性动作,但却必须借助实物的形象。事物的形象常常影响他们的思维和对问题的理解。比如,在他们的头脑中,"儿子"的形象是小孩或年轻人,而长胡子并满脸皱纹的人是"爷爷"的特点,因此,当听说某个符合爷爷特点的人是某某儿子时,常感到不解;又如他们理解,"能吃苦"的意思就是"能吃掉很多带苦味的东西。"

3)幼儿晚期(5~6岁)。大班幼儿的心理特点开始接近小学生,突出的特点如下:

(1)*好学、好问、好探究*。好奇是幼儿的共同特点,但大班幼儿的好奇与小、中班有所不同。小、中班幼儿的好奇心多表现在对事物表面的兴趣上,看见什么都想去摸,去摆弄。他们常向成人提问题,但问题多半停留在"这是什么""那是什么"上。大班幼儿不同,他们不光问"是什么",还要问"为什么"。问题的范围也很广,上至天文地理,下至花鸟鱼虫,无所不有。他们不仅希望得到成人的解答,而且想通过自己的尝试、实验,去发现问题,寻求答案的主动性、积极性提高。

好学、好问是求知欲的表现，甚至一切淘气行为也反映了幼儿的求知欲。这个年龄的孩子特别喜欢拆卸，他们把玩具汽车拆开，是为了看看它里面有什么，它为什么会动，为什么会发音；想拆收音机是想找里面说话的阿姨。所以教师应该保护幼儿的求知欲，而不应嫌麻烦而拒绝回答孩子的问题。对类似拆坏玩具的行为也不要简单地训斥了事，而应该加以正面引导，为孩子提供一些可以自由摆弄的材料，支持他们的探索行为，对在探究事物过程中的失误应采取宽容的态度，并实时教给他们一些科学的探究方法。

（2）抽象逻辑思维开始发展。大班幼儿的思维仍然是具体形象的，但已有了抽象概括的萌芽。例如，他们已经开始掌握一些比较抽象的概念（如左、右概念），能对熟悉的物体进行简单的分类（白菜、西红柿、茄子都是蔬菜，苹果、橘子、香蕉都是水果）；也能初步理解事物的因果关系（针是铁做的，所以沉到水底去了；火柴是木头做的，所以能浮上来）。由于大班幼儿的抽象概括能力开始萌芽，因此可以、也应该进行简单的科学教育，引导他们去发现事物相互的各种内在联系，促进其智力的发展。

（3）个性初具雏形。大班幼儿初步形成了比较稳定的心理特征。他们开始能够控制自己，做事也不再"随波逐流"，显得比较有"主见"。对人、对己、对事开始有了相对稳定的态度和行为方式：有的热情大方，有的胆小害羞、有的活泼、有的文静，有的自尊心很强、有的有强烈的责任感，有的爱好唱歌跳舞、有的喜欢绘画……

对于幼儿最初的个性特征，成人应当给予充分的注意。幼儿园保育员在面向全体幼儿进行教育的同时，还应该针对每个幼儿的特点因材施教，使幼儿全面、健康地发展。

二、学前儿童心理发展的趋势

心理学家通过长期、大量的研究揭示出学前儿童心理发展的趋势：从简单到复杂，从具体到抽象，从被动到主动，从零乱到成体系。

1. 从简单到复杂

儿童最初的心理活动只是非常简单的反射活动，以后越来越复杂化。这种从简单到复杂的发展趋势表现在两个方面：

1）从不齐全到齐全。儿童的各种心理过程在出生的时候并非已经齐全，而是在发展过程中逐步形成的。各种心理过程出现和形成的次序，遵循由简单到复杂的发展规律。

2）从笼统到分化。儿童最初的心理活动是简单的，后来逐渐复杂和多样化。例如，婴儿的情绪最初只有笼统的喜怒之别，之后逐渐增加愉快、喜爱、惊奇、厌恶等各种各样的情绪。

2. 从具体到抽象

儿童的心理活动最初是非常具体的，以后越来越抽象和概括化。儿童思维的发展过程典型地反映了这一趋势。幼儿对事物的理解是具体形象的，比如他们认为儿子应该是小孩，不理解"长了胡子的叔叔"为什么能是儿子。成人典型的思维方式——抽象逻辑思维在学前末期才开始萌芽、发展。

3. 从被动到主动

儿童心理活动从最初的被动到主动，逐渐得到发展主要表现在两个方面：

1）从无意向有意发展。新生儿的原始反射是本能活动，是对外界刺激的直接反应，完全是无意识的。随着年龄的增长,儿童逐渐开始出现自己能意识到的、有明确目的的心理活动,然后发展到不仅意识到活动目的,还能意识到自己的心理活动进行的情况和过程。例如,大班幼儿不仅知道自己要记住什么,而且知道自己是用什么方法记住的。这就是有意记忆。

2)从主要受生理制约发展到自己主动调节。随着生理的成熟,儿童心理活动的主动性也逐渐增加。2～3岁的孩子注意力不集中,主要是生理不成熟所致,随着生理的成熟,心理活动的主动性逐渐增长。4～5岁的孩子在某些活动中注意力集中,而在某些活动中注意力容易分散,表现出个体的主动选择与调节。

4. 从零乱到成体系

儿童的心理活动最初是零散杂乱的,心理活动之间缺乏有机的联系。比如,幼儿一会儿哭,一会儿笑,一会儿说东,一会儿说西,都是心理活动没有形成体系的表现。正因为不成体系,心理活动非常容易变化。随着年龄的增长,心理活动逐渐有了系统性,有了稳定的倾向,出现每个人特有的个性。

第四节　学前儿童生理发展

考纲提要

通过本节学习能够掌握幼儿身体发育、动作发展的基本规律和特点,并能够在教育活动中应用。考题主要涉及题型有单项选择题等。

内容结构图

本节内容框架如图1-8所示。

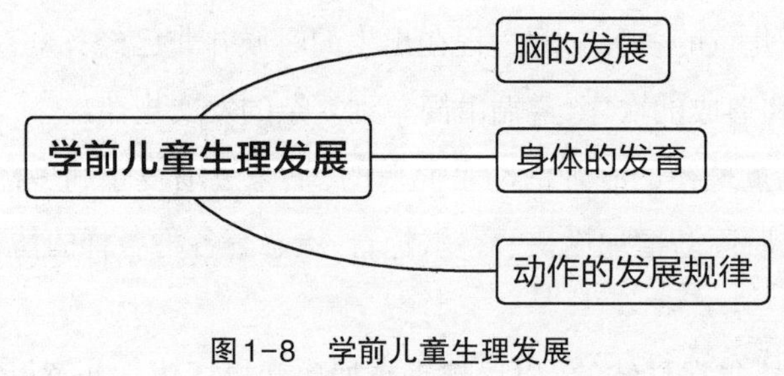

图1-8　学前儿童生理发展

一、脑的发展

学前儿童脑结构的发展。

1. 脑的发展在婴幼儿期基本完成

在生命早期,脑以一种惊人的速度生长。新生儿脑重仅为400克左右;2岁儿童的脑重已占成人脑重的75%左右；在6～7岁时，幼儿脑重约为1 280克，基本接近成人水平。个体大脑各区成熟的路线：枕叶→颞叶→顶叶→额叶。到幼儿末期，大脑皮质各区都接近成人的水平，7岁时连发育最晚的额叶也基本成熟。

2. 大脑偏侧化

大脑由两个半球组成，两半球由胼胝体相连接，每个半球表面都覆盖着大脑皮质。大脑左半球与右半球的功能差异很大，大脑左半球控制身体右侧，包括言语中枢、听觉中枢、动作记忆中枢、言语加工中枢、积极情感表达中枢。大脑右半球控制身体左侧，包括空间视觉中枢、非言语声音中枢、触觉中枢和消极情感表达中枢。有研究表明，大脑偏侧化在胎儿期就开始了，随着年龄增长，偏侧化倾向越来越明显，功能也越来越固定化。儿童用手偏好可以很好地证明这一点。

3. 大脑的“用进废退”

人脑大约有140万亿的脑细胞，突触就是连接脑细胞的神经节点，也称为神经元。信息就是通过突触，从一个脑细胞传递到另一个脑细胞的。脑突触形成的最关键时期是0～6岁。而0～3岁的婴儿脑突触增长得最快；3～6岁时速度减半；6～13岁速度又减半；13岁以后，脑突触虽然也有成长，可速度相当慢。那么脑突触是如何产生的呢？当人的感觉器官接收外界的刺激，脑细胞间就会形成突触，传递相应的信息。在脑突触高速发展的阶段接收相同信息所产生的突触就比较多；接受相反信息产生的突触就比较少。突触的产生很重要，但如果所产生的突触不经常刺激或者使用，就会逐渐退化，这就是法国生物学家拉马克提出的“用进废退”。

二、身体的发育

1. 体重与身高

在婴儿期，孩子的身体发育飞快。在体重方面，出生后头几个月里，他们的体重几乎每天增加28克；到4～6个月时，体重已是出生时的2倍；1周岁时，体重已是出生时的3倍；2周岁时，体重大约为出生时的4倍。在身高方面，婴儿在出生后头几个月里，身高每个月增加2.5厘米左右；1周岁时，婴儿的身高比出生时高出50%；2周岁时，高出75%。在儿童早期，儿童身高每年大约增高7厘米，体重增加253千克，男孩比女孩略微高一些、重一些。

2. 肌肉的发展

刚出生的幼儿就拥有将来所具备的肌肉纤维，不过在整个婴儿期，肌肉的发展速度很慢。肌肉组织的发展遵循头尾原则和近远原则。头部和颈部肌肉的发展早于躯干和四肢的肌肉。躯干部位大肌肉的发展早于四肢等部位小肌肉的发展。肌肉组织在青春早期迅速发展，男性肌肉的数量和力量的增加都高于女性。

3. 骨骼的发展

新生儿的骨很小，很柔软，不易站立，也不易保持平衡，但是很有韧性。新生儿的头骨被6个囟门分裂开来，出生后囟门逐渐被一些矿物质填充，到2岁时形成一整块头盖骨。

在牙齿方面，儿童早期是乳牙和恒牙交错的时期，在3～4岁时，儿童所有乳牙都已出齐，能够咀嚼要吃的任何东西。儿童早期结束时，开始换牙。牙齿可以说是儿童生理发展的一个重要指数。

学前儿童的生理发展除受遗传因素影响外，还受情感、睡眠、营养、疾病、受伤等环境因素影响。

三、动作的发展规律

动作发展是个体心理发展的重要方面。儿童动作发展是在神经中枢的控制下进行的,因此儿童动作发展与神经系统发展密切相关,并与身体发展有着类似的发展规律。如果说儿童身体发展遵循一定的先后次序,即头部—颈部—躯干—四肢,那么儿童动作的发展也有一定的顺序。

1)从上到下,又称上下规律。即先会抬头,然后会坐、站立、走路。儿童最早发展的是头部动作,其次是躯干动作,最后是脚的动作。所有婴儿都是沿着抬头—翻身—坐—爬—站—行走的动作发展方向成熟的。

2)由近及远规律。即先从靠近躯干的动作开始,然后是离躯干远的动作。头和躯干的动作先发展,然后是双臂和腿部动作的发展,最后才发展手的精细动作。

3)由粗到细或由大到小规律。先学会躯体大肌肉的大幅度的粗大动作,然后才逐渐学会手部小肌肉的精细动作。如婴儿首先发展的是双臂和腿部等躯体动作,以后才是灵巧的手部小肌肉动作以及准确的视觉动作等。在幼儿阶段,手部动作的发展已经相当成熟了。2岁的儿童可以自己穿脱简单的衣服。到3岁时,儿童可以扣纽扣、临摹简单的图形,但有时还有些困难。四五岁时,儿童不需要帮助就能穿衣、脱衣,可以很好地使用汤匙,能自己吃饭,开始学习用筷子。5岁时,儿童可以轻松地完成上面所有的任务,甚至可以开始使用剪刀或者是用笔写出一些数字或简单的字。到6岁时,儿童完全掌握了穿鞋的技能,说明其记忆力、认知动作都得到了很好的发展。

4)由整体到局部规律。最初的动作是全身性、笼统、弥散性的手舞足蹈,以后才逐渐分化为局部的、精确的、专门化的动作。开始时为了完成某一个动作,如取胸前的玩具,儿童会手舞足蹈,全身肌肉在活动,可还是取不到东西;之后会弯腰,身体向前,轻而易举地取到东西。

5)从无意到有意的规律。先出现无意动作,然后才逐渐出现有意动作,动作发展的方向越来越多地受心理意识的支配。

第五节　学前儿童认知发展

考纲提要

通过本节学习能够掌握幼儿认知发展的基本规律和特点,并能够在教育活动中应用。考题主要涉及题型有单项选择题、简答题和材料分析题等。

内容结构图

本节内容框架如图1-9所示。

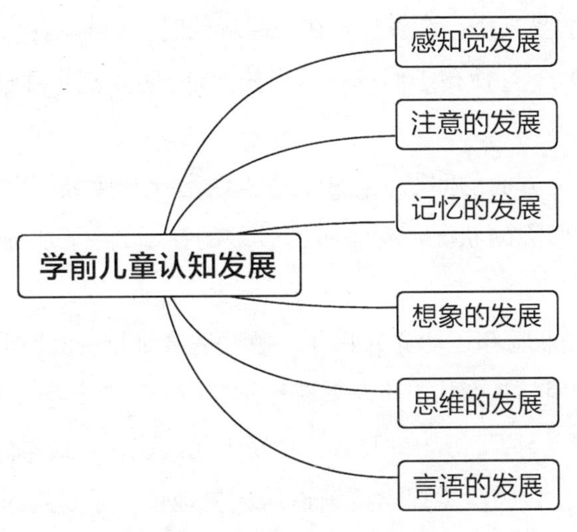

图1-9 学前儿童认识发展

一、感知觉发展

感觉是人脑对直接作用于感觉器官的客观事物的个别属性的反映，包括视觉、听觉、味觉、肤觉（触觉、温觉等）、运动觉、机体觉等。知觉是人脑对直接作用于感觉器官的客观事物的整体属性的反映。知觉是以感觉为基础产生的，受经验的影响，其实质是回答作用于感官的事物“是什么”的问题。

1. 感觉的发展

学前儿童感觉发展的主要特征：

1）视觉的发展。学前儿童视觉的发展主要表现在两个方面：视敏度和颜色视觉的发展。

视敏度是指精确地辨别细致物体或一定距离之外物体的能力，也就是发觉一定对象在体积和形状上最小差异的能力，即通常所说的视力。视敏度的发展首先依靠眼的晶状体的变化来调节。新生儿和幼小婴儿的晶状体不能变形，因而投射到视网膜上的形象比成人模糊。可以说，在新生儿的视觉、听觉、触觉等感知觉中，视觉的发展相对最不成熟。6个月以内是儿童视力发展的敏感期，这个时期如果出现发育异常，会引起视力丧失。5岁是视力发展的转折时期。

颜色视觉是指区别颜色细微差异的能力，也称辨色力。研究表明：幼儿初期（3～4岁）能初步分辨基本色，但难以说出颜色的正确名称；幼儿中期（4～5岁）能认识基本色和近似色，能说出基本色的名称；幼儿晚期（5～6岁）不仅认识颜色，画图时还可以调色。与此同时，幼儿对颜色的辨别往往和掌握颜色名称结合起来，并且受生活经验和教育的影响。

2）听觉的发展。现代心理学研究发现，不仅新生儿具有明显的听觉能力，而且胎儿（21周左右）也具备基本的听觉能力，并有听觉性记忆。新生儿在听到母亲的心音时，有回到自己熟悉环境的感觉。3～4个月的儿童头可转向声源，听悦耳声微笑；8个月的儿童能确定声源，对语气敏感；3岁的儿童能清楚分辨e和er声。儿童的听觉敏感性随年龄的增长而不断提高。研究表明：听力可以经过训练得到提高，所以应有意识地通过音乐或语言培养孩子的听觉能力。

保护儿童的听力很重要，具体包括以下两个方面：

首先，减少噪声。环境的噪声对听觉是有害的，人最理想的声强环境是15～35分贝。幼儿园是孩子集中的地方,儿童又非常容易兴奋。许多孩子在一起玩的时候,可能会出现大声喧哗的现象。教师应该加强对孩子的教育和组织工作,使孩子们都有适当的活动,防止乱叫乱嚷。有条件的话,孩子们的自由活动应该多在户外进行。

其次,及时发现孩子听力方面的问题,给孩子适当的治疗和照顾,以免影响语言的发展。教师可以通过听力检查,了解儿童听力的状况。对于听力较差的孩子,除了加强训练外,还应创造条件加以保护。

3)触觉的发展。触觉是肤觉和运动觉的联合。触觉是学前儿童认识世界的重要手段,在儿童的人际关系形成中也起着重要作用。儿童从出生时就有触觉反应,许多天生的无条件反射也都有触觉参加,如吸吮反射、防御反射、抓握反射,等等。口腔触觉是新生儿认识物体最早的一种探索手段,婴儿的手的触觉探索活动发展起来以后,口腔触觉探索逐渐退居次要地位。手是通过触觉认识外界的主要渠道。新生儿的抓握反射就是手的触觉的一种表现。

手眼协调动作(4～5个月)是婴儿认知发展的重要里程碑,也是真正的手的触觉探索的开始。手眼(视触)协调出现的主要标志是伸手能够抓住看见的东西。

积极主动的触觉探索是在7个月左右发生的。婴儿在学会了手眼协调之后,逐渐学着用手去摆弄物体,把东西握在手里,挤它或把它转来转去。

2. 知觉的发展

1)方位知觉。方位知觉是对物体所处空间位置的知觉。其发展包括空间定位能力的出现,以及空间关系的掌握。

首先,空间定位能力的出现。婴儿出生后已经有了听觉定位能力。盲儿能够依靠声音对物体定位。正常婴儿则主要依靠视觉进行空间定位。

其次,空间关系的掌握。儿童方位知觉的发展主要表现在对上下、前后、左右方位的辨别。小班儿童能够分辨上下;中班儿童能够分辨前后、里外;大班儿童能够以自身为中心分辨左右,逐步发展到以他人为中心分辨左右。

由于幼儿从自身为中心辨别左右方位,辨别对方的左右比较困难,所以教师在上课时,要采用"镜面示范"的方式示范动作,即在镜子前教师面向儿童,要求儿童伸出左手,教师就要伸出右手来示范。

2)深度(立体)知觉。深度知觉,亦称"立体知觉"或"距离知觉",是对物体的立体或对不同物体的远近的知觉。心理学家沃克和吉布森曾进行一项旨在研究婴儿深度知觉的实验,后来被称为视觉悬崖实验。研究者制作了平坦的棋盘式的图案,用不同的图案构造以造成"视觉悬崖"的错觉,并在图案的上方覆盖玻璃板。这样,眼睛看上去像悬崖一样。实验的主旨是考察婴儿是否敢爬向具有悬崖特点的一侧。

将2～3个月大的婴儿腹部向下放在"视觉悬崖"的一边,发现婴儿的心跳速度会加快,这说明他们体验到了物体深度;当把6个月左右的婴儿放在玻璃板上,让其母亲在另一边招呼婴儿时,发现婴儿会毫不犹豫地爬过没有深度错觉的一边,但却不愿意爬过看起来具有悬崖特点的一侧,无论母亲在对面怎么叫都一样。

约从6个多月开始,婴儿就具有深度知觉。即使2个月的婴儿也对深度不同的刺激有不同的反应

（如心率变化）。这说明婴儿的深度知觉不太可能是后天经验的产物。

3）形状知觉。对儿童来说对不同几何图形辨别的难度有所不同，由易到难的顺序是：圆形、正方形、半圆形、长方形、三角形、八边形、五边形、梯形、菱形。

研究表明，当视觉、触觉、运动觉相结合时，儿童对几何图形感知的效果较好。在辨别几何图形的任务中，如果只让儿童用手摸，没有让他看，错误率较高；而让儿童既看又摸，视觉和触觉都参与，那么以后不用看，只用手去摸，儿童也能较容易地完成任务。一般来讲，对于基本图形，小班认知圆形、三角形、正方形；中班认知长方体、梯形、椭圆形；大班认知立体图形。

4）大小知觉。大小知觉是人们对物体大小的感知能力。婴儿已经具有物体形状和大小知觉的恒常性。所谓视觉恒常性是指客体的映象在视网膜上的大小变化并不导致对客体本身知觉的变化。例如：一块积木离开观察者的距离越远，在视网膜上的映象越小，但观察者知觉到的积木大小并未变化。

6个月前的婴儿已经能辨别大小。2.5～3岁是孩子辨别平面图形大小能力急剧发展的阶段，能够按语言指示选择大小，3岁以后判断大小的精确度有所提高，4～5岁能够触觉配合视觉选择，6～7岁能够仅凭视觉选择。

5）时间知觉。时间知觉是对客观现象的延续性、顺序性和速度的感知。

婴儿最早的时间知觉主要依靠生理上的变化产生对时间的条件反射，也就是人们常说的“生物钟”。以后逐渐学习借助某种生活经验（生活作息制度、有规律的生活事件等）和环境信息（自然界的变化等）判断时间。一般小班儿童能够知道早上和晚上；中班儿童能够知道昨天、今天、明天；大班儿童能够知道整点钟、半点钟、年月日、四季、日历。

儿童时间知觉表现出以下特点和发展趋势：

① 时间知觉的精确性与年龄呈正相关，即年龄越大，精确性越高。

② 时间知觉的发展水平与儿童的生活经验呈正相关。严格执行作息制度有助于发展孩子的时间知觉，培养时间观念。

③ 儿童对时间单元的知觉和理解有一个“由中间向两端”“由近及远”的发展。

④ 理解和利用时间标尺（包括计时工具）的能力与其年龄呈正相关。

二、注意的发展

1. 注意的概念及作用

1）注意的概念。注意是一种心理状态，是心理活动对一定对象的指向和集中。指向性和集中性是注意的两个基本特点。

注意的指向性是指人在某一时刻的心理活动选择了某个对象，而离开其他对象。如儿童在听故事时，其心理活动指向故事，别的事物都不去注意。

注意的集中性是指心理活动不仅指向某一对象，而且把精力都集中到该对象上。注意力高度集中时，对周围发生的事物往往“视而不见，听而不闻”。

2）注意的作用

（1）注意对儿童活动的作用。游戏是儿童的主要活动形式，而注意是儿童游戏活动开展的保证。

在游戏中，如果儿童玩得很投入用心，那么这个游戏就会进行得非常好。

另外，注意是儿童学习活动的保证。儿童听故事，学儿歌，学唱歌，认识各种事物都需要集中注意。儿童集中注意时，学习效果就好，容易记住新知识，能力提高也快。

（2）注意对儿童心理发展的作用。

首先，注意能使儿童从环境中接受大量的信息，调整自己的行为。幼儿园良好的环境布置可以吸引儿童的注意，从而发展儿童的观察力，提高儿童的感知能力。

其次，注意对儿童认识过程的发展有重要意义。凡是儿童注意到的事物，他对该事物的感知就最清晰，也最容易记住。

最后，注意对儿童坚持性发展影响很大。儿童在画画或做游戏时，如果注意力转移到别处去了，那么他原来的活动就不可能坚持下去。

2. 注意的分类

根据注意过程中有无预定目的和是否需要意志努力的参与，可以把注意分为无意注意、有意注意和有意后注意。

1）无意注意。无意注意是指没有预定目的，也不需要意志努力的注意。无意注意一般是在外部刺激物直接刺激作用下，个体不由自主地给予关注。例如，正在上课的时候，有小鸟飞入，大家不自觉地去看它；大街上听到人喊叫，行人会不由自主地扭头观望。

2）有意注意。有意注意是指有预定目的，也需要意志努力的注意。我们工作和学习中的大多数心理活动都需要有意注意。工人上班，学生上课，交警指挥交通，都是有意注意在发挥作用。有意注意是一种积极主动、服从于当前活动任务需要的注意，属于注意的高级形式。它受人的意识的调节和控制，是人类所特有的一种注意。有意注意虽然目的性明确，但在实现过程中需要有持久的意志努力，这容易使个体产生疲劳。

3）有意后注意。有意后注意是指有预定目的，但不需要意志努力的注意。它是在有意注意的基础上，经过学习、训练或培养个人对事物的直接兴趣达到的。在有意注意阶段，主体从事一项活动需要有意志努力，但随着活动的深入，个体由于兴趣的提高或操作的熟练，不用意志努力就能够在这项活动上保持注意。有意后注意是一种更高级的注意。它既有一定的目的性，又因为不需要意志努力，在活动进行中不容易感到疲倦，这对完成长期性和连续性的工作有重要意义。但有意后注意的形成需要付出一定的时间和精力。

3. 学前儿童注意的主要特征

1）无意注意占优势。无意注意又称不随意注意，是没有预定目的、不需要意志努力、不由自主地对一定实物所产生的注意。3～6岁儿童的注意仍然主要是无意注意。但是和3岁前的幼儿相比，3～6岁的儿童的无意注意已经有了很大的发展，主要体现在以下两个特点中。

（1）注意仍然受刺激物的物理特性支配。强烈的声音、鲜明的色彩、生动的形象、突然出现的刺激物或者事物发生的显著的变化，都容易引起儿童的无意注意。比如电视、电影和各种活动都能够吸引幼儿的注意，水里的鱼、天上的鸟，也由于他们活动的多变而容易引起儿童的注意。在室内学习时，有人在活动室里面走来走去，会使这一阶段的儿童分散注意；如果大部分儿童不注意听老师讲话，而是相互交谈或玩耍，造成室内一片喧哗，这个时候老师提高声音不能引起儿童的注意，反倒是突然放低声或者停止说话，能引起他们的注意。在幼儿进行阅读活动的时候，活动室内部的布置环境过于花哨，会诱使幼儿的注意力从老师身上分散到无关的装饰上面；老师的声音过于平淡没有起伏，也容易使幼儿感到疲惫，从而分散注意力。

（2）兴趣和需要逐渐成为3～6岁儿童无意注意的原因。3～6岁幼儿的生活经验比以前更丰富了，对于一些事物有了自己的兴趣和爱好，对于符合他们兴趣的事物，容易引起无意注意。比如，有的儿童对汽车特别感兴趣，不论在任何场合，都会注意到汽车及相关汽车的事情。幼儿期出现了渴望参加成人的各种社会实践活动的新需要，成人的许多活动如成人开汽车、解放军练兵、民警维持交通秩序、医生看病、护士打针、售货员售货等，都能成为幼儿无意注意的对象。符合幼儿经验水平的教学内容，以游戏形式出现的教学方式，也容易引起幼儿的无意注意。

2）有意注意初步发展。3～6岁幼儿有意注意发展水平较低，稳定性差，处于发展的初级阶段，而且依赖于成人的指导和组织。

（1）3～6岁儿童的有意注意受大脑发育水平的限制。有意注意是由脑的高级部位控制的。大脑皮质的额叶部分是控制中枢所在。额叶的成熟使幼儿能够把注意指向必要的刺激物和有关动作，主动寻找有需要的信息，同时抑制对此不必要的反应，即抑制分心。在大约7岁时，额叶才能成熟。因此，幼儿期出现注意力不集中或者注意力容易分散，老师应该给予幼儿更多的耐心，而不是指责。一般小班儿童注意力保持时间为3～5分钟，中班幼儿能够保持10分钟左右，大班幼儿在成人指导下能够保持15～20分钟。

（2）3～6岁儿童的有意注意是在外界环境、特别是成人的要求下发展起来的。3～6岁幼儿的有意注意需要成人的指引，成人的指引能够帮助幼儿明确注意的目的和任务，产生有意注意的动机，即自觉地、有目的地控制自己的注意并且用意志努力保持注意。老师在组织活动的时候只是一味地让幼儿认真听，却没有说清楚要求幼儿听什么，没有教会幼儿怎么去听，怎样才能够保持注意，这样十分不利于幼儿保持注意的稳定性。

（3）幼儿的有意注意是在一定的活动中实现的。幼儿的有意注意发展水平不足，因此需要把智力活动与实际操作结合起来，让注意对象直接成为幼儿行动的对象，使他们处于积极的活动状态，这有利于有意注意的形成与发展。例如，在阅读活动当中，除了让幼儿注意听老师和其他幼儿的讲述，还可以让幼儿进行适当的角色扮演，让他们在游戏的氛围中亲身体验，更好地保持有意注意。

4. 学前儿童注意发展的培养策略

1）注意存在的问题及原因分析

（1）幼儿注意分散。年幼儿童的注意广度很小，他们不能长时间地把注意力集中于某一项活动上，即使是儿童自己感兴趣的活动。注意广度随着年龄的增长而增长。在整个幼儿期，由于大脑中调节注意的区域——网状结构，尚未完全髓鞘化，故注意保持的能力是较弱的。

选择性注意。幼儿不太会控制自己的注意，容易为无关刺激的特征所吸引而导致分心。随着年龄的增长，儿童学会了注意刺激中信息量最大的方面而忽略无信息量的方面。

（2）幼儿注意分散的原因

第一，连续进行的单调活动。幼儿如果长时间处于单调的活动状态下，容易产生疲劳，并由于疲劳而分心。

第二,缺乏严格的作息制度。缺乏规则的约束会造成注意分散。

第三,无关刺激的干扰。幼儿很容易被新异、多变、强烈的刺激物所吸引。

第四,注意转移能力差。儿童注意的转移还不很灵活,往往不能根据活动的需要及时将注意集中在当前应该注意的事物或活动上。

第五,无意注意和有意注意不能很好地转换。

2)学前儿童注意的培养策略

(1)避免无关刺激的干扰。对于托幼机构来说,避免闲杂人员进出和各种噪声污染;活动室布置应简洁优美、主题突出;教具的选择和使用应能密切配合教学;规范教师的仪表、行为;在教学过程中避免当众批评个别注意力不集中的幼儿,以免干扰全班幼儿的注意。

(2)根据幼儿的兴趣和发展需要组织活动。幼儿园的教育活动应符合幼儿的兴趣和发展需要。活动内容应尽可能贴近幼儿的生活,要选择他们关注和感兴趣的事物。应尽量以游戏化的方式组织各种教学活动,使幼儿积极、主动地参与活动。在活动过程中幼儿既可以有愉快、自信的情感体验,还有利于师生之间及同伴之间的交往。

(3)无意注意和有意注意的交互并用。注意的发展尤其是有意注意的发展对幼儿其他心理现象的发展具有重要意义,也是个体完成任何有目的的活动所必需的重要前提。有意注意需要一定的意志努力,很容易引起疲劳,无意注意容易引发但又不持久。所以教师在组织教育活动时,要根据教学内容和幼儿的注意发展水平,灵活运用两种注意方式。

(4)合理组织教育活动。幼儿教师作为教育活动的组织者和引导者,对防止幼儿注意分散具有重要的影响。教师要不断地学习专业知识,不断地总结自己的教学实践,科学、合理地组织每一次教育活动。轻松、愉快、有效的教育活动既可以有效地避免幼儿注意分散,也可以促进他们各种心理机能,尤其是注意力的发展。

三、记忆的发展

1. 记忆的概念及作用

记忆是个体对其经验的识记。人们感知过的事物、思考过的问题、体验过的情结、练习过的动作等,都可以作为经验在头脑中保留下来,并能在一定条件下提取出来。

记忆是一种比较复杂的心理过程,包括识记、保持、再现3个基本环节。识记是识别和记住事物,是保持的必要前提;保持是现已获得的知识经验的过程,是再现的重要保证;再现是在不同情况下恢复过去经验的过程,包括再认和回忆。这3个环节相互联系、相互制约。

2. 记忆的分类

1)以记忆的内容划分

根据记忆的内容可分为:

形象记忆:即对感知过的事物形象的记忆;

情境记忆:对亲身经历过的,有时间、地点、人物和情节的事件的记忆;

情绪记忆：对自己体验过的情绪和情感的记忆；

语义记忆：又称为词语—逻辑记忆，是用词语概括的各种有组织的知识的记忆；

动作记忆：对身体的运动状态和动作机能的记忆。

2）以记忆保持的时间划分

根据记忆保持的时间可以将记忆分为瞬时记忆、短时记忆和长时记忆。

瞬时记忆又称为感觉记忆或感觉登记，是指外界刺激以极短的时间一次呈现后，信息在感觉通道内迅速被登记并保留一瞬间的记忆。保持时间大约为1秒钟。

短时记忆是指外界刺激以极短的时间一次呈现后，保持时间在1分钟以内或是几分钟的记忆。短时记忆的容量有限，一般为5～9个项目，这也就是平常我们所说的记忆广度。

长时记忆是指永久性的信息存贮，一般能保持多年甚至终生。

3. 学前儿童记忆发展的主要特征

1）婴儿记忆的发展

（1）胎儿的记忆。有研究发现，如果把事先记录的母亲心脏跳动的声音放给儿童听，儿童会停止哭泣。由此认为，胎儿已经有了听觉记忆。

（2）新生儿记忆的表现。新生儿的记忆方式和成人不同，他记不起视野以外的东西。这就是为什么在新生儿时期，只要宝宝的需要得到满足，他就乐于和任何人待在一起。新生儿时期记忆主要表现在以下两个方面：一是对条件刺激物形成某种稳定的行为反应（即建立条件反射）；二是对熟悉的事物产生“习惯化”。一个新异刺激出现时，人（包括新生儿）都会产生定向反射，随着刺激物出现频率的增加而对它的注意时间逐渐减少，甚至消失，心理学家称之为“习惯化”。

2）幼儿记忆发展的特点

（1）记忆保持时间逐渐延长。儿童记忆保持的时间长度可以从再认和再现的潜伏期来看。记忆的潜伏期是指从识记到能够再认或回忆之间的时间。儿童记忆保持时间的长短受很多因素的影响，主要因素如下：

第一，幼儿对记忆对象的感知程度。只有将记忆对象感知得很清楚，才能留下深刻的印象，而印象深刻的东西才能保持长久。

第二，幼儿的知识经验和对识记材料的理解程度。凡是容易和幼儿已有的知识相联系的内容就比较容易记住，也利于长期保持。

第三，儿童的情绪状态。幼儿很容易记住那些富有情绪色彩（愉快或不愉快）的事情。比如3岁左右的儿童对押韵的儿歌相当熟悉，因为它能引起儿童情绪上的愉快反应，所以记忆保持得特别长久。

第四，对被记忆对象的兴趣。幼儿对自己特别感兴趣的东西，能集中注意力去探究和思考，以形成比较鲜明的深刻印象。

（2）无意识记占优，有意识记逐渐发展。

无意识记占优势。无意识记的效果优于有意识记，无意识记效果随年龄增长而提高。

有意识记逐渐发展。这是幼儿记忆发展中最重要的质的飞跃。幼儿有意识记的发展有如下特点：

其一,幼儿的有意识记是在成人的教育下逐渐产生的。

其二,幼儿的有意识记随年龄增长不断发展。

其三,幼儿有意识记的效果主要依赖于对记忆任务的意识和活动动机。

(3)较多运用机械识记,意义识记开始发展。根据识记是否建立在理解的基础上,可把有意识记分为机械识记和意义识记。机械识记是指对材料没有理解的情况下,依靠事物的外部联系、先后顺序,采用机械重复的方法进行的识记。如对汉字笔画、人名、地名等,大多采用机械识记。意义识记是指对材料理解的情况下,根据材料的内在联系,运用有关经验进行的识记。

幼儿较多运用机械识记,但意义识记效果好。为什么儿童主要不是用意义识记而是大量使用机械识记呢?原因有两个:一是幼儿大脑皮质的反应性较强,感知一些不理解的事物也能够留下痕迹;二是幼儿对事物理解能力较差,知识经验少,对许多识记材料不理解,不会进行加工,只能死记硬背,进行机械记忆。

幼儿的机械识记和意义识记都在不断发展。研究表明,在整个幼儿期,无论是机械识记还是意义识记,其效果都随着年龄的增长而有所提高。

(4)形象记忆占优势,语词记忆逐渐发展。

其一,形象记忆的效果优于语词记忆。

其二,形象记忆和语词记忆都随年龄的增长而发展。

其三,形象记忆和语词记忆的差别逐渐缩小。

4. 学前儿童记忆的培养策略

1)遗忘的原因分析及对策。识记的材料在头脑中的保持不是一成不变的,而是会发生质和量的变化。质的变化是指内容的加工改造;量的变化是指随着时间的推移,保持量呈减少的趋势,即出现部分遗忘。遗忘是指对过去曾记过的事物不能再认或回忆,或产生了错误的再认或回忆。影响遗忘的因素如下:① 识记材料的性质、数量和意义。② 学习的程度。过度学习的效果优于适度学习、低度学习的效果。过度学习达150%,保持效果最佳。③ 识记材料的系列位置。一般来说,识记材料的首尾容易记住,而中间部分则容易遗忘。

心理学研究表明,遗忘是有规律的。德国心理学家艾宾浩斯最早对遗忘现象做了比较系统的实验研究。为避免经验对学习和记忆的影响,他在实验中用无意义音节作为学习材料,用重学时所节省的时间或次数为指标测量遗忘的进程。实验表明,在学习材料记熟后,间隔20分钟重新学习,可节省通读时间58.2%左右;1天后再学,可节省时间33.7%左右;6天以后再学习,可节省时间下降到25.4%左右。依据这些数据绘制的曲线就是著名的“艾宾浩斯遗忘曲线”(见图1-10)。在艾宾浩斯之后,许多心理学家用无意义材料和有意义材料对遗忘的进程进行研究,结果都证明艾宾浩斯遗忘曲线基本是正确的。

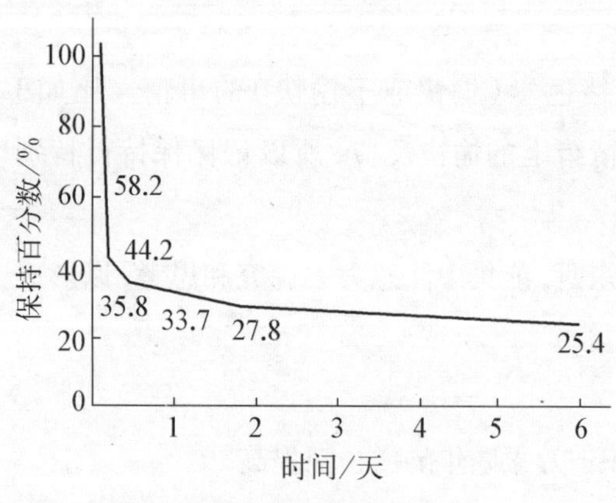

图1-10 艾宾浩斯遗忘曲线

从遗忘曲线可以看出,遗忘的进程是不均衡的。在学习停止以后的短时期内遗忘特别迅速，后来逐渐减缓，一段时间之后，几乎不再遗忘了，即遗忘的发展是"先快后慢"。因此学习后及时复习是很重要的。

2）培养策略。为帮助儿童更好地记忆，教师可让儿童进行及时、合理的复习；提供的识记材料要形象，方法要有趣；帮助儿童理解识记材料；让儿童采用多种感官参与记忆过程；科学地安排识记材料，排除学习材料顺序的干扰；合理安排学习时间，排除神经系统疲劳的干扰。

四、想象的发展

1. 想象的概念及作用

想象是人脑在一定刺激的影响下对已有的表象进行加工改造而形成新形象的心理过程。儿童在2岁以后，想象力迅速发展，想象力几乎贯穿幼儿的各种活动。

1）想象是幼儿思维发展的基础。人的创造力主要表现在一个人的创造思维方面。而创造思维一般可以分为3个方面：直觉、灵感和想象。换言之，想象是创造思维的一个主要方面。对于幼儿来说，创造思维的核心就是想象。

我们评价幼儿创造思维的水平也主要是从想象的水平出发。丰富的想象是幼儿创造思想的表现，如儿童画"月亮上荡秋千"就充满了丰富的想象，因此才可能获得很高的评价。既然想象是幼儿创造思维的核心，就应该充分发展幼儿的想象力，更好地促进幼儿心理的发展。

2）想象能引发幼儿的情绪活动，情绪也会影响幼儿的想象。幼儿在想象过程中常表现出很强的兴趣性和情绪性。情绪高涨时，幼儿想象就活跃，不断出现新的想象结果。在幼儿园，老师亲了一下孩子，那么他就会产生丰富的联想，头脑中浮现出老师喜欢他的情景。又如"老鹰捉小鸡"的游戏本应以小鸡被老鹰抓走而告终，可孩子们同情小鸡，又产生这样的想象：鸡妈妈和鸡爸爸赶来，把老鹰啄死，救回了小鸡。

3）想象是象征性游戏的首要心理成分，与游戏密切相关。儿童的主要活动是游戏，儿童的想象在游戏中起着极为重要的作用。在角色游戏中角色的扮演、游戏材料的使用等都依赖于儿童的想象。如"娃娃家"游戏中，"爸爸""妈妈"用纱布做成包子、馒头，用木棍炒菜，带孩子看病等活动，都是经过儿童"假想"而成的。没有想象，这种"虚构的"活动便无法开展。在结构游戏中，儿童必须对结构材料、结构物体进行想象，通过一定的建构技能才能"创造"一定的"成果"。此外，幼儿听故事、听音乐、绘画、搭积木时，也需要依靠积极的想象活动。通过各种方法发展儿童的想象力，可以促进儿童游戏水平的提高，促进幼儿身心健康发展。

4）想象与幼儿的学习活动密不可分。想象可以帮助儿童掌握抽象的概念，理解较为复杂的知识，创造性地完成学习任务。如语言课中的续编故事，教师讲故事的前半部分，让儿童通过想象编出不同的结尾。在其他课程的学习中，儿童也离不开想象这一心理过程。

2. 想象的分类

根据想象的目的性和意志性，可以分为无意想象和有意想象。

1）无意想象。无意想象是指事先没有预定目的的想象。无意想象是在外界刺激的作用下，不由自主产生的。如梦就是一种无意想象。

2)有意想象。有意想象是指事先有预定目的的想象。在有意想象中,根据观察内容的新颖性、独立性和创造性程度,又可分为再造想象、创造想象、理想与空想。

① 再造想象是根据他人的描述或图样,在头脑中形成新形象的过程。

② 创造想象不是根据现成的描述,而是在大脑中独立产生新形象的过程。

③ 理想与空想。理想是符合事物发展规律并可能实现的想象。空想是不以客观规律为依据,甚至违背事物发展的客观进程,不可能实现的想象。

3. 学前儿童想象的主要特征

1)以无意想象为主,有意想象开始发展。按照是否有目的,想象可分为无意想象和有意想象。无意想象是最简单、初级的想象,没有预定目的和意图,在一定的刺激影响下,就可以自发进行的想象。有意想象是指根据一定的目的,自觉地创造出新形象的过程。儿童以无意想象为主,主要有以下特点:想象的目的性不明确;想象的主题易受外界的干扰而变化;想象过程受兴趣和情绪的影响;以想象过程为满足;想象内容零散,不成系统。

在无意想象的基础上,有意想象在幼儿期开始萌芽。例如有个4岁多的女孩说:“我想画个电视机。”于是就画了起来,画着画着,发现直线画弯了,就自言自语道:“不像电视机,成气球了,那我就画气球吧。”这个孩子的想象基本上还是自由联想,无意性的成分很大,但她毕竟能够先想后画,而且按自己所想去画了,说明她的想象已经开始具有一定的目的。有意想象在幼儿晚期(大班)表现得更明显,想象活动展开之前,已经能够确定主题,并且围绕主题进行想象。

2)以再造想象为主,创造想象开始发展。儿童想象以再造想象为主,主要有以下特点:首先,幼儿的想象常依赖于成人的语言描述。幼儿在听故事时,其想象随着成人的讲述而展开。其次,幼儿的想象具有复制性和模仿性。幼儿想象的内容基本上重现生活中的一些经验或作品中描述的情节。

儿童的创造想象开始发展,主要表现为随着幼儿言语的发展和抽象概括能力的提高,幼儿在再造想象中出现一些创造性的因素。到了幼儿中期,创造想象开始出现。5岁以后幼儿的想象内容涉及面比以前宽广得多,幼儿的想象常涉及生活中的各种领域。教师和家长要努力营造一种宽松、民主的氛围,采用一些有效的方法来激发孩子的创造想象。

3)想象有时与现实混淆

(1)想象脱离现实。儿童的想象脱离现实主要表现为想象具有夸张性。夸张性想象是指在想象中夸大事物的个别特征,如三头六臂、千手观音就是这种想象的结果。幼儿由于缺乏整体感,常常只抓住事物的某些特征,如幼儿画长颈鹿时总是把脖子画得特别长;把蓬松的头发画成竖立的直线等。

(2)想象和现实混淆。儿童的想象与现实混淆具体表现在如下几个方面:

其一,把渴望得到的东西说成已经得到的。幼儿在看到其他的小朋友拥有而自己没有的东西,如看到别人玩变形金刚时,他会说:“我家也有,比你的还大呢!”实际上却是不存在的。这时往往被成人理解成是说谎,但实际上是一种无意想象。

其二,把希望发生的事情当成已经发生的事情。例如,某幼儿没有去成公园,但其他的小朋友去了,第二天他说自己也去了,把美好的想象当成了现实。

其三,在参加游戏或欣赏文艺作品时,往往身临其境。

4. 学前儿童想象的培养策略

1）**保护孩子的好奇心**。培养想象的主动性，孩子有强烈的好奇心，这是发展想象的起点。当孩子发问时，成人一定要耐心、完整地给予解释，进而培养幼儿想象的主动性。

2）**丰富幼儿的表象，发展幼儿的言语表现力**。儿童表象的丰富或贫乏，将直接影响其想象的质量与内容。因此，教师要想培养幼儿具有较强的想象力，就应该从丰富儿童的表象入手，这需要教师在教学和活动中尽量做到直观、生动，尤其是对于年龄小的孩子，经常展现一些直观形象的材料，对于丰富他们的表象来说十分重要。此外，还可以组织幼儿参观、游览，让幼儿在实际活动中积累经验。

3）**在文学艺术等多种活动中创造幼儿想象发展的条件**。可以通过音乐、绘画、舞蹈、猜谜、表演舞台剧、听讲故事等方式激发幼儿的想象力。在指导幼儿绘画时，注意不要在画得像不像上要求幼儿，重点在于启发，使其在头脑中产生联想。

4）**在游戏中，鼓励和引导幼儿大胆想象**。游戏是幼儿最喜欢的活动形式，幼儿可以在游戏中利用玩具和对周围现实生活加以模仿，积极自由地想象。在游戏中，一方面教师要注重让幼儿多进行角色扮演，分享角色的乐趣，在轻松愉快的气氛中接受教育；另一方面，尽量避免引起幼儿恐惧、害怕等情绪。尤其对胆小的幼儿，在有关的活动中更要多加说明，使他们知道这不是真实的，不要害怕。在玩具的选择上，教师也要注意选择有益于开发幼儿想象力的玩具。

5）**创造自由宽松的气氛，鼓励每个幼儿的自由创造**。在自由宽松的气氛中，让每个幼儿都有从自己的创造中得到正面反馈的机会，这样会大大增强儿童的自信心。让幼儿在视美感知充分积累的同时，进行比较随意的情感创造，不强调有目的和有控制的逻辑创造，不然会限制幼儿想象的发展。

6）**鼓励孩子大胆想象**。孩子常把一根小棒当作勺子喂娃娃；常把一个小盒子“嘟嘟嘟”当作小推车；常梦想自己在月亮上荡秋千；常在树上画满雪糕……他们的想象丰富而大胆，充满了幻想。所以，无论孩子的想象有多离奇，成人一定要保护孩子想象的欲望，鼓励孩子大胆想象。如“你看这圆形像什么？还能变成什么？”

五、思维的发展

1. 思维的概念及作用

1）**思维的概念**。思维是人脑对客观现实间接、概括的反映，是人类认识的高级阶段。思维具有间接性和概括性两个基本特点。思维有多种表现形式，概念是反映事物本质属性的思维形式，是思维最基本的形式；判断是肯定或否定某种东西的存在或指明某种事物是否具有某种性质的思维形式；推理是从已知的判断（前提）推出新的判断（结论）的思维形式，其中推理的形式有演绎、归纳和类比。

演绎推理是从一般性的前提出发，通过推导，即“演绎”，得出具体陈述或个别结论的过程。

归纳推理是根据一类事物的部分对象具有某种性质，推出这类事物的所有对象都具有这种性质的推理。

类比推理是根据两个或两类对象有部分属性相同，从而推出它们的其他属性也相同的推理。

转导推理是从一些特殊的事例到另一些特殊事例的推理。转导推理是儿童最初的推理，是处于前运算阶段的儿童特有的一种推理形式。儿童的转导推理常常不符合客观逻辑，原因在于缺乏知识和经验,不能进行分类、概括等概念性思维加工。

2)思维的作用

(1)思维的发生标志着儿童的各种认识过程已经齐全。儿童的认识过程是在出生以后的生活中逐渐发生的。思维是复杂的心理活动,在个体心理发展中出现较晚。它是在感觉、知觉、记忆等心理过程的基础上形成的。思维的发生说明儿童已具备了人类的各种认识过程。

(2)思维的发生发展使得其他认识过程产生质变。思维是人类认识活动的核心。思维是在感知、记忆等过程的基础上产生的。但一旦发生,就不是孤立地进行活动,它参与感知和记忆等较低级的认识过程,而且使这些认识过程发生质的变化。

(3)思维的产生发展促进了幼儿情感、意志和社会性发展。思维对幼儿的影响并不仅仅局限于幼儿的认识方面,还渗透到幼儿的情感、社会交往和个性等方面。思维水平的提高可以使幼儿的情感深刻化;使幼儿通过对情况的判断,做出决定,并能认识自己行为的后果,从而增强责任感和自制力;对他人需要的理解,使得幼儿学会同情、关怀、谦让、互助;对自己和他人的认识使幼儿知道自我,使自我意识得到发展。

(4)思维的发生标志着意识和自我意识的出现。意识的基本特征是抽象概括性和自觉能动性。思维的发生使儿童具备对事物进行概括、间接反映的可能,从而出现意识特征的初级形态,开始出现不同于动物的心理特征。

2. 思维的分类

1)根据思维的凭借物(思维的内容)可分为直观动作思维、具体形象思维和抽象逻辑思维

① 直观动作思维(又称为实践思维)是指在思维过程中要以具体、实际动作作为支柱而进行的思维,这种思维所要解决的任务目标一般总是直观的、具体的。比如桌子上放了一块糖,孩子想吃,可够不到,孩子是不会去想怎么才能拿到这块糖的,他只会伸手去够,无意中他碰到了放在糖旁边的一支铅笔,铅笔碰到糖之后,糖动了,他会马上拿铅笔去拨拉那块糖,糖就够到了。当我们看到孩子的这个行为时,可能会觉得这个孩子太聪明了,这么小就知道用铅笔去扒拉那块糖了,其实,这不是他"想"出来的办法,而是他在动作中无意间学到的本领。那么,以后再遇到相似的情境,就知道如何去处理了。

② 具体形象思维是指在思维过程中借助表象而进行的思维。表象是这类思维的支柱。比如我们对孩子讲水果,孩子就不明白了,如果我们和孩子说香蕉、苹果、大鸭梨,他的头脑中就会出现这些实物的形象,你再让孩子画苹果时,就不需要把苹果摆在那里了,因为他的头脑里已经有了苹果的样子。

③ 抽象逻辑思维是指在思维过程中以概念、判断、推理的形式来反映事物本质属性和内在规律的思维。概念是这类思维的支柱。

2)根据思维的逻辑性可分为直觉思维、分析思维

① 直觉思维是未经逐步分析就迅速对问题答案做出合理的猜测、设想或突然领悟的思维(顿悟、灵感,如患者去医院看病,未经过仪器的检查,医生就能知道患者得什么病)。

② 分析思维是经过分析后,对问题解决明确结论的思维(如患者看病经过各种仪器设备的检查,经过专家的严密分析后,得出的解决问题的方法,称为分析思维)。

3）根据思维的指向性可分为聚合思维、发散思维

（1）聚合思维：也称为集中思维、求同思维，是指人们在解决问题时，思路集中在一个方向，从而形成唯一的、确定的答案（聚合大家的观点，是从多到一的过程，如北京到上海有很多出行方案，选择一个最佳的出行方案）。

（2）发散思维：也称为求异思维、分散思维，是指人们解决问题时，思路向各种可能的方向扩散，从而求得多种答案。这一过程是从给予的信息中产生多种信息的过程，因为发散思维使思考者不拘泥于一个途径、一个方法（数学的一题多解，是从一到多的过程，如教师让学生列举砖头的用途）。

4）根据思维的创新性程度可分为常规思维、创造性思维

（1）常规思维：也称再造性思维，是指人们运用已获得的知识经验，按现成的方案和程序，用惯用的方法、固定的模式来解决问题的思维方式（如学生利用教师课堂中所教的知识原理解决课后习题）。

（2）创造性思维：是以新颖、独特的方式来解决问题的思维方式（如鲁班根据茅草能够割破手指发明了锯子）。

3. 学前儿童思维发展的一般规律

在儿童的思维发展中，语言、感知觉与思维的关系尤为密切。儿童思维发展的一般规律表现如下：婴儿期和幼儿初期的思维具有一定的直观行动性；幼儿期以具体形象思维为主；幼儿晚期抽象逻辑思维开始萌芽。

1）直觉行动思维。直觉行动思维也称直观行动思维，即依靠对事物的感知，依靠人的动作进行的思维，是最低水平的思维。直觉行动性是学前儿童思维的基本特征，也是直觉行动思维的重要特征。这种思维方式在2～3岁儿童身上表现得最为突出，在3～4岁儿童身上也常有表现，在小班孩子初期的绘画和游戏活动中表现尤为明显。

2）具体形象思维。具体形象思维是运用已有的直观形象解决问题的思维，是介于直觉行动思维和抽象逻辑思维之间的一种过渡性的思维方式，也是幼儿期典型的思维方式。其特点是具体性、形象性，表现在思维的内容是具体的，依靠形象来思维。幼儿的思维还具有内隐性和自我中心性，自我中心性伴随的表现有不可逆性、拟人性（泛灵论）和经验性。

3）抽象逻辑思维开始萌芽。抽象逻辑思维是指用抽象的概念（词），根据事物本身的逻辑关系进行的思维。抽象逻辑思维是人类特有的思维方式。随着生活经验的增加，儿童开始逐渐用抽象的方式思考问题，具体表现：分析、综合、比较、概括等思维基本过程的发展，概念的掌握、判断和推理的形成及理解能力的发展等。随着抽象逻辑思维的萌芽，儿童自我中心的特点逐渐消除，开始学会从他人以及不同的角度考虑问题，获得“守恒”观念，开始理解事物的相对性。

学前儿童思维发展的一般规律体现在幼儿的学习、认知等多个方面。例如，幼儿计数能力的发展可以分为“口头数数→按物点数→说出总数→掌握数的守恒”等阶段，这个发展过程正是学前儿童思维发展一般规律的体现。

4. 学前儿童思维的主要特征

1）具体形象性。幼儿在思考问题时，总是借助具体事物或具体事物的表象。头脑中必须要有事物的表象。比如，幼儿伸出大拇指和食指比画着做打手枪状，嘴里还不停模仿枪声：“啪啪，啪啪。”这说明幼儿见过枪的形状并用手指模仿枪的形状。具体形象性是幼儿思维发展最为突出的特点。

2)经验性。以自己的生活经验来思维。比如,当你问一个3岁的幼儿:“如果把木瓜子吃到了肚子里,会怎样呢?”幼儿可能会说:“头上会长出木瓜树。”因为在这个幼儿的经验里,种子埋在土里会长出树,而吃到了肚里当然和埋在土里是一回事了,也会长出树来。又如,幼儿的绘画作品《春天来了》中把燕子画得大大的,几乎占据了整个画面,而诸如山水、树木和房屋都画得很小。这是因为在这个幼儿的经验里,燕子来了就表明春天来了。

3)拟人性(泛灵论)。在幼儿眼中,往往是“万物有灵,万物有情”,即幼儿往往会将无意识的、没有生命的东西当作有意识和有生命的东西。比如,他们会和小动物、花草树木讲话;在画太阳时会给太阳添上眼睛和嘴巴。另外,我们经常在幼儿园“娃娃家”活动区角见到的幼儿抱着布娃娃喂食物、与它说话、哄它睡觉等情景都说明幼儿的思维具有拟人性的特点。

4)表面性。幼儿的思维是根据具体接触的表面现象来进行的,因此思维往往只是反映事物的表面的联系,而不反映事物的本质联系。例如,教师出示两排同样数目的纽扣,第一排比第二排排列得稀疏,显得比较长。然后问幼儿:“哪一排的纽扣多?”幼儿回答:“第一排多,原因是第一排比较长,所以多。”在这个守恒实验中,幼儿受到了长度这一表面现象的影响,认为越长就越多。

5)刻板性。幼儿的思维缺乏灵活性,他们较难掌握相对性。幼儿教师都有这样的经验:做广播操时,与小幼儿面对面站立,老师要求幼儿伸出左手,老师自己则伸出了右手,这就是所谓的“镜面教学”。因为幼儿不理解对面教师的左边正好是自己的右边,而如果幼儿理解了相对性,教师就只需伸出左手。又如,一家有两个姐妹,幼儿知道自己的姐姐是谁,却不知道自己姐姐的妹妹是谁。这表明了幼儿只能从自己的角度思考问题,而不能从他人的角度做相对性的思考。

5. 学前儿童思维发展的培养策略

1)要有目的、有计划、合理地为幼儿提供大量可以直接感知的玩具和活动材料。教师应根据幼儿的思维特点,选择适宜的活动材料和教学方法,提供鲜明、形象、生动直观的玩具及教具等活动材料。教学方法以游戏法、观察法、操作练习法、实验法等为主。

2)为儿童提供活动与操作的条件与机会。通过操作,对具体事物进行比较、分类。比较是在思想上把各种事物进行对比,并确定它们的异同。分类是在比较之后,按照相同的种类、性质或等级进行归类,比较是进行分类的前提。儿童一般先学会找物体的不同处,后学会找物体的相同处,最后学会找物体的相似处。

3)组织丰富的互动使幼儿在活动中积极思考,激发好奇心和兴趣。通过观察,对具体事物进行分析、综合。分析是在头脑中把事物的整体分解为各个不同的部分或不同的特征,分别加以思考的过程。综合是在头脑中把各个不同的部分或不同的特征结合起来,组成整体来思考的过程。

4)提供较多形象可爱的玩教具,丰富幼儿的感性经验。具体形象思维是依靠表象进行的思维,它是幼儿思维的主要特点。可以说,表象的丰富程度直接影响幼儿的思维水平。

六、言语的发展

1. 言语的概念

言语是人运用语言工具进行思考和社会交往的行为过程。通过言语活动,可以理解对方语言和利用语言表达的思想和情感。人们之间的交际过程,既包括说话、书写等表达思想或感情的过程,也包括听说、阅读等感受和理解对方思想与感情的过程。言语过程实质上是种心理上的活动。言语可根据表现形式分为口头语言、书面语言和内部言语等。

2. 言语的分类

1)从自我中心言语到社会化言语。皮亚杰着重研究了2～7岁儿童的言语,将儿童的言语划分为两大类:自我中心言语和社会化言语。

自我中心言语。所谓自我中心,是指儿童把注意力集中在自己的动作和观点之上的现象。在言语方面的自我中心则表现为讲话者不考虑他在与谁讲话,也不在乎对方是否在听他讲话,他或是对自己说话,或由于和一个偶然在身边的人共同活动感到愉快而说话。自我中心言语共分为3个范畴:重复(无意义字词的重复)、独白、双人或集体独白。

社会化言语。社会化言语有下列4种:适应性告知;批评和嘲笑;命令、请求和威胁;问题与回答。

其一,适应性告知。当幼儿把某些事情告诉他的听众而不是讲给自己听,或者当幼儿在对自己讲话的同时也在与别人合作时,或者幼儿与听众进行对话时,便产生了适应性告知。适应性告知实际上是幼儿要促使他人听他讲话并且想方设法影响他人,即传递思想。

其二,批评和嘲笑。这一类言语是有关别人的工作和行为的话,它与特定的听众相关联,但富有强烈的情感因素,肯定自己而贬低别人,如"我妈妈给我买了一支冲锋枪,比你的大"。

其三,命令、请求(祈使)和威胁:这一类言语有明确的相互作用。如"你过去一点,挡我了""老师,请你过来一下""等一会儿""别动,我要生气了"等。

其四,问题与回答,常在社会化交往时出现。幼儿提出的问题大多要求别人答复,而幼儿的回答有拒绝和接受两种。但是,这些回答不是有关事实的答复,而是有关命令和请求的答复。

2)从外部言语到内部言语。维果茨基认为,自我中心言语是儿童思维的工具,具有反映解决任务的计划的功能。自我中心言语是形式上的外部言语与功能上的内部言语的结合,随着儿童心理的发展,自我中心言语并不是消失了,而是转化成了内部言语。也就是说,儿童的自我中心言语是由社会化言语向内部言语过渡的一个中间环节和必要阶段。

3. 学前儿童言语的主要特征

1)口语的发展。学前儿童口语的发展,主要表现为掌握语音、词汇、语法的能力以及语言表达力的发展。

(1)*掌握全部本民族语音*。随着生理上的成熟言语知觉的发展,幼儿的发音能力也迅速发展,特别是3～4岁时发展尤为迅速。此时,他们已初步掌握本民族、本地区的全部语音,但在实际使用语音时。对有些音往往发不正确。到6岁时,儿童已经能掌握绝大部分母语的发音,也基本上能发准母语绝大部分语音。因此,教师必须重视幼儿的发音练习,尤其是4岁左右的幼儿,更应实施正确的语音教育。

(2)*词汇量增加,内容变化大*。幼儿期是人一生中词汇量增加最快的时期,他们所掌握的词类范围日益扩大。在儿童词汇中,主要是意义比较具体的实词,这是儿童最先掌握的词汇。具体而言,儿童掌握词汇的先后顺序通常是名词、动词、形容词,而对于副词、代词、数词等的掌握相对较晚。

(3)初步掌握语法。我国儿童能说出的句子类型有以下发展趋势:从不完整句到完整句;从简单句到复合句;从陈述句到多种形式的句子。通常将儿童口语分为不完整句(1~2岁)和完整句(2岁以后)两大阶段。在不完整句阶段,儿童从单音重叠、一词多义、以词代句的单词句阶段(1~1.5岁),逐渐发展到电报句阶段(1.5~2岁)。幼儿的语法意识从4岁开始明显出现。主要表现为幼儿会提出有关语法结构的问题,并逐渐能够发现别人说话中的语法错误。

(4)口语表达能力进一步发展。儿童在掌握语言成分的基础上,口语表达力也逐渐发展起来。具体表现:对话言语的发展和独白言语的出现;情境性言语的发展和连贯性言语的产生;出现内部言语的过渡形式——出声的自言自语。

2)书面语言的发展。书面语言活动包括认字、写字和阅读、写句子。认字、阅读属于接受性言语活动;写字、写句子属于表达性言语活动。儿童书面语言的产生是从接受性言语活动开始的。

(1)儿童识字的特点。儿童学识字的过程一般分为3个阶段:泛化阶段、识字阶段和再现阶段。儿童识字主要处于前两个阶段。当儿童感知觉不断发展,把字当作图谱时,儿童已经进入泛化阶段;当他们多次接触某个字时,感知活动逐渐分化,开始认一些字,进入识字阶段。儿童容易认识的字具有如下特征:字大、清楚;与响亮的语音同时出现;有形象作为辨认的支柱;字形结构简单;多次重复;与情绪和兴趣相联系。

(2)儿童的阅读准备——前阅读活动。看书是最初的阅读活动形式,孩子在几个月时就可以进行阅读活动。最初的阅读活动是看书,而非阅读,孩子并非阅读文字,而是拿书看,是母子共读;1岁左右,当孩子情绪好的时候,会自己拿着书看;3岁左右,可培养孩子爱看书的习惯:幼儿期基本以图为主,能认一些字,以图为辅。儿童在阅读活动之前需要具备一些条件:掌握有关词汇;掌握语法;具有一定表达能力;掌握基本阅读技能,比如翻书动作;具有阅读兴趣。

(3)儿童的书写准备——前书写活动。书写活动基于手的小肌肉的协调性发展。绘画活动可以提高画线条的力度和流畅性;日常劳动可以培养手的灵活性和手眼协调能力。前书写活动还需要培养儿童的空间知觉、方位知觉,让儿童了解汉字基本笔顺,逐渐养成良好的书写习惯。

此外,书写与识字能力的准备有关,写字的准备与掌握语音的能力有关。幼儿期是书面语言发生的关键阶段,其言语发展的主要任务是发展口头语言。

4. 学前儿童言语的培养策略

① 在日常生活中培养儿童清楚完整地用语言表达的能力。教师应鼓励他们多说话,用正确的语言引导他们,对他们用得合适和好的语句给予鼓励。

② 开展有趣的讲述活动。考虑学前儿童已有的经验,选择有趣的故事展开讲述活动,有目的、有计划地培养幼儿语言能力。

③ 多利用儿歌、绕口令组织语言教学,教会幼儿逐渐从朗读的过程中去理解,再模仿记忆,加深印象及掌握优美句子的表达。

④ 通过看图编讲故事或者续编故事,增强儿童语言的综合能力。

⑤ 积极为幼儿创造交往条件。交往的形式有亲子之间交往、同伴之间交往、师生之间交往以及与周围人交往。

知识拓展

对幼儿采用“做中学”的原因分析

幼儿的学习方式是由幼儿的心理发展水平和特点决定的，直接感知、实际操作和亲身体验的学习方式符合幼儿的心理发展水平和特点。

（1）幼儿的思想以具体形象思维为主。

（2）幼儿的言语发展水平有限，使用的句子以简单句为主，不能理解那些抽象、复杂的言语讲解。

（3）幼儿的注意以无意注意为主，有意注意逐渐发展。

（4）幼儿的记忆以无意记忆为主，有意记忆逐渐发展，且无意记忆效果较好。

（5）幼儿的形象记忆占优势，语词记忆逐渐发展。

第六节　学前儿童情绪、情感发展

考纲提要

通过本节学习能够掌握幼儿情绪、情感发展的基本规律和特点，并能够在教育活动中应用。考题主要涉及题型有单项选择题、简答题和材料分析题等。

内容结构图

本节内容框架如图1-11所示。

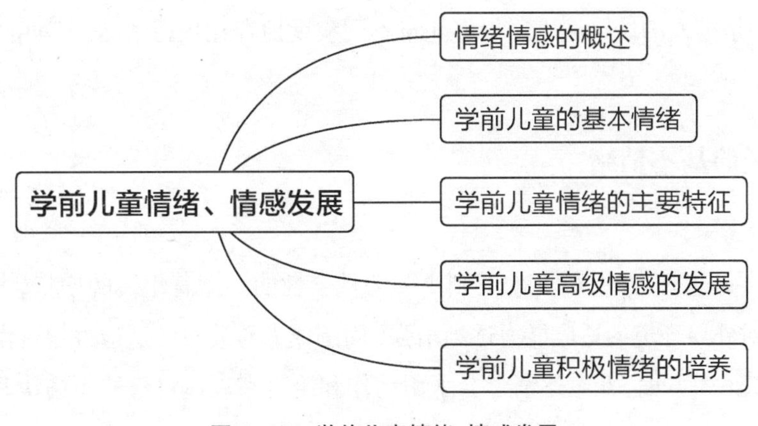

图1-11　学前儿童情绪、情感发展

一、情绪情感的概述

1. 概念

情绪和情感是人对于客观事物是否符合自己的需要而产生的态度体验,反映的是客观事物与人的需要之间的关系。这种关系表现在事物是否能够引起人的情绪反映,是以人的需要为中介的。

情绪和情感是两种既有区别又有联系的主观体验。通常把与生理需要(如安全、饮食、睡眠等)相联系的内心体验称为情绪,如惬意、开心等;把与社会需要(如交往、文娱、教育、道德、劳动)相联系的内心体验称为情感,如爱情、责任感等。

2. 情绪、情感对学前儿童发展的作用

学前儿童的情绪、情感对其心理发展具有非常重要的意义,影响儿童心理诸多方面的发展。

1)情绪的作用。情绪是儿童认知和行为的唤起者与组织者,对儿童心理活动和行为具有非常明显的激发作用。情绪直接指导、调控着儿童的行为,驱动、促使儿童去做出这样或那样的行为,或不去做某种行为。

2)情绪对认知发展的作用。情绪与认知之间关系密切,一方面,情绪随着认知的发展而分化、发展;另一方面,情绪对儿童的认知活动及发展起着激发、促进,或抑制、延缓的作用。

3)情绪是人际交往的重要手段。每一种情结都有其外部表现——表情。表情是人与人之间进行信息交流的重要工具之一,在婴幼儿与人的交往中,占有特殊的、重要的地位。幼儿常常用表情代替语言回答成人的问题,或用表情辅助自己的语言表述。

新生儿几乎完全借助于他的面部表情、动作、姿态及不同的声音等,与成人进行信息交流,引起、维持或调整与成人的交往。表情和语言共同实现儿童与成人、儿童与同伴间的社会性交往。

4)情绪对儿童性格形成的作用。儿童在与不同的人、事物的接触中,逐渐形成了对不同人、不同事物的不同的情绪态度。儿童经常、反复受到特定环境的影响,反复体验同一情绪状态,这种状态就会逐渐固定下来,形成稳定的情绪特征,而情绪特征正是性格结构的重要组成部分。

5)情绪影响身心健康。情绪与人的身心健康互相制约、互相影响。身体健康主要指机体有无疾病,而心理健康主要是指人的情绪健康。很多儿童不同程度地存在焦虑情结,长期的焦虑状态会直接影响儿童的健康成长。

二、学前儿童的基本情绪

1. 哭

新生儿的哭主要是生理性的,幼儿的哭则主要为社会性的。随着年龄的增长,儿童的啼哭会减少。一方面是由于儿童对外界环境的适应能力逐渐增强,周围成人对儿童的适应性也逐渐改善,从而减少了儿童的不愉快情绪;另一方面,儿童逐渐学会了用动作和语言来表达自己的不愉快和需求,取代了哭的行为。

2. 笑

笑是愉快情绪的表现,儿童的笑比哭发生得晚。笑的主要类型如下:

1）自发性的笑。婴儿最初的笑是自发性的，或称内源性的笑。这是一种生理表现，不是交往的表情手段。

2）诱发性的笑

诱发性的笑可分为：

（1）*反射性的诱发笑*。新生儿在第3周时，开始出现清醒时间的诱发笑。例如，轻轻触摸或吹其皮肤敏感区4～5秒，他就会微笑。这种诱发性的微笑是反射性的，而不是社会性微笑。

（2）*社会性的诱发笑*。研究发现，从第5周开始，婴儿对社会性物体和非社会性物体的反应不同，人的出现，包括人脸、人声，最容易引起婴儿发笑，这表明婴儿开始出现“社会性微笑”。

3. 恐惧

1）本能的恐惧。恐惧是婴儿出生就有的情结反应，是本能的反应。最初的恐惧不是由视觉刺激引起的，而是由听觉、肤觉、肌体觉刺激引起的，如刺耳的声音等。

2）与知觉和经验相联系的恐惧。婴儿从4个月左右开始出现与知觉发展相联系的恐惧。引起过不快经验的刺激会激起恐惧情绪。也是从这个时候开始，视觉对恐惧的产生逐渐起主导作用。

3）怕生。怕生是对陌生刺激物的恐惧反应。怕生与依恋情绪同时产生，一般在出生后6个月左右出现。伴随婴儿对母亲依恋的形成，怕生情绪也逐渐明显、强烈。研究表明，婴儿在母亲怀里时，怕生情绪较弱；离开母亲，怕生情绪较强烈。

4）预测性的恐惧。随着想象的发展，2岁左右的儿童出现了预测性恐惧，如怕黑、怕坏人等。这些都是与想象相联系的恐惧情绪，往往是由环境的不良影响形成。与此同时，由于语言在儿童心理发展中的作用增加，成人的肯定、鼓励可以帮助儿童克服这种恐惧。

三、学前儿童情绪的主要特征

儿童情绪具有易冲动、不稳定、外露性等特点。

1. 情绪的易冲动性

儿童常处于激动状态，情绪强烈，很难自制，年龄越小，这种冲动越明显。例如，想要一个玩具而得不到，就会大哭大闹，短时间内不能平静下来。随着年龄的增长、语言的发展，儿童逐渐学会接受成人的语言指导，调节控制自己的情绪。5～6岁儿童情绪冲动性逐渐降低，调节控制情绪的能力逐渐加强。

2. 情绪的不稳定性

儿童的情绪非常不稳定，容易变化，表现为两种对立的情绪在短时间内互相转换，这与他们易受情境的影响有关。儿童的情绪常受外界情境所支配，某种情绪往往随着某种情境的出现而产生，又随着情境的变化而消失。此外，儿童情绪的易变与其情绪易受感染和暗示也有关。

随着年龄的增长，儿童情感的稳定性会逐渐增强，但仍容易受家长和教师的感染，所以家长和教师在儿童面前必须控制自己的不良情绪。

3. 情绪的外露性

婴儿的情绪完全表露在外，丝毫不加控制和掩饰。到了2岁左右，孩子从日常生活中逐渐学习一些初步的行为规范，知道有些行为是要加以克制的。中班和大班儿童调节自己情绪的能力已有一定的发展。

四、学前儿童高级情感的发展

幼儿情绪的自我调控以及高级情感的发展是幼儿社会化的表现。幼儿高级情感包括道德感、理智感、美感等。

1. 道德感

道德感是关于人的言论、行动、思想或意图是否符合人的道德需要的情感。3岁前儿童只有某些道德感的萌芽。3岁后,特别是在幼儿园的集体生活中,随着儿童掌握了各种行为规范,道德感逐渐发展起来。

① 小班幼儿的道德感主要是指向个别行为,并且往往是由成人的评价而引起的。

② 中班幼儿比较明显地掌握了一些概括化的道德标准,他们可以因为自己在行为中遵守了老师的要求而产生快感。中班幼儿不但关心自己的行为是否符合道德标准,而且开始关心别人的行为是否符合道德标准,由此产生相应的情感。例如,这个时期的儿童很喜欢告状,告状实际上反映了幼儿正在把其他儿童的行为与老师经常教导他们的行为准则做比较,并且主动产生某种道德体验。

③ 大班幼儿的道德感进一步发展和复杂化。他们对好与坏、好人与坏人,有鲜明的不同感情。在这个年龄段,爱小朋友、爱集体等情感,已经有了一定的稳定性。

知识拓展

中班幼儿喜欢告状的原因及大班幼儿告状行为减少的原因。

1. 中班幼儿喜欢告状的原因分析

(1) 中班幼儿的道德感进一步发展。

(2) 中班幼儿为了引起老师的关注,吸引老师的注意。

(3) 中班幼儿的独立性还有待发展,不能独立地解决与同伴交往的问题。

2. 大班幼儿告状行为减少的原因

(1) 大班幼儿的道德感进一步发展和复杂化。

(2) 大班幼儿的自我评价进一步发展。

(3) 大班幼儿的独立性有所发展。

2. 理智感

理智感是在认识客观事物过程中所产生的情感体验,是与人的求知欲、认识兴趣、解决问题的需要等满足与否相联系的。幼儿的理智感有一种特殊的表现形式,即好奇好问。幼儿求知欲的另一种表现形式是与动作相联系的“破坏”行为。新买的玩具,可能一眨眼工夫,就被儿童拆得七零八落了。作为家长和教师,要珍惜儿童的探究热情,并创造机会解放儿童的双手,而不能一味地指责儿童,从而破坏和抑制了幼儿的探索精神和创造精神。

家长及教师在培养儿童理智感时应注意：鼓励儿童多提问、多思考、多探究，并创造机会让儿童探索和创造；儿童在游戏和学业上取得成功后要及时给予表扬，尽量避免让儿童体验过多和过强的失败情绪；任务与要求要切合儿童的实际；善于发现儿童认识活动中的优势领域和兴趣。成功和兴趣是推动幼儿理智感发展的重要保证。

3. 美感

美感是人对事物审美的体验，是根据一定的美的评价而产生的。美感与儿童知觉、思维的发展有密切的关系。2～3岁儿童还不会分辨艺术作品中的形象与真实的对象，幼儿则能开始区分，并且加以比较，做出评价。幼儿的美感与道德感通常联系在一起，并以道德感代替美感。凡是与他的道德感相一致的艺术作品或表演都是美的、喜欢的；凡是与他的道德感相冲突的艺术作品或表演都是丑的、不喜欢的。幼儿对色彩鲜艳的艺术作品容易产生美感。

在教育的影响下，中班幼儿能够从音乐、绘画等艺术作品中，从自己从事的美术活动、舞蹈、唱歌、朗诵等艺术表演中产生美感，并能体验到自然景色的美。大班幼儿对美的标准的理解和美的体验有了进一步的发展。

五、学前儿童积极情绪的培养

1. 营造良好的情绪环境

① 保持和谐的气氛。

② 建立良好的亲子情和师生情。

2. 成人的情绪自控

成人的情绪示范对幼儿情绪的发展十分重要。成人愉快的情绪对幼儿的情绪是良好的示范和感染。因此，成人要善于控制自己的情绪，若喜怒无常，则会使幼儿无所适从。作为家长和幼儿教师，更要学会控制和调节好自己的情绪，这样才能使幼儿保持良好的状态。

3. 积极接纳、引导和鼓励

① 理解并接纳儿童的负面情绪。

② 引导儿童用语言或其他可接受的方式合理表达自己的情绪。

③ 正确运用暗示和强化的方法，以肯定为主，多鼓励进步。

4. 帮助幼儿控制情绪

1）转移法。教师可通过柔和的语言，用新颖有趣的玩具或者故事来吸引幼儿的注意力，使其渐渐平静下来，将注意力转移到能使其产生愉快情绪的事情上来。

2）冷却法。教师可在幼儿情绪激动时，给予适当劝解，或暂时不予理睬，待幼儿冷静下来后，再与他讲道理。

3）代币奖励法。教师可用小红星、盖章的卡片等作为代币，让幼儿知道若情绪很快平稳下来，就会有相应的奖励，从而使幼儿的正面情绪、行为得到强化。此外，教师可以采取些安抚措施，缓解幼儿的情绪。

4）消退法。对幼儿的消极情绪可以采用条件反射消退法。比如，有个幼儿上床睡觉要母亲陪伴，否则便会哭闹。母亲只好每晚陪伴,有时长达1小时。后来父母亲商量好,采用消退法,对他的哭闹不予理睬。幼儿第1天晚上哭了整整50分钟,哭累了也就睡着了,第2天只哭了15分钟,以后哭闹时间逐渐减少,最后不哭也可以安然入睡了。

第七节　学前儿童个性发展

考纲提要

通过本节学习能够掌握幼儿个性、社会性发展的基本规律和特点,并能够在教育活动中应用。考题主要涉及题型有单项选择题、简答题、材料分析题等。

内容结构图

本节内容框架如图1-12所示。

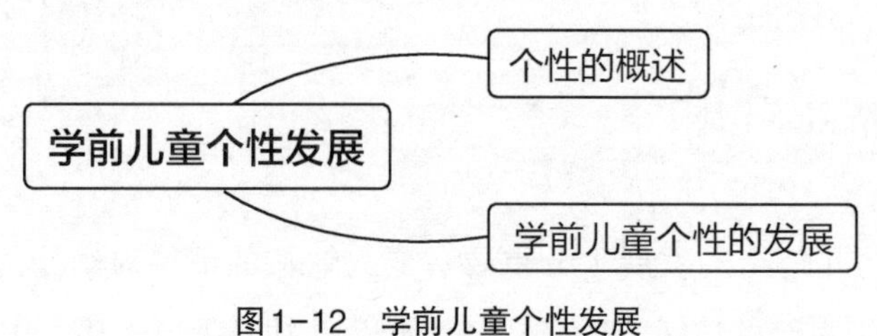

图1-12　学前儿童个性发展

一、个性的概述

1. 个性的概念

个性是一个人全部心理活动的总和,是比较稳定的、具有一定倾向性和各种心理特点或者品质的独特结合,是决定个体的外显行为和内隐行为并使其与他人的行为有稳定区别的综合心理特征。独特性、整体性、稳定性、功能性和社会性是个性的特征。

2. 个性的结构

个性是一个复杂的、多侧面、多层次的系统,由个性倾向性、个性心理特征和自我意识3个密切联系、不可分割的子系统构成。

1)个性倾向性。个性倾向性是决定个体对待客观事物的态度与行为的内部动力系统。由需要、动机兴趣、信念和世界观等多种心理成分组成,以积极性和选择性为特征。个性倾向性不仅制约着人的心理活动方向,而且决定了心理活动的动力和积极性。

2)个性心理特征。个性心理特征是指个体身上经常表现的本质的、稳定的心理特征,主要包括能力、气质和性格等。个性心理特征是个性中的特征结构,是个体心理差异性的集中表征,表明一个人的典型心理活动和行为。

3）自我意识。自我意识是个体对自己以及对他人关系的意识，其主要表现形式是自我认识、自我体验和自我调节。

自我意识是个性心理结构中重要的组成部分。人们正是通过自我认识、自我体验、自我控制影响和促进个性的发展、完善与成熟。因此，自我意识也称个性的自我调节系统。

二、学前儿童个性的发展

1. 个性倾向性的发展

1）个性倾向性的概念。个性倾向性是决定人对事物的态度和行为的动力系统，对一个人的心理和行为起着促进和引导作用。包括需要、动机、兴趣、爱好、态度、理想、信仰和价值观。

2）幼儿需要的发展。幼儿需要的发展遵循着一个规律，即年龄越小，生理需要占的主导地位越大。随着年龄的增长，幼儿期儿童的社会性需要逐渐增强，需要的发展已显现个性特点，开始出现多层次、多维度的整体结构。

3）幼儿兴趣的发展。兴趣是人积极地接近、认识和探究某种事物，并与肯定情绪相联系的心理倾向。兴趣有3个特点：指向性、情绪性和动力性。兴趣随幼儿年龄发展而不断分化和稳定。

2. 气质的发展

1）气质的概念。气质是以一个人心理活动方面比较稳定的部分为特征，主要表现在心理活动的速度、强度、稳定性和指向性。气质主要受先天因素的影响，无好坏之分。

2）气质的类型。根据心理活动的强度、平衡性及灵活性的不同，一般将人的气质划分为胆汁质、多血质、黏液质及抑郁质。每种类型的人都有各自的典型特征。

胆汁质：精力旺盛、表里如一、刚强、鲁莽、冲动、易感情用事。

多血质：反应迅速、有朝气、活泼好动、动作敏捷、情绪不稳定、粗枝大叶。

黏液质：稳重有余而灵活性不足，踏实但有些死板，沉着冷静但缺乏生气。

抑郁质：敏锐、稳重、观察细腻、多愁善感、怯懦、孤独、行动缓慢。

3）幼儿气质发展的特点。幼儿的气质具有很大的稳定性，但并不是说气质是绝对不可变的。事实上，由于幼儿期大脑神经系统尚未发育完全，再加上后天的生活环境和教育的影响，幼儿气质的类型或表现行为可以在一定程度上得到改变或被掩蔽。这表明气质具有可塑性。

4）对幼儿气质特点的正确认识及其教育

（1）正确认识幼儿的气质特点

其一，要了解幼儿的气质特点。家长和教师可对幼儿在游戏、学习、劳动等活动中的情感表现、行为态度等进行反复细致的观察。例如，活动能否坚持，注意是否稳定持久，与别人是否热情、亲近，脾气是否急躁，情感是否容易激动，对新环境或陌生人能否很快适应，旧的生活习惯是否容易改变，活动时有没有信心，在集体中是否容易羞涩退缩等，把观察结果和气质类型的典型特征做对照，以确定幼儿气质特点。

其二，要接受幼儿的气质特点。随着幼儿逐渐长大，父母和教师会发现幼儿身上的某些特征是令人烦恼的,但想要改变却又很难。正确的做法是接受幼儿先天遗传的某些气质特征,找出幼儿气质特征中的闪光点,对待他们宽容些,多给予鼓励,通过言传身教帮助他们养成良好的行为习惯,在教育中要以幼儿为主体,开展适合其天性的活动。如果一味指责、歧视那些孤僻而又少言的幼儿,则容易损伤他们的自尊心。

其三,不要轻易对幼儿的气质类型下结论。幼儿虽然表现出各种气质特征,但教师不要轻易下结论,断定一个幼儿属于某种气质类型。在实际生活中,纯粹属于某种气质类型的人是极少的,某一种行为特点可能为几种气质类型所共有。例如,情绪敏感、易于激动、容易改变,既可能是活跃型,也可能是抑制型的表现。教师必须经过长期的反复观察,比较、综合各种行为特点,再审慎地确定幼儿的气质接近某种类型,以免导致教育上的失误。

(2)家长和教师应根据幼儿的气质特点有针对性地进行教育。研究表明,幼儿的气质影响父母的教养方式。气质表现为容易适应、易于抚慰、易于社交的幼儿会引发父母温和、反应迅速的教养方式。气质表现为易怒、苛求和退缩的幼儿会导致父母激怒、疏远或缺少刺激的教养方式。所以,父母要了解自己孩子的气质特征,因材施教。

气质本身没有好坏之分,每一种气质既有优点又有缺点。教育的目的不是设法改变儿童原有的气质,而是要克服缺点,发扬优点,使儿童在原有气质的基础上建立优良的个性特征。

对于胆汁质的孩子,要培养勇于进取、豪放的品质,防止任性、粗暴;

对于多血质的孩子,要培养热情开朗的性格及稳定的兴趣,防止粗枝大叶、虎头蛇尾;

对于黏液质的孩子,要培养积极探索精神及踏实、认真的特点,防止墨守成规、谨小慎微;

对于抑郁质的孩子,要培养机智、敏锐和自信心,防止疑虑、孤独。

3. 性格的发展

1)性格的概念。性格是人对现实的态度和与之相应的习惯化的行为方式,是人格中最具核心意义的心理特征。

2)学前儿童性格的年龄特征。在原有性格差异的基础上,学前儿童性格差异更加明显,并越来越趋向稳定。儿童的性格具有很大的可塑性,行为容易得到改造。如果在此时加强教育,可以改正婴儿期出现的一些不良的性格特点。学前儿童性格的年龄特征主要表现在如下几方面:

(1)活泼好动。活泼好动是儿童的天性,也是学前儿童最明显的性格特征之一。即使那些非常内向、羞怯的儿童在家里或者与非常熟悉的小伙伴玩耍时,也会自然而然地表现出活泼好动的天性。

(2)喜欢交往。学前儿童在行为方面最明显的特征之一是喜欢和同龄或年龄相近的小伙伴交往。大多数孩子可以不经他人特别介绍,彼此自然而然地熟悉起来。

(3)好奇好问。儿童有着强烈的好奇心和求知欲,主要表现在探索行为和好奇好问两方面。

(4)模仿性强。模仿性强是学前儿童的典型特点,小班儿童表现尤为突出。儿童模仿的对象可以是成人也可以是儿童。儿童模仿成人,更多的是对教师或父母行为的模仿。此外,儿童之间会相互模仿。儿童模仿的内容多是社会性行为,还有一部分是学习知识方面的模仿。如一个儿童看到或听到另一个儿童在做一件事或背一首儿歌,他会有意无意地模仿。儿童的模仿有即时模仿和延迟模仿两种方式。

(5)易冲动、自制力差。儿童性格在情绪方面常表现为不稳定、易冲动。这是幼儿性格的一个非常突出的特点。

4. 能力的发展

1）能力的概念。顺利有效地完成某种活动所必须具备的心理条件，称为能力。能力可以分为认识能力、操作能力和社交能力，也可以分为一般能力和特殊能力。

2）幼儿能力发展的特点

（1）操作能力最早表现，并逐步发展。新生儿具有先天的抓握反射的能力，在此基础上，经过无意识抓握的练习，逐渐学会有目的的抓握动作。6～7个月的孩子双手协调能力开始发展，手的灵活性也逐渐提高。1岁的孩子随着操作物体的能力进一步发展，能开始参与一些游戏活动。到了幼儿期，各种游戏如角色游戏、建筑游戏、结构游戏，在幼儿游戏活动中占有主要地位，使得幼儿的操作能力进一步得到发展。

（2）身体运动能力不断发展。儿童从出生开始，已具有一定的运动能力。之后随着身体的不断成长，身体运动能力不断发展。2～3个月的孩子会拍头，4～5个月会翻身，6个月左右开始学会坐。特别是6个月以后，孩子动作发展更为明显，逐渐学会独坐、爬、站、走。2岁以后，儿童能跑、跳、蹬、踢球、越过小障碍等。进入幼儿期，幼儿的身体运动能力进一步得到发展，能掌握基本的走、跑、跳、钻、爬、踢、跨等，并能灵活组合运用，动作也越来越复杂化。

（3）语言能力在幼儿期发展迅速。1岁左右的孩子开始发展语言能力。在之后短短的几年时间里，孩子从不会说话到能用单个字，再到能用两个词，最终能够用简单句比较清楚地表达意思。进入幼儿期，孩子的语言表达能力进一步发展和提高，特别是语言的连贯性、完整性和逻辑性发展迅速。

（4）模仿能力迅速发展。与创造能力相比，模仿能力是儿童较早发展也较多展现的能力之一，模仿能力的发展也为幼儿学习打下了基础。儿童的模仿能力最早是通过延迟模仿发展起来的。延迟模仿发生在18～24个月，发生在语言和动作等方面。儿童会模仿曾经看到、听到过的事情或语言，如模仿妈妈给自己喂饭的动作，给自己喜爱的洋娃娃喂饭。模仿能力的发展对儿童身心发展具有重要意义，它不仅对儿童语言、动作的发展具有促进作用，而且对成人和同伴行为的模仿，对儿童的个性形成也有一定的作用。

（5）各种特殊能力逐渐展现。由于智力类型的差异性，使得幼儿一些特殊才能开始有所表现，如音乐、绘画、体育等。

5. 自我意识的发展

自我意识是对自己身心活动以及与周围人或事物的关系的觉察，即对自己的认识。幼儿自我意识的发展主要表现在自我评价、自我体验和自我控制3个方面。

1）幼儿自我评价的发展特点

（1）从依从性评价发展到独立性评价。幼儿初期，由于认知水平的限制，加之对成人权威的尊重与服从，幼儿常依从成人对他的评价，把成人对自己的评价当作自己的评价。

（2）从片面、表面性评价发展到全面、深刻性评价。由于幼儿的认识水平低，自我评价常是片面的和表面的。他们往往善于评价别人，不善于评价自己。

（3）从主观性评价发展到客观性评价。幼儿初期的孩子往往不从事实出发，而从情绪出发进行自我评价，带有明显的主观性。

2)幼儿自我体验的发展特点

① 幼儿的自我体验从与生理相关的体验向社会性体验发展。

② 幼儿的自我体验表现为易受暗示。成人的暗示对幼儿自我体验的产生起着重要作用,年龄越小,表现越明显。

③ 幼儿的自我体验随年龄增长而逐渐丰富,并有一定的顺序性。其中愉快感和愤怒感发展较早,自尊感和委屈感发展较晚。

3)幼儿自我控制的发展特点。我国心理学工作者研究了自我控制发展各个时期的年龄特征。普遍认为幼儿自我控制开始发生的年龄转变期和迅速发展期为4~5岁,自我控制的特点主要表现在独立性、坚持性和自制力上。3~4岁幼儿的坚持性和自制力都很差,自我控制的水平是非常低的,主要受成人的控制。到5~6岁时,他们的自制力、独立性不断增加,控制自己活动的愿望也不断上升,并逐渐学会使用简单的控制策略进行自我控制,自我控制水平也相应获得提高。

知识拓展

延迟满足实验

延迟满足实验是发展心理学研究中的经典实验,实验者发给4岁被试儿童每人一颗好吃的软糖,并告诉孩子们:如果马上吃,只能吃一颗;如果等20分钟后再吃,就给吃两颗。有的孩子急不可待,把糖马上吃掉了;而另一些孩子则耐住性子、闭上眼睛或头枕双臂做睡觉状,也有的孩子用自言自语或唱歌的方式来转移注意、消磨时光以克制自己的欲望,从而获得了更丰厚的报酬。在美味的软糖面前,任何孩子都将经受考验。

研究人员在十几年以后再考察当年那些孩子当下的表现,研究发现,那些能够为获得更多软糖而等待得更久的孩子要比那些缺乏耐心的孩子更容易获得成功,他们的学习成绩要相对好些。在后来的几十年的跟踪观察中发现,有耐心的孩子在事业上的表现也较为出色。也就是说延迟满足能力越强,越倾向于取得成功。

4)促进幼儿自我意识发展的策略

(1)在自我评价中树立信心。其一,多给幼儿具体而真诚的赞美。经常得到父母和老师赞美的幼儿,往往会对自己产生一种积极的看法,能比较有信心地面对各种问题,敢于尝试和面对失败,能比较努力地解决问题。其二,多给幼儿公正而客观的评价。成人的评价是幼儿自我评价的主要依据,因此老师应从幼儿的实际出发,客观、公正地评价幼儿。其三,多给幼儿提供自我评价和评价他人的机会。例如,通过谈话活动:“我觉得自己哪些地方进步了”“我看到谁的哪些进步”“我最欣赏的人”等,引导幼儿关注自己和同伴的优点,用欣赏的眼光,主动发现每一个人的长处,摆脱以自我为中心。

(2)在自我体验中享受成功。其一,鼓励幼儿的自主探索,体验成功的快乐。儿童来到这个世界伊始,就怀着强烈的好奇心和良好的动机,用他们独特的方式去探究周围世界。例如,一名幼儿偷偷往兔子窝里扔巧克力,认为兔子吃萝卜会厌烦;一名男孩戴上爸爸的眼镜,想变成什么都懂的人。这些看似幼稚的行为，其实是主动探索的开始，成人不应该呵斥、制止，而应尽量放手让他们探索、体验快乐。其二，创设表现机会，让孩子获得成就感。在充分认识幼儿各方面能力的实际情况后，尽量为幼儿创设能够充分表现自己的机会，给予幼儿实现成功的机遇，使他们也能享受胜利的欢乐和成功的乐趣。如让幼儿轮流做小老师、区域中的负责人、值日生、礼貌宣传员等，帮助老师为大家服务。

（3）在自我调节中增进交往。其一，在日常生活中增强自我约束力，提高同伴交往的质量。同伴交往是人际交往的重要形式，是幼儿学习社会交往的初始阶段。日常生活中，多提供轻松、自由、有趣味的活动，如谈心角、发泄角等，鼓励幼儿多与同伴交往。交往中，引导幼儿使用礼貌用语，教育幼儿学会分享、交流、协商、合作等技能。其二，通过游戏等活动提高幼儿自我控制力。游戏的规则能帮助幼儿逐步摆脱以自我为中心，并向社会合作发展，在游戏中幼儿可逐步摆脱“自我中心”，以愉快的心情再现现实生活。

第八节　学前儿童社会性发展

考纲提要

通过本节学习能够掌握幼儿个性、社会性发展的基本规律和特点，并能够在教育活动中应用。考题主要涉及题型有单项选择题、简答题、材料分析题等。

内容结构图

本节内容框架如图1-13所示。

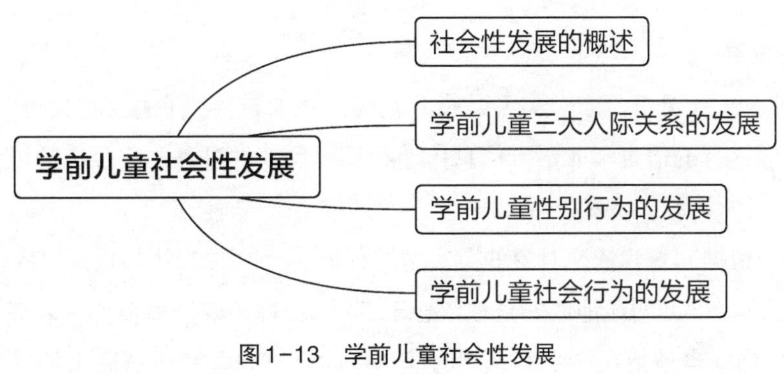

图1-13　学前儿童社会性发展

一、社会性发展的概述

1. 概念

幼儿社会性发展（社会化发展）是指幼儿从一个生物人，到逐渐掌握社会的道德行为规范与社会行为技能，到成长为一个社会人并逐渐步入社会的过程。这一过程是在个体与社会群体、幼儿集体以及同伴的相互作用、相互影响的过程中实现的。

2. 内容

1)人际关系的建立。社会性的核心内容就是人际关系。儿童的人际关系主要包括两方面,一是儿童与成人的关系,主要指儿童与父母的关系(亲子关系)、儿童与教师的关系;二是儿童与同伴的关系。

2)性别行为的发展。性别行为是人按照特定社会对男性和女性的期望而逐渐形成的行为。不论在服装,还是在行为举止方面,男人和女人各有约定俗成而为人们遵循的规范。

3)亲社会行为的发展。亲社会行为的发展是儿童道德发展的核心问题。道德的发展是指符合社会规则的道德品质,即品德的形成和发展,包括对各种是非标准的掌握(道德认知)、道德情感体验及道德行为。儿童亲社会行为的形成和发展就是这三者有机结合的产物,包括分享、合作以及谦让、援助等。

4)攻击性行为的发展。攻击性行为也称侵犯行为。即伤害他人或物的行为,如打人、咬人、故意损坏东西(不是出于好奇)、向他人挑衅、引起事端等。攻击性行为是一种不受欢迎却经常发生的行为。

3. 作用

社会性发展是儿童身心健全发展的重要组成部分,它与体格发展、认知发展共同构成儿童发展的三大方面。从现代教育观念看,让儿童"学会做人"的教育远比知识和智能教育重要。重视社会性教育这一主题,已经成为现代教育观念转变的一个重要标志。

社会性发展是儿童未来人格发展的重要基础,学前儿童社会性发展的好坏直接关系儿童未来人格发展的方向和水平。这是由于幼儿期是儿童社会性发展的关键时期,儿童的社会认知、社会情感及社会行为技能在此阶段都得到了迅速发展,并逐渐显现为个人特点,某些行为方式已经成为比较稳定的个性特征。幼儿期儿童社会性发展的好坏将是以后儿童社会性发展的基础,并对孩子入学以后的学习、交往有非常大的影响。

二、学前儿童三大人际关系的发展

1. 亲子关系的发展

1)亲子关系的含义及类型。亲子关系是指儿童与其主要抚养人(主要是父母)之间的交往,是儿童与主要养育者之间进行的语言和非语言信息传递和理解反馈的过程。按照年龄可分为亲子依恋关系(6个月~2.5岁)和亲子关系(2.5岁以后)。

亲子依恋关系。根据儿童和依恋对象的关系密切程度、交往方式不同,儿童的依恋存在不同方式。

其一,安全型依恋。婴儿明显地或安全地依恋于其母亲,称为安全型依恋。表现为母亲在场时偶尔需要靠近或接触她,当独自被留在一个不熟悉的情境中时则有较强的维持联系的行为发生。当有母亲在场时,这些婴儿感到足够安全,能在陌生的环境中进行探索和操作。他们与母亲在一起时,不是一味缠着母亲不放,而是对不熟悉的情境中的玩具和其他物体表现出好奇并进行操作。

其二,回避型依恋。回避型依恋的婴儿极少对母亲不在身边表现不安。当母亲回到身边时,他们也避免与母亲互动,不理睬母亲与他们交往的表示。实际上,这类婴儿并未形成对人的依恋,所以也称为"无依恋的儿童"。这些婴儿的母亲对孩子的信号是不敏感的,她们很少与孩子有亲密的身体接触,她们不是充满感情的,而是以淡漠或怒气冲冲的、不可捉摸的方式与婴儿交往。

其三，矛盾型依恋。矛盾型依恋的婴儿不管他们的母亲在不在身边，经常表现出强烈的不安和哭闹，又称为“焦虑型”。他们要么对与母亲的联系不感兴趣，要么对这种联系表现出矛盾，这种矛盾表现为时而追寻靠近母亲，时而又发怒地推开和拒绝母亲。遇到母亲要离开之前，总显得很警惕。如果母亲要离开，他就会表现出极度的反抗；但与母亲在一起时，又无法把母亲作为他安全探究的基地。这类婴儿的母亲在与孩子相互作用中是不敏感的、笨拙的，情感活动水平较低，但其拒绝倾向没有回避型依恋婴儿的母亲那样强。

2）亲子关系。亲子关系通常分成3种：民主型、专制型及放任型。不同类型的亲子关系对学前儿童的影响是不同的。

第一，民主型。父母对孩子是慈祥的、诚恳的，善于与孩子交流，支持孩子的正当要求，尊重孩子的需要，积极支持他们的爱好、兴趣；同时对孩子有一定的控制，常提出明确而又合理的要求，将控制、引导性的训练与积极鼓励儿童的自主性和独立性相结合。父母与子女关系融洽，孩子的独立性、主动性、自我控制性、探索性等方面发展较好。研究表明，民主型的亲子关系最有益于儿童个性的良好发展。

第二，专制型。父母给孩子的温暖、培养、同情较少，对孩子过多干预和制止，对子女态度简单粗暴，甚至不通情理、不尊重孩子的需要，对孩子的合理要求不予满足、不支持孩子的兴趣爱好，更不允许孩子对父母的决定和规则有不同的表示。这类家庭培养的孩子或是变得顺从、缺乏生气，创造性受到压制，主动性差，甚至有些神经质，不喜欢与同伴交往，忧虑、退缩、怀疑；或是变得自我和胆大妄为，在家长面前和背后言行不一。

第三，放任型。父母对孩子要么关怀过度、百依百顺、宠爱娇惯，要么不关心、不信任孩子，缺乏交流，忽视他们的要求，或只看到他们的错误和缺点，对子女否定过多或任其自然发展。这类家庭培养的孩子往往好吃懒做，生活不善自理，胆小怯懦，自私自利，害怕困难，意志薄弱；但也可能变得不依赖别人、创造性强。

3）影响亲子关系的因素

（1）婚姻关系。研究表明，和谐的婚姻关系和配偶支持与父母对孩子的抚养方式相关。经常争吵、挑剔（不和）对父母和孩子都会产生不良影响。父母之间的高度冲突与他们对孩子的消极情感相关联。离异家庭父母教育子女的适当性比完整家庭差，父母往往采取放任自流、不闻不问的方式。

（2）家庭结构。我国现有的家庭结构形式主要有两种：一种是“核心家庭”即父母和孩子两代人组成的家庭；另一种是“三代人家庭”即孩子与祖父母或外祖父母一起生活。家庭结构对亲子关系的影响，应具体分析。比如，祖辈往往要避免对孩子采取娇惯、一切包办代替的态度，无原则满足孩子的要求。父辈则应注意教育子女尊重老人，切忌在幼儿面前对育儿问题显露矛盾和冲突。

亲子关系是由父母和孩子组合的行为、情感和期望，这种关系涉及孩子以后的发展。亲子关系的质量受父母的年龄、经验和自信以及父母婚姻的稳定性和孩子的特色的影响。

4）良好的亲子关系的意义。父母的陪伴对于幼儿健康成长有着极为重要的意义，主要体现在如下方面：

（1）父母陪伴的作用有助幼儿形成安全型依恋。早期形成安全型依恋对儿童的认知、个性、社会性等各方面的发展都有重要影响。

（2）父母的陪伴为幼儿以后对社会的态度奠定了基础。父母的人格特征、社会网络与社会支持系统，会影响幼儿对社会的态度。每个幼儿都从自己的家庭生活中获得不同于他人的经验，形成自己的行为习惯，发展为人处事的能力等。

（3）父母在陪伴幼儿的过程中所采用的教养方式会影响幼儿的身心发展。在各类教养方式中，民主的教养方式最有利于儿童个性的良好发展。

5）良好亲子关系的培养策略

① 端正父母的教养态度与教养方式。

② 形成亲子间安全的依恋关系。

③ 了解与尊重儿童的成长规律。

④ 保证亲子沟通的时间与质量。

⑤ 开放儿童自主互动的时间与空间。

⑥ 开放形式多样的亲子游戏。

2. 同伴关系的发展

1）同伴关系的含义及类型。同伴关系是指年龄相同或相近的儿童在共同活动中相互协作的关系，是同龄人在交往过程中建立和发展起来的一种人际关系。按照幼儿不同交往类型的心理特征可以把幼儿划分类型如下：

其一，受欢迎型幼儿。受欢迎的幼儿得到较多的正提名和较少的负提名。他们情绪稳定，反应敏捷，活动的强度和速度适中，在交往中积极主动。这些幼儿喜欢与人交往，而且善于交往，经常表现出友好、积极的交往行为，因而受到大多数同伴的喜爱。受欢迎的幼儿是人们推崇的，他们良好的同伴关系为其自身的成长、成功铺平了道路，这些幼儿大都倾向成为优秀的社会问题处理者、有效的协调者和对他人的支持者。

其二，被拒绝型幼儿。被拒绝型幼儿得到较少的正提名，却有较多的负提名。这些幼儿情绪不稳定，爱冲动，其活动强度大，速度较快，特别好动，较外向，注意力易分散，坚持性差。他们喜欢和小伙伴们交往，却不会交往。在与同伴的交往中活跃、主动，但经常采取不友好的交往方式，如抢玩具、随意改变游戏规则、推打小朋友等，因而常被同伴排斥、拒绝。被拒绝的幼儿容易在今后的生活中遇到严重的适应问题，表现出更多的敌意、批评、攻击性，更容易活动过度和过分离群，产生强烈的孤独感。

其三，被忽视型幼儿。被忽视型幼儿只得到很少的正提名和负提名。与其他幼儿不同的是，这些幼儿不太喜欢与他人交往，他们平时很安静，常独处或独自活动，在交往中表现出退缩或畏缩，很少有主动、友好的行为，也很少表现出不友好、攻击性行为。因而既没有多少同伴喜欢他们，也很少有同伴会讨厌他们。这类幼儿通常比较听话，在平时生活与交往中暴露的问题不明显，不易引起教师和同伴的注意，往往也成为被教师忽视的群体。这些被同伴和教师忽视的幼儿缺乏与他人积极情感的交流，对他人反应冷漠，对班级活动也缺乏兴趣，行为也会变得愈加退缩。

其四，矛盾型幼儿。矛盾型幼儿的正提名和负提名均较多。指的是那些被某些同伴喜爱，但又被另一些同伴讨厌的幼儿，也称“有争议的幼儿”。这些幼儿一方面能力较强，性格较活跃，能领导大家进行游戏，在某个团体中有一定的权威地位；另一方面有时候会压制同伴，行为有时具有破坏性，从而引起一些同伴的反感。

其五，一般型幼儿。一般型幼儿得到平均的正提名与负提名。他们在同伴提名中没有获得极端的分数（最喜欢或最不喜欢）。这些幼儿在同伴群体中处于中间的位置，既不是特别主动、友好，也不是特别被动、惹人讨厌；同伴们大多不是特别喜爱、接纳他们，也不会特别拒绝、忽视他们。这类幼儿能够参与同伴交流、游戏，但表现不是很突出。

2）影响同伴关系的因素

（1）早期亲子交往经验。早期亲子交往的经验会影响儿童自身的安全感、对同伴的信任感、与人交往的方式和表达情感的方式等。在与父母交往过程中，父母的反应是幼儿自信心和自尊感的基础，这些无疑会影响其与同伴的交往。

（2）儿童自身不可控的特征。外表、姓名、年龄、性别等儿童自身无法随意改变的因素都会影响同伴接纳的接纳与否。一般来说，幼儿对不熟悉的或陌生的名字倾向做出消极反应，并选择与自己同年龄、同性别的儿童做朋友。而对于儿童来说，外表往往成为影响同伴交往的一个明显因素。幼儿的个性、情感等也会影响他们对同伴的态度和交往中的行为特征。

（3）社交技能。幼儿在与同伴交往中的社会行为是影响同伴接纳程度的重要因素。对不同类型的男孩的同伴关系研究表明，受欢迎的男孩的亲社会行为较多，而攻击性行为较少，他们能建立群体的准则和规范；被排斥的男孩是令人回避的、具有攻击性的；被忽视的男孩则较少表现攻击性行为，少言寡语、较为退缩。

3）良好同伴关系的意义

（1）有助幼儿学习社交技能和策略，促进其社会行为向友好、积极的方向发展。人是群体性的动物，同伴关系的发展是儿童融入社会的初步进展。《幼儿园教育指导纲要》中对幼儿的社会性教育提出“乐意与人交往，学习互助、合作与分享，有同情心”等要求，要求儿童积极参与人与人之间的交流，在倾听与对话中发挥自己的社会能力，实现社会化。

（2）同伴交往是幼儿积极情感的重要后盾。随着儿童年龄的增长，探索外界范围的逐步拓展，儿童已经不满足仅仅从母亲及熟悉的人身上获得的信任感和安全感，他们开始尝试在同伴之间找寻这种“爱与归属”的寄托，以满足他们交往的需要、爱的需要和尊重的需要。

在良好的同伴关系下，儿童在和谐或冲突的互动中体验快乐、悲伤、痛苦、愤怒等情绪，在倾诉与合作中发现朋友、发展友谊，推动情绪情感的社会化发展。在共同的活动中学习对他人面部表情的识别，从而增加体会他人情绪、情感的经验。更进一步学会分享喜悦、分担忧愁的同理心，增强移情能力。

良好的同伴关系对儿童情感最大的支持是抵制孤独的侵袭，相比其他儿童，缺乏同伴、没有朋友的儿童会更易出现孤僻、退缩、冷漠、压抑或其他心理障碍，伴随而来的是焦虑、抑郁、消极自我评价等负面情绪。

（3）促进幼儿认知能力的发展。儿童的认知发展一直备受关注，儿童的注意力、记忆力、语言的表达、思维的发展等都是认知发展程度的良好指标。根据加德纳多元智力理论，每个人都有自己擅长的智力类型，有的对音乐特别敏感、有的语言表达能力好、有的记忆能力强。儿童在与同伴交往中、在家长与教师的评价中，逐渐发现自己与他人的区别。他们会在同伴的夸奖声中发现自己的长处，激发自己对薄弱部分寻找参照框架及对象的动力。这种同龄人之间互补式的互动学习对儿童认知的发展大有裨益。

(4)有助幼儿自我概念和人格的发展。美国社会学家米尔斯提出的“重要他人”认为“父母是孩子互动式的重要他人,然而随着孩子年龄的增长,父母重要他人的角色作用逐渐减弱,而教师、同伴群体等重要他人的地位逐步上升”。在幼儿时期,以自我为中心的认知世界认识的都是“主我”,随着与父母、同伴的互动,儿童的“他我”不断得到丰满。

儿童通过模仿学习、观察学习,学习对象由长辈扩展到同辈,在同辈的行为与情感的反应中渐渐形成完整的自我认识,从而促使自我觉察、自我反省、自我认知,形成完整的自我评价体系。儿童在社会相互作用中,获得了关于自己怎样被他人所知觉的信息,这种信息被用来形成自我的基础。

在实际交往中,儿童逐渐地认识他人的特征以及自己在他人心目中的形象和地位,学会与他人和平相处并能为同一目标而共同活动,学会如何坚持自己的主张或放弃自己的意见,学会如何分析、处理与他人的冲突,并能够在平等的环境中认识领导者与追随者的角色,明确自己相对于同龄伙伴的角色和地位,这样不仅可以帮助儿童去自我中心,而且有利自我概念和人格的发展。

4)良好同伴关系建立的策略

① 教会儿童合作,增强儿童的自信感。

② 教会儿童游戏,提高儿童的参与度。

③ 教会儿童接纳,融洽儿童与同伴的关系。

④ 教会儿童表达,培养儿童的积极情感。

教师还要帮助那些交友困难的儿童,使他们逐渐被同伴接受。首先,要使他们了解受欢迎儿童的性格特点及自身存在的问题,帮助他们学习与他人友好相处。其次,引导其他儿童发现这些儿童的长处,及时给予鼓励和表扬,提高这些儿童在同伴心目中的地位,通过有效的教育活动达到促进儿童交往的目的。

3. 师幼关系的发展

1)师幼关系的含义及类型如下

(1)师幼关系的含义。师幼关系是指幼儿园教师与婴幼儿在保教过程中形成的比较稳定的人际关系。与亲子关系的自然性不同,师幼关系是一种职务性的人际关系。它是一种“教学”关系,但又不是单纯的教育者与被教育者的事务性关系,而是带有明显的情感性特征。

(2)师幼关系的类型。结合当前我国幼儿园的实际,从师幼接触的性质,将师幼交往分为以下3种类型:

其一,亲密型。教师“像妈妈一样”关爱幼儿,悉心照料,耐心教导,经常表扬、鼓励他们,直接的身体或目光接触较多,彼此建立依恋感,从而形成亲密、融洽的师幼关系。教师常偏爱那些乖巧听话、遵守纪律、聪明伶俐、特长突出的幼儿,这样的幼儿常优越感较强。

其二,紧张型。教师对行为习惯不良的幼儿表现得不够耐心,态度生硬,从而造成师幼之间感情疏远,甚至紧张、对立。

其三,淡漠型。我国教育界长期流行着“抓两头,带中间”的经验,教师奉之为法宝,他们将注意力主要集中在部分“尖子”和“后进”的幼儿身上,无意中忽略了对“中间”幼儿的关注,使之产生被漠视、被忽略的感觉，进而产生疏离感。

2）影响师幼关系的因素

（1）幼儿自身所具有的特征

第一，气质倾向与行为特征。国外的研究结果证实，幼儿的气质倾向与行为特征与他们和教师的关系相关。开朗、外向且行为积极的幼儿受到教师的关注和反馈的机会最多，而比较内向、不爱表现的幼儿得到的关注、反馈最少；班级中与教师关系亲近的幼儿多是积极追随老师的思路、遵守班级规则并且能够控制自己行为的幼儿，行为被动、不愿意多接触教师的幼儿则会导致教师对他们漠不关心，而过度活跃、经常出现纪律问题的幼儿多在师幼关系中处于被拒绝的消极状态。

第二，早期人际关系经历。幼儿早期的人际关系与幼儿园师幼关系密切相关。在所有早期的人际关系经历中，幼儿与父母形成的亲子关系状况是师幼关系的基础。在进入幼儿园前，幼儿与父母亲的情感依恋状况关系着他们与教师进行互动过程中所表现的自我价值感与行为动机。此外，幼儿在托儿所中与养护者之间形成的关系和互动经历也会潜在地影响幼儿园中的师幼关系。

（2）教师自身所具有的特征

第一，教育观念。卡根等人通过研究得出结论，与奉行“以教师为中心”观念的教师相比，奉行“以儿童为中心”教育观念的教师与幼儿互动的时间更长，频次更多，对幼儿的行为更为敏感，反馈更为及时，而她们与幼儿之间形成的师幼关系也相对亲密。

第二，教育水平。豪斯等人的研究表明，幼儿教师所受的教育水平与师幼关系有一定关联。受教育水平高的教师对幼儿要更细心、更亲近一些，而受教育水平较低的教师则可能较粗心，对幼儿比较疏远。

第三，反省能力。郝忆的研究认为，教师特征中对师幼关系有重大影响的是教师的反省能力。如果教师能时时考虑幼儿园内发生的每件事情对于幼儿发展的意义，那么教师就会对幼儿采取积极的、支持性的行为，与幼儿形成和谐的师幼关系，反之则不然。

（3）社会风气。家长方面，作为孩子的父母，家长受自身的家庭环境、条件和自身的文化素质、修养等的限制和影响，对待教师的态度影响着幼儿，从而影响师幼关系。社会方面，政府、民众、主流价值观、各种媒体媒介对学前教育的重视程度、理解包容等也会影响师幼关系。

3）良好师幼关系的意义

（1）良好的师幼关系有助于幼儿获得关爱。幼儿教师的基本要求和责任就是关爱幼儿，幼儿可以感受来自幼儿教师的关爱，从中获得精神需要的满足，是良好师幼关系的体现。因此，良好的师幼关系是幼儿获得真正关爱的基础和保障。

（2）良好的师幼关系有助幼儿获得安全感。幼儿的安全感主要是指心理上的安全感，一般而言，幼儿的安全感多来自幼儿可信赖的人。在幼儿教育活动中，幼儿教师即为幼儿最可信的人，可以使幼儿更安全、自信、从容地进行活动。

（3）良好的师幼关系有助幼儿之间建立同伴关系。良好的师幼关系有助教师帮助幼儿建立良好的同伴关系，而不良的师幼关系可能破坏幼儿之间的同伴关系。

（4）良好的师幼关系有助于教师的专业成长和发展。师幼关系直接影响教师对幼儿行为的理解和关注。良好的师幼关系有利教师顺利开展教学活动，提高教育质量，促使教师在教育教学活动中不断地反思,在反思中提高,从而实现教师专业的完善和发展。

4)良好师幼关系建立的策略。教师应成为幼儿学习活动的支持者、合作者、引导者。

① 以关怀、接纳、尊重的态度和幼儿交往。耐心倾听,努力理解幼儿的想法与感受,支持、鼓励他们大胆探索与表达。

② 善于发现幼儿感兴趣的事物、游戏以及偶发事件中所隐含的教育价值,把握时机,积极引导。

③ 关注幼儿在活动中的表现与反应,敏感地觉察他们的需要,及时以适当的方式应答,形成合作探究式的师生互动。

④ 尊重幼儿在发展水平、能力、经验、学习方式等方面的个体差异,因人施教,努力使每个幼儿都能获得满足和成功。

⑤ 关注幼儿的特殊需要,包括各种发展潜能和不同发展障碍,与家庭密切配合,共同促进幼儿健康成长。

三、学前儿童性别行为的发展

1. 性别差异

由于生理及社会因素的影响,男女之间存在某些性别差异。从目前的研究看,性别差异主要有如下几方面:

1)身体、动作和感觉的发展方面。女孩出生时身体和神经方面发育较快,较早学会行走和达到青春期。男孩出生时肌肉发展较成熟,肺和心脏较大,对痛的敏感性较低。随着年龄的增长,男孩在需要力量和大动作技能的活动中占优势。

2)认知发展方面。婴儿期女孩在言语能力上占优势,这种优势在中学阶段表现显著,包括词、阅读理解和言语创造性。从10岁左右开始,男孩在视觉—空间能力上领先,表现在二维或三维物体操作、读图和确定目标物等活动中。

3)社会性和情绪性发展方面。男孩更多成为攻击者和被攻击者,特别是身体上的攻击,即使在早期社会性游戏中也是这样。早在2岁时女孩对来自父母和其他成人的要求更多表现的是遵从,而男孩对成人指导的反应表现更为多样化。

4)特殊发展方面。男孩容易出现学习问题、阅读困难、言语缺陷和情绪问题。

性别差异的形成,有生理方面的原因,也受后天学习的影响,生理发育对男女动作、学习能力方面的影响较大,而后天学习对儿童的社会性和情绪方面的影响较大。一个人从一出生就开始不断地受到成人及同伴的影响,通过观察、模仿、学习和外界对其行为的奖罚,逐步建立起性别概念,并把自己所理解的性别角色系统内化到自己的行为中,逐步形成一种稳定的行为特征。

2. 性别角色的发展

1)知道自己的性别,并初步掌握性别角色知识(2～3岁)。当儿童能区别出一个人是男是女时,就说明他已经具有了性别概念。儿童的性别概念包括两方面:一是对自己性别的认识;二是对他人性别的认识。儿童对他人性别的认识是从2岁开始的。这时还不能准确说出自己是男孩还是女孩。到2岁半到3岁时,绝大多数儿童能准确地说出自己的性别。这个年龄的儿童已经有了一些关于性别角色的初步知识，如女孩喜欢娃娃，男孩爱玩汽车。

2）自我中心地认识性别角色（3～4岁）。此阶段的儿童已经能明确分辨自己是男还是女，并对性别角色的知识逐渐增多，如男孩和女孩在穿衣服和游戏、玩具方面有所不同。但对于三四岁的儿童来说，他们能接受各种与性别习惯不符的行为偏差，如认为男孩穿裙子也很好，几乎不会认为这是违反了常规。这说明他们对性别角色的认识还不是很明确，具有明显的自我中心的特点。

3）刻板地认识性别角色（5～7岁）。在前一阶段发展的基础上，孩子们不仅对男孩和女孩在行为方面的区别认识越来越清楚，还开始认识一些与性别有关的心理因素，如男孩要胆大、勇敢、不能哭，女孩要文静、不能粗野。但与儿童对其他方面的认识发展规律一样，他们对性别角色的认识表现也较刻板。

3. 性别行为的发展

性别行为是儿童在对同性别长者的模仿中，形成自己对这一性别所特有的行为模式。学前儿童在2岁时初步产生性别行为，并有了性别角色差异，具体表现在3方面：

1）游戏活动兴趣方面的差异。学前儿童在游戏活动中，表现出明显的兴趣差异。如对玩具的偏爱，在14～22个月的儿童中，通常男孩更喜欢卡车和小汽车，而女孩更喜欢洋娃娃或柔软的玩具。又如在游戏种类上，男孩偏爱运动性、竞赛性的游戏，女孩则偏爱过家家等角色游戏。

2）同伴关系的差异。同伴关系的差异表现在选择伙伴的倾向性不同。在幼儿园中，女孩更喜欢与女孩作为游戏伙伴，男孩在3岁后也明显地选择男孩作为伙伴。此外，男孩和女孩在同伴关系的互动方式也有差异。例如女孩之间的游戏很少有身体接触，更多是通过相互协调，男孩之间更多的是互相打闹、玩乐争斗。

3）个性和社会性的差异。学前儿童在个性和社会性方面已经有了比较明显的性别差异，这种差异处在不断发展中。研究表明，4岁女孩在独立能力、自控能力、关心人与物等方面优于同龄男孩；6岁男孩的好奇心、情绪稳定性和观察力优于女孩，而6岁女孩对人与物的关心仍优于同龄的男孩。

四、学前儿童社会行为的发展

1. 学前儿童亲社会行为的发展

1）亲社会行为的含义。亲社会行为是指一个人帮助或打算帮助他人或群体的行为及倾向。具体包括分享、合作、谦让、援助等。分享是指儿童与同伴分享玩具、事物等；合作是指与同伴协同完成某一活动；谦让是指与同伴发生冲突时能够先满足对方；援助是指在他人需要帮助时给予帮助，这是幼儿道德发展的核心。亲社会行为发展对儿童发展具有重要影响，是儿童良好品德形成的基础，是提高集体意识、建立良好的人际关系、形成助人为乐等良好道德品质的重要条件。

2）亲社会行为的影响因素

（1）社会生活环境。主要包括社会文化和电视、网络等媒介。

（2）儿童日常的生活环境。主要包括两个方面：家庭和同伴相互作用。

（3）移情，是指站在他人的立场上，体验他人的情结情感。不论是社会生活环境的影响，还是儿童具体生活环境的影响，最终都要通过儿童的移情而起作用。移情是导致亲社会行为的根本的内在因素。

移情对儿童亲社会行为发展的影响

移情是指从他人的角度来考虑问题。移情是亲社会行为的动力基础,是儿童亲社会行为产生的前提,移情对儿童亲社会行为发展的作用主要体现在以下两个方面:

其一,移情可以使儿童摆脱自我中心,产生利他思想,从而导致亲社会行为的产生;

其二,移情可以引起儿童的情感共鸣,让儿童产生同情心和羞耻感,从而增加亲社会行为,降低攻击性行为。

3)亲社会行为的培养策略

① 学会识别他人的情绪,是幼儿移情能力形成的基础。

② 正确表达自己的情绪,是幼儿移情能力发展的重要环节。

③ 引导换位思考及联想,是幼儿移情能力发展的关键。

2. 学前儿童攻击性行为的发展

1)攻击性行为的含义及类型。攻击性行为是一种以伤害他人或他物为目的的行为。这种有意伤害行为包括直接的身体伤害(打人)、语言伤害(骂人、嘲笑人)和间接的、心理上的伤害(如背后说坏话)。有伤害他人的意图但未造成后果的行为仍属于攻击性行为,但幼儿在一起玩耍时无敌意的推拉动作则不是攻击性行为。

年龄小的幼儿工具性攻击多于敌意性攻击。随着年龄的增长,敌意性攻击所占的比率逐渐超过工具性攻击。

2)学前儿童攻击性行为的特点

幼儿期攻击性行为存在如下特点:

① 幼儿攻击性行为频繁,主要表现为因争夺玩具或其他物品而争吵,直接争夺或破坏玩具、物品。

② 幼儿主要依靠身体攻击,而不是言语攻击。

③ 幼儿的攻击性行为存在明显的性别差异。男孩更容易卷入攻击性事件,也更容易在受到攻击后发动报复行为。

3)攻击性行为的影响因素

(1)惩罚。惩罚对攻击型和非攻击型的儿童能产生不同的影响。对于非攻击型的儿童,惩罚能抑制攻击性;对于攻击型的儿童,惩罚会加重其攻击性行为。

(2)榜样。模仿是儿童攻击性行为产生的一个原因,看过他人攻击性行为的儿童更容易产生攻击性。

(3)强化。在孩子出现攻击性行为时,若父母不加制止或听之任之,就强化了孩子的侵犯行为。

(4)挫折。攻击性行为产生的直接原因是挫折。挫折是指个体有目的行为受到阻碍而产生的情绪反应。

4)攻击性行为的矫治

① 为儿童创设一个积极的环境。

② 帮助儿童转移情绪,提供宣泄的机会。

③ 巧用精神奖励法和惩罚法。

④ 对儿童进行交往技能和自我保护的训练。

⑤ 培养儿童的同情心和移情能力。

第九节　学前儿童教育科学研究方法

考纲提要

通过本节学习能够掌握观察、谈话、作品分析、实验等基本研究方法，能运用这些方法初步了解幼儿的发展状况和教育需求。考题主要涉及题型有单项选择题和简答题等。

内容结构图

本节内容框架如图1-14所示。

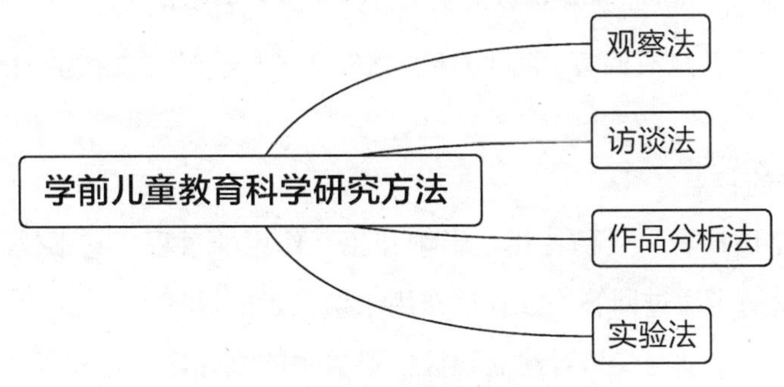

图1-14　学前儿童教育科学研究方法

一、观察法

1. 观察法概念

观察法是儿童发展研究较为常见的一种方法，它是指研究者通过感官或一定的仪器设备，有目的、有计划地观察儿童的心理和行为表现的方法。

2. 观察法类型

1）样本描述法。是指在预先选择好的情境中对特定的对象，按照时间顺序进行连续观察并记录发生的一切行为（不加选择地描述所发生的一切），包括儿童的所作所为以及他人对其言行的影响。

2）时间样本法。是指在固定的时间间隔内观察预先选定的行为。

3）事件样本法。以某一事件发生的整个过程为观察对象，要求观察者深入儿童的生活或游戏场所中，等待事件的发生并对事件的经过和前因后果加以记录。

4）特质评定法。观察者事先准备好评定量表，量表的内容主要是关于人格特质的。

知识拓展

教师观察幼儿行为的意义

教师观察幼儿的行为是指教师有目的、有计划地观察幼儿在日常生活、游戏、学习和劳动中的表现，包括其言语、表情和行为，分析儿童心理发展的规律和特征的活动。观察对教师了解幼儿、促进幼儿的发展有重要意义。

(1)幼儿的心理活动有突出的外显性。教师通过观察了解幼儿的发展水平、兴趣及需要，进而选择更适宜的教育内容和教育方法。

(2)观察使教师更容易抓住日常生活中的教育契机，使教师在合适的时机介入幼儿的活动，进而提供有针对性的指导。

二、访谈法

1. 访谈法概念

访谈法是研究者通过与受访者面对面的交谈，以口头回答的形式来搜集资料的一种调查研究方法。其基本的研究方式就是研究者根据课题研究的需要，设计调查研究的问题，由访谈人员探访受访者，面对面逐一向其提出问题，让其口头回答，通过记录、整理和分析受访者提供的口头资料来探讨和认识教育现象和教育问题。

2. 学前教育访谈法的特点

① 整个访谈过程是访谈者与受访者相互影响和相互作用的过程。它不仅是访谈者通过提问方式作用于受访者，而且是受访者通过回答等方式反作用于访谈者的过程。

② 访谈研究是访谈者主动与受访者建立积极信赖关系的人际交往过程。

③ 访谈研究具有特定的科学目的和一整套设计、编制和实施的原则。

三、作品分析法

1. 作品分析法概念

作品分析法，是指有目的地确定一个主题，使研究对象完成一件作品，研究者通过对作品分析，从而获得关于研究对象特定信息的一种研究方法。它具有：隐蔽性、研究规模较小和研究的主观性较大的特点。

2. 作品分析法意义

① 作品分析法是全面了解学生情况，获得准确信息的一种重要方法。

② 作品分析法对不断提高研究者的综合素质有重要的促进作用。

四、实验法

1. 实验法概念

实验法，是研究者通过有目的地操纵和控制一定的变量以观测个体反应，进而揭示变量间因果关系的一种研究方法。

2. 实验法分类

实验法可分为实验室实验和现场实验两种类型。

1）**实验室实验**。实验室实验是在专门的实验室内，利用一定的仪器设备研究儿童发展的一种方法。有关儿童的身体、生理、营养、感知记忆、思维等方面都可以在实验室进行。实验法的关键是对变量的控制，一般是通过随机化来控制实验中无关变量带来的干扰。

2）**现场实验**。现场实验是一种在现实的生活环境中进行的实验研究。

第十节　学前儿童常见的心理问题及矫治

考纲提要

通过本节学习能够了解和分析幼儿身体发育和心理发展中容易出现的问题或障碍，如发育迟缓、肥胖、自闭倾向等。主要涉及题型有单项选择题等。

内容结构图

本节内容框架如图1-15所示。

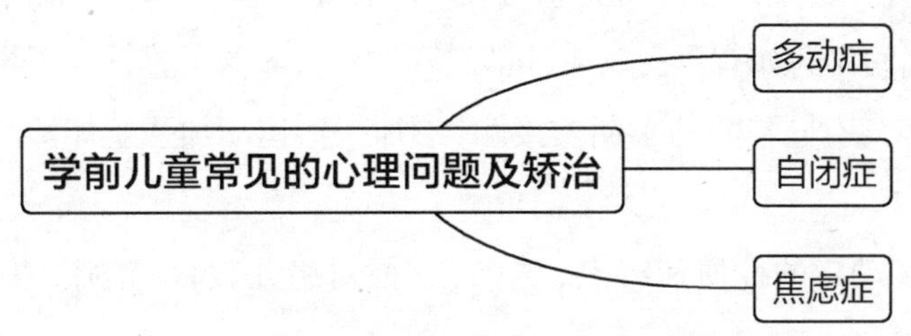

图1-15　学前儿童常见的心理问题及矫治

一、多动症

1. 表现

儿童多动症又称为注意力缺陷多动症（attention deficit hyperactivity disorder, ADHD），或脑功能轻微失调综合征，是一种常见的儿童行为异常疾病。

这类患儿的智力正常或基本正常，但学习、行为及情绪方面有缺陷，主要表现为注意力不集中、注意短暂、活动过多、情绪易冲动和学习成绩普遍较差，在家庭及学校均难与人相处，日常生活中常使家长和教师感到没有办法。

多动症的患病率国外报道在5%～10%，国内调查在10%以上，男孩多于女孩，早产儿及剖宫产儿患多动症的概率较高，在6%以上。

2. 原因

1)遗传因素。研究表明该障碍与遗传因素有关,遗传度为0.75～0.91,遗传方式尚不清楚,可能为多基因遗传。分子遗传学研究表明该障碍和多巴胺受体基因的多态性有关。

2)轻微脑损伤。包括围生期和出生后因素。其中与妊娠和分娩相关的危险因素包括多动症患者的母亲吸烟和饮酒、患儿早产、产后出现缺血缺氧性脑病以及甲状腺功能障碍。与多动症发生有关的儿童期疾病包括病毒感染、脑膜炎、脑炎、头部损伤、癫痫、毒素和药物。更多存有争议的因素包括营养不良、与饮食相关的致敏反应、过多服用含食物添加剂的饮料或食物、儿童缺铁、血铅水平升高、血锌水平降低等,但目前证据尚不充分。

3)心理社会因素。父母关系不和、家庭破裂、教养方式不当、父母性格不良、父母患抑郁症或有冲动及反社会行为或物质成瘾、家庭经济困难、住房拥挤、童年与父母分离、受虐待、学校的教育方法不当等不良因素均可能是发病诱因或症状持续存在的原因。

3. 预防与矫治

① 让患儿少看电视、少上网。多动儿一般在学习时无法长时间集中注意力,总是不停地做小动作或思想开小差;但在看电视,尤其是电视广告时注意力较为集中。

② 合理安排孩子日常生活,培养孩子养成良好的生活习惯和学习习惯,遵从规律性的作息时间。

③ 训练少儿的感觉统合能力。研究表明,约半数患儿可有神经系统软体征,部分患儿可有视觉-运动障碍、空间位置知觉障碍等。因此,父母在家也应注意训练少儿的感觉统合能力。最简单的方式包括跳绳、打球、游泳等。这些运动简便、易于操作,而且训练效果也很不错。如果家庭经济条件允许,也可以让少儿参加专业的感觉统合能力训练。

④ 注意护理,多动儿用药期间尽量防止感冒。一般患儿在感冒、发烧、精神紧张等情况下其多动症状会加重,患儿在感冒期间用药如有不良反应,可以暂时停药,等孩子感冒好了再继续用药。

⑤ 让多动症儿童多与有同情心的小朋友接触,参加一些运动加强躯体活动,为患儿提供社会化的环境。

⑥ 家长应该了解多动症的性质和特点,熟悉、掌握对患儿教育、治疗、护理的具体方法,不歧视他们。

⑦ 按不同年龄与性别开展一些简单的手工劳动和多样化的体育活动,转移其病理体验及病态行为。

综上所述,家长首先应注意改善和孩子的关系,多站在孩子的角度着想,不苛求孩子,帮助他们建立自信心。千万不要根据自己的想法为孩子制定一个过高的期望,超出他们的能力范围。治疗过程中最好先设定目标,实现后再设定新的目标。可从坐得住开始,到最后孩子学习成绩有所改善。家长还需要与医生、学校保持沟通,及时反馈孩子的治疗信息。

二、自闭症

1. 表现

自闭症又称为孤独症,是一种广泛性的发展障碍。症状通常在3岁前就已出现。自闭症对教育会产生不利的影响。自闭症主要表现为三大类核心症状，即社会交往障碍、交流障碍、兴趣狭窄和刻板重复的行为方式。具体表现如下：

首先，在社交方面，患自闭症的儿童对外界事物不感兴趣，不太察觉别人的存在，与他人缺乏目光接触，不会主动与人交往、分享或参与活动；模仿力较弱，不能掌握社交技巧，缺乏合作精神；想象力较差，极少通过玩具进行象征性的游戏活动。

其次，在沟通方面，患自闭症儿童语言发展迟缓，说话内容、速度、音调异常，语言理解能力差。

最后，在行为方面，患自闭症儿童坚持某些行事方式和程序，拒绝改变习惯和常规，并且不断重复一些动作；兴趣狭窄，会极度专注于某些物体，或对物体的某些部分或某些特定形状的物体特别感兴趣。

自闭症是一种发展性障碍，而不是一种生理疾病。生理疾病经治疗可以康复，发展性障碍则要通过生涯教育和心理矫治，症状可能好转，也可能加重，不能完全治愈，只能慢慢地、部分地克服。

2. 原因

1）遗传因素。部分患儿的自闭症与遗传因素有关，遗传因素对自闭症的作用已趋于明确，患自闭症的儿童，其同胞中有2%～6%患本病，单卵双生子同病率高达36%。

2）脑器质性损害。如产伤、宫内窒息、中毒、感染等。15%～50%的自闭者患儿伴癫痫发作、脑电图异常、脑CT、磁共振有非特异性改变。有的伴有躯体畸形。先天性风疹病毒感染、巨细胞病毒感染均可能与自闭症发病有关。

3）神经内分泌和神经递质。儿童行为与神经递质密切相关。有研究认为，中枢神经系统中5-羟色胺和（或）多巴胺活性下降，伴有下丘脑功能障碍则可能产生自闭症。

4）认知缺陷因素。有人认为心理认知缺陷损害了自闭症患儿对他人精神状态的理解能力，导致社会交往能力缺乏，甚至对待他人就像对待无生命的物体，常错误理解别人有意识的行为。

5）多种病因。许多研究表明，自闭症常与某些疾病同时存在，如结节性硬化、肌营养不良、先天性风疹、苯丙酮尿症以及嘌呤代谢病等，故认为自闭症是由多种病因引起的神经综合征。

3. 预防与矫治

儿童自闭症的治疗。目前医学界通用的有药物疗法、饮食疗法和教育训练法。其中，教育和训练是治疗自闭症的主要方法，目的是促进患儿的语言发展，提高其社会交往能力，掌握基本生活技能和学习技能。综合性的治疗、训练对多数自闭症患儿会有所帮助，其中少数有明显的好转。

特殊教育训练的范围包括对患儿进行专注力、认知能力、闲暇自处能力、社交能力、生活适应能力、情绪控制、言语沟通、生理需要以及行为问题等方面的训练。而社交能力的训练则为重中之重，因为只有通过社会交往，才能促进感知觉、动作、语言、智慧与个性的积极发展，获得知识技能，激发和沟通情感，培养友谊感和同情心，并逐步懂得一些初步的行为准则。具体的做法如下：

① 注重情商培育，在培育孩子良好品德的同时，也要培养孩子良好的性情。

② 培养孩子的自理能力，可以有意让孩子碰碰钉子，以磨炼孩子的意志力。

③ 别把孩子封闭在小圈子内，鼓励孩子与其他小朋友玩耍、交往，为孩子交友创造条件，邀请小朋友到家里来玩，教他交朋友的艺术、方法和技巧。

④ 尽量让孩子参加集体活动,体验友谊、智慧和温暖。

⑤ 对患有自闭症的儿童,要在医生指导下,积极采用药物疗法、音乐疗法等进行治疗。

三、焦虑症

1. 焦虑症表现

焦虑症,又称为焦虑性神经症,是神经症这一大类疾病中最常见的一种,以焦虑情绪体验为主要特征。可分为慢性焦虑即广泛性焦虑和急性焦虑即惊恐发作两种形式。

主要表现:无明确客观对象的紧张担心,坐立不安;自主神经功能失调症状,如心悸、手抖、出汗、尿频及运动性不安。注意区分正常的焦虑情绪,如焦虑严重程度与客观事实或处境明显不符,或持续时间过长,则可能为病理性的焦虑。

幼儿焦虑主要有如下3种:

1）分离焦虑。儿童刚上幼儿园时,可能会存在分离焦虑。主要表现为紧紧抓住父母不放,父母一离开就哭闹不停,或者在父母离开后行动迟缓,对外人感到恐惧等。一般会持续几周,有些儿童甚至长达数月之久。

2）情境性焦虑。当儿童身处陌生环境或面临突发事件时会变得焦虑。

3）特质性焦虑。患有特质性焦虑的孩子一般比较敏感、自信心不足、自尊心很强、容易紧张和多疑多虑。

2. 儿童焦虑症原因

儿童焦虑症主要与心理社会因素及遗传因素有关。患儿往往是性格内向和情绪不稳定,在家庭或学校等环境中遇到应激情况时产生焦虑情绪,并表现为逃避或依恋。部分患儿在发病前有急性惊吓史,如与父母突然分离、亲人病故、不幸事故。常见的分离焦虑就源自依恋障碍。

如果父母为焦虑症患者,那么患儿的焦虑可迁延不愈,成为慢性焦虑症。家族中的高发病率及双生子的高同病率都提示焦虑症与遗传有关。

3. 儿童焦虑症预防与矫治

1）减少孩子的压力。不要以为只有大人才会有压力,现在的父母为了自己的小孩不输在起跑线上,纷纷让他们接受各种才艺教育,孩子面临的压力也是非常大的;再加上与其他小朋友的比较,老师、家长也会有意无意地给小孩施加压力。要想治疗儿童焦虑症,就要减少孩子的压力,在指导小孩的成长过程中应给予更多的鼓励和支持。

2）多花点时间陪孩子。很多都市人往往忙于工作而忽略小孩的身心健康成长。如果长时间没有跟小孩一起交流,小孩的心理也会出现一种焦虑心理,认为父母嫌弃自己、不喜欢自己。父母要做的也只是多花点时间陪陪小孩,加强亲子的关系,多带小孩参加户外活动,这对小孩的身心健康成长也有很大帮助。

3）心理辅助治疗。儿童焦虑症症状严重时,可以通过心理治疗的方法,找出患儿产生焦虑心理的原因,在跟患儿建立良好的医患关系之后,充分了解患儿的真实感受,通过患儿家属尽可能地消除各种不利因素,减轻或消除儿童焦虑症的症状。

4）药物干预。儿童焦虑症发作的时候，通常会出现全身紧张、面部紧绷、眉头紧锁、唉声叹气等症状，可能是自主神经系统反应性过强导致出汗、晕眩、呼吸急促、心跳加快、手脚冰凉或发热、大小便频繁等躯体症状，此时应接受药物治疗，可以选择少量的安定、氯氮䓬（利眠宁）等抗焦虑药。需要注意的是，儿童焦虑症的药物治疗必须是在医生的专业指导下使用，而且采取药物治疗的过程不宜过长。

儿童患有焦虑症，也不用过分的担忧，只要经过正规治疗，孩子都能恢复健康。但是家庭的和睦、成长的环境、压力的大小都会对孩子的身心健康带来一定的影响，所以父母要在繁忙工作的同时，多多关心小孩的身心健康问题。

重点知识点汇总

（1）婴幼儿发展的影响因素。

（2）格塞尔双生子爬梯实验及教育启示。

（3）弗洛伊德的人格发展理论。

（4）埃里克森的心理发展观。

（5）弗洛伊德的儿童性心理发展阶段说。

（6）斯金纳的新行为主义。

（7）班杜拉的社会学习理论。

（8）皮亚杰的认知发展理论。

（9）维果斯基的最近发展区理论。

（10）幼儿期的年龄特点。

（11）小中大班各自的年龄特点。

（12）婴幼儿心理发展的基本趋势。

（13）婴幼儿生长发育的规律。

（14）幼儿注意的特征及培养策略。

（15）幼儿记忆的特征及培养策略。

（16）幼儿想象的特征及培养策略。

（17）思维发展的趋势。

（18）幼儿思维的一般特点。

（19）思维的作用。

（20）幼儿分类的特点。

（21）幼儿掌握概念的特点。

（22）幼儿理解的发展特点。

（23）幼儿判断推理的特点。

（24）幼儿言语的培养策略。

（25）幼儿情绪发展的特点及良好情绪的培养策略。

(26)缓解幼儿情绪的方法。

(27)情绪情感的作用。

(28)幼儿气质类型的主要特征。

(29)幼儿性格的主要特征。

(30)幼儿能力发展的特点。

(31)自我意识发展的阶段及特点。

(32)自我评价发展的特点。

(33)自我体验发展的特点。

(34)自我控制发展的特点。

(35)依恋关系的类型及影响因素。

(36)建立良好的亲子关系的意义及举措。

(37)影响同伴关系的因素。

(38)建立良好的同伴关系的意义及举措。

(39)良好师幼关系的影响因素、意义及举措。

(40)亲社会行为的影响因素。

(41)攻击性行为的影响因素及矫正。

经典真题解析

一、选择题

1. 按照皮亚杰的观点,2~7岁儿童的思维处于( )。

A. 具体运算阶段　　B. 形式运算阶段

C. 感知运动阶段　　D. 前运算阶段

答案　D

解析　皮亚杰将从婴儿到青春期的认知发展分为感知运动阶段(0~2岁)、前运算阶段(2~7岁)、具体运算阶段(7~11岁)和形式运算阶段(11~15岁)4个阶段。

2. 照料者对婴儿的需求应给予及时回应,这是因为根据埃里克森的观点,在生命中第一年的婴儿面临的基本冲突是( )。

A. 主动性对内疚　　B. 基本信任对不信任

C. 自我统一性对角色混乱　　D. 自主性对害羞

答案　B

解析　埃里克森将人格发展分为:

第1阶段,基本的信任感对基本的不信任感(0~1.5岁)。

第2阶段,自主感对羞耻感与怀疑(1.5~3岁)。

第3阶段,主动感对内疚感(3~6岁)。

第4阶段，勤奋感对自卑感（6～12岁）等8个阶段。

3. 在婴儿表现出明显的分离焦虑现象时，表明婴儿已获得（　　）。

A. 条件反射观念　　B. 母亲观念

C. 积极情绪观念　　D. 客体永久性观念

答案　B

解析　分离焦虑的主要表现是离开母亲时出现的一种消极的情绪体验。分离焦虑源于依恋障碍，主要是依恋对象的消失。

4. 下列哪种方法不利于缓解或调控幼儿激动的情绪（　　）。

A. 转移注意　　B. 斥责

C. 冷处理　　D. 安抚

答案　B

解析　幼儿激动时，应转移其注意，或者采取冷处理、代币奖励等方法，不宜加以斥责。

5. 天空中过往飞机的轰鸣引起儿童不由自主的注意，这是（　　）。

A. 无意注意　　B. 有意注意

C. 无意注意和有意注意两者均有　　D. 选择性注意

答案　A

解析　儿童不由自主的注意是无意注意。本题主要考查幼儿注意的分类。

6. 在不理解的情况下，幼儿也能熟练地背诵古诗，这是（　　）。

A. 理解记忆　　B. 机械记忆

C. 意义记忆　　D. 逻辑记忆

答案　B

解析　机械记忆是指对所记忆材料的意义和逻辑关系并不理解，而是用简单、机械、重复的方法进行记忆。

7. 冬冬边玩魔方边小声嘀咕："转一下这面试试，再转这面呢？"这种语言被称为（　　）。

A. 角色语言　　B. 内部语言

C. 自我中心言语　　D. 对话语言

答案　C

解析　自我中心言语有3个范畴：重复、独白、双人或集体的独白。根据是否出声把幼儿的语言分为内部语言和外部语言，题干中属于出声的自言自语，是内部语言的一种过渡形式，但并不是真正的内部语言，因此C项正确。

8. 中班幼儿告状现象频繁，这主要是因为幼儿（　　）。

A. 道德感的发展　　B. 羞愧感的发展

C. 美感的发展　　D. 理智感的发展

答案　A

解析 道德感是因自己或别人的言行举止是否符合社会道德标准而引起的情绪体验。幼儿在对他人的不道德行为表示出愤怒或谴责的同时,还对弱者表现出同情,并表现出相应的安慰行为。到了中班,幼儿的道德感进一步发展和复杂化。他们对好与坏、好人与坏人,有鲜明的不同感情。告状现象是幼儿对其他幼儿不道德行为的愤怒和谴责,属于道德感的发展范畴。

9. 有的幼儿遇事反应快,容易冲动,很难约束自己的行为,这类幼儿的气质类型比较倾向于( )。

A. 多血质　　B. 黏液质

C. 胆汁质　　D. 抑郁质

答案 C

解析 胆汁质的孩子直率热情、精力旺盛、性情急躁、易于冲动、反应迅速,很难约束自己的行为。

10. 幼儿园促进幼儿社会性发展的主要途径是( )。

A. 集体教学　　B. 人际交往

C. 教师讲解　　D. 操作练习

答案 B

解析 幼儿社会性发展的主要内容是人际关系。人际交往才是发展幼儿社会性的主要途径。

二、简答题

1. 简述班杜拉社会学习理论的主要观点。

解析 社会学习理论是阐明人怎样在社会环境中学习,从而形成和发展其个性的理论,班杜拉是该理论的创始人。其主要观点如下:

(1)儿童通过观察学习而习得新行为。

(2)重视环境对人的影响,也重视人的认知因素,并认为它们之间是相互影响、相互作用的。

2. 简述幼儿期自我评价发展的趋势并举例说明。

解析 幼儿自我评价发展的趋势:

(1)从主要依赖成人的评价发展到自己独立评价。如年龄较小的幼儿会说"妈妈夸我是个好宝宝""老师说我是个乖孩子"等,而年龄稍大的幼儿则会说"我很勇敢"等。

(2)自我评价从主观情绪性到比较理智。如孩子经常会过分夸大自己的能力,这主要是受主观情绪的影响,而年龄较大的幼儿则相对会正确地评价自己。

(3)自我评价从笼统性、片面性和表面性到比较全面。如孩子在评价自己时可能只从一个方面来评价,比如"我不说谎"或"我不打人"等。年龄稍大的幼儿则会说"我虽然不会骑车,但我会游泳"。

三、材料分析题

幼儿园只有一架秋千,幼儿都很喜欢玩。大二班在户外活动时,胆小的诺诺走到正在荡秋千的小莉面前,请小莉把秋千让给她玩。小莉没理她。诺诺就跑过来向老师求助:"老师,小莉不让我玩秋千……"

对此,不同的教师可能会采取下面不同的回应方式:

教师A:牵着诺诺的手走到小莉面前,说:"你们的事情我知道了,我现在想看小莉是不是个懂得谦让的孩子。小莉，你已经玩了一会儿了，现在能不能让诺诺玩一会儿呢？”小莉听了后，把秋千让给了诺诺。

教师B：“你对小莉怎么说的呢？”诺诺：“我说‘我想玩一会儿’。”想到诺诺时说话总是低声细气的，教师就说：“是不是你说话声音太小了，她没有听清楚呢？你现在去试着大声地对小莉说：‘我真的想玩秋千，我已经等了很久了！’如果这样说还没用，你就回来，我们再想别的方法。”

问题：请分析上述两位教师回应方式的利弊，并说明理由。

解析 诺诺属于同伴关系中的被忽视型幼儿。两位教师对于诺诺的求助采取了不同的回应方式，各有利弊。

（1）教师A的回应方式的优点：及时回应诺诺的求助，并牵着诺诺走到小莉面前，直接解决诺诺遇到的问题。并且教师A并没有强迫小莉，而是采取讲道理的方法，让小莉自愿让出秋千。这样的回应方式较为快捷，有效地解决了幼儿遇到的问题。

缺点是：教师A及时、直接的介入，虽然解决了诺诺眼前遇到的问题，但是并没有教诺诺如何通过努力自己解决此类事情，不利于改变诺诺“胆小”的缺点。此外，教师对小莉讲道理时，采用了一种委婉的命令式语气。小莉虽然让出了秋千，但不一定是心甘情愿的，而且下次遇到此类事情时，她也许还要等到教师来直接干预，而不是真的做到了“懂得谦让”。因此，教师A的回应方式不利于帮助幼儿学会独立解决问题。

（2）教师B的回应方式的优点：帮助诺诺一起分析问题产生的原因，并给出一个切实可行的建议，同时告诉诺诺如果问题还是没有得到解决，就和她一起想其他方法。这样的回应方式说明教师B针对诺诺的性格特点进行了有针对性的指导。

缺点：教师B应以旁观者的身份，注意观察诺诺解决问题的过程，进而更有针对性地对诺诺进行指导。此外，教师B的回应方式仅针对同伴关系中的被忽视型幼儿。若要使诺诺更好地融入集体，增强交往技能，还应当对其他幼儿进行引导，使幼儿逐渐能够独立解决在交往过程中遇到的问题。

对于同伴关系中存在交往困难的幼儿，教师应帮助他们逐渐被同伴接受，通过有效的教育活动，以及有针对性的指导，达到促进幼儿发展的目的。

单元自测

一、单项选择题

1. 下列哪一个选项不是婴儿期出现的基本情绪体验。（　　）

A. 羞愧　　B. 伤心

C. 害怕　　D. 生气

2. 新生儿心理发展的前提和基础是（　　）。

A. 儿童的本能　　B. 儿童的生理成熟

C. 条件反射的出现　　D. 儿童感知觉的发生

3. 根据埃里克森的心理社会发展理论,3～6岁儿童形成的人格品质是(　　)。

A. 信任感　　B. 主动性

C. 自主性　　D. 自我同一性

4. 皮亚杰的“三山实验”考察的是(　　)。

A. 儿童的深度知觉　　B. 儿童的计数能力

C. 儿童的自我中心性　　D. 儿童的守恒能力

5. 小班幼儿玩橡皮泥时,往往没有计划性。橡皮泥搓成团就说是包子,搓成条就说是面条,长条橡皮泥卷起来就说是麻花。这反映了小班幼儿(　　)。

A. 具体形象思维的特点　　B. 直觉行为思维的特点

C. 象征性思维的特点　　D. 抽象逻辑思维的特点

6. 一名从未见过飞机的幼儿,看到蓝天上飞过的一架飞机说:“看,一只很大的鸟!”从幼儿语言发展的角度来看,这一现象反映的特点是(　　)。

A. 过度规范化　　B. 扩展不足

C. 过度泛化　　D. 电报式言语

7. 班杜拉的社会认知理论认为(　　)。

A. 儿童通过观察和模仿身边人的行为学会分享

B. 操作性反射是儿童学会分享最重要的学习形式

C. 儿童能够学会分享是因为儿童天性本善

D. 儿童学会分享是因为成人采取了有效的奖惩措施

8. 评价幼儿生长发育最重要的指标是(　　)。

A. 体重和头围　　B. 头围和胸围

C. 身高和胸围　　D. 身高和体重

9. 婴幼儿的“认生”现象通常出现在(　　)。

A. 3～6个月　　B. 6～12个月

C. 1～2岁　　D. 2～3岁

10. 在音乐课上,为了发展儿童的有意注意,最恰当的做法是(　　)。

A. 以自己形象的表演吸引儿童注意　　B. 利用多种形象的教具

C. 让儿童做游戏　　D. 更多让儿童欣赏优美的音乐

11. 关于儿童发展研究中的访谈法,下列说法不正确的是(　　)。

A. 访谈法就是研究者到幼儿园随机即兴地对幼儿进行采访

B. 应用访谈法之前,应事先要和幼儿建立亲密关系

C. 应用访谈法时,提出的问题不能太多,以免幼儿疲劳、厌倦

D. 应用访谈法时要把答话按照原词和原来的语气记录

12. 儿童的理解主要是(　　)。

A. 直接理解　　B. 间接理解

C. 表面理解　　D. 客观性理解

13. 儿童道德感已有一定的稳定性是在(　　)。

A. 小班　　B. 中班

C. 大班　　D. 小学初期

14. 学前儿童心理研究的最基本的方法是(　　)。

A. 实验法　　B. 观察法

C. 调查法　　D. 作品分析法

15. 随着年龄增长,幼儿形象记忆与语词记忆的差别(　　)。

A. 不会变化　　B. 不会缩小

C. 逐渐扩大　　D. 逐渐缩小

16. 青青的妈妈说:"那孩子小嘴真甜!"青青问:"妈妈,你舔过她的嘴吗?"这主要反映了青青(　　)。

A. 思维的表面性　　B. 思维的拟人性

C. 思维的生动性　　D. 思维的形象性

17. 能显著提高儿童的角色承担能力和亲社会行为水平的学前教育基本方法是(　　)。

A. 角色扮演法　　B. 语言法

C. 讨论法　　D. 移情法

18. 物体触及掌心,新生儿立即把它紧紧捏住,这是新生儿的(　　)。

A. 怀抱反射　　B. 达尔文反射

C. 觅食反射　　D. 吸吮反射

19. 2～6岁儿童掌握的词汇数量迅速增加,词类范围不断扩大。该时期儿童掌握词汇的先后顺序通常是(　　)。

A. 动词、名词、形容词　　B. 动词、形容词、名词

C. 名词、动词、形容词　　D. 形容词、动词、名词

20. 婴儿看见物体,先是移动肩肘,用整只手臂去接触物体,然后才会用腕和手指去接触并抓取物体。这是儿童动作发展中的(　　)所致。

A. 近远规律　　B. 大小规律

C. 首尾规律　　D. 从整体到局部的规律

21. 下列图形,儿童最易辨别的是(　　)。

A. 长方形　　B. 三角形

C. 梯形　　D. 半圆形

22. 幼儿道德发展的核心问题是(　　)。

A. 亲子关系的发展　　B. 同伴关系的发展

C. 性别角色的发展　　D. 亲社会行为的发展

23. 在科学活动中,教师观察到某幼儿能用数字、图表来记录和整理自己观察到的现象。该幼儿最可能的年龄是(　　)。

A. 6岁左右 B. 5岁左右

C. 4岁左右 D. 3岁左右

24. 教师要依据幼儿的个体差异进行教育。下列现象中,不属于幼儿个体差异表现的是( )。

A. 某幼儿往常吃饭很慢,今天为了得到老师的表扬,吃得很快

B. 有的幼儿吃饭快,有的幼儿吃饭慢

C. 某幼儿动手能力很强,但语言能力弱于同龄幼儿

D. 男孩通常比女孩表现出更多的身体攻击性行为

二、简答题

1. 如何防止幼儿注意分散?

2. 学前儿童常用的记忆策略有哪些?

三、材料分析题

1. 阅读下面材料,回答问题。

这是一段爸爸和4岁多的女儿的对话。

女儿:"爸爸,我不想上幼儿园。"

爸爸:"为什么啊?幼儿园不好吗?"

女儿:"我要和熊熊玩。"

爸爸:"不上幼儿园就不是好孩子了。"

女儿:"是好孩子,不去幼儿园。"

爸爸:"不行,一定要去幼儿园。"

女儿:"不去,呜呜……"

爸爸:"别哭了,为什么哭?不去幼儿园不是好孩子。"

女儿:"呜呜,是好孩子,爸爸不让我陪熊熊。"

爸爸:"……"

请从这段对话中，分析该幼儿自我意识发展的特点，并对如何发展这段对话给予这位父亲建议，引导孩子自我意识的发展。

2. 阅读下面材料，回答问题。

教师出示图片，问："草地上有几只兔子？"

幼儿回答："草地上有2只兔子。"

教师又拿出一张图片，与之前图片并列放置，问："又来了几只兔子？"

幼儿回答："又来了3只兔子。"

教师接着提问："草地上原来有2只兔子，又来了3只兔子，那么我们现在就可以用加法来计算一下，现在一共有几只兔子呢？"

幼儿回答："一共有5只兔子。"

教师总结："非常棒，2只兔子加上3只兔子，一共是5只兔子。"

以上材料是一个数学教学的案例，请你结合幼儿思维发展的特点分析该教师的教学过程是否合理？

四、论述题

飞飞今年上幼儿园大班，老师发现以前爱生气的飞飞今年一下子变得阳光了，并且特别爱思考，总是有问不完的问题，对于一些事情，飞飞也表现得很活跃。老师夸飞飞长大懂事了。

问题：联系实际谈谈5～6岁儿童心理发展的主要特点。

第一章 【参考答案】

一、单项选择题

1. A　解析　考点为婴儿期的基本情绪。婴儿期的基本情绪有哭、笑、害怕、生气、伤心等。羞愧属于复杂的情绪,不属于婴儿期出现的基本情绪。

2. B　解析　考点为儿童发展的前提和基础。生理成熟是指儿童生长发育的程度和水平。生理成熟为儿童心理活动的出现和发展的顺序性提供了基本的前提。

3. B　解析　考点为埃里克森的人格阶段。埃里克森的人格阶段分为8个阶段,前3个阶段分别是第1阶段,基本的信任感——基本的不信任感(0～1.5岁);第2阶段,自主感——羞耻感与怀疑(1.5～3岁);第三阶段,主动自发——罪恶感(3～6岁)。

4. C　解析　考点为皮亚杰认知阶段中前运算阶段儿童的自我中心主义特点。"三山实验"证明了前运算思维缺乏逻辑性的表现之一是不具备观点采择能力——从他人的角度来看待事物的能力。

5. B　解析　考点为小班幼儿的年龄特点。由于小班儿童的思维还要依靠动作,因此他们不会计划自己的行动,只能是先做后想,或者边做边想。就像题中在捏橡皮泥之前没有计划性、不知道自己要捏成什么,而常常是在捏好之后才突然发现自己捏的是什么。

6. C　解析　考点为幼儿的语言发展特点。"过度泛化"和"扩展不足"都是幼儿对于词义的理解不确切,把词的含义理解得过宽或过窄。"过度泛化"是把词的含义理解得过宽,对某个语言单位的作用超出了目标语言的范围,即用一个词代表一类事物。"扩展不足"是幼儿对于词义的理解过窄,即一个词只能代表一个对应的物体,不会用概念去解释其他东西,题干中幼儿没有见过飞机,因而把飞机称为"大鸟",是幼儿用大鸟来代表所有会飞的物体的一种体现,用一个词指代一类事物,属于幼儿对词义理解的"过度泛化"。

7. A　解析　考点为班杜拉的社会学习理论。班杜拉认为儿童是通过观察学习他人所表现的行为及其结果而习得新行为,其观察、模仿带有选择性。

8. D　解析　考点为评价幼儿生长发育最重要的指标。评价幼儿生长发育最重要的指标是身高和体重。

9. A　解析　考点为婴幼儿"认生"发生的年龄段。怕生是对陌生刺激物的恐惧反应。怕生与依恋情绪同时产生,一般在6个月左右出现。

10. C　解析　考点为发展儿童有意注意的策略。发展儿童有意注意的策略包括避免无关刺激的干扰、根据幼儿的兴趣和发展需要组织活动、无意注意和有意注意的交互并用、合理组织教育活动。选项中C更符合相关策略。

11. A　解析　考点为学前儿童心理研究的方法。访谈法要求首先应当根据研究的目的和谈话对象的特点拟订谈话的话题和内容。

12. C　解析　考点为儿童理解的特点。儿童理解常根据具体接触事物的表面现象来思维,往往只是反映事物的表面现象,而不是事物的本质联系。

13. C　**解析**　考点为儿童道德感在不同阶段的特点。大班幼儿的道德感进一步发展和复杂化。他们对好与坏、好人与坏人，有鲜明的不同感情。在这个年龄段，爱小朋友、爱集体等情感，已经有了一定的稳定性。

14. B　**解析**　考点为学前儿童心理研究的方法。观察法是学前儿童心理研究最基本的方法。

15. D　**解析**　考点为儿童记忆的发展特点。儿童形象记忆占优势，语词记忆逐渐发展，形象记忆的效果优于语词记忆，形象记忆和语词记忆都随年龄的增长而发展，形象记忆和语词记忆的差别逐渐缩小。

16. A　**解析**　考点为儿童思维的特点。儿童思维常根据具体接触事物的表面现象来思维，往往只是反映事物的表面现象，而不是事物的本质联系。题干中幼儿以为妈妈夸她嘴甜是指嘴尝起来甜，还不能理解嘴甜指的是她会说话。

17. A　**解析**　考点为儿童亲社会行为发展的策略。角色扮演法是能显著提高儿童的角色承担能力和亲社会行为水平的学前教育基本方法，通过不同角色的扮演儿童更容易识别各种情感。

18. B　**解析**　考点为新生儿的无条件反射。常见新生儿的无条件反射包括吸吮反射、眨眼反射、怀抱反射、抓握反射（达尔文反射）、巴宾斯基反射、迈步反射、巴布金反射。

19. C　**解析**　考点为幼儿掌握词汇的顺序。幼儿掌握词汇的先后顺序为名词、动词、形容词。

20. A　**解析**　考点为儿童动作发展的规律。儿童动作发展的过程遵循头尾原则，头、颈、上端的动作先于腿和下端的发展；动作发展同时遵循近远原则，躯干和肩膀的动作发展先于手和手指的动作发展。

21. B　**解析**　考点为儿童识别形状的顺序。幼儿对不同几何图形的辨别由易到难的顺序是：圆形、正方形、半圆形、长方形、三角形、八边形、五边形、梯形、菱形。

22. D　**解析**　考点为儿童亲社会行为发展。幼儿道德发展的核心问题是亲社会行为。

23. A　**解析**　考点为儿童不同年龄阶段的特点。大班幼儿抽象逻辑思维开始萌芽，能够处理一些较复杂的问题，题干中幼儿的能力符合大班幼儿的年龄特点。

24. A　**解析**　考点为儿童的个体差异性。题干中为了获得表扬而吃饭快并非个体差异性的表现。

二、简答题

1. 答　（1）避免无关刺激的干扰。

（2）根据幼儿的兴趣和发展需要组织活动。

（3）无意注意和有意注意的交互并用。

（4）合理组织教育活动。

2. 答　复述策略，组织策略

三、材料分析题

1. 答案要点：

（1）从这对父女的对话中，可以看到，4岁多的女儿基本符合她这个年龄段的自我意识发展，表现出一定的自我评价能力和自我情绪体验。

幼儿自我意识发展特点：

① 自我评价的发展：自我评价的能力在3岁的儿童中还不明显，自我评价开始发生转折的年龄是

3.5～4岁,5岁的儿童绝大多数已能进行自我评价。总的来说,幼儿的自我评价能力还很差,成人对幼儿的评价在幼儿个性发展中起着重要作用。因此,成人必须善于对儿童做出适当的评价,对儿童行为作过高或过低的评价对儿童都是有害的。

② 自我情绪体验的发展:自我情绪体验在3岁的儿童中还不明显,自我情绪体验发生的转折年龄在4岁,5～6岁的儿童大多已表现有自我情绪体验。

③ 自我控制的发展:自我控制能力在3～4岁的儿童中还不明显。从缺乏自我控制到有自我控制的转折年龄是4～5岁。5～6岁的儿童绝大多数都有一定的控制能力。由于幼儿的皮质兴奋机制相对抑制机制仍占很大优势,所以幼儿更多地表现为冲动性,幼儿的自控能力还是较弱的。

(2)对父亲的建议:在和女儿的交往中,父亲显得过于强硬,容易伤害儿童自我评价的发展。父亲应该以缓和的语气,与女儿商量,怎样才能做一个更乖、更好的孩子。既不伤害她的自我评价,又能引导她上幼儿园。比如,可以对她说,如果上幼儿园,就让她抱着熊熊到幼儿园门口。

2. 答案要点:

幼儿思维的发展特点:

(1)思维以具体形象性为主,需要借助生动形象的直观经验。

(2)思维的抽象逻辑性开始萌芽。

(3)言语在幼儿思维发展中的作用日益增强,幼儿逐渐利用言语来进行逻辑思维。

本案例中,教师在教学中首先使用幼儿熟悉的图片材料,让他们形成兔子数量的形象概念,然后借助形象的数量概念引入加法的教学环节,从而让孩子们一步步形成关于数量加法的抽象逻辑思维能力。因此,该教师的教学过程是合适的。

四、论述题

答案要点:

5～6岁儿童心理发展的主要特点:

(1)好问好学。

(2)抽象思维能力开始萌芽。

(3)个性初具雏形。

(4)开始掌握认识方法。

适当结合实际。

第二章　学前教育的基本原理

考试要求

（1）理解教育的本质、目的和作用，理解教育与政治、经济和人的发展的关系，能够运用教育原理分析教育中的现实问题。

（2）理解幼儿教育的性质和意义，理解我国幼儿教育的目的和任务。

（3）了解中外幼儿教育发展简史和著名教育家的儿童教育思想，并能结合幼儿教育的现实问题进行分析。

（4）理解学前教育的基本原则，理解幼儿园教育的基本特点，能对教育实践中的问题进行分析。

（5）理解幼儿园以游戏为基本活动的依据。

（6）理解幼儿园环境创设的重要性。

（7）理解幼儿园班级管理的目的和意义。

（8）掌握《幼儿园教育指导纲要（试行）》在幼儿园教育活动中的目标、内容、实施和评价上的基本观点和要求。

（9）了解我国幼儿教育的改革动态与发展趋势。

本章内容简介

近年来社会上风行“零岁方案”“神童方案”，一些家长和幼教机构难以摆脱这种短视的教育观念，表现为重知识灌输、轻能力培养，重智力培养、轻人格培养等错误倾向。有的家长为了不让孩子输在起跑线上，为刚上小班的孩子报四五个特长班，中班、大班的儿童学习负担更重，周末休息几乎被家教和兴趣班占用。一些幼儿园迫于家长压力或者受经济利益驱动，办起了各式各样的兴趣班、特长班。这种现象是否与教育的本质背道而驰？幼儿教育究竟对幼儿的一生有何种意义？作为幼儿园教师，我们在实施学前教育时应遵循哪些原则？本章将对这一系列问题进行阐述。

本章介绍了教育的本质、目的和作用，幼儿教育的性质、意义、目的和任务，以及中外幼儿教育的产生与发展，相关的教育家、思想家的教育思想及教育实践；分析了幼儿园教育的一般原则与特殊原则及特点，班级管理的目的、意义和方法；最后分别就幼小衔接的必要性和相关内容，以及幼儿教育的改革动态与发展趋势等进行阐述。本章的知识体系在考试中所占比重较大，题型覆盖面较广。

第一节　教育概述

考纲提要

理解教育的本质、目的和作用,理解教育与政治、经济和人的发展的关系,能够运用教育原理分析教育中的现实问题。

内容结构图

本节内容框架如图2-1所示。

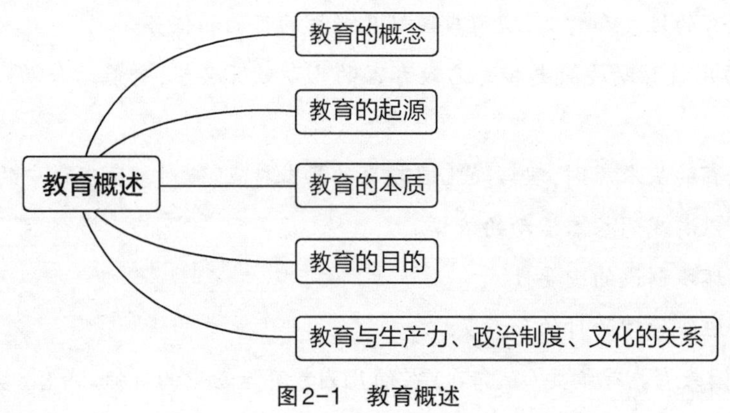

图2-1　教育概述

一、教育的概念

在教育学界,关于"教育"的定义多种多样,可谓仁者见仁、智者见智。一般来说,人们是从两个不同的角度给"教育"下定义,一个是从个体的角度,另一个是从社会的角度。英、美国家的教育学家一般是从个体的角度给"教育"下定义的。而苏联及我国一般是从社会的角度给"教育"下定义的。

按照我国教育学家对"教育"从社会的角度下的定义,可以把"教育"定义分为不同层次:

广义上说,凡是增进人们的知识和技能,影响人们的思想品德的活动都是教育,是培养下一代准备从事社会生活的整个过程,也是人类社会生产经验得以继承发扬的关键环节。

狭义上说,主要指学校教育,指教育者根据一定的社会或阶级的要求,有目的、有计划、有组织地对受教育者身心施加影响,把他们培养成一定社会或阶级所需要的人的活动。

从个体的角度来定义"教育",往往把"教育"等同于个体的学习或发展过程。

二、教育的起源

1. 生物起源说

主要代表人物:法国哲学家、社会学家利托尔诺,英国教育学家沛西·能。

主要观点：教育活动不仅存在于人类社会中，动物界也存在教育；人类社会教育的产生是一个生物学的过程，生物的冲动是教育的主要动力，人类社会的教育是对动物界的继承、改善和发展。教育的产生完全来自动物本能，是种族发展的本能需要。

2. 心理起源说

主要代表人物：美国著名教育家孟禄，其教育心理起源说是在对教育生物起源说批判的基础上产生的。

主要观点：孟禄从心理学的角度去解释教育起源问题，认为原始教育的形式和方法主要是日常生活中儿童对成人生活的无意识模仿。

3. 劳动起源说（社会起源说）

主要代表人物：苏联的教育家米丁斯基、凯洛夫，他们的劳动起源说是在直接批判生物起源说和心理起源说的基础上，在马克思主义历史唯物主义的理论指导下形成的。

主要观点：

① 人类教育起源于劳动和劳动过程中产生的需要。

② 教育是人类社会特有的一种社会活动。

③ 教育以人类语言和意识的发展为条件。

④ 教育从产生之日起，其职能就是传递劳动过程中形成的生产和生活经验。

三、教育的本质

“教育”这一词的汉语最早来源于《孟子·尽心上》中“得天下英才而教育之”。在古代，“教”和“育”是分开的。《学记》中的“教也者，长善而救其失者也”，《说文》中的“育，养子使作善也”，“教”指传授、指点；“育”指培养、培育。“教育”就是将知识、经验进行主动的或者被动的传授的过程。也就是说教育的质的规定是有目的、有计划、有组织地培养人的社会实践活动，即根据一定的社会需要而进行的培养人的活动或培养人的过程。

现代教育家对“教育”的理解，英国的斯宾塞（19世纪中后期英国著名的哲学家、社会学家和教育家）说：“教育为未来生活之准备。”蔡元培（教育家、革命家、政治家）在《教育独立议》中述：“教育是帮助被教育的人，给他能发展自己的能力，完成他的人格，于人类文化上能尽一分子的责任，不是把被教育的人造成一种特别器具。”陶行知（教育家、思想家）说：“教育是依据生活、为了生活的‘生活教育’，培养有行动能力、思考能力和创造力的人。”

教育既然是对知识的传承，对教育范围的界定就要先界定知识的范围。知识是人类对自然的总结。苏格拉底认为，“对于自然的真理的追求是无穷无尽的；感觉世界常变，因而得来的知识也是不确定的”；庄子说“吾生也有涯，而知也无涯。以有涯随无涯，殆已”；陶行知认为，“生活主义包含万状，凡人生一切所需皆属之”，“生活即教育”。由此看来知识是无穷无尽的，并且还在不断快速地产生与进化。所以教育的范围也随着知识的不断发展而发展。对知识的传承有自然或人为的选择，已经不适应当前社会发展的知识会被历史的车轮碾碎。教育是知识的传承方式。知识存在并且产生于人与自然，自然中包含人类，教育仅存在于人与人之间。所以它的范围局限于知识的界限，局限于人类的发展。

由此可以得出教育的本质:

① 教育是人类社会独有的一种社会现象。

② 教育是人类社会特有的传递经验的形式。

四、教育的目的

1. 教育目的概念

教育目的是一个国家或民族对培养人才的质量和目标的总体要求,它是教育活动的出发点和归宿,贯穿整个教育活动的始终。

广义的教育目的是指人们对受教育者的期望,即人们希望受教育者通过教育在身心诸方面发生什么样的变化,或者产生怎样的结果。国家和社会的教育机构、学生的家长和亲友、学校的教师等,都对下一代寄予这样那样的期望,这些期望就可以理解为广义的教育目的。

狭义的教育目的是国家对教育什么样的人才的总的要求,是国家为培养人才而确定的质量要求和标准,是根据一定的社会政治、经济、文化、科技发展的要求和受教育者的身心发展的状况确定的,各级各类学校无论具体培养什么领域和什么层次的人才都必须努力使所有学生都符合国家提出的总要求。

2. 教育目的作用

教育目的是培养人的总目标。教育关系把受教育者培养成什么样的社会角色和具有什么样素质的根本性问题,是教育实践活动的出发点。教育是根据一定的社会生产力、生产关系的需要和人类自身发展的需要来确定的。

1)导向作用。任何社会的教育活动,都是通过教育目的才得以定向的。体现如下:

一是对教育社会性质的定向作用,对教育为谁培养人具有明确的规定。

二是对人培养的定向作用。教育依循这样的规定,不仅能改变人们自然的、盲目的发展性,而且还能对人们不符合教育目的要求的发展给予正确的引导,使其发展与预定的方向相一致,符合教育目的的规定,产生社会所需要的新的品质。

三是对课程选择及其建设的定向作用。教育对选择什么样的内容、达到何种水平等具有决定性作用。

四是对教师教学方向的定向作用。教育除了要培养学生能力和技能方面的教学定向外,还有对培养思想品德方面的价值定向作用,使教师知道所要教的最重要的内容是什么。

2)调控作用。教育目的调控集中体现在对教育活动与教育内容的选择上。人类在长期的社会实践中积累的经验浩如烟海,各类社会文化繁杂多样。应该说人类经验和社会文化是学校教育内容的重要源泉,是丰富学生知识结构、扩展个体经验的重要内容。但是,学校又是一个引导人积极向上、趋向人格完美的特殊场所,它要求学校课堂中讲授的内容必须具有积极、进步、科学、健康、有益等特点和价值,其衡量和取舍的依据就是教育目的。任何一个国家的学校和教师都会无例外地根据教育目的和基本要求,决定哪些研究成果和社会文化可以进入教育内容,哪些则应受到批判和抵制。一定的教育目的,是一定社会根据自身或人的发展需要对教育活动进行调节、控制,以便达到社会发展的目的的一种重要手段。

3）激励作用。教育目的是一种结果指向。人类的活动既然是有目的、有意识、有计划的，那么也就应该是有着明确的方向和目标。教育活动因为有可以达到的最终目标，最终目标反过来又成为一种激励的力量。教育者因为有目标的存在，便可动用自己的智慧力量，发挥创造能力去设计活动的计划、组织、过程、方法、保证条件，在竞争心理的驱使下，多快好省地达到目标。因而，人类的教育活动，目的越明确，越具体，达到的可能性就越大，就越能调动更多人的积极性。相反，目的越是宏大，越是抽象，越是遥远，越是完美，达到的困难就越大，可能性就越小，激励作用也就越差。

4）评价作用。教育目的不仅是教育活动应遵循的根本指导原则，而且也是检查评价教育活动的重要依据。依据这些标准，能够对教育活动的方向和质量等做出判断，评价教育活动的得与失。教育目的的评价功能可集中体现在现代教育评估或教育督导行为中。依据教育目的，评价学校的总体办学方向、办学思想、办学路线是否正确，是否清晰，是否符合社会的发展方向和需要；依据教育目的，评价教育质量是否达到教育目的的要求，达到教育目的规定的规格和标准；依据教育目的，评价学校的管理是否科学有效，是否符合教育目的要求，是否遵循教育规律和人的身心发展规律，是否促进学生的健康发展和成长。

3. 教育目的理论

1）宗教本位论。一些教育思想家从宗教的角度或从信仰出发论述教育目的，这就形成了所谓的“神学教育目的论”。奥古斯丁、托马斯·阿奎那等是代表人物。

2）社会本位论。社会本位教育目的论基本主张以社会的稳定和发展为教育的最高宗旨，主张教育目的是培养合格的公民和社会成员；教育是国家的事业；教育目的应当完全依据社会的要求来决定。社会本位教育目的论者认为衡量教育好坏的最高标准只能是看教育能否为社会稳定和发展服务，能否促进社会的存在和发展。代表人物有柏拉图、涂尔干、凯兴斯泰纳、孔德、巴格莱等。

3）个体本位论。与社会本位教育目的论相反，个体本位教育目的论认为，个人价值远高于社会价值，因此应当根据个体的本性和个体发展的需要来确定教育目的。个体本位论者主张教育目的应当从受教育者的本性出发，而不是从社会出发；认为教育的目的在于把受教育者培养成人，充分发展受教育者的个性，增进受教育者的个人价值，在他们看来，个人价值高于社会价值，社会只有在有助个人发展时才有价值，评价教育的价值也应当以教育对个人发展所起的作用来衡量。代表人物有卢梭、罗杰斯、福禄贝尔、裴斯泰洛齐等。

4）无目的论。杜威教育思想中一个引人争议同时又独具价值的理论，就是“教育无目的”论。他认为“社会是许多沿着共同的方向、具有共同的精神、为了共同的目标而并肩工作的人们的聚合体”，“社会把它自己所成就的一切，通过学校机构，交给它的未来的成员”，所以“教育是一种社会过程”。

4. 现阶段我国的教育目的

1）我国现阶段教育目的。全面贯彻党的教育方针，以提高民族素质为根本宗旨，以培养学生的创新精神和实践能力为重点，造就“有理想、有道德、有文化、有纪律”的、德智体美等全面发展的社会主义事业建设者和接班人。

2)现阶段我国教育目的基本精神

① 要求培养的人是社会主义事业的建设者、接班人,因此要坚持政治思想、道德素质与科学文化知识能力的统一。

② 要求学生在德、智、体等全面发展,坚持脑力与体力两方面和谐发展。

③ 适应时代要求,强调学生个性的发展,培养学生的创造精神和实践能力。

五、教育与生产力、政治制度、文化的关系

教育受经济、政治、文化发展的制约,同时教育也反作用于经济、政治、文化。

1. 教育与生产力的关系

(1)经济(生产力)对教育有制约作用

首先,生产力的发展制约着教育事业发展的规模和速度。教育的发展受生产力发展的制约,生产力的发展既为教育的发展提供物质条件,也要求教育通过相应的发展,培养发展生产力所需的人才。因此,任何社会教育发展的规模和速度必须取决于如下两方面:一方面是物质资料生产为教育发展所提供的物质基础;另一方面是生产力发展,社会再生产对劳动力的需求,包括需要的劳动力总量和各种劳动力的比例,分别决定着整个教育发展的规模、速度和教育的体系、结构。

一般来说,一个国家经济发展的水平与该国的文盲率、入学率、义务教育普及的年限,高等教育发展的水平直接相关。从世界教育发展的历程来看,第1次工业革命提出了普及初等教育的要求;第2次工业革命后提出了普及初级中等教育的要求;第3次工业革命后提出了普及高级中等教育的要求;信息革命后提出了高等教育大众化的要求。

其次,生产力的发展水平制约着人才的培养规格和教育结构。为使教育适应经济发展,许多国家对教育结构进行了改革,除了重视普通教育外,还大力发展专门教育和特殊教育。成人教育、终身教育已在世界各国发展成庞大的教育系统组织,成为与大、中、小学教育并行的教育系统。

最后,生产力的发展促进着教学内容、教学方法和教学组织形式的发展和改革。古代社会经济发展水平和科学技术水平低下,学校所设置的课程门类不多,大多属于哲学、政治、道德和宗教等人文学科以及语言、文字等工具课程,与生产力直接联系的自然科学和技术方面的课程很少。例如,古代落后的小农经济和手工业生产低下的生产力水平,决定当时的学校,只能采取单一的、枯燥的口头讲授方法,个别施教的教学形式,进行知识经验的传授。随着生产和科学技术的发展,班级授课制代替了个别施教;直观教学、参观实习等教育方式,进入了教学领域;录音、录像、计算机等先进教学手段,增强了教学效果,提高了学生的学习兴趣。

(2)教育对经济有促进作用

首先,教育是使可能的劳动力转变为现实的劳动力的基本途径。经济发展取决于劳动力的质量及劳动能力,在现代生产中尤其如此。高科技现代化大生产需要高素质、懂科学、有水平、技能熟练的人才,而人才培养依赖教育。现代教育是使知识形态的生产力转化为直接的生产力的重要途径。

其次,现代教育是提高劳动生产率的重要因素。科学技术是第一生产力,教育是生产第一生产力的工作母机,是生产科学技术的重要手段与途径。

最后，教育可生产新科学知识。教育传播科学文化知识和技术，实现科学文化和技术的再生产；教育生产新的科学知识和技术，开展科学研究，生产新的科学文化和技术是高等学校的主要职能之一。

2. 教育与政治制度的关系

教育与政治的关系主要体现为教育受政权性质、政治体制以及政治纲领的制约，同时又通过发挥教育的政治功能而服务于政治，实现社会的政治目标。

1）社会经济政治制度对教育有制约作用

（1）社会经济政治制度的性质制约教育的性质。教育的性质根据社会经济制度的性质而定，不同性质的社会经济制度下的教育性质有所不同。

（2）社会经济政治制度制约教育的宗旨和目的。教育目的是一个社会的政治经济制度对教育提出的主观要求的集中体现，直接反映了统治阶级的利益和需要。例如封建社会教育的目的是培养臣民；近代民主社会教育的目的是培养国民；现代社会教育的目的是培养公民。臣民、国民和公民分别具有不同的含义，体现了政治体制对教育目的的影响。

（3）社会经济政治制度制约教育的领导权。教育的领导权是判断和确定教育性质最主要的标志。在人类社会中，谁掌握了生产资料的所有权，谁掌握了国家政权，谁就能够控制精神产品的生产，谁就能够控制学校教育的领导权。

首先，在阶级社会中，统治阶级对教育的控制是通过国家机器实现的，他们利用其政权力量颁布教育的方针路线和政策，制定教育的目的和制度，规定教育的内容，派遣和任免教育工作人员。

其次，统治阶级利用经济的力量来掌握教育的领导权，控制教育经费，决定教育发展的规模与速度，统治阶级还以思想上的优势来影响、控制教育，按照统治阶级的思想政治要求影响和控制受教育者，并作用于教育工作的发展方向。

（4）社会经济政治制度制约受教育权。受教育的权利是判断和确定一个社会教育性质的重要标志。一个国家建立什么样的教育制度，什么人接受什么样的教育，这些是由政治经济制度决定的。在不同的社会里，不同的人享有不同的受教育权。

（5）社会经济政治制度制约教育内容、教育结构和教育管理体制。社会经济制度还决定一部分教育的内容，如语言、历史、爱国主义思想教育等教育内容，都会根据社会经济制度的要求而决定。教育结构与教育管理体制也会由统治阶级的性质而定。例如，法国、日本等高度中央集权的国家，决定了学校管理体制的集中统一。而美国地方分权的政治经济制度同样决定了美国教育的地方分权制，各州有权根据各州实际情况确定颁行的各种教育法规，而不是由中央一统到底。

2）教育对政治的促进作用。教育受政治经济制度的影响，反过来也对政治经济制度产生积极的促进作用，教育对政治经济制度所起的作用主要是通过培养人才和传播思想来实现的。

（1）教育通过传播一定的社会的政治意识形态，完成年轻一代的政治社会化。学校自古以来就是以宣传、灌输、传播一定的阶级的思想体系、道德规范、政策路线的有效阵地。学校教育不仅向在校学生传播一定的思想观点，培养一定的阶级意识，还通过发表见解、宣传思想来影响社会。

（2）教育通过造就政治管理人才，促进政治体制的变革与完善。通过培养人才实现对政治经济的影响，是教育作用于政治经济制度的主要途径。我国当前把发展教育事业放在突出的战略地位，也说明了教育既是促进现代生产力发展的必要条件，更是巩固和发展社会主义政治经济制度的可靠保障。

（3）教育通过提高全民文化素质，推动国家的民主政治建设。一个国家的民主程度直接取决于一个国家的政体，但又间接取决于这个国家人民的文化程度、教育事业发展的程度。普及教育的程度越高，人们的知识越丰富，就越能增强人们的权利意识，使其认识民主的价值，推崇民主的政策，推动政治的改革和进步。要不断推进我国民主化的进程，就要促进我国教育事业的发展，不断提高全民族的文化水平。

（4）教育还是形成社会舆论、影响政治时局的重要力量。学校每年向社会输送有文化、懂得本社会的道德需要的学生。学生走进社会后，对社会舆论、风气、道德风尚和政治思想潮流产生巨大的影响。因此学校的教师和学生的言论、文章以及他们的行为，是宣传某种思想，借以影响群众，服务于一定政治经济的现实力量。

3. 教育与文化的关系

所谓文化也即人化，自从有了人类就有了文化。广义的文化是指人类在社会历史实践过程中所创造的物质财富和精神财富的总和。狭义的理解是指社会精神文化及社会的价值观、思想道德、科技、教育、艺术、文学、宗教习俗以及制度的复合体。教育与文化有着十分密切的关系。

1）文化对教育的制约与影响

（1）文化知识制约教育的内容与水平。由于文化是教育的内容，因此，文化水平必将影响教育发展水平。在古代社会，由于生产力水平较为低下，文化发展水平低，教育的发展水平也就停留在以原始教义为主要内容的层面。在现代社会，文化水平以推崇科学、反思科学为主，由此决定了教育的发展水平是以理性反思科学为主要内容的教育发展阶段。随着人类文化水平的提高，教育发展水平将会达到更高的层次。

我国制度化的学前教育是从1904年颁布癸卯学制开始的。该学制规定学前教育实行蒙养院制度。“蒙养院专为保育教导3岁至7岁之儿童”，并设置了专门的学前教育课程，如游戏、歌谣、谈话、手技等。然而此时的蒙养教育，更多的是体现辅助家庭教育的作用。可见当时的学前教育并非完全是为了儿童的发展着想，其对教育价值的选择，更多是反映了当时统治阶级的利益，体现其辅助家庭教育的取向。

20世纪二三十年代受杜威进步主义教育思想影响，我国学前教育界开始注重儿童身心健康发展。在1932年国民政府颁布的《幼稚园课程标准》中可见一斑。《幼稚园课程标准》中明确提出学前教育总目标是：“增进幼稚儿童身心的健康，力谋幼稚儿童应有的快乐和幸福，培养人生基本的优良习惯，协助家庭教养幼稚儿童，并谋家庭教育的改进。”从中不难看出，当时的学前教育特别注重儿童自身需要的满足，注重儿童身心健康的发展，但也不排除社会的需求，最主要是由当时中国的国情所决定的。

20世纪80年代以来，随着西方先进的教育理论、儿童发展理论不断进入我国，人们对学前教育内容的选择的看法又发生了根本的改变，确立了在满足儿童发展需要的同时，满足社会需要的价值取向。其中，儿童的发展是本，体现了文化知识制约教育的内容与水平。

（2）文化模式制约教育环境与教育模式。文化传统影响教育活动过程，文化传统由价值体系、知识经验、思维方式、语言符号组成，这几个组成部分融入教育活动，影响着教育的诸多方面。由于文化传统不同，即使是同样发展水平和同样社会制度的国家，其教育活动实施也存在一定的差异。文化模式为教育提供特定的背景，又从多方面制约教育模式。

（3）文化传统制约教育的传统与变革。文化不是静止的，而是不断变迁的，这种变迁影响着教育的发展与变革。文化变迁是指文化内容与结构的变化，通常表现为新文化的增加和旧文化的改变，即文化与文化之间的传播或文化自身的创造。文化变迁表现为纵横两个方面，即文化的历时性发展和同时性跨域交融。由于文化规定了教育的基本方向，所以文化变迁或多或少都会对教育的发展变革产生影响。

2）教育对文化的促进作用

（1）教育对文化的传递。教育是传递文化的重要手段，是文化继承的最基本形式，是保存文化的最佳形式。人类社会能从愚昧走向今天的文明、开放，是文化教化的结果。而文化教化的前提是文化的传递。广义的教育无时无刻不在传递文化。学校教育，因其具有明确的目的、周密的计划、专门的场所、集中的时间、精选的内容与适宜的方法等特点，古往今来，一直承担着传递文化的重要功能。

（2）教育对文化的选择。教育能够进行文化选择，提高文明水准。教育为了有效地传递文化，还必须充分发挥对文化的选择功能。教育对文化的选择功能体现了教育对文化发展的积极引导和自觉规范。教育的文化选择既符合特定社会政治制度的利益，又符合人的身心发展的客观规律。我国应处理好对传统文化、外来文化、未来文化的选择问题。

（3）教育对文化的发展。文化的生命不仅在于它的保存和积累，而且在于它的更新与创造。教育通过把人类已有的精神财富内化为学生个体的精神财富，培养他们对文化的浓厚兴趣，使他们不仅能适应和参与现实社会的文化活动，而且能根据未来社会的需要创造更为美好的文化。随着社会的发展，教育通过广泛的文化交流，不断地吸引其他民族的文化精华，补充、更新和发展本民族的文化，也是文化发展的一种重要方式。

从文化与教育关系的认识中，我们不难看出，文化与教育是一种共生关系。文化与教育的关系是互相包含、互相作用的交融关系。文化中的部分内容构成教育的内容，每一种文化活动都具有一定的教育影响，而教育活动又是传播文化的重要手段之一，是文化活动的构成。因此，文化与教育的关系最为直接和密切，两者是在互动中发展的。

第二节　学前教育的概述

考纲提要

理解幼儿教育的性质和意义，理解我国幼儿教育的目的和任务。理解学前教育的基本原则，理解幼儿园教育的基本特点，能对教育实践中的问题进行分析。

内容结构图

本节内容框架如图2-2所示。

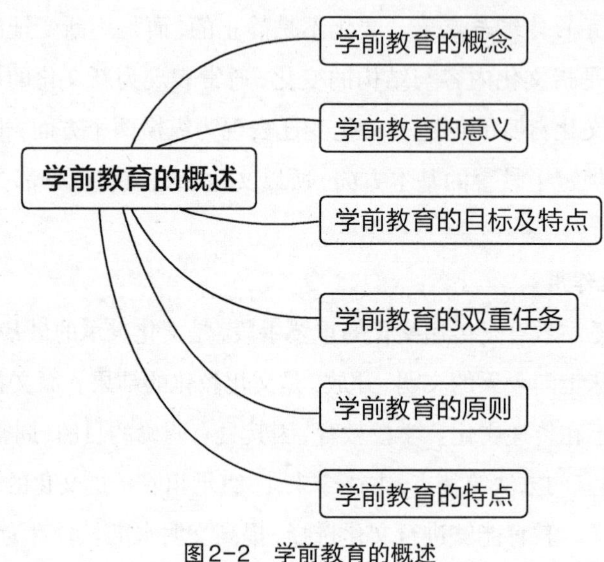

图2-2 学前教育的概述

一、学前教育的概念

学前教育有广义和狭义之分。广义的学前教育是指对出生到6周岁或7周岁的儿童实施保育和教育。狭义的学前教育是指对3～6周岁或7周岁的儿童实施保育和教育。

学前教育一般指对出生到上小学前的儿童的教育，也就是零到六七岁儿童的教育。0～3岁称为婴儿教育或早期教育、启蒙教育，3～6岁称为幼儿教育。

二、学前教育的意义

1. 促进幼儿生长发育，提高身体素质

幼儿教育根据幼儿身心发展特点，有计划地为幼儿创设成长环境，合理安排营养保健和一日生活，科学地组织体育锻炼和活动，培养幼儿良好的生活卫生习惯，增强其对疾病的抵抗能力和对环境的适应能力，帮助幼儿增强体质、健康成长。

2. 开发幼儿大脑潜能，促进智力发展

学前期是智力发展的关键期，处于大脑开发，特别是语言、感知觉等发展的敏感期，在这时期进行适宜的教育将会收到事半功倍的效果。如果推迟教育，效果将大打折扣。

3. 发展幼儿个性，促进人格的健康发展

人的个性、性格、思想道德和行为习惯，都是在一定的教育影响下逐渐形成、发展起来的。在幼儿时期如果受到良好的教育，孩子就会养成许多好的习惯，形成良好的性格和个性，遵守符合社会要求的行为规范。正是在这个意义上，学前教育被视为整个社会精神文明建设的重要组成部分。

4. 培养幼儿美感，促进想象力、创造力的发展

学前教育以美熏陶、感染幼儿，满足其爱美的天性，萌发其美感和审美情趣，激发他们表现美、创造美的欲望，发展他们艺术的想象力、创造力，促进健全人格的形成。

学前教育是基础教育的组成部分，是学校教育和终身教育的起始阶段。幼儿教育应为幼儿的近期和终身发展奠定良好的素质基础。幼儿园应与家庭、社会密切配合，共同为幼儿创造良好的成长环境。幼儿园应为幼儿提供健康、丰富的生活和活动环境，满足他们多方面发展的需要。创设与幼儿的教育和发展相适应的和谐环境。以此引导幼儿个性的健康发展，保障幼儿的身体健康，培养幼儿的良好生活、卫生习惯、促进幼儿智力发展，培养幼儿爱国情感以及良好的思想品德行为。

总而言之，学前教育担负着促进幼儿德、智、体、美全面发展的重任。对幼儿来说，近则为其接受九年制义务教育做好准备，远则为其一生的学习和发展打下基础；对社会国家来说，让每个幼儿健康成长、和谐发展是提高全民族的素质，实现“科教兴国”的战略决策，为培养千百万合格的社会主义事业的建设者和接班人铺设基石。

三、学前教育的目标及特点

1. 目标

我国幼儿园对幼儿实施体、智、德、美全面发展的教育，促进其身心和谐发展。具体表现在如下4个方面：

1）体育。促进幼儿身体正常发育和功能的协调发展，增强体质，培养良好的生活习惯、卫生习惯和参加体育活动的兴趣。

2）智育。培养正确运用感官和运用语言交往的基本能力，增进对环境的认识，培养有益的兴趣和求知欲望，培养初步的动手能力。

3）德育。萌发幼儿爱家乡、爱祖国、爱集体、爱劳动、爱科学的情感，培养诚实、自信、好问、友爱、勇敢、爱护公物、克服困难、讲礼貌、守纪律等良好的品德行为和习惯，以及活泼、开朗的性格。

4）美育。培养幼儿初步感受美和表现美的情趣和能力。

以上各个方面教育是辩证统一的，它们是一个统一的整体。健康的身体是幼儿全面发展的物质前提，是促进幼儿智力、道德品质和审美能力形成和发展的条件；对幼儿进行体育、德育和美育都离不开知

幼儿园美育的意义

（1）美育通过艺术形象的魅力，潜移默化地感染和熏陶幼儿的心灵，使幼儿在感受美的同时，发展积极向上的精神和活泼开朗的性格，产生美好的情感和情绪体验。

（2）美育帮助幼儿开阔视野，增长知识，发展智力。

（3）美育通过艺术活动，帮助幼儿借助形象化的方式认识世界，弥补用语言和判断推理的方式进行学习的不足，有利于促进幼儿大脑左右半球的均衡发展。

（4）幼儿美育是社会精神文明建设的组成部分。能促进幼儿形成健全的人格，为提高全民族素质奠定良好的基础。

识，其中渗透着智育的因素；德育渗透在体、智、美各育中，反过来，幼儿有了良好的思想品德，能促进健康，推动学习，陶冶性情；美育同样渗透在体、智、德各方面，反过来，又促进体、智、德各方面发展。

2. 我国幼儿园教育目标的制定依据

学前教育目标是依据教育目的、儿童身心发展的特点和可能性以及社会发展的客观属性而制定的。

首先，学前教育目标是根据教育目的并结合幼儿园教育的性质和任务而提出的。考虑学前儿童的特点，学前教育目标的提法又与学校教育目标略有不同。

其次，教育从根本上说就是培养人，所以教育目标一方面要符合社会要求；另一方面要符合教育对象的身心发展规律。

最后，学前教育目标的制定要考虑其社会性，兼顾以下方面：

① 幼儿身心发展的特点与需要。

② 社会和时代发展的客观要求。

③ 幼儿教育的启蒙特性。

3. 教育目的和教育目标的关系

教育目标包括教育目的、培养目标和教学目标，最高层次为教育目的，中间层次为培养目标，最低层次为教学目标。

在制定幼儿园具体教育目标时，应注意以下问题：

1）教育目标分解的方法要恰当。制定幼儿园具体教育目标的过程，实际上是将国家的教育目的、学前教育目标层层分解，逐步具体化，并落实在幼儿发展的过程中。根据时间范围，可以将教育目标分解为幼儿期教育目标、各年龄阶段教育目标、学期教育目标、月（周）单元活动教育目标、一日或单个活动的教育目标。根据教育目标指导范围，可以划分为各级各类幼儿园教育目标、一个幼儿园的教育目标、一个班级的教育目标、不同活动组的教育目标、每个幼儿的个体教育目标。

从目标的分解中不难看出，最高层次的教育目标体现在社会要求之后，每一层目标都是上一层目标的具体化，最后转化为促进每个幼儿发展的可操作的具体教育目标，由下往上看，每一层目标都受上一层目标制约，各层次的目标由低到高共同构成，并达到总目标的阶梯。

2）教育目标的涵盖要全面。将教育目标层层具体化过程，要保证教育目标的整体结构不受损害，教育目标应包括幼儿全面发展的各个方面内容。在教育实践过程中，具体教育目标的制定常出现偏差，如在德、智、体、美四育中，或重德轻智，或重智轻德，等等。教育目标不全面，会严重影响幼儿的全面发展。

3）教育目标要有连续性和一致性。教育目标的实现是一个长期的过程，由若干不同的阶段来完成。每个阶段性目标之间要相互衔接，体现幼儿心理发展的渐进性和连续性；而且下层目标与上层目标之间，局部目标与整体目标之间要协调一致，保证每个具体目标的实现都成为实现上层目标的基础。

在教育过程中，教师要依据幼儿的实际水平，选择与之相适应的教育目标、教育模式、教育内容、活动方式、组织形式、指导方法等，以促进幼儿的发展。在实现教育目标的过程中，教师要规范自己的教育行为，以保证教育目标顺利实现。

4. 学前教育的特点

学前教育的基本属性决定了学前教育发展变化的内在要求。基础性，要求学前教育必须普及、普惠；公益性，要求学前教育必须公共、公平；保教性，要求学前教育必须专业、全面、优质。

1）普及性——解决“人人都要接受”的问题。大力推进普及学前教育，已成为当前国际教育发展的新趋势，成为世界各国的共同行动。不管从个人、社会，抑或国家的角度，都必须引导和力推学前适龄的新一代公民接受这一阶段的教育。

2）普惠性——解决“人人都能接受”的问题。普及与普惠是相辅相成的，要普及就必须普惠，只有普惠才能普及。

3）公共性——解决“人人都要供给”的问题。其“公共性”要求学前教育必须由政府来负责，围绕整个社会的公共利益和国家利益统一规划、投入、管理、监督，构建完整的学前教育公共服务体系，面向全体社会成员提供服务。

4）公平性——解决“人人平等供给”的问题。公共资源归属社会成员共有，它客观上要求资源平等地向每一位社会成员供给，保证社会成员平等享有资源的基本权利，尤其是作为人生破蒙的学前教育资源，更强调平等的供给，让幼儿拥有平等的起点。

5）专业性——解决“专”的问题。学前教育必须配备专业性强的工作队伍，包括专业的管理队伍、专门的研究人员、专任的教师、专职的保育员，促进学前教育的专业化、科学化发展。

6）全面性——解决“全”的问题。时代要求高素质公民应该是德、智、体、美、劳全面发展的个体，学前教育必须为完成这个培养任务打好开端的基础，保证受教育者在体魄、情感、态度、能力、知识和技能等诸方面全面发展。

7）优质性——解决“好”的问题。保障适龄儿童接受有质量的学前教育是学前教育保教性的内在要求。

四、学前教育的双重任务

1. 任务

1）对幼儿实施保育和教育相结合的全面发展的教育。这个任务体现了幼儿园教育的教育性：幼儿教育是基础教育的一部分，应对幼儿实施保育和教育。

2）为家长的工作学习提供便利条件。这个任务体现了幼儿园教育的福利性：幼儿园不仅是教育机构，而且也是社会福利机构，负有为家长工作、学习提供便利条件的任务，既解决了家长因工作学习而无法照顾子女的问题，又能让幼儿得到良好的教育。实现教育幼儿和提供社会福利的双重社会功能。

2. 对双重任务的解读

对幼儿身心素质的培养提出了更高的要求：

① 为家长服务的范围不断扩大。

② 家长对幼儿教育认识不断提高，要求幼儿园具有更高的教育质量。

五、学前教育的原则

学前教育的原则是教师在向儿童进行教育时必须遵循的基本要求。学前教育的原则包括两部分：一部分是教育的一般原则，是学前教育机构、小学、中学，各级各类教师均应遵守的，它反映了对所有教育者的一般要求；另一部分是学前教育的特殊要求，是根据学前教育的特点而提出来的，是学前教育对教师的特殊要求。

1. 教育的一般原则

作为学前教育对象的儿童，首先是一个人，是我们社会的一员，因此他们享有人的尊严，没有对儿童的尊重，就谈不上真正的教育。

1）尊重儿童的人格尊严和合法权益的原则

（1）尊重儿童的人格尊严。儿童从一出生就具有人格尊严，儿童与我们一样，同样是社会一员，不能因为他们小而歧视他们，要杜绝对孩子随意敷衍、盲目指责、任意羞辱的粗暴行为，更不能拿儿童作为宠物玩耍，随意给他们起绰号，当众披露他们的缺陷。教师要将儿童作为具有独立的人格的人来对待，尊重他们的思想、感情、兴趣、爱好、要求和愿望等。

（2）保障儿童的合法权益。学前儿童是不同于成人的、正在发展中的社会成员，他们享有不同于成人的许多特殊的权利，如生存权、受教育权、受抚养权、发展权等，这反映了人类对儿童在社会中的地位和权利的认可与尊重。但是学前儿童毕竟是稚嫩、弱小的个体，他们对自己权利的行使还必须通过成人的教育和保护才能实现。家庭、学前教育机构、社会应当保障未成年人的合法权益不受侵犯，因此教师既是儿童的教育者，也应当是儿童权益的实际维护者。

2）全面发展原则。教育必须促进儿童体、智、德、美诸方面全面发展。所以儿童的发展是整体的发展，而不是片面的发展，教育必须促进儿童德、智、体、美诸方面全面发展，儿童的发展应是协调的发展，儿童的发展是有个性的发展，而不是千人一面。

① 儿童的发展是整体的发展，而不是片面的发展。

② 儿童的发展是协调的发展。

③ 儿童的发展是有个性的发展。

3）面向全体，注重个体差异原则。面向全体，使每个孩子都能平等地得到发展的机会，平等地享受受教育的权利。教师必须平等地、一视同仁地对待所有幼儿。但这并不是要求每个儿童都要达到同等的水平，因为每个儿童都有属于自己的个性、需要、兴趣、能力水平，因此，必须考虑每个儿童的特殊需要，有针对性地因材施教，使每个儿童都能更好地发挥自己的特长和优势，在原有水平上得到应有的发展。

① 教育要促进每个儿童的发展。

② 教育要促进每个儿童在原有基础上的发展。

③ 多种组织形式促进儿童的发展。

④ 重视幼儿年龄特点和个体差异。

4）充分发挥儿童、家庭和社会的教育资源。教师必须认识儿童自身、儿童群体以及家庭、社会都是宝贵的教育资源，要充分发挥他们的教育作用。幼儿园作为一个实施教育的窗口，在家庭、社区之间起纽带的作用。幼儿园应为幼儿、家长、教师提供和创造学习和研究的条件。要经常关注幼儿园利用家庭和社区资源的情况，并参与具体的活动，重视幼儿、家长、教师的体验和感受，拉近幼儿园和家长、教师之间的距离。幼儿园应帮助家长树立正确的教育观和教育资源观，还要争取家长的理解、支持和主动参与，并帮助家长提高教育能力，创设学校与家庭合作的环境。

① 与家长合作共育，形成教育合力。

② 开门办学，与社区深度合作。

③ 学前教育机构、家庭、社区一致的教育。

2. 学前教育的特殊原则

1）保教合一的原则。 教师应从学前儿童身心发展的特点出发，在全面有效地对儿童进行教育的同时，重视对儿童生活上的照顾和保护，保教合一，确保儿童能真正健康全面地发展。与中小学教育不同，学前教育对儿童的保育很重要，这是由学前儿童身心发展特点所决定的。贯彻这一原则应明确：

（1）*保育和教育是学前教育机构两大方面的工作。* 保育主要是为了儿童的生存发展创设有利的环境，提供物质条件，给予儿童精心的照顾和养育，帮助其身心和功能良好发育，促进其身心健康发展；教育则重在培养儿童良好的行为习惯、态度，发展儿童的认知、情感、社会性，引导儿童学习必要的知识技能等。这两方面构成了学前教育的全部内容。

（2）*保育和教育工作互相联系、互相渗透。* 学前教育机构的保育与教育是不可分割的关系，是由学前教育工作的特殊性和儿童身心发展的特点所决定的。虽然保育与教育有各自的主要职能，但并不是截然分离的。教育中包含了保育的成分，保育中也渗透着教育的内容。

保育和教育是在同一过程中实现的。保育和教育不是分别孤立地进行的，而是在统一的教育目标指引下，在同一教育过程中实现的。有的保育员在护理儿童生活时，忽视了随机、有意识地实施教育，结果无意识地影响了儿童的发展。这样做可能助长儿童的依赖思想，使他们失去自信，失去锻炼能力的实践机会，在无形中剥夺了儿童发展自我的权利。

2）以游戏为基本活动的原则。 游戏是幼儿园的基本活动。游戏最符合幼儿身心发展的特点，最能满足幼儿的需要，有效地促进幼儿发展，具有其他活动所不能替代的教育价值。

（1）*游戏是儿童最好的一种学习方式。* 对于学前儿童来说，游戏也是一种学习，是一种更重要、更适宜的学习。游戏是学前儿童身心发展的需要，是促进他们全面和谐发展的重要手段。在游戏中，幼儿的认知活动最活跃，可以获得大量的有关社会和自然方面的经验和体验，获得主动感、成功感和喜悦感，从而促进其认知、社会性、情感、个性、身体等多方面的发展。在游戏活动中易唤起儿童的学习兴趣，使儿童在玩中学、学中玩，学得轻松愉快。

（2）*游戏是内容和形式的结合。* 游戏既是课程的内容，又是课程实施的背景，还是课程实施的途径。游戏所涉及的内容是与儿童的兴趣相关联的，游戏应该与儿童的行为相关联，游戏应该与儿童的主动自发相关联。教师要充分发挥游戏对儿童发展的作用，保证游戏的时间和空间，保证丰富的游戏材料，使儿童充分自主、愉快地游戏，通过游戏促进儿童身心发展。

（3）*游戏是幼儿自主自发的活动。* 对于儿童来说，游戏不仅是一种消遣，而且还是主要的学习方式。儿童在游戏中学习，在游戏中健康成长。儿童在游戏中的学习是自发性的学习，只要儿童积极、主动地投入游戏，就会在游戏过程中自然而然地实现某些方面的发展目标。由于儿童在游戏中总是伴随着愉悦的体验情绪，加上积极性、主动性高，因而儿童在游戏中的学习是潜移默化的，甚至连儿童本身也不知道他在进行学习。儿童在游戏中学习是为了满足自身的好奇、好动、操作摆弄物体、与人交往等需要，而不是成人要求他这样做，所以游戏中的学习完全是由儿童的兴趣、爱好、探索等内部动机推动的。

3）教育的活动性和活动的多样性原则。学前儿童认知直觉行动性与形象性的方式和特点，决定了他们不可能像中小学生那样，主要是通过课堂书本知识的学习来获得发展，而必须通过活动去接触各种事物和现象，在生活中与人交往、实际操作物体才能逐步累积经验、获得知识。离开了活动就没有儿童的发展。对于儿童来说，只有在活动中的学习才是有意义的学习，才是理解性的学习。教师应从儿童身心发展的特点和水平出发，以活动为基础展开教育过程，同时活动形式应是多样化的，让儿童能在多种多样的活动中得到发展。比如，一个2岁的婴儿，面对放在眼前的2个牛奶盒，不能说出哪个较大，哪个较小，或一样大，但他通过尝试、探索，把1个盒子放在另1个盒子的上面，或下面，或里面，就能得出正确的结论，进而理解空间关系，发展逻辑推理能力。再如，当4岁的幼儿具备了“木头会在水面上漂浮，石头、铁棒会下沉”的知识以后，向他呈现一只小铁盆，要他回答“这个铁盆在水中是漂浮的，还是下沉”的问题时，他仍会感到很困难；但如果给他提供一池水，为他进行探究活动创造条件，幼儿通过活动，就能较容易做出回答：“当铁盆中没有进水时，会漂浮；当铁盆进了很多水以后，就会慢慢下沉。”同时，他也会明白这是因为漂浮的方式不同所导致的结果，从中扩展后又能理解“用很重的钢铁制作的船能在海上航行”的原理。

贯彻这一原则时要注意如下几点：

（1）*教育的活动性*。以活动为中介，通过各种活动促进儿童的发展。教师既要相信儿童，放手让他们进行各种活动，又要适时给予支持和引导，进行必要的指导和帮助，同时还应鼓励儿童在活动中发挥积极性、主动性和创造性，使活动真正成为儿童发展的手段。

（2）*教育活动的多样性*。学前教育机构的活动不应当是单一的。因为活动的内容形式不同，在儿童发展中的作用是不一样的，教师要注意教育活动的多样性，才能有效地促进儿童的发展。

4）充分发挥一日生活的整体性原则。一日生活活动不仅包括由教师组织的教学活动、生活活动、劳动活动、体育活动，而且还包括幼儿自主组织的游戏、区角（幼儿园活动区）和自由活动等。应该正确认识和利用一日生活中各种活动的教育价值，通过合理的组织、科学的安排，让一日生活活动发挥一致的、连贯的、整体的教育功能，寓教于一日活动之中。

（1）*一日活动中的各种活动不可偏废*。无论是儿童吃喝拉撒睡一类的生活活动，还是教学活动、参观访问等活动；无论是有组织的活动，还是儿童自主自由的活动，都各具有重要的教育作用，对儿童的发展都是不可缺少的。因此不能顾此失彼随意削弱或取消任何一种活动。

（2）*各种活动必须有机统一为一个整体*。每种活动不是分离的、孤立的，对儿童发展都是有影响力的。一日活动必须统一在共同的教育目标下，形成合力，才能发挥整体教育功能。因此如何把教育目标渗透到各种活动中，每个活动怎样围绕目标来展开，就成为实践中应当特别关注的问题。

六、学前教育的特点

1）非义务性。学前教育不属于义务教育，所以家长可以自主自愿、而非强迫地让孩子接受学前教育；家长有选择权，选择孩子进托儿所还是幼儿园，及上哪所幼儿园。

2）启蒙性。对学前儿童的教育，要与他们的现实发展需要联系起来，要启于未发，适时而教，循序渐进，不损伤“幼嫩的芽”，促其茁壮成长。

3）直接经验性。学前儿童认知水平较低，知识经验缺乏，认识事物要通过感官、动作，和周围事物直接接触、感知、操作，获取直接经验。

4）保教结合性。对学前儿童教育进行保育和教育相结合，一切活动都在保育的前提下进行。

第三节　学前教育的产生与发展

考纲提要

了解中外幼儿教育发展简史和著名教育家的儿童教育思想，并能结合幼儿教育的现实问题进行分析。

内容结构图

本节内容框架如图2-3所示。

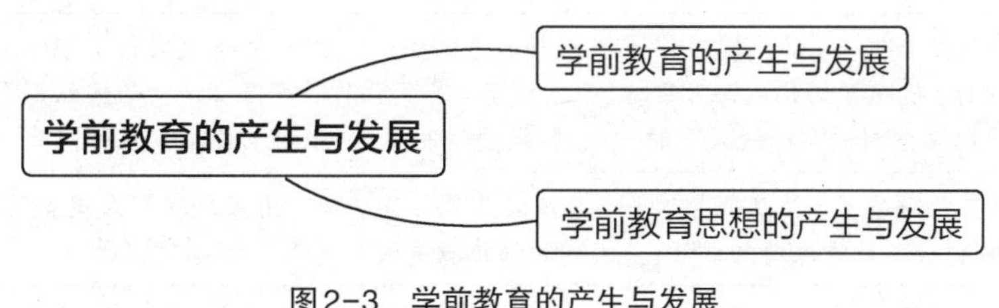

图2-3　学前教育的产生与发展

一、学前教育的产生与发展

1. 西方学前教育的产生与发展

从古希腊时期开始，许多的思想先哲和教育家对学前教育的价值都给予了较高评价，并在学前教育实践过程中积累了丰富的经验，形成了多彩的学前教育理论，促进了社会性学前教育机构的发展。

从柏拉图的《理想国》论述学前教育的构想开始，亚里士多德、维基乌斯、伊拉斯谟斯、夸美纽斯、卢梭、非斯泰洛奇、福禄贝尔、蒙台梭利、杜威、皮亚杰等教育家都强调学前教育的重要性。

17世纪中叶，社会生产力的发展推动了社会制度的变革，资本主义制度首先在欧洲确立。生产的社会化带来了学前教育的社会化，欧洲开始出现专门的学前教育机构。

1816年，英国人欧文在新拉纳克创办了“性格形成新学院”，这是世界上第一所幼儿教育机构。1840年，世界上第一所幼儿园在德国创立。20世纪后，随着科技生产力的快速发展，学前教育的社会价值和教育价值开始受到关注和认可，从而使学前教育在全世界范围内得到前所未有的发展。

2. 我国学前教育的产生与发展

中国学前教育的产生与发展如表2-1所示。

表2-1　中国学前教育的产生与发展

年代	发　展　历　程
1903年	湖北巡抚端方在武昌创办了中国第一所公办的学前教育机构——湖北幼稚园（1904年《奏定学堂章程》颁布后改名武昌蒙养院）。
1904年	1903年，张百熙等制定了《奏定学堂章程》，也称癸卯学制，于1904年1月颁布执行。在癸卯学制中，《奏定蒙养院章程及家庭教育法章程》是中国第一个学前教育法规。这个法规规定蒙养院不单独设立，附设在育婴堂和敬节堂内。
1912年	1912—1913年正值清朝灭亡民国新立的初期，蔡元培担任临时政府教育部的第一任总长，在他的主持下制定并公布了壬子癸丑学制，将蒙养院改称为蒙养园，接收未满6岁的儿童。
1922年	1922年，教育部召开学制会议，通过《学制改革系统案》，11月公布《学校系统改革令》，又称“壬戌学制”或“新学制”。规定在小学下设幼稚园，“幼稚园收受六岁以下儿童”，并把幼稚园正式列入学校系统，改变了以前蒙养院和蒙养园在学制中设有独立地位的状况，确定了学前教育机构在学制系统中作为国民教育第一阶段的地位。
1923年	1923年，陈鹤琴在南京创办了我国第一所幼教实验中心，即南京鼓楼幼稚园。
1951年	1951年，中华人民共和国政务院公布《关于改革学制的规定》。这是中华人民共和国成立后的第一个学制。新学制规定实施幼儿园教育的机构为幼儿园。至此，从1922年壬戌学制定名，沿用了30年的幼稚园改称为幼儿园。
1952年	1952年，中国颁布了《幼儿园暂行规程（草案）》和《幼儿园暂行教学纲要（草案）》，规定幼儿园的课程包括体育、语言、常识、计算、音乐和图画手工六科，奠定了幼儿园分科课程的格局。
1981年	教育部颁布了《幼儿园教育纲要（试行草案）》。
1989年	国家教育委员会颁发了《幼儿园工作规程》（简称《规程》）（1996年正式实行），《规程》进一步拉开了改革的帷幕。《规程》规定了幼儿园保育目标、保育任务、保育原则以及保育活动的组织形式与方法等，改变了20世纪50年代以来分科教学一统天下的状况，强调整体联系性，强调幼儿主体教师主导，强调幼儿的主动性。
	国家教育委员会颁发了《幼儿园管理条例》，《幼儿园管理条例》用法规的形式规定了幼儿园的任务管理以及保教工作，明确了地方政府的责任，使我国的幼儿教育管理跨入了法制化轨道。
2001年	教育部制定了《幼儿园教育指导纲要（试行）》。《幼儿园教育指导纲要（试行）》是《规程》的下位文件，《规程》的涉及面很广，但比较宏观，《幼儿园教育指导纲要（试行）》则只是将《规程》中的第四章“幼儿园的教育”的内容展开并具体化，以在《规程》与教育实践层面之间架起过渡的桥梁。
2010年	党中央、国务院颁布的《国家中长期教育改革和发展规划纲要》把学前教育专列一章，提出到2020年基本普及学前教育的目标。着重强调积极发展学前教育，着力解决当前存在的“入园难”问题，满足适龄儿童入园需求，促进学前教育事业科学发展。
2010年	国务院下发了《关于当前发展学前教育的若干意见》，指出要把发展学前教育摆在更加重要的位置。

近现代中国学前教育的4个重要学制：

1）1904年——癸卯学制（蒙养院制度）。1903年湖北巡抚端方在武昌创办了中国第一所学前教育机构，即湖北幼稚园（1904年癸卯学制颁布后更名为武昌蒙养院）。

2）1912—1913年——壬子癸丑学制（蒙养园制度）。1912—1913年正值清朝灭亡民国新立的初期，蔡元培担任临时政府教育部的第一任总长，在他的主持下制定并公布了壬子癸丑学制，将蒙养院改称为蒙养园，接收未满6岁的儿童。

3）1922年——壬戌学制（幼稚园制度）。1922年，教育部召开学制会议，通过《学制改革系统案》，11月公布《学校系统改革令》，又称“壬戌学制”或“新学制”。规定在小学下设幼稚园，“幼稚园收受六岁以下儿童"，并把幼稚园正式列入学校系统，改变了以前蒙养院和蒙养园在学制中设有独立地位的状况，确定了学前教育机构在学制系统中作为国民教育第一阶段的地位。

4）1951年——《关于改革学制的决定》（幼儿园制度）。1951年，中华人民共和国政务院公布了中华人民共和国成立后的第一个学制相关文件《关于改革学制的决定》。新学制规定实施幼儿教育的机构为幼儿园。

二、学前教育思想的产生与发展

1. 西方的学前教育思想

1）夸美纽斯的学前教育思想。夸美纽斯是捷克伟大的民主主义教育家，西方近代教育理论的奠基者。其出身于一磨坊主家庭，是公共教育最早的拥护者，其理念在他所著作的《大教学论》中提出。泛智论是夸美纽斯教育思想的核心，所谓"泛智"，就是使所有的人通过接受教育而获得广泛、全面的知识，从而使智慧得到全面发展。他主张学习广泛的知识，掌握学科知识的精粹；强调所学内容要对实际生活有用；重视自然科学知识的学习，以及各种语言的学习；注重学生行动能力的训练等。在其教育代表作《大教学论》中开宗明义"它阐明把一切知识教给一切人的全部艺术"，并试图通过教育实验来实现"泛智教育"和"泛智学校"的理想。夸美纽斯在《大教学论》中还提出了许多重要的教学原则，如直观性原则、启发诱导原则、量力性原则、循序渐进原则、巩固性原则以及因材施教原则等。这些原则依然是今天的教师在教学活动中遵循的基本原则。

夸美纽斯的另一重要贡献是，在教育史上，他最早从理论上详细地阐述了班级授课制以及相关的学年制、学日制、考查、考试制度。夸美纽斯以他在教育理论上的卓越贡献，奠定了其在西方教育思想史上的重要地位。

夸美纽斯主张普及义务教育，"把一切事物教给一切人类"，实际上是对所有儿童授以学前教育和初等教育。其主要著作如下：

- 《大教学论》，全面地论述了改革中世纪的旧教育、提出资本主义新教育的主张，还提出了一套完整的教育理论体系，第一次把教育学从哲学中独立出来，完成了教育理论上有史以来的重大变革。它开创了近代教育理论的先河，成为划时代的巨著。因此，夸美纽斯被称为近代的"教育巨匠"和"教育理论的始祖"，也有人称他是教育史上的"哥白尼"。
- 《世界图解》，是西方教育史上第一本附有插图的儿童百科全书，该书构思新颖、内容广泛、图文并茂，堪称教材一绝。
- 《母育学校》，是世界上第一本专门论述学前教育的专著，强调家庭教育的重要性。

2）洛克的学前教育思想。英国唯物主义哲学家约翰·洛克（1632—1704）的教育代表作为《教育漫话》，全书共分3部分。第1部分论述体育。洛克认为，健康的精神寓于健康的身体，要防止在衣着、饮食、动静、药物使用等各方面对孩子们娇生惯养，要锻炼他们能够忍耐劳苦的强健体魄。第2部分论述德育。洛克认为，在绅士的各种品行中，德行应占第一位。真正的绅士要善于获得自己的幸福，而又不妨碍其他绅士获得幸福；德育的基本原则是以理智克制欲望。洛克认为绅士的第二种美德是良好的礼仪，他要求绅士的言语、动作都要符合其等级与地位，对人谦恭有礼，举止得体。第3部分论述智育。他主张除读、写、算之外,还要学习天文、地理、历史、法律、几何、簿记、法语等,也要学点工业、农业、园艺的知识和技艺,以利于管理企业,并从这些有益的体力活动中得到消遣,从而使生活更加丰富。在教学方法上,他反对死记硬背,重视培养智力,多作实地观察,诱发学习兴趣。

《教育漫话》在西方教育史上第一次将教育分为体育、德育、智育三部分,并做了详细的论述,强调环境与教育的巨大作用,强调在体魄与德行方面进行刻苦锻炼。这些思想对西方近代教育思想,特别是对18世纪的法国教育家影响很深。

3)卢梭的学前教育思想。让-雅克·卢梭(1712—1778),法国18世纪启蒙思想家、哲学家、教育家、文学家,民主政论家和浪漫主义文学流派的开创者,启蒙运动代表人物之一。主要著作有《社会契约论》《爱弥儿》等。

自然主义教育理论是卢梭教育思想的主体。1762年出版的《爱弥儿》集中阐述了这一思想。卢梭认为,人的教育的来源有3种,即"自然天性""事物"和"人为"。只有3种教育良好的结合才能达到预期的目的。自然教育的最终目标是"自然人",自然人并不是回到原始社会的退化之人,而是生活在社会中的自然人,即身心两健、体脑并用、良心畅旺、能力强盛的新人。卢梭自然教育的一个必要前提就是改变对儿童的看法。人们既不要把儿童当成待管教的奴仆,也不要把孩子当作缩小的成人,应当把成人看作成人,把孩子看作孩子。

卢梭要求教育遵循自然天性,也就是要求儿童在自身的教育和成长中取得主动地位,无需成人的灌输、压制、强迫。教师只需创造学习的环境、防范不良的影响,其作用不是积极的,而是消极的。所以卢梭也常提及"消极教育"。

卢梭注意到儿童天性的个体差异,要求因材施教。卢梭还十分重视受教育者的实践行为,他认为学生只是被动地接受书本知识,或教育者的口头训示,即"填鸭式"的教育是毫无效果的,重要的是要身临其境、身体力行。另外,他十分推崇自由,强调要让孩子在游戏活动中学习。这一点也符合新课标的精神。

卢梭是西方教育发展史上自然教育理论的代表,他关于自然、自然人及自然教育的论述,阐明了一个深刻的道理:儿童的身心发展有其自然规律,教育应当顺应儿童的天性,遵循和尊重这些规律。

4)福禄贝尔的学前教育思想。福禄贝尔(1782—1852),德国教育家,被公认为19世纪欧洲最重要的几个教育家之一。他是现代学前教育的鼻祖、"幼儿园之父"。他不仅创办了第一所称为"幼儿园"的学前教育机构,他的教育思想迄今仍在主导着学前教育理论的基本方向。福禄贝尔的教育思想与实践对世界各国幼儿教育的发展起到深远的影响。其代表作为《人的教育》《幼儿园教育学》等。1840年,热爱大自然的福禄贝尔正式命名他的学前教育机构——幼儿园(Kindergarten),这也是这个词汇的来源:幼儿园如同花园,幼儿如同花草,教师犹如园丁,儿童的发展犹如植物的成长。同时,他在欧洲首先给了妇女专业位置——幼儿园教师。

(1)教育顺应自然。福禄培尔基于性善论,把教育顺应自然作为儿童教育的基点和中心。教育顺应自然的思想贯穿了他的教育思想的始终。"自然"主要包括两层含义:一是指大自然;二是指儿童的天性,即生理和心理特点。在论述教育顺应自然时,自然主要指儿童的天性。

(2)儿童"自动"发展思想。所谓自动发展是指个体利用自我能动的力量,使内部表现于外部和使外部表现于内部的过程。据此，福禄贝尔把人的教育年龄范围划分为幼儿期和少年期两个大的发展时期，幼儿期儿童通过活动把自己对事物的认识表现出来，这是一个使内部的东西成为外部东西的时期；而少年期主要是学习的时期，这一时期儿童通过各种感官接受外界的刺激吸取知识，是使外部的东西转变为内部东西的时期。人的“自动”发展就是通过这两个阶段实现的。

（3）*儿童的四种本能*。福禄贝尔认为儿童共有4种本能。一为活动的本能（即是一种创造的本能）；二为认识的本能（即揭示万物的本能）；三为艺术的本能（即进行艺术创作的本能）；四为宗教的本能，是前三种本能的归宿。教育的任务在于促进儿童内在本能的发展，以培养儿童的主动性和创造性，由此，他把课程分为宗教及宗教教育、自然教育及数学、语言及语言教育、艺术及艺术教育四大领域。

（4）*作业教学和恩物教学*。作业是福禄贝尔为幼儿园确定的一种教育活动形式，福禄贝尔为幼儿设计了许多适合他们完成的作业，主要有绘画、纸工、用小木棒或小环拼图、串联小珠、刺绣等，还包括一些劳动活动，如初步的自我服务和照料植物等，并开辟劳动园地，组织儿童进行栽种。这类活动是认识自然的初步训练工具。

他创制了名为“恩物”的一套玩具，并为幼儿编定了使用“恩物”进行的游戏和配有歌曲或音乐伴奏的活动游戏。“恩物”主要有6种：第1种是6个不同颜色的球；第2种是木制的球体、立方体和圆柱体；第3种是一个大的立方体，可以分割为8个相等的小立方体；其余3种也是大立方体，但可进一步分成更小的立方体、长方板或三角形板。儿童或成人与儿童一起用“恩物”做游戏，可以帮助儿童认识各种几何体、数目、颜色；还可比较几何体的大和小、整体和部分等，为以后的观察和认识活动打下基础。通过对比获得的对称观念，有益儿童的艺术欣赏和创作活动。这些活动都可以帮助儿童语言的发展。福禄贝尔拟定的游戏和作业注意循序渐进，由简到繁，并要求同时注意发展幼儿的语言。但由于他的许多方法和规定过于死板、机械，有形式主义的弊病。

（5）*游戏理论*。福禄贝尔强调游戏的教育价值，他是第一位赞扬游戏功能及价值的人，福禄贝尔把游戏的教育价值提高到了前所未有的地位，在他看来，“儿童早期的各种游戏，是一切未来生活的胚芽，因为整个人的最纯洁的素质和最内在的思想就是在游戏中得到发展和表现的。人的整个未来生活，直到他将要离开人间的时刻，其根源全在于这一生命阶段”。

福禄贝尔使幼儿社会教育成为教育实际工作和教育理论中的一个独立部门。他的幼儿教育思想，对后世有很大的影响。他强调儿童的自我活动和自动性原则，重视游戏和手工活动等主张，对19世纪下半叶的初等教育，特别是后来兴起的进步教育运动，都有一定的影响。

5）杜威的学前教育思想。约翰·杜威（1859—1952），美国哲学家、教育家，实用主义的集大成者，被称为“20世纪影响最大的教育家”。其主要著作有《民主与教育》（或译为《民本主义与教育》）、《自由与文化》《我的教育信条》《教育哲学》《明日之学校》《儿童与教材》等。

如果说皮尔士创立了实用主义的方法，威廉·詹姆斯建立了实用主义的真理观，那么杜威则建造了实用主义的理论大厦。他的著作很多，涉及科学、艺术、宗教、伦理、政治、教育、社会学、历史学和经济学诸方面，使实用主义成为美国特有的文化现象。

杜威的教育思想曾对20世纪上半叶的中国教育界、思想界发生过重大影响。民国时期一些重要人物，如胡适、陶行知、郭秉文、张伯苓、蒋梦麟，均曾在美国哥伦比亚大学留学，曾是杜威的学生。他反对传统的灌输和机械训练、强调从实践中学习的教育主张，对蔡元培、陈鹤琴以至毛泽东等都有一定的影响。其主要思想如下：

（1）教育本质论。从实用主义经验论和机能心理学出发，杜威批判了传统的学校教育，并就教育本质提出了他的基本观点，“教育即生活”“学校即社会”和“教育即经验的不断改造”。

（2）教学论。在杜威的实用主义教育思想体系中，教学论是一个十分重要的组成部分，包括：

其一，从做中学。在批判传统学校教育的基础上，杜威提出了“从做中学”这个基本原则。人们最初的知识和最牢固保持的知识，是关于怎样做（how to do）的知识。由此，教学过程应该就是“做”的过程。在他看来，如果儿童没有“做”的机会，那么必然会阻碍儿童的自然发展。儿童生来就有一种要做事和要工作的愿望，对活动具有强烈的兴趣，对此要给予特别的重视。

杜威认为，“从做中学”也就是“从活动中学”、从经验中学入，它使得学校里知识的获得与生活过程中的活动联系起来。由于儿童能从那些真正有教育意义和有兴趣的活动中进行学习，那些都有助儿童的生长和发展。在杜威看来，这也许标志着对于儿童一生有益的一个转折点。

但是，儿童的“做”或参加的工作活动并不同于职业教育。杜威指出，贯彻“从做中学”的原则，会使学校给予它的学员的影响更加生动、更加持久并含有更多的文化意义。

其二，思维与教学。杜威认为，好的教学必须能唤起儿童的思维。所谓思维，就是明智的学习方法，或者说，教学过程中明智的经验方法。在他看来，如果没有思维，那就不可能产生有意义的经验。因此，学校必须要提供可以引起思维的经验的情境。

作为一个思维过程，具体分成5个步骤，通称“思维五步”，一是疑难的情境；二是确定疑难的所在；三是提出解决疑难的各种假设；四是对这些假设进行推断；五是验证或修改假设。杜威指出，这5个步骤的顺序并不是固定的。

由“思维五步”出发，杜威认为，教学过程也相应地分成5个步骤：一是教师给儿童提供一个与社会生活经验相联系的情境；二是使儿童有准备去应付在情境中产生的问题；三是使儿童产生对解决问题的思考和假设；四是儿童自己对解决问题的假设加以整理和排列；五是儿童通过应用来检验这些假设。这种教学过程在教育史上一般被称为“教学五步”。在杜威看来，在这种教学过程中，儿童可以学到创造性知识以应付需求的方法。但他也承认，这实在不是一件容易的事。

（3）儿童与教师论。尽管杜威并不是“儿童中心”思想的首创者，但是，他是赞同“儿童中心”思想的。其最典型的一段话是：“我们教育中将引起的政变是重心的转移。这是一种变革，这是一种革命，这是和哥白尼把天文学的中心从地球转到太阳一样的那种革命。这里，儿童是中心，教育的措施便围绕他们而组织起来。”

从批判传统学校教育的做法出发，杜威认为，学校生活组织应该以儿童为中心，使得一切主要是为儿童而不是为教师。因为以儿童为中心是与儿童的本能和需要协调一致的，所以，在学校生活中，儿童是起点，是中心，而且是目的。

杜威强调说，我们必须站在儿童的立场上，并且以儿童为自己的出发点。

在强调“儿童中心”思想的同时，杜威并不同意教师采取“放手”的政策。他认为，教师如果采取对儿童予以放任的态度，实际上就是放弃他们的指导责任。在杜威看来，要么从外面强加于儿童，要么让儿童完全放任自流，两者都是根本错误的。

由于教育过程是儿童与教师共同参与的过程，是他们双方真正合作的过程，因此，在教育过程中，儿童与教师之间的接触更亲密，儿童更多地受到教师的指导。杜威说："教师作为集体的成员，具有更成熟的、更丰富的经验以及更清楚地看到任何所提示的设计中继续发展的种种可能，不仅是有权而且有责任提出活动的方针。"在他看来，教师不仅应该给儿童提供生长的适当机会和条件，而且应该观察儿童的生长并给以真正的引导。

杜威还特别强调了教师的社会职能。那就是："教师不是简单地从事于训练一个人，而是从事于适当的社会生活的形成。"因此，每个教师都应该认识到他所从事的职业的尊严。

杜威教育思想不仅在美国享有权威，而且享有国际权威。20世纪初期，杜威的教育思想陆续传到世界各国。以英国为例，英国里丁大学教授伯纳德在《英国教育史》中说："杜威虽是美国的教授，但对于英国曾产生巨大的影响。"伯纳德把英国教育者沛西・能和杜威做了比较，沛西・能把教育目的确定为发展个性；就不能和广大社会隔绝，像建筑在沙漠和深山中的修道院一样。伯纳德说："事实上，学校是社会发展的策源地。没有任何人曾像杜威那样充分地理解这一事实的含义和应用。"沛西・能本人同样称赞杜威是解放教师智力的伟人。

6）蒙台梭利的学前教育思想。玛利亚・蒙台梭利（1870—1952），意大利幼儿教育家，意大利第一位女医生，意大利第一位女医学博士，蒙台梭利教育法的创始人。她的教育方法由其在儿童工作过程中所观察到的儿童自发性学习行为总结而成。她倡导学校应为儿童设计量身定做的专属环境，并提出了"吸收性心智""敏感期"等概念。

玛利亚・蒙台梭利出生在意大利安科纳地区的基亚拉瓦莱小镇。父亲亚历山德鲁・蒙台梭利是贵族后裔和性格平和保守的军人，母亲瑞尼尔・斯托帕尼是虔诚的天主教徒，博学多识、虔诚、善良、严谨、开明。作为独生女的蒙台梭利深得父母的宠爱，受到良好的家庭教育。因此从小便养成自律、自爱的独立个性，以及热忱助人的博爱胸怀。她于26岁获罗马大学医学博士学位，成为罗马大学和意大利的第一位女医学博士。随即在罗马大学附属医院任精神病临床助理医生，诊断和治疗身心缺陷儿童，开始对低能儿童的研究发生了兴趣。她深入研究和检验了教育低能儿童的方法。1907年，蒙台梭利在罗马贫民区建立第一所"儿童之家"，招收3～6岁的儿童。她运用自己独创的方法进行教学，结果出现了惊人的效果：那些"普通的、贫寒的"儿童，几年后，心智发生了巨大的转变，被培养成了一个个聪明自信、有教养的、生机勃勃的少年英才。蒙台梭利崭新的、具有巨大教育魅力的教学方法，轰动了整个欧洲，"关于这些奇妙儿童的报道，像野火一样迅速蔓延"。人们仿照蒙台梭利的模式建立了许多新的"儿童之家"。1909年，蒙台梭利写成了《运用于儿童之家的科学教育方法》一书，1912年这部著作在美国出版，很快被译成20多种文字在世界各地流传；100多个国家引进了蒙台梭利的方法，欧洲、美国还出现了蒙台梭利运动，1913—1915年，蒙台梭利学校已遍布世界各大洲。到20世纪40年代，仅美国就有两千多所。

蒙台梭利在世界范围内引起了一场幼儿教育的革命。主要教育思想如下：

（1）*以儿童为中心。*反对以成人为本的教育观点，视儿童为与成人有别的独立个体。蒙台梭利认为干涉儿童自由行动的教育家太多了，一切都是强制性的，惩罚成了教育的同义词。她强调教育者必须信任儿童内在的、潜在的力量，为儿童提供一个适当的环境，让儿童自由活动。她特制了很多教具，如小型的家具、玻璃、陶瓷等小物件,供儿童进行感官练习。

(2)把握儿童的敏感期。随着幼儿成长,会出现某一段时间只对环境中的某一项事务专心而拒绝接受其他事务的特点,若在此时提供专门的帮助,会收到最佳的学习效果。

(3)注重感官教育。蒙台梭利在其《蒙台梭利方法》一书中,花了四分之一的篇幅来论述感官教育,可见感官教育在她的方法体系中占有极重要的地位。它的重要性表现为,从心理学意义讲,符合儿童该时期心理发展需要。"刺激,而不是对事物的思维,吸引着他的注意"。从教育学意义讲,算术、书写、言语、实际生活的能力、良好程序的规范都由感官教育引出。既然感官教育根据儿童心理特点而制定,则上述的生命力活动的特点在感官教育中就反映出来了。蒙台梭利认为儿童的感官练习对于儿童对事物的认识极为重要。

(4)不教的原则。6岁以前的幼儿逐渐建构认知、辨别能力并以形象思维为主要思维方式,不适合说教式的教育。蒙氏从日训着手,并配合良好的学习环境、丰富的教具及教学材料,让儿童自发、主动地学习,从而达到自我教育的目的。

(5)有准备的环境。蒙台梭利认为,如果儿童被置于一个有利于他们自然发展的环境中,使他们能按自己的需要以及发展的节奏和速度来行动,他们就会显现惊人的特性和智慧。她认为,儿童的身心是在外界刺激的帮助下发展起来的,是个人对环境的自发的活动。所以,她说:"在蒙台梭利学校中,环境教育儿童,即蒙台梭利博士认为环境是重要的教育内容,而且教育方法的许多方面也由环境所决定。"蒙台梭利认为,"环境"是在她的教学法中必须强调的第一要素。她把这个环境称为"养育儿童的场所",是为了满足儿童的需要及自我建构而设计的,在这个环境中,儿童的人格及成长的模式也会显露。因此,蒙台梭利认为,这个环境不仅要具备儿童成长所需的一切事物的积极意义,同时也要将所有不利儿童成长的事物加以排除。

蒙台梭利相信环境的巨大作用,在她看来,儿童具有"精神胚胎",有赖环境的保护和滋养;儿童的心理发展是在吸收环境中实现的;童年的秘密只有透过开放的环境才能显明;有准备的环境是儿童教育的工具。

因此,在这个环境中,成人的参与和准备是十分重要的,蒙台梭利认为,有准备的环境对儿童的发展至关重要,她把有准备的环境比作人类的头部,充分说明有准备的环境是其教育方法的灵魂之所在。蒙台梭利教育方法与传统教育方法的最大不同,就在于蒙台梭利教育方法比传统教育方法多出了一个新的要素——环境。

(6)课程内容包括日常生活教育、感官教育、数学教育、语言教育、文化教育

日常生活教育。包括基本动作、照顾自己、照顾环境、生活礼仪等,培养日常生活自理能力,以及互动、爱物等好习惯。

感官教育。培养敏锐的感官,进而培养观察、比较、判断的习惯与能力。

数学教育。使用直观教具玩数学。让孩子在学具操作中懂得数与量的关系,感受四则运算的快乐。

语言教育。让孩子通过对实物的描述,促进语言表达能力的发展,同时渗透文字活动,培养阅读能力,为书写做准备。

文化教育。蒙氏教室里备有动物、植物、天文、地理、历史、地质等各方面教具,使儿童在玩中探索科

学的奥秘，从宏观到微观，培养对科学的兴趣。

玛利亚·蒙台梭利是20世纪享誉全球的幼儿教育家，她所创立的独特的幼儿教育法，风靡了整个西方世界，深刻地影响着世界各国，特别是欧美先进国家的教育水平和社会发展。蒙特梭利教育法的特点在于十分重视儿童的早期教育，她为此从事了半个多世纪的教育实验与研究。她的教学方法从智力训练、感觉训练到运动训练，从尊重自由到建立意志，从平民教育到贵族教育，为西方工业化社会的持续发展，提供了雄厚的人才基础。《西方教育史》称她是20世纪赢得欧洲和世界承认的、最伟大的、科学与进步的教育家。

2. 中国的学前教育思想

1）陶行知的学前教育思想。陶行知（1891—1946）毕生致力于人民教育事业和民族民主革命运动，给我们留下了宝贵的精神财富。他的教育思想和教育实践活动，不仅在当时的国内有很大影响，而且在国外也有一定影响。毛泽东赞扬他是“伟大的人民教育家”，周恩来评价他是“一个无保留追随党的党外布尔什维克”，宋庆龄也赞颂他是“万世师表”。20世纪20年代，他提出了面向工农大众普及幼稚教育的主张。他认为普及幼稚教育，首先，要让人们认识到幼年时期生活与教育的重要性；其次，要让人们认识幼稚园教育的优点和它在儿童教育中应当占有的地位；再次，要改变办幼稚园的方法，要适应中国的国情，使幼稚园“中国化”“平民化”；最后，要改革师资培训制度，培养新型的理论联系实际的幼儿教师。陶行知反对束缚幼儿身心与个性的传统教育，其“六大解放”主张，直至今日仍然有着现实的指导意义。

陶行知先生毕生致力于教育事业，对我国教育的现代化做出了开创性的贡献。他以乡村教育是“立国之大本”的高瞻远瞩，于1927年3月，推动创建了第一所试验性的乡村师范学校——晓庄师范学校。1927年11月，又创办了南京燕子矶幼稚园。其宗旨为建设中国的、省钱的、平民的乡村幼稚园。利用当地的农村环境、花草树木、民歌谚语，向儿童进行生活教育，探索农村教育经验。

（1）“生活教育”的思想

第一，“生活教育”理论是陶行知教育思想的理论体系，是陶行知生活教育理论的核心。最初是以乡村教育的形式出现的，后来陶行知将其作为一种与传统教育、旧教育、富人教育相对立的新教育和穷人的教育。

陶行知指出：“生活教育是生活所原有，生活所自营，生活所必需的教育。教育的根本意义是生活之变化。生活无时不变，即生活无时不含有教育的意义。”既然生活教育是人类社会原来就有的，那么是生活，便是教育，所谓“过什么生活便是受什么教育”，可见，“生活即教育”的基本含义：其一，“生活即教育”是人类社会原来就有的，自有人类生活产生便有生活教育，生活教育随着人类生活的变化而变化。其二，“生活即教育”与人类社会现实中的种种生活是相应的，生活教育就是在生活中接受教育，教育在种种生活中进行。其三，“生活即教育”是一种终身教育，是与人生共始终的教育。

第二，“社会即学校”是陶行知“生活教育”理论的另一个重要命题。陶行知认为自有人类以来，社会就是学校，如果从大众的立场上看，社会是大众唯一的学校，生活是大众唯一的教育。统治阶级、士大夫为何不承认这点，是因为他们有特殊的学校让他们的子弟接受特殊的教育。陶行知反对这种特殊的不平等的教育，提出“社会即学校”，以此来推动大众的普及教育。陶行知提出“社会即学校”在于要求扩大教育的对象、学习的内容，让更多的人接受教育。他指出“我们主张‘社会即学校’，是因为在‘学校即社会’的主张下，学校里的东西太少，不如反过来主张‘社会即学校’，教育的材料、教育的方法、教育的工具、教育的环境，都可以大大地增加，学生、先生可以多起来。”陶行知提出“社会即学校”的主张和“生活即教育”一样，也在于反对传统教育与生活、学校、社会相脱节、相隔离。他认为“学校即社会，就好像把一只活泼的小鸟从天空里捉来关在笼里一样。它要以一个小的学校去把社会所有的一切东西都吸收进来，所以容易弄假”。而且这种教育在“学校与社会中间造成了一道高墙”，把学校与社会生活隔开了。陶行知提出“社会即学校”是“要把笼中的小鸟放到天空中使它任意翱翔”，是要拆除学校与社会之间的高墙，“把学校里的一切伸张到大自然里去”。

第三，“教学做合一”是生活教育理论的教学论。“教学做合一”用陶行知的话说，是生活现象之说明，即教育现象之说明，在生活里，对事说是做，对己之长进说是学，对人之影响说是教，教学做只是一种生活之三方面，不是三个各不相谋的过程。“教学做是一件事，不是三件事。我们要在做上教，在做上学”。他以种田为例，指出种田这件事，要在田里做的，便须在田里学，在田里教。在陶行知看来，“教学做合一”是生活法，也是教育法，它的含义是教的方法根据学的方法，学的方法要根据做的方法，“事怎样做便怎样学，怎样学便怎样教。教而不做，不能算是教；学而不做，不能算是学。教与学都以做为中心”。由此他特别强调要亲自在“做”的活动中获得知识。

生活教育理论在反传统的旧教育上具有一定的积极意义，它揭露并批评了旧教育存在的问题，同时提出了解决问题的具体办法，在当时的历史下，对普及识字教育、扫除文盲，在很多方面是适应的。如陶行知提出“教学做合一”，要求“教”与“学”同“做”结合起来，同实际的生活活动结合起来，这对教师就有了新的要求。要求教师尊重学生，注意教学之外的生活，指导学生在实际的活动中学好本领，培养他们的生活能力。从这个意义上讲，对当时的教学方法的改革有积极作用，对现在的教学方式也有启发之处。

（2）“六大解放”教育思想的形成。“六大解放”教育思想是陶行知先生创造教育思想的重要内容，尤其是创造儿童教育的核心内容。他认为我们加入儿童生活中，便发现小孩子有力量，不但有力量，而且有创造力。我们发现了儿童有创造力，认识了儿童有创造力，就须进一步把儿童的创造力解放出来。

解放儿童的头脑，使之能思；

解放儿童的双手，使之能干；

解放儿童的眼睛，使之能看；

解放儿童的嘴，使之能讲；

解放儿童的空间，使之能接触大自然和社会；

解放儿童的时间，不逼迫他们赶考，使之能学习自己渴望的东西。

这六大解放思想是陶先生长期进行创造教育的研究，特别针对小孩子的特点和成长规律总结而来，是教育观念的变革。可以说，这是一种永恒的教育思想。

2）张雪门的学前教育思想。张雪门（1891—1974）是中国著名的幼儿教育家。1918年，他与几位志趣相投者创立了当地第一所中国人自办的幼稚园——星荫幼稚园，并任园长。1920年4月，又与人合办了两年制的幼稚师范。1930年秋，应北平香山慈幼院院长熊希龄之聘，编辑幼稚师范丛书，并在香山见心斋开办北平幼稚师范学校，任校长。他提出了“行为课程”的理论体系。“行为课程”主张“生活就是教育”，教师要注意“运用自然和社会的环境，以唤起其生活的需要，扩充其生活的经验，培养其生活的能力”。幼稚园的课程应当有目的、有计划地进行，反映教育宗旨、教育政策与社会需要，但必须与幼儿生活相联系，合乎幼儿的能力、兴趣和自由发展的需要。行为课程在实施时应打破各科教学的界限，以单元教学的方式进行。张雪门的幼儿教育理论与实践，对20世纪上半叶中国尤其是中国北方以及台湾地区的幼儿教育都产生过很大的影响。

（1）幼稚园行为课程的含义。早在1929年，张雪门在《幼稚园的研究》一书中就提出：“课程是什么？课程是经验，是人类的经验。用最经济的手段，按有组织的调制，用各种的方法，以引起孩子的反应和活动。”同时明确指出：“幼稚园的课程是什么？这是给三足岁到六足岁的孩子所能够做而且欢喜做的经验的预备”。此后不久他在《幼稚教育概论》一书中又指出：“课程源于人类的经验，只为这些经验对于人生（个人和社会）有绝大的帮助，有特殊的价值；所以人类要想满足自己的需求，充实自己的生活，便不得不想学得这些经验，学得了一些又想学得了多些，而且把学得的再传给后人。”因此，他认为不应当把课程仅视为“知识的积体”，而应当是把技能知识、兴趣、道德、体力、风俗、礼节种种的经验，都包括在课程里。

1966年张雪门出版了《增订幼稚园行为课程》一书，才明确提出什么叫行为课程的问题。他说：“生活就是教育，五六岁的孩子们在幼稚园生活的实践，就是行为课程。”他认为这种课程“完全根据于生活，它从生活而来，从生活而开展，也从生活而结束，不像一般的完全限于教材的活动。”所以，他要求教师一定要注意儿童的实际行为，要“常常运用自然和社会的环境，以唤起其生活的需要，扩充其生活的经验，培养其生活的能力。”他认为“若教师真能做到这样，这便是行为课程了。”

（2）幼稚园行为课程的组织。如何按照上述行为课程的要求组织幼稚园的课程呢？张雪门认为幼稚园课程的组织与小学、中学和大学各级学校的课程不同，它有自己的特点和要求，其特点有三：

第一，“幼稚生对于自然界和人事界没有分明的界限，他看宇宙间一切的一切，都是整个儿的。”所以编制课程时如果分得太清楚太有系统了，反不能引起儿童的反应。

第二，“当幼稚生的时期中，满足个体的需要，实甚于社会的希求。”所以编制课程时，应兼顾社会和个体两方面的需求。

第三，“幼稚园的课程，须根据儿童自己直接的经验。”虽然这种经验不如传授式的经济和整齐，但对于幼儿来说，意义重大。

（3）幼稚园行为课程的教学方法。张雪门指出行为课程的要旨是以行为为中心，以设计为过程。只有行为没有计划、实行和检讨的设计步骤，算不得有价值的行为；只有设计没有实践的行为又是空中楼阁。所以行为课程的教学方法应当是起于活动而终于活动的有计划的设计。由于行为课程的教学方法系采取单元教学，它一般是先根据幼儿的学习动机决定学习目的，再根据目的估量行为的内容。行为课程的内容可以包括幼儿的工作、游戏、音乐、故事和儿歌，以及常识等科的教材。但在实施时，则应彻底打破各学科的界限。在活动进行中，教师应在各科教材中选择与学习单元有关的材料，加以运用，适当配合幼儿实际行为的发展，使各科教材自然地融入幼儿生活中，力求做到从生活中来，从生活中发展，也从生活中结束。采用行为课程教学法，教师在教学前要准备教材、布置环境、详细拟订计划；在教学中，教师要随时巡视指导，不重讲解，而着重指导幼儿行为的实践，使幼儿在活动中养成负责守法、友爱互助等基本习惯。行为课程结束后，评量与检讨也是重要的一环，教师可以此了解幼儿的知识、思考、习惯、技能、态度、理想、兴趣等方面的成绩，作为改进教学的参考。至于单元的选择，则须配合教育宗旨、教育政策、社会需要及幼儿的能力。

综上所述，张雪门的幼稚园行为课程理论的基本思想就是“生活即教育”“行为即课程”，强调通过儿童的实际行为，使儿童获得直接经验；并且要求根据儿童的能力、兴趣和需要组织教学，主张采取单元设计的方法，打破各种学科的界限。这种课程理论，虽然从学校教学的一般规律看来，不是完全无可非议，但对学前儿童的教育来说，则有比较明显的积极意义。

3）陈鹤琴的学前教育思想。陈鹤琴（1892—1982）是中国著名的幼儿教育家。1923年他在系统研究儿童心理发展的基础上，创办了中国最早的幼儿教育实验中心——南京鼓楼幼稚园，对幼稚园的课程、设备、幼儿教育的基本原则等进行了系统的研究。他主张办幼稚园要适应国情，幼稚园教育要注意幼儿的健康，养成幼儿良好的习惯，应当与家庭合作共同教育好幼儿，幼稚园课程应以大自然、大社会为中心，实施单元教学，采用游戏方法，多让幼儿在户外活动。经过多年的教育实验研究，在20世纪40年代末，他把自己的教育思想系统化，提出了“活教育”的理论体系。陈鹤琴的幼儿教育理论与实践对20世纪上半叶中国的幼儿教育产生了重要的影响。

（1）活教育三大纲领

其一，目的论。陈鹤琴指出，“活教育”的目的是“做人，做中国人，做现代中国人”，他从“做人”开始，把教育目的划分依次递进为3个层次。“做人”是“活教育”最为一般意义的目的。如何建立起完美的人际关系，借以参与生活，控制自然，改进社会，追求个人及人类的幸福便是做人的问题。所以活教育提倡学习如何做人，如何求社会进步、人类发展；第二层次“做中国人”就是要培养每一个国民，使其热爱祖国、热爱人民，保卫祖国、建设祖国的爱国主义品质，体现了教育目的民族性；最后把教育目的归结到“做现代中国人”上。他认为这样的人应具备以下5个条件，要有健全的身体、要有建设的能力、要有创造的能力、要能够合作和要有服务精神。

其二，课程论。陈鹤琴认为，传统教育的课程内容是固定的，教材是呆板的，先生只是一节一节课地上，学生只是一节一节课地学。这样的读书只能造就“书呆子”。鉴于传统教育的严重弊端，唯有提倡“活教育”，到大自然、大社会中去寻找“活教材”。陈鹤琴所谓的“活教材”是指取自大自然、大社会的直接的知识，即让儿童在与自然和社会的直接接触中，在亲身观察中获取经验和知识。“活教育”的课程论并不摒弃书本，只是强调历来为教育所忽视的活生生的自然和社会，而书本知识则应是现实世界的写照，应能在自然和社会中得到印证，并能够反映儿童的身心特点和生活特点。他把活教育的内容具体化为“五指活动”（以人的5个连在一起的手指为比喻），即健康活动、社会活动、科学活动、艺术活动和文学活动，其目的是培养儿童理想的生活。

其三，方法论。陈鹤琴指出，活教育方法论的基本原则是“做中学，做中教，做中求进步”。他认为“做”是学生学习的基础，因此也是“活教育”方法论的出发点。陈鹤琴在强调做的同时，还强调思维的作用。他把活教育的教学过程分为以下4个步骤：一是实验与观察；二是阅读与参考；三是发表与创作；四是批评与研讨。这4个步骤是教学过程的一般程序，不是机械的、割裂的，它们同样体现了以“做”

为基础的学生主动学习。“活教育”对教师的要求：要爱护儿童、要了解儿童、要有积极的态度、要有研究的精神、要有改造环境的能力，除具有国语修养外，须有一种专门学科的特长，要有健全的体格。

（2）幼儿园课程实施。陈鹤琴在对学前儿童心理和教育长期研究的基础上，提出了适合学前儿童发展的课程组织法，即“整个教学法”。陈鹤琴认为，“整个教学法，就是把儿童所应该学习的东西整个地、有系统地去教儿童学。”因为学前儿童的生活和发展都是整体的，外界环境的作用也是以整体的方式对儿童产生影响的，所以为儿童设计的课程也必须是整个的、互相联系的，而不能是相互割裂的。具体化后即为游戏法，同时要照顾儿童不同的发展水平，而采用小团体式教学。

（3）课程编制。陈鹤琴提出了适合我国国情的幼稚园课程编制应遵循的十大原则：其一，课程的民族性；其二，课程的科学性；其三，课程的大众性；其四，课程的儿童性；其五，课程的连续发展性；其六，课程的现实性；其七，课程的适合性；其八，课程的教育性；其九，课程的陶冶性；其十，课程的言语性。陈鹤琴修订并形成了新的课程结构：节日、五爱教育、气候、动物、植物、工业、农业、儿童玩具、儿童卫生。陈鹤琴还提出了3个具体的课程编制方法：圆周法、直进法和混合法。

4）教学原则。陈鹤琴提出了17条教学原则，即：一是凡儿童自己能够做的，应当让他自己做；二是凡儿童自己能够想的，应当让他自己想；三是你要儿童怎样做，你应当教儿童怎样学；四是鼓励儿童去发现他自己的世界；五是积极的鼓励胜于消极的制裁；六是大自然、大社会是我们的活教材；七是比较教学法；八是用比赛的方法来增进学习的效率；九是积极的暗示胜于消极的命令；十是替代教学法；十一是注意环境，利用环境；十二是分组学习，共同研究；十三是教学游戏化；十四是教学故事化；十五是教师教教师；十六是儿童教儿童；十七是精密观察。突出了以儿童为学习主体的思想，一个“活”字，一个“做”字，使儿童处于主动学习的地位。

➢ 附　录

中外主要人物学前教育思想概况如表2-2所示。

表2-2　中外主要人物学前教育思想概况

主要人物	代表著作或教育理论	主要观点、贡献
（古希腊）柏拉图	《理想国》 《法律篇》	（1）柏拉图在西方教育史上最先论述了儿童优生优育的问题。 （2）柏拉图重视学前教育，提出儿童出生后应接受公共教育。 （3）柏拉图强调通过游戏、体育、唱歌、讲故事等活动，对儿童进行体、智、德、美全面发展的教育。
（古希腊）亚里士多德	《政治学》 《伦理学》	（1）亚里士多德把学前教育分成3个阶段：出生前的胎教、出生至5岁的婴幼儿教育和5～7岁的儿童教育。 （2）亚里士多德重视胎儿的保健、优生优育。 （3）亚里士多德强调儿童的良好行为习惯的培养。
（捷克）夸美纽斯	《大教学论》 《母育学校》 《世界图解》	（1）《世界图解》是第一本以儿童年龄特征为基础，为儿童系统讲述科学知识的图书。 （2）夸美纽斯总结了古希腊、古罗马和文艺复兴时期的幼儿教育经验，第一次以家庭为背景，较系统地探讨了幼儿教育的规律，为世界幼儿教育理论的形成奠定了一定的基础。

（续表）

主要人物	代表著作或教育理论	主要观点、贡献
（英国）洛克	《教育漫话》	（1）洛克提出了“白板说”。他认为人生来就如一块白板，理性和知识都是从经验中来。 （2）洛克肯定了环境和教育对人的巨大影响，但忽视了儿童的遗传因素和主观能动性对个人发展的影响，没有意识到环境、教育、遗传和个人主观能动性之间的辩证关系。
（法国）卢梭	《爱弥儿》	（1）卢梭强调教育要顺应自然，按照儿童的自然发展历程来进行教育，要培养“自然人”。 （2）卢梭的教育思想是传统教育与现代教育的分水岭，自此教育从封建走向开放。
（德国）福禄贝尔	《人的教育》 《幼儿园教育法》	（1）倡导自由教育。 （2）为幼儿设计了一套操作材料，被命名为“恩物”，是上帝赐给儿童的礼物。 （3）福禄贝尔也是教育史上第一个承认游戏的教育价值，并将游戏列入课程之中的教育家。他被誉为“近代幼儿社会教育理论的奠基人”和“幼儿园之父”。
（美国）杜威	《我的教育信条》 《我们怎样思维》 “教育即生活” “儿童中心论” “从做中学”	（1）教育应该以儿童为中心。 （2）教育即生长，教育即生活，教育即经验的不断改造。 （3）从做中学。
（意大利）蒙台梭利	《童年的秘密》 《儿童的发现》 《蒙台梭利法》 《蒙台梭利手册》	（1）学前教育在确定自身的教育原则和方法之前，只有了解儿童心理发展的特点，才能不压抑、不损害儿童潜在的能力，使儿童按其本身的规律发展。 （2）儿童有发展的需要，为满足和强化这种需要，必须通过自由活动、自我控制、自我教育的方式与途径来实现。 （3）教师要为儿童创设环境，儿童学习最好是在“有准备”的环境中进行。 （4）教师要为儿童提供活动。有了一个为儿童准备的环境，还必须适时地提供各种活动以及材料，使儿童、环境、活动三者结合起来，形成一个学习过程。 （5）要重视儿童的自动教育，儿童是学习的主体，对自己的学习有着内在的动力。
（中国）陶行知	“生活教育”理论	（1）强调幼儿教育的基础地位，重视人才早期培养。 （2）坚持教、学、做合一，倡导因材施教。 （3）主张解放儿童，培养幼儿创造力。
（中国）陈鹤琴	“活教育”理论	（1）为我国建立以儿童心理学为基础的幼儿教育理论作出了开创性的工作。 （2）他是我国第一个详细论述儿童游戏的教育家，为我国幼儿游戏理论的形成做出了一定的贡献。 （3）他批判地吸收了杜威的实用主义教育思想，结合中国的国情创立了“活教育”理论，成为我国幼儿园课程论的奠基人。 （4）以人的五个连在一起的手指作为比喻，创造性地提出了课程结构的“五指活动”理论。 （5）创办了我国最早的幼儿教育实验中心——南京鼓楼幼儿园。

（续表）

主要人物	代表著作或教育理论	主要观点、贡献
（中国）张雪门	“行为课程”	（1）提出行为课程的概念，指出行为课程的内涵是让幼儿在幼稚园生活实践中学习。 （2）认为课程和教材都来源于儿童直接的活动。幼稚园的课程应具有整个的、直接的、偏重个体发育的特点。这种重视幼儿经验和活动，注重在儿童活动中学习的思想值得我们借鉴。

第四节 幼儿园班级管理

考纲提要

理解幼儿园班级管理的目的和意义。

内容结构图

本节内容框架如图2-4所示。

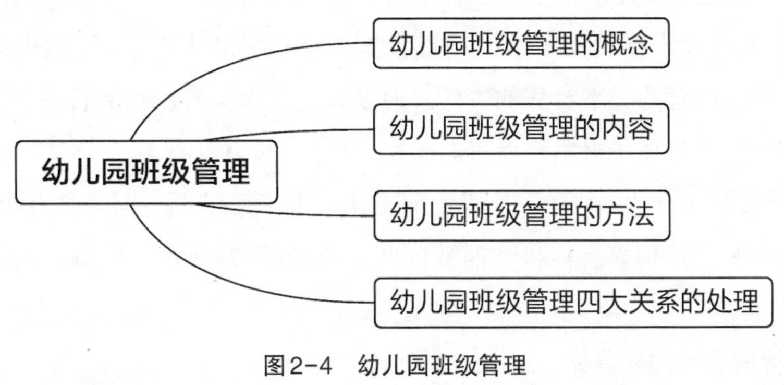

图2-4 幼儿园班级管理

一、幼儿园班级管理的概念

幼儿园班级是对3～6岁（或7岁）的幼儿进行保教活动的基本组织单位。班级是幼儿园的基本单位。幼儿园的班级，在我国的幼儿园教育实践中已经形成了基本的划分方式，就是根据幼儿的年龄分班；但还有些地区受各种因素制约，只能采用混龄形式的学前教育。

1. 幼儿园班级的存在形式、功能

1）幼儿园班级的设置形式和依据

（1）幼儿园以幼儿年龄为标准划分年级段。我国幼儿园按年龄分为小班（3～4岁，或称幼儿初期）、中班（4～5岁，或称幼儿中期）和大班（5～6岁，或称幼儿晚期），根据年龄段进行相应的教育。

（2）同一年龄段里设置平行的班级。在同一年龄段根据人数进行分班。一般来说目前我国幼儿园一个班一位老师大概带15～20个孩子。

(3)班级教师的选择和整合。我国幼儿园教师实行教师资格准入制，一个班配备2个教师和1名保育员。

2)幼儿园班级的功能。由于幼儿园的一切教育活动，最终都要通过班级管理功能来实现，涉及班级管理的功能不仅涵盖了幼儿园管理中的一切管理内容，而且还包括教师之间的协调工作。幼儿班级建设工作和针对每个幼儿的具体工作，按幼儿在园活动分类，幼儿园班级功能一般由生活管理功能和教育管理功能两方面组成，其他的管理工作服务于幼儿的生活、教育管理功能。

(1)生活管理功能。幼儿园班级生活管理功能是为了保证幼儿的身体正常发育、心理健康成长，保教人员围绕幼儿在幼儿园内的起居、饮食等生活方面的需要而从事的管理工作。生活管理功能包括睡眠、饮食、如厕、衣着等全部生活内容，是保育工作的重要内容，是教育工作的前提，是班级管理的基础。幼儿园之所以兼具幼儿之家和幼儿学校的双重特点，其根本原因在于幼儿园有其独特的班级生活管理功能。

生活管理功能可以满足幼儿在园生活的物质需要，为其提供良好成长的物质环境。班级生活管理功能是社会的需要，也是顺利进行教育管理功能的必要条件。

(2)教育管理功能。幼儿园班级教育管理功能是指班级保教工作人员在班主任教师带领下，对班级幼儿进行调查研究，对教育过程精心设计，组织对教育结果进行细致评估的一系列工作，教育管理对明确教育目标、优化教育方法、保证教育效果，起着非常重要的作用。教育管理功能是幼儿园教师最经常和最基本的管理工作，也是幼儿园各项管理工作的中心。

(3)社会功能。幼儿园工作规程中指出，“幼儿园为家长参加工作学习，提供便利条件”。不可否认，父母对孩子具有培养教育的义不容辞的责任。但家长同时承担着社会上各种行业的工作，学前儿童需要精心的照顾和教育，如果孩子得不到妥善的照顾，那么家长就没有办法安心工作。因此学前教育班级实际上承担着解放父母劳动力，做好家长服务的工作。由于父母不一定都具有丰富的学前教育的专业知识和技能，班级教师又承担着宣传科学的教育理念、指导家庭教育的职责，学前教育机构班级实行为家长服务的社会功能。

2. 幼儿园班级管理的目的和意义

1)幼儿园班级管理目的。幼儿园班级管理是由幼儿园班级中的保教人员通过计划、实施、总结、评估等过程协调班级集体内外的人、财、物，以达到高效率实现保育和教育目的的综合活动。

幼儿园班级管理的内在目的，是把幼儿培养成个体生活和社会生活的主体。班级管理中最重要、最直接的管理对象是幼儿。因此对幼儿进行管理，首先，就要了解幼儿的自然天性，遵循人的发展规律，把幼儿培养成个体生活的主体；其次，让幼儿在自然的基础上获得人的生命的自由，把幼儿培养成社会生活的主体。幼儿建构生活是一个过程，每个过程都有其存在的价值和意义，因此班级管理应尊重和理解幼儿在每个阶段的生活、生长和发展。

幼儿园班级管理的外在目的是形成办园特色，打造办园品牌。幼儿园的发展必须通过班级管理来实现。因此进行幼儿园班级管理并积极探索个性化的班级管理新举措，从而不断提升班级管理水平，使班级管理工作由规范化管理模式，逐步走向特色化的管理轨道，是形成办园特色的关键。

2）幼儿园班级管理意义。为了较好地实现幼儿园的保育和教育目标，提高幼儿园的保教质量，需要配备较好的师资、设备和足够的资金。然而这些资源能否充分利用，能否发挥应有的效益，依赖管理者对人、财、物等因素的合理组织和调配。只有利用恰当，才能发挥这些资源应有的效能。离开了有目的、有计划的管理，班级的日常运行将是随意的，可能是无序的、低效，甚至是不利孩子顺利成长的。所以，班级管理是搞好幼儿园管理的基础工作，是提高保教质量的重要保证，必须予以高度重视。

二、幼儿园班级管理的内容

幼儿园班级管理一般由生活管理、教育管理、家园交流管理、班级间交流管理、幼儿社区活动管理等方面组成。幼儿园班级中管理人员包括保教人员、幼儿、幼儿家长。其他方面的管理工作服务于幼儿的生活、教育管理。

1. 生活管理

幼儿园班级生活管理是为了保证幼儿的身体正常发育，心理健康成长，保教人员围绕幼儿在园内的起居、饮食等生活方面的需要而从事的管理工作。

1）学期（学年）初的工作

- 填写班级幼儿名册，填写幼儿家庭情况登记表，明确家园联系方法。
- 家访并调查幼儿的家庭教养情况，初步了解幼儿的生活习惯，做好记录。
- 安排幼儿个人用的床、衣柜、毛巾架、水杯格，写上姓名并做好便于幼儿识别的标记。
- 初步布置活动室环境，安排室内家什、准备活动设施等。
- 观察幼儿一日生活的言行举止，并记录、分析。
- 依据幼儿一日生活表现的观察分析与家访、调查结果，制定班级幼儿生活管理计划与措施。

2）学期（学年）中的工作

- 每日班级保教人员根据幼儿一日生活程序履行生活管理的职责。
- 每日做好幼儿上、下午来园或离园的交接记录。
- 每日保管好幼儿生活用品。
- 每日做好教室内外幼儿活动场地的清洁工作和各项设备的安全检查。
- 每周对活动玩具进行消毒，更换生活用品。
- 每周检查班级幼儿生活管理计划的实施情况。
- 每周初，班级教师碰头，总结上周经验，调整本周幼儿生活管理的工作内容与措施，分工负责。
- 观察幼儿生活行为，记录好其表现。
- 对幼儿计划免疫、疾病、传染病情况进行登记。
- 对体弱幼儿做好生活护理。

3）学期（学年）末的工作

- 汇总平日对幼儿生活表现的记录，做好对幼儿生活情况的小结。
- 总结班级幼儿生活管理工作，总结成果与问题。

• 向家长发放幼儿在园生活情况小结,指导家长对幼儿假期生活进行管理。

• 整理室内外环境,清点集体用品、材料并登记。

2. 教育管理

班级保教人员在班主任带领下对班级幼儿进行调查研究,对教育过程精心设计组织,对教育结果细致评估,这一系列的工作称为幼儿班级教育管理。

1)开学初的工作

• 结合家访和对幼儿的观察分析,完成对班级幼儿发展水平的初步评估,并做好分析记录。

• 根据幼儿情况及班级条件,制订详细的幼儿教育计划。该计划应包括阶段性的班级教育教学目标及完成进度的日程安排,还应考虑特殊情况的处理方法。如针对班级教学中的问题开展教学研究活动。

• 根据教育教学计划,征集或领取幼儿的绘画、手工材料、卡片、游戏工具等。

• 班级保教人员共同制订各项教学活动的组织形式及常规,建立班级教育活动的运转机制。

2)学期中的工作

• 每日事务:准备好当日教学所需的材料,做好前一阶段知识的复习,保证教育教学的连贯性。

• 每周工作:根据年级教研组的备课计划制订每周活动安排及每日教学计划。提前做好教具、学具材料的搜集与制作。写教育笔记,记录幼儿一周的学习表现。

• 每月工作:

月初制订月教育目标、教学活动进度。

召开班级教师会议,研究班级教育工作的具体内容和措施,协调分工与配合。

做好个别儿童教育的计划及修订措施。月末整理各种教育材料与资料。

根据教育内容适当调整活动室安排,布置更新环境。

3)期末工作

• 整理教育活动方案、教育笔记和幼儿作品档案。

• 做好幼儿全学期的评估工作,写好幼儿发展情况及表现的小结。

• 完成教师自身的评估,总结个人教育目标的实现、教育方法的运用情况。

• 教育活动剩余材料的清点与登记。

➢ 附例:

幼儿园小班学期计划

一、本学期幼儿发展总目标

(1)培养幼儿的进餐习惯,使他们懂得珍惜粮食。提高自我服务能力。

(2)培养幼儿对运动的兴趣,体验运动的乐趣,开展区域性体育活动,在运动中逐步培养幼儿大胆、自信、勇敢的个性心理品质。

(3)激发幼儿活动的愿望、探索的兴趣,鼓励胆子小的幼儿在集体面前多表达、培养良好的学习习惯。

（4）开展自主性活动和学习性活动，鼓励幼儿积极参加各种活动。

二、具体目标与措施

1. 生活活动

目标：

（1）愉快来园，愿意参加幼儿园的各类活动，能适应集体生活。

（2）学习使用小勺吃饭，在老师的帮助和提醒下能吃得干净，不将饭菜含在嘴里。

（3）纠正不良的睡眠习惯。

（4）会穿或脱宽松的衣裤。

（5）学习自理大小便（会使用蹲坑）。

（6）知道室内不大声叫喊，不把手指、不干净东西放进嘴里，不抠鼻。

（7）懂得脏物、玩具不放进耳、鼻、口。根据季节变化、运动量的大小增减衣服。

（8）学习正确的洗手方法，知道饭前、便后洗手。

（9）学会使用毛巾擦脸、擦嘴。

措施：

（1）开展“笑脸娃娃”活动，鼓励幼儿高高兴兴来园。给个别幼儿更多的关爱，并与家长及时沟通，指导家长正确配合老师做好幼儿的保育工作。

（2）利用儿歌、游戏、故事等形式使幼儿学习正确洗手、吃饭、睡觉、穿或脱衣服等生活常规，使幼儿养成良好的生活习惯。

（3）在学习性游戏中提供一些生活的材料，如小被子、袜子、毛巾等，给孩子锻炼的机会。

（4）在分组教学中进行个别幼儿教育。

（5）通过每天的进餐活动，培养幼儿文明进餐习惯。

（6）班级教师与保育员共同管理好班级工作。

2. 运动活动

目标：

（1）在体育锻炼中，能做到保护好自己，不到危险的地方玩。

（2）在老师的鼓励下愿意参加各类活动。

（3）能自然地走，在直线、曲线上走。双足交替上下楼梯。两脚并拢向前轻轻地跳。

（4）会玩中型运动器具。

（5）学习模仿操和器具操。

措施：

（1）开展区域性体育活动，培养幼儿的参与性与兴趣，促进机体协调发展。

（2）保证每天两小时的户外锻炼时间。

（3）学习玩具模仿操、小兵操和响环操。

（4）制作并提供多种运动小器具（飞镖、沙袋、罐子、篮球等），丰富幼儿的体育锻炼活动内容。

3. 学习活动

目标:

(1)爱祖国、爱家乡,知道自己是中国人,喜欢老师,爱家人,愿意上幼儿园。

(2)在老师的引导下,对周围事物产生兴趣。学会用各种感官感知周围的事物,感知其明显的特征。

(3)观察几种常见的水果及其他食品,感知冬天的明显特征。

(4)经常看、听、触摸周围生活中各种物体的颜色、形状和声音,并对它们的变化、声响发生兴趣,喜欢音乐和美工活动。

(5)在老师指导下学唱简单的歌曲,做简单的韵律动作,初步用动作表示对音乐的感受。

(6)学听普通话,能与同伴一起安静地听老师讲话。学说普通话,愿意模仿老师的发音,爱跟老师学念儿歌,讲故事中的简单句。愿意用语言回答别人的问题。

(7)能口手一致点数1~3,认识几何图形,学习排序归类,学习分辨白天、黑夜,能拼简单的人物、动物拼板。

(8)能以愉快的情绪参加英语活动,学会用英语向老师问好。

措施:

(1)创设符合小班幼儿年龄的环境,体现以幼儿为主的指导思想,根据主题活动布置环境,使幼儿、家长参与环境布置,做到师生互动,生生互动。如"水果娃娃展览""爷爷奶奶照片展"等。

(2)定期将幼儿作品进行展示,使每个幼儿体验成就感。

(3)创设英语环境,使小朋友在其中积极参与、愉快学习,学会一些简单的口语、儿歌、歌曲。

(4)组织各项活动,动手动脑相结合(敬老节活动、爱祖国知识竞赛活动、国庆游园活动、运动会等)。

(5)在带幼儿走出去的活动中,丰富幼儿的知识,满足他们的好奇心,让幼儿有充分的动手、动脑的机会,使幼儿通过活动得到满足,得到愉快的体验(如秋游等活动)。

4. 游戏活动

目标:

(1)丰富生活经验,能用语言和动作模仿角色,积极体验角色的情感和态度。

(2)创设条件,丰富幼儿的知识和经验,感性经验和游戏语言。

(3)初步掌握一些角色游戏的基本技能。

(4)丰富和加深幼儿对建筑物的印象。

(5)初步掌握结构游戏中的构造技巧,运用插塑、积木的玩具构造比较粗轮廓的物体。爱护玩具,游戏后送玩具回家。

措施:

(1)提供符合小班幼儿的大玩具。

(2)在游戏中注意观察幼儿的活动,并为他们提供需要的游戏材料。

(3)鼓励幼儿从家里带来废旧物品,教师用以制作一些成品娃娃家的用品。

(4)幼儿自选主题,充当角色,并在游戏中感受快乐。

5. 家长工作

（1）召开家长会，彼此沟通。

（2）邀请家长参加“敬老活动”并及时做好反馈工作。

（3）树立幼儿园与社会、家庭一体化的教育观，继续办好家园之窗，利用家园联系册向家长定期汇报幼儿在园情况。

（4）及时做好家长工作。

（5）请家长配合老师收集家里的废物支持教学，并参加园内的各项亲子活动。

幼儿园的生活管理是为了保证幼儿的身心健康成长，是保教人员围绕幼儿在园内的起居、饮食等生活方面的需要而进行的管理工作。教育管理是指班级的保教人员对教育过程精心设计、组织，对教育结果进行细致评估，在带班教师的带领下对班级幼儿进行调查研究的一系列工作。班级管理的内容还可以大致分为如下几类：

（1）人的管理（涉及教师、保育员、幼儿、家长）。

（2）物的管理（教学、游戏和生活所需的所有物资）。

（3）事的管理：

- 班级内部常规的事务（生活常规、教育教学、游戏）；
- 幼儿园内部的大型的事件；
- 家长、社区工作。

（4）时间管理（长、中、短期的班级工作计划、一日生活作息时间表）。

（5）空间的管理（班级环境，包括班级物质环境、心理环境）。

（6）信息的管理（对上级对家长的信息沟通、班风、舆论）。

三、幼儿园班级管理的方法

1. 幼儿园班级管理的过程

幼儿园班级管理的过程是指幼儿园班级按照国家对幼儿培养的需要和幼儿身心发展的特点，开展适应幼儿身心健康发展的活动的过程。

幼儿园班级管理的过程，是对幼儿园班级管理的计划与制定、组织与实施、检查与调整、总结与评价的过程。在这个过程中，各环节彼此紧密联系，不可或缺。计划与制定是这个过程的基础环节，组织与实施是中心环节，检查与调整、总结与评价起反馈和调控作用。

2. 幼儿园班级管理过程的四大环节

1）班级工作计划。班级计划是学年或者学期开学前根据幼儿园的要求以及班级的具体情况，为了实现某种目标、完成某种任务、达到某种状况而制订的工作安排和行动步骤。班级计划是班级管理活动的起始环节，是进行班级管理活动的重要依据。制订班级计划的重要意义在于做到有目的地管理、主动地管理、井然有序地管理，从而提高管理效率。形象地说，计划好比一座“桥梁”，把一个班级所处的这岸和要去的对岸连接起来，以克服这一“天堑”，有了这座桥梁，师生的期望可能变为事实。

制订班级计划不是漫无目的地闭门造车,必须遵循下列要求:必须以我国的教育方针和学校当前的中心任务为指导,必须从班级学生的实际出发,必须以教育科学和管理科学理论为基础。这样的计划才能起鼓动和激励的作用。

制订班级计划要遵循计划工作的一般步骤和方法:首先,要广泛获取信息,听取学校领导布置的工作任务,调查班级的实际情况,了解学生的需求,还要阅读理论材料,学习别校别班的经验等;其次,发动搭班老师充分讨论,然后归纳讨论中的各种意见,形成多种方案;最后,在分析、比较、研究的基础上果断决策,在几种不同的可行方案中选择一种最佳的行动方案,并以计划的形式体现。

班级计划有多种类型,一般分为学期计划、月计划和周计划3种。学期计划是全学期班级工作的总纲,它要求把本学期准备实现的目标,以及为实现目标所要努力的主要方面和要组织的较大活动,按照时间顺序做出安排。月计划和周计划是根据学期计划和某一阶段学校的任务,在本月或者本周开始时制订的工作计划。月计划、周计划要制订具体的内容、时间、地点、方式和措施。计划为班级管理过程描绘了蓝图,要使计划变成现实,必须付诸实施。

2)班级工作的执行。工作执行就是把学生组织起来,落实计划。工作执行是管理过程的中心环节。在执行阶段,班主任教师的主要任务是做好组织、指导、协调、激励工作。组织指的是合理调配人力、物力、财力,尤其是合理安排好分工。比如:哪些学生能够担任小老师、起榜样作用?教师应该认真考虑,统筹安排。

3)班级工作的检查。检查是班级管理过程的中继环节。正确的计划能否比较顺利地实现,有缺点错误的计划能否及时得到修正,有赖于检查。检查具有双重作用:既能监督和考核班级的各项工作,又能检验和考查班主任教师及副班主任教师的管理水平。客观有效的检查就像一面镜子,把班主任教师和副班教师的实绩照得清清楚楚,从而促使班主任教师和副班教师学习管理,研究管理,更好地提高管理水平。

4)幼儿园班级工作的总结与评估。总结是班级管理过程的终结环节。总结就是回顾过去,把在班级实践中的大量素材加以概括、提炼,从中找出规律性的东西,使今后的管理活动减少盲目性。

做好总结工作十分重要。班主任应该亲自动手,做好学年总结和学期总结,对班级工作做出全面而明确的结论。取得了哪些成绩,存在哪些问题,成绩是怎么取得的,缺点是怎么产生的,错误是怎么犯的,都要说出个所以然,这样才能使总结真正起到推动班级工作的作用。同时,还要做好专题总结,比如,体育锻炼情况总结,游戏活动情况总结,教育活动情况总结。

做好总结也应该要有严格的要求,所做的总结应该与计划相对应。计划中提出的任务和要求,在总结中应该能找到相应的答案。总结要突出中心,不能面面俱到;要立足现实,又要着眼于未来,这样才能产生鼓舞的作用。总结一定要实事求是,不夸大,不缩小,如实地反映班级的面貌,不能有意拔高,或者把对未来的设想当成现实来编造,弄虚作假的作风一定要摒弃,否则就失去了总结的意义。

计划、执行、检查、总结的有机结合,构成了班级管理的全过程,这些职能活动不是简单的重复,而是阶梯式上升,不断前进,不断提高。加强班级管理的基本职能,也就完善了班级管理的全过程。

3. 幼儿园班级管理的原则

1)主体性原则。主体性原则主要蕴含了两方面的含义:一方面,教师作为管理者具有自主性、创造性和主动性；另一方面，幼儿作为学习者具有主体地位。运用此主体性原则时需注意：

（1）明确教师对班级管理的职责和权力。要求教师不断地发挥主动性和积极性，开拓班级管理的新举措，最大限度地反映幼儿的愿望和要求，从而调动幼儿学习的主观能动性。

（2）作为班级管理者的教师应充分了解并把握班级的各种管理要素。对班级各种要素把握、合理调配，并予以驾驭和协调，是对班级进行良好管理的必要前提；这些要素既包括了每一个幼儿，也包括了家长、环境设施等一切可以为教学和管理服务的教育资源。

（3）教师还应正确理解和处理与被管理者（幼儿）之间的关系。教师是班级管理中的管理主体，而幼儿是客体或者说是管理对象，所以在管理幼儿时既要发挥教师的指导作用，又要保证幼儿学习自主权，对这一点的控制和把握是十分重要的。

2）整体性原则。幼儿园班级管理应面向全体幼儿并涉及班内所有管理要素。运用此原则时需注意：教师对班级的管理既是对整体的管理，也是对每一个幼儿个体的管理。幼儿教师在管理班级时经常出现抓两头、忘中间的现象。过分偏爱优秀的幼儿，或者一味地关注问题幼儿而忽视了中间表现不突出的孩子，这违背了整体性原则的要求。教师应该把目光放到整个班级中的每个孩子身上，在此基础上根据幼儿自身的特点和发展水平进行管理。

① 教师应该充分利用班级作为一个集体的熏陶和约束作用。

② 班级管理不只是对人的管理，还涉及物、时间、空间等要素的管理，即要求全方位贯穿和联系物质、时间、空间等要素，使每个幼儿参与活动、接受教育（教育方法当然也包括夸奖、批评）。

3）参与性原则。参与性原则是指教师在管理过程中不能因为管理者的身份而高高在上，应以参与者的身份，以多种形式参与幼儿活动中去；在活动中民主、平等地对待幼儿，与幼儿共同展开有益的活动。运用此原则时需注意：

① 教师参与活动应注意角色的不断转换，以适应幼儿活动的需求。

② 在某种场合，教师参与活动要根据幼儿的需要，取得幼儿的许可。

③ 教师参与活动中，指导和管理要适度。

4）高效性原则。高效性原则也可以理解为灵活性原则，要求以最少的人力、物力、时间尽可能让幼儿获得更多、更广、更好、更全面的发展。运用此原则时需注意：

（1）班级管理目标的确定要合理，计划的制订要科学。充分考虑幼儿身心发展、所处的年龄段的特点，还要考虑不必要的人力、物力等资源的浪费。

（2）班级管理计划的实施要严格和灵活。这主要是针对幼儿这一群体活动多变、不稳定、突发状况多等特点而提出的。

（3）班级管理方法要适宜，管理过程中重视检查反馈。

以上4条原则之间的关系：主体性、整体性原则主要涉及管理思想；参与性、高效性原则主要涉及管理方法，四者关系密切，不可分割。

4. 幼儿园班级管理的方法

为了实现幼儿园保教目标，幼儿教师必须掌握一定的班级管理方法，一般常用的班级管理方法有如下5种：

1)规则引导法。规则引导法是指用简单易行的规则引导幼儿的行为,使其与集体活动要求保持一致,确保幼儿自身的人身安全和他人安全,保证活动秩序的方法。

规则引导法是学前教育班级管理中最常用也是最直接有效的管理方法。规则是幼儿与幼儿之间,幼儿与老师之间,幼儿与环境之间,幼儿与材料之间互动的关系准则。规则引导法的操作要领:

① 规则的内容要明确且简单易行。

② 制订规则时,尽可能让幼儿参与规则的制订。

③ 要给幼儿提供实践的机会,使幼儿在活动中掌握规则。

④ 一旦制订了规则,尽可能保持不变。

⑤ 在执行过程中,教师应民主、公平。

2)情感沟通法。情感沟通法是通过激发和利用教师与幼儿之间、或幼儿之间、或幼儿与材料之间的积极情感,以促进幼儿产生积极行为的方法。

情感无疑是人与人之间交流的一种重要途径。有了情感的共鸣,交流往往事半功倍。幼儿与老师相处的时间非常多,幼儿与老师的交流也很多,在这些过程中更容易建立感情。一旦幼儿对教师有了一定的依赖,那么他就会比较听老师的话。老师要在尊重幼儿的基础上,要在平时的生活中更多地观察和理解幼儿各方面的发展情况,以便一旦出现各种突发状况时能更好、更正确地处理。

移情是幼儿亲社会行为的一个重要方面。培养幼儿良好的移情能力,能够让幼儿更好地去理解他人的做法,从而避免很多的矛盾。教师的形象对于幼儿也是有很重要的影响的,只有幼儿信任教师,移情训练才能很好地开展。

情感沟通法的操作要领:

(1)教师在日常生活和教育活动中要观察幼儿的情感表现。良好的师幼关系是情感沟通法的保障,教师应该本着尊重幼儿的态度与幼儿交往互动,以更好地获得幼儿的信任,达到教育的目的。

(2)教师要经常对幼儿进行移情训练。移情是幼儿亲社会行为的一个重要方面。培养幼儿良好的移情能力,可以促进幼儿换位思考的能力和情感共鸣,为幼儿建立良好的人际交往能力打下坚实的基础。

(3)教师要保持和蔼可亲的个人形象。教师的个人形象对幼儿有重要的影响,榜样作用是需要教师自己树立良好的个人形象,以达到为人师表的效果。

3)互动指导法。互动指导法就是通过促进幼儿与同伴、教师、环境、材料的相互作用,引导幼儿主动、积极、有效地与人交往,实现教育目标的方法。在幼儿园中,教师与幼儿的师生关系,幼儿之间的同伴关系是非常重要的,这些关系的互动会在很大程度上影响班级的管理,包括了适当性、适时性、适度性。

(1)教师对幼儿互动指导的适当性。适当性主要是指教师对幼儿指导时方法是否恰当。

(2)教师对幼儿互动指导的适时性。适时性主要是指教师对幼儿指导的时机是否恰当准确。

(3)教师对幼儿互动指导的适度性。适度性主要是指教师对幼儿指导的尺度是否把握到位。

这是大班纸牌游戏一个区域活动内容。老师发现宝宝只是坐在一旁看小朋友们玩，就问："怎么不跟小朋友一起玩啊？"宝宝看看其他小朋友，有的在找同样花色的牌，有的在搭高，说："我觉得没意思。""哦，你想怎么玩啊？"老师问道。宝宝看了老师一眼，他向小朋友建议："要不我们来玩接龙吧。"小朋友见有新的玩法，都很高心地来玩了。老师看他们玩了一会儿，想看看他们还能玩出什么不同的游戏，就问："宝宝，你说这连起来的纸牌像什么啊"？"这好像一列火车"。"对啊，我们玩火车行驶的游戏吧！""可火车要轨道的"，另一个小朋友喊道。"要不我们把纸牌做成轨道吧。"于是，很多小朋友开始照着火车行驶时的情景分头搭建车轨、车站，还安排老师做售票员等，开心地玩了起来。

[分析]

这个游戏中，小朋友们能够玩耍得这么好，教师合理适时的指导起了很大的作用，并且教师很好地参与、融入了幼儿的游戏中，成了幼儿的游戏伙伴，拉近了与幼儿间的关系。

从上述案例分析中可以知道，运用此方法指导幼儿时应注意如下几点：

首先，教师参与活动时应注意角色的不断变换，以适应幼儿活动的需要。

其次，在某种场合，教师参与活动要根据幼儿的需要，取得幼儿的许可。上述案例中教师得到了小朋友的允许，与小朋友共同游戏，并在游戏中扮演了其中的角色。如果幼儿已将角色分配好了，教师再强行介入，那么就会适得其反。

最后，教师参与活动，指导和管理要适度。

4）榜样激励法。榜样激励法是指通过树立榜样并引导幼儿学习榜样以规范幼儿的行为，达到管理的目的。运用此方法时需要注意如下几点：

① 榜样的选择要健康、形象、具体。

② 树立班集体中的榜样要公正、有权威性。

③ 及时对幼儿表现的榜样行为做出反应。

④ 尽量避免横向比较。

某班教师针对班上个别孩子总将好的东西留给自己的倾向，利用幼儿欣赏歌曲"李小多分果果"的活动，先加强幼儿对李小多的认识，但老师并没有立刻要求幼儿都像李小多那样，而是又进行了一个分纸活动。由三位值日生来分纸，教师有意在每一叠纸中夹上了一张颜色不同的纸。果然，三位值日生分到这张纸时都看了很久，其中有两位把纸给了同伴，而另一位却给了自己。老师看了笑着说："今天我们班又多了两位李小多。"就这样，孩子们在以后的许多活动中都争做李小多。

5）目标指引法。目标指引法是指教师从幼儿行为的预期结果出发，制订行为目标，引导幼儿识别行为正、误，规范幼儿积极行为方式的一种管理方法。运用此原则时需注意：

（1）目标要明确、具体。因为幼儿的发展特点决定了他们的发展水平还处于初级阶段，对于太复杂的目标，幼儿常无法理解。

（2）目标要切实可行、具有吸引力。幼儿容易对新奇的事物产生兴趣，因此目标越有趣，幼儿参与实践的可能性就越大，越容易达到要求。

（3）目标应处于幼儿的最近发展区内。目标越符合幼儿的最近发展区，越容易激发幼儿的参与动力。

（4）目标与行为的联系要清晰。与目标联系的行动要明确，要有利幼儿判断什么样的行为是正确的，什么样的行为是错误的，该如何改正。

（5）要注意个人目标和团体目标，并注意将两类目标相结合。幼儿园的很多活动是需要团体合作完成的，这时教师提出的目标要有利于团体活动进行，这样才能更好地进行管理。

目标指引法的要点是提出让幼儿可达到的目标，让幼儿用具体的行为去达到要求。

通过目标指引方法让幼儿根据目标做出相应的行为，并识别行为的正误。

四、幼儿园班级管理四大关系的处理

1. 正确处理好幼儿园班级管理与幼儿园管理的关系

幼儿园班级管理需在幼儿园管理的指导下进行，同时又能更好地促进幼儿园管理的发展和进步。

2. 处理好平行班之间与上下年龄段班之间的关系

幼儿教师要处理好个人与个人，个人与集体的关系，这是职业道德中的一项重要内容。幼儿教师一定要学会和同事建立融洽的同事关系，与同事互相协作，互相团结，步调一致，形成良好的集体，这样才有利于教育目的的实现。平行班之间的工作学习要配合开展，互帮互助。而上下年龄段班之间的教育内容衔接与配合等工作则依赖维系良好的同事关系，只有做好衔接与配合，才能更好地开展工作，实现教育目的。

3. 处理好班级与家庭、社区的关系

要想做好幼儿教学工作，教师不仅要重视幼儿的班级管理，家庭、社区也是幼儿教育的主要阵地，不能忽视。对于幼儿来说，最为有效的教育方式就是加强幼儿园教育与家庭教育、社区教育之间的联系，从多方面对幼儿进行综合教育。学校教育、家庭教育、社会教育是幼儿教育的三大支柱，为了更好地促进幼儿园与家庭、社区共同合作，可以通过多种途径、多种方法开展相关幼教工作，共同努力，实现幼儿教育的双赢。同时，应该坚持多样性沟通，使家庭、社区和幼儿园达成一致意见。形成良好的教育合力，更好地促进幼儿全面和谐的发展。

4. 班级保教人员处理好自己生活与幼教工作之间的关系

班级保教人员需要与同事、领导和睦共处，促使整个团体能通力合作，更应该处理好生活与工作之间的关系。不将私事或情绪带入工作，不在带班期间处理个人事务，不以个人喜好来决定对待孩子的方式方法，用认真负责的态度对待幼儿和保教工作。

[幼儿园老师的工作职责]

（1）观察了解幼儿，依据国家有关规定，结合本班幼儿的发展水平和兴趣需要，制订和执行教育工

作计划,合理安排幼儿一日生活。

(2)创设良好的教育环境,合理组织教育内容,提供丰富的玩具和游戏材料,开展适宜的教育活动。

(3)严格执行幼儿园安全、卫生保健制度,指导并配合保育员管理本班幼儿生活,做好卫生保健工作。

(4)与家长保持经常联系,了解幼儿家庭的教育环境,商讨符合幼儿特点的教育措施,相互配合,共同完成教育任务。

(5)参加业务学习和保育教育研究活动。

(6)定期总结评估保教工作实效,接受园长的指导和检查。

第五节　幼儿园与小学的衔接

考纲提要

理解幼小衔接工作的重要性。

内容结构图

本节内容框架如图2-5所示。

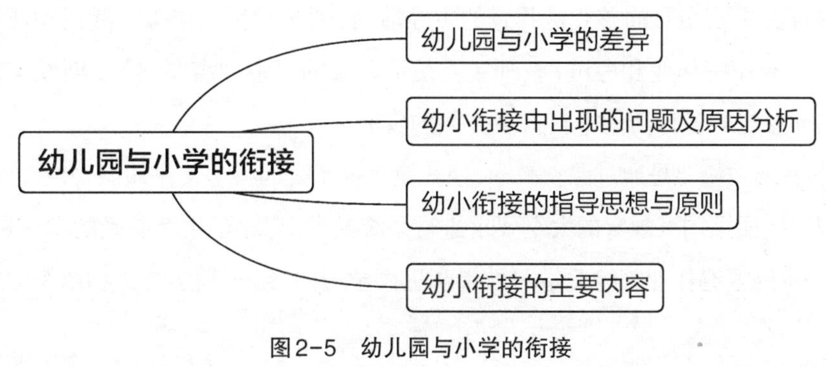

图2-5　幼儿园与小学的衔接

一、幼儿园与小学的差异

1. 学习环境的改变

幼儿园为儿童选择和操作提供了丰富的材料,环境的布置比较活泼、生动。学习、生活设施一般都相对集中,活动室、盥洗室及餐厅等紧密相连,方便儿童生活。活动室还有区角活动,儿童可以自由选择自己喜爱的活动方式,同伴之间合作交流的机会较多,区角主题可随教育活动内容的变化而变化,玩具、教具的摆放也是以儿童获得自主为原则。

在小学里,教室环境布置相对简单和严肃,桌椅摆放是固定的,自由活动时间较少,还要受纪律约束。没有玩具,与同伴讨论或自己选择学习方式的机会较少。

2. 生活制度不同

主要表现为活动内容和学校制度的不同。在幼儿教育阶段,教师的重要工作职责之一就是对儿童做好保育工作,关注儿童的生活和身体。因此,在组织教学时,幼儿园会根据儿童的科学用脑原则采用动静交替的方式,每天的教学活动以游戏的形式组织1小时左右,其余时间以游戏为主,有2～2.5小时的午睡时间,轻松舒适,管理上不强制,没有出勤的要求,作息时间比较灵活。

儿童进入小学以后,生活节奏发生巨大的变化,小学教学主要以课堂教学为主,每节课40分钟,上午3～4节课,下午1～2节课,课间自由活动和游戏时间很短,生活节奏是快速而紧张的,有较为严格的作息制度,对儿童的纪律和行为规范的要求带有一定的强制性,他们的生活只能靠自理,教师只是引导和提醒,午睡时间不保证。生活制度的急剧变化,智力活动时间的骤然增加,使儿童的神经系统负担加重,许多儿童感到疲倦,上课没有精神,以至于对学习产生厌倦的心理。

3. 师生关系的变化

学前教育机构注重保教结合,一日生活都有固定的教师与儿童朝夕相处,教师对儿童关爱有加,使儿童自然而然地对教师从心理上、生理上产生安全感、依恋感、彼此间比较平等亲热,加之幼儿年龄较小,他们完全独立活动的机会较少。

小学阶段,每个班级虽然有一个固定的班主任,但教师与学生除了课堂以外,其他时间接触相对较少。当儿童踏入小学,进入一个全新而又陌生的班集体,师生关系要重新建立,彼此还要重新适应,加之儿童适应能力较差,这给儿童进入新的学习环境带来较大的困难。

4. 儿童学习方式不同

在学前教育机构,丰富多彩的游戏是儿童的主导活动,通过动手操作等实践活动获得各种感官体验和社会生活知识,没有家庭作业和考试,教师主要是从儿童的兴趣和需要出发,创设丰富的环境和各种条件,使儿童在主动参与的各种活动中获得多方面的发展。

小学阶段的教育形式主要是通过课堂教学,使儿童掌握系统的科学文化知识,并在学习过程中获得身心各方面的健康发展,根据国家规定的大纲要求进行系统教学,对小学生有明确的学习目标和教学任务,有严格的考试和一定的家庭作业来检验学习效果和巩固学习内容,其教学方式和组织形式与幼儿园有很大差别。

5. 成人对儿童的教育要求不同

在学前教育阶段,儿童的学习是非义务的,大部分时间致力于促进身体正常发育和身心健康发展,培养求知欲、发展口头言语、开发智力、丰富感性经验、积累粗浅知识经验,学习认识事物的简单方法和技能、培养良好的生活及行为习惯以及参与一些艺术和体育活动。学习不强调系统性,没有压力,教学活动大多为引导儿童在与丰富的环境、材料相互作用中获得发展,教学方法和组织方式具体形象,灵活多样,儿童主动参与活动。

儿童进入小学后,他们担负了一定的社会责任,且社会和成人对儿童的要求较具体、严格,经常要接受各种考试,课业压力较大。小学阶段以学习书面语言为主,注重知识的系统化学习,课题教学以教学为主,纪律约束较强,致使刚进入小学阶段的儿童很难适应。

二、幼小衔接中出现的问题及原因分析

目前的幼小衔接容易出现的问题就是幼儿园“小学化”。

1. 幼儿园“小学化”具体表现

1）行为规范方面。要求幼儿像小学生一样遵规守纪，少动少玩。不少幼儿园将小学对学生的行为规范要求搬到幼儿园来，往幼儿头上套。把教育活动称为上课，每节课时间和小学一样是45分钟。

2）学习知识方面。要求幼儿像小学生一样以学为主，刻苦学习。不少幼儿园违背素质教育原则，不注重培养幼儿的综合素质，不是组织幼儿从游戏中学习，而是要求幼儿像小学生那样听课，学知识，做作业，办园方向和办园目标严重脱离幼儿实际。

2. 幼儿园“小学化”对幼儿的危害

① 还未上学便已厌学，处在学龄前阶段的幼儿，其大脑以及身体的各个器官和组织的发育还不完善，这决定了他们还不能像小学生那样坐下来正规地学习。作为幼儿的教育者——家长和老师，非要像对待小学生那样要求他们，这正如还没有长出牙齿的婴儿，非要让他吃坚硬的食物一样，这种违背规律的做法对幼儿的危害可想而知。不管幼儿年龄，一律要求他们写字、算数，如果写不好，家长、老师便批评、呵斥。幼儿在这种“小学化”的教育过程中，得不到快乐，得到的只是消极的情绪体验，久而久之会认为学习是一件痛苦的事情，对学习产生恐惧和厌恶的心理，使幼儿还未正式开始学习，就已产生了厌学的情绪。

② 不利于幼儿的身体发育，危害幼儿的身心健康。学龄前幼儿正处于身体发育阶段，机体和神经系统的柔弱，决定了他们还不是能“坐下来学习”真正意义上的学生。如果强制幼儿长时间集中注意力，他们的大脑很容易疲劳，会造成神经系统的伤害，使幼儿变得表情呆板；过早过多地进行规范性学习，不利于幼儿肌肉、骨骼发育，会导致幼儿近视、驼背、消瘦等症状产生，给幼儿的身体健康带来严重危害。不利于幼儿健全人格的形成，危害幼儿的心理健康。超越幼儿的心理发展水平，按照小学生的标准要求幼儿学习、完成作业的做法违背了幼儿的认知水平、认知能力和认知规律。让幼儿写、算，进行强制性的学习，剥夺了他们“玩”的时间，幼儿没有点自由，学习的主动性、积极性、创造性就无法发挥，变得呆头呆脑。幼儿过早背上了沉重的课业负担，在成人的责备甚至打骂声中强制学习，活泼好动的个性受到压抑、摧残，心灵受到创伤，难以形成开朗、积极、乐观、自信等健全的人格，严重危害了幼儿的心理健康。

③ 遏制了智力的全面发展。学前教育“小学化”强调向幼儿“灌输”知识，忽视幼儿在游戏中主动探索的学习，忽视了语言能力、数理逻辑能力、音乐欣赏能力、身体运动能力、人际交往能力、自我评价能力、空间想象能力、自然观察能力等多元智能的全面开发。可能会埋没许多未来的音乐家、运动员、科学家、作家、演讲家。而在正规的幼儿教育中，教师设计的每个游戏活动都能使幼儿得到多种能力的训练。幼儿在以游戏为主的教育活动中变得健康、活泼，在正式上学以后比那些学前时期整天在写字、算数上下功夫的孩子更有潜力。

3. 幼儿园“小学化”产生的原因

1）广大不懂幼教规律的家长的错误需求。当孩子回到家时，多数家长最先关心的是：今天在幼儿

园吃没吃饱?有没有小朋友欺负你?今天认识了什么字?学了些什么?当家长把这些方面作为考察幼儿的主要发展标准时,带来的后果必然是幼儿的以自我为中心和幼儿园教育的小学化。

2)有些幼儿园办园目的不端,违心搞小学化。幼儿园本应是具有一定公益性质的社会服务机构,服务是其非常重要的一项职能,通过优质服务,获得孩子、家长和社会的认可,进而产生一定的经济效益,这才是正常之道。可有相当部分的幼儿园,把盈利作为首要目的,一味迎合家长,只要家长掏腰包,你就是我的上帝。她们打造幼儿园特色的“秘诀”就是多凸显孩子的外显行为,如语言、识字、英语、速算、早期阅读、体育专项训练等,因为这些项目发展周期短,在孩子身上见效快,家长能看得见、摸得着。而幼儿良好行为习惯、个性、兴趣、智力潜能等方面的培养却是一个长期的过程,不易在孩子身上迅速体现,因而幼儿园就“避重就轻”,以博得家长的满意。

4. 克服幼儿教育小学化倾向的策略

要想解决这个问题,必须从造成幼儿园小学化教育的每一种因素入手予以解决。

① 首先要转变家长观念,用翔实的事实、雄辩的理论让家长充分认识小学化教育对幼儿发展的危害。在这项工作中,要多开展宣传工作,及时关注家长的变化。注意解决幼儿园在努力克服小学化,家长又利用各种时间给幼儿“加压”的矛盾,真正做到家园形成合力,共同致力于幼儿的发展。

② 教育行政管理部门要严格执行幼儿园教师资格制度,规范幼儿园办园行为。要从源头上对幼儿园办园条件、教师选用及资格认定、幼儿园课程设置等制约办园水平的各种因素进行审核、检查、监管和评估。机制和制度的保证是克服小学化倾向的关键措施。

③ 充分发挥示范幼儿园的示范、辐射和导向的作用。区级示范幼儿园由于办园经验比较丰富,管理手段比较科学,特别是教科研水平较高,教师素质普遍高于一般幼儿园的教师,因此要充分凸显其科学性和先进性,要在示范园开放日等活动中积极对外导向,这对克服小学化倾向会有一定引导作用。

④ 做好“幼小衔接”规律的研究,使幼儿园平稳向小学过渡。幼小衔接不是幼儿园单方面要做的事。从幼儿园小班开始到小学低年级都要研究衔接规律,特别是要了解对方的教学内容和方法,并向此倾斜,使孩子在心理上能够接受,不至于产生“陡坡”。对此,教育行政和教研部门要做好协调和统筹,避免一厢情愿。

三、幼小衔接的指导思想与原则

1. 长期性而非突击性

幼儿园教育是终身教育的一个重要部分,要为儿童的终身发展打好基础,因此不能将幼小衔接只看成是从大班到小学一年级的过渡,而应该将幼小衔接工作贯穿整个幼儿园教育的各个阶段,并与小学低年级在内容上、形式上、方法上都能平稳顺利地衔接。

2. 整体性而非单项性

幼小衔接是素质教育的重要组成部分,应该从德、智、体、美各方面全面进行,不应只偏重某一方面。尤其是重智育、轻其他三育的现象更要注意,避免幼儿园“小学化”。

3. 培养入学的适应性而非“小学化”

在有效衔接工作中最大的一个误区就是幼儿园“小学化”倾向严重。这种倾向严重违背了幼儿园教育的目标,也违背了幼儿身心发展规律和学习特点。在幼小衔接工作中注重培养幼儿适应小学学习生活的相关能力,而不是只重视知识的灌输。

四、幼小衔接的主要内容

从幼儿园到小学,是儿童成长的一次飞跃,做好幼儿园与小学的衔接,帮助孩子顺利、幸福地走好这一步,对儿童身心发展具有重要意义。那么如何让幼儿愉快地进入小学,自信独立地面对小学生活?如何做好幼小衔接工作呢?

1. 幼小衔接工作的主要内容

1）培养孩子的生活自理能力。生活的过程也是学习的过程。孩子在入小学前具有一定的生活技能与自理能力,对其入学后独立学习、独立解决问题有很大的帮助。因此,生活自理能力也是入学准备的必要内容。入学前,孩子需要具备哪些生活自理能力呢?

① 能有序地整理自己的物品和玩具。

② 用好的东西及时归位,保持整洁。

③ 能正确处理好用餐、盥洗、排泄等事情。

④ 能帮助家人做力所能及的家务。

⑤ 比较合理地计划并安排好自己的时间和活动内容。

2）学会生存。就是让孩子掌握独立生活的能力、安全常识,以及各种动作要领。比如中班的小朋友要学会的生活能力有:会穿脱、折叠衣服,折叠被褥,会系鞋带,会用筷子,会分发整理餐具、收拾桌子,会刷牙,养成饭前便后洗手的好习惯。

3）培养学习能力。幼儿能自己探索、发现周围的事物进行学习,对周围事物感兴趣,那么对他今后的学习十分有益。而幼儿园各个领域开展的教学活动,都应注重儿童能力的开发。比如科学领域的能力有感觉、观察能力,概括分类能力,数量、形状、时空等数学概念。幼儿园重视幼儿亲自参与活动,通过不断体验、经历,学习知识技能。同时,养成幼儿良好的学习习惯和学习兴趣,重视其注意力、记忆力、想象力及创造力的开发。

4）养成良好习惯。幼儿园的教育目的是为幼儿全面发展奠定基础,而行为习惯是从小养成的,包括卫生习惯、行为习惯和初步的社会规则。因此在幼儿园的活动里都包含培养幼儿的社会交往能力、品德行为方式和对情感、情绪的把握以及与朋友友好相处等的内容。

5）发展良好的人际交往能力。儿童人际交往能力的重要性表现在进入小学后对新的人际环境的适应上。适应能力差的儿童不能很好地与同伴交往,或与同伴无法友好相处,遇到问题也不敢找老师反映或寻求帮助,导致无法进行正常的人际沟通,交不到朋友。这些儿童会感到孤独,畏难情绪明显,导致学习兴趣大大降低甚至出现厌学的现象。幼儿进入小学后,接触新的环境、新的老师、新的伙伴,就需要幼儿重新建立新的人际关系。接受新老师,认识交往新朋友,融入新集体,与老师同学友好相处,这些都需要一定的与人交往能力,因此,应特别注重对幼儿交往能力的培养,例如,教幼儿学会礼貌、谦让,不与小伙伴争抢玩具等,让幼儿学会谦让,不为小事斤斤计较,这有利于形成人际关系的良好氛围,以逐步提高幼儿的社会交往能力。

2. 幼小衔接家长工作的主要内容

孩子在成长过程中所遇到的每件事,都是其成长的契机。所以,面对幼小衔接中的种种问题,家长既要予以重视,也不要过分焦虑。

1)激发孩子上小学的愿望。当父母在关心孩子入学准备是否充分的同时,也请关注一下自己的言语与态度。千万不要用“上小学就要收骨头”等话来吓孩子,而是要说一些欣赏与鼓励的话,如:“你真的长大了”“你越来越像小学生了”“我们家要有小学生了!”这样,会让孩子觉得上小学很光荣、很自豪。

2)全面关注孩子的发展。一般而言,孩子对学习是否有兴趣,生活是否有规律,在集体中是否合群,这三方面情况往往影响其入学后的适应性。家长需要时时关注孩子在这些方面的发展,让其逐渐形成良好的学习兴趣、行为习惯等。应积极创造条件,让孩子学会独立生活,如让孩子自己起床、吃饭、收拾房间、整理物品等,学会担负起应有的责任。

3)面对问题,积极地与孩子沟通。当孩子遇到困难时,家长应耐心倾听孩子的述说,仔细观察他的行为,并给予积极的回应。如:“你真有毅力呀!”“你做得不错,但如果……你还可以做得更好”。总之,家长应和孩子一起面对问题,但不要包办,也尽量避免消极的暗示,如“你为什么每件事都做不好呢?”“你真是不争气”等。每一个孩子都在以他独特的方式进步着,在这一特殊的发展阶段,他更需要家长心理上的支持和鼓励。

4)给孩子创设一个良好的学习环境,让孩子逐渐养成在固定的地方学习的习惯。良好的家庭学习环境,包括整洁、安静、温馨的物质环境和富有鼓励、支持、民主的人文环境。它的创设是一个动态的过程,环境中的每一处调整和变化都能积极引导孩子向未来的学习生活迈进。从幼儿园进入小学,通过学习环境的创设会给孩子一种仪式感,让孩子明白这个地方就是学习的地方,进入这个环境就会自然而然地进入学习状态,从而达到更好的学习效果。为营造孩子的学习环境可以做以下准备:

① 选择高度合适的书桌和椅子,在书桌上摆放和孩子一起挑选的台灯、闹钟、地球仪等。

② 准备一个小书橱或书架,里面放上您和孩子一起挑选的适合孩子阅读的有趣、有益的书籍(如《十万个为什么》《经典童话》等)。

③ 提供一个有多个抽屉的柜子,和孩子一起为每一个抽屉贴上标签,里面分门别类地放入孩子学习需要的文具。

第六节 我国学前教育的改革动态与发展趋势

考纲提要

了解我国学前教育的改革动态与发展趋势。

内容结构图

本节内容框架如图2-6所示。

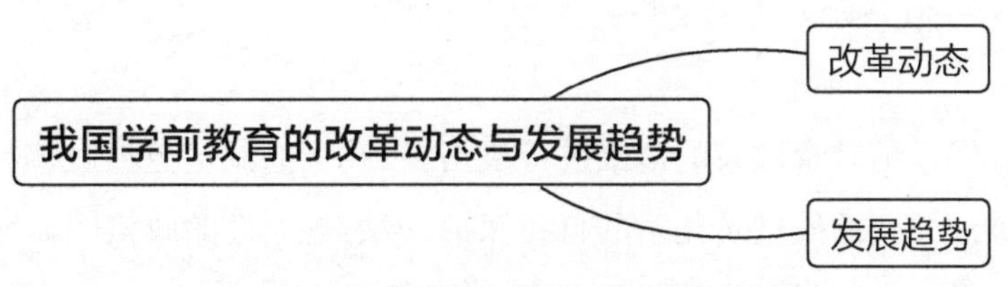

图2-6　我国学前教育改革动态和发展趋势

一、改革动态

1987年10月，在第一次全国幼儿教育工作会议上，明确提出幼儿教育是社会主义教育事业的重要组成部分，各级政府都应重视幼儿教育的改革与发展。1989年8月颁布的《幼儿园管理条例》从宏观上调控了幼儿园的管理与发展。1996年3月颁布的《幼儿园规程》（2016年修订）明确规定了幼儿园的工作任务。2001年，教育部颁布的《幼儿园教育指导纲要（试行）》，融入了全新的教育理念，把幼儿园的教育划分为五大领域，2003年，颁发了《关于幼儿教育改革与发展的指导意见》，就幼儿教育改革与发展目标、幼儿教育管理体制以及幼儿园教师师资队伍建设等方面提出了指导性的意见。2010年颁发的《国家中长期教育改革和发展规划纲要（2010—2020年）》中提出了2010—2020年10年间学前教育的发展目标。于2012年颁发了《3～6岁儿童学习与发展指南》。

学前教育是基础教育的重要组成部分，发展学前教育对于促进儿童身心全面健康发展，普及义务教育，提高国民整体素质，实现全面建设小康社会的奋斗目标具有重要意义。改革开放以来，我国学前教育事业取得了长足发展，回顾我国学前教育改革发展的这些年，总结为如下几个方面。

1. 办学规模不断扩大

学前教育对幼儿习惯养成、智力开发和身心健康具有重要意义。遵循幼儿身心发展规律，坚持科学的保教方法，保障幼儿快乐健康成长。积极发展学前教育。《国家中长期教育改革和发展规划纲要（2010—2020年）》提出，到2020年，全面普及学前一年教育，基本普及学前两年教育，有条件的地区普及学前三年教育。重视0～3岁婴幼儿教育。

2. 学前教育师资队伍

1）教师队伍总体逐渐壮大。随着中国经济的发展和教育体制的改革，幼儿教育的规模总体呈扩大趋势，与此相应，幼儿园教师（包括园长）的数量也大幅增长。

2）幼儿教师学历层次整体上移。近年来，我国幼儿园教师的受教育程度和学历水平逐年提高。其中，幼儿园教师队伍的学历结构发生了巨大的变化，大专及以上学历者所占的比例迅速提升，其中本科及研究生学历教师所占总数的百分比增加3倍多，而高中以下学历者的比例则不断降低。我国多所师范院校相继开设学前教育专业，使幼儿教育事业重新得到重视。

3）教师队伍的专业化程度逐步提高，保教幼儿的能力明显增强。随着学历层次的提升和教育改革的推进，广大幼儿园教师的专业水平有了较大的改善。他们了解国家的幼儿教育方针，认真贯彻落实国家有关幼儿园保育教育工作的文件精神，也具有了解幼儿、与幼儿建立积极互动关系、支持他们的学习和发展的能力。多数教师有不断学习的愿望，他们积极接受继续教育，踊跃参加教研活动，不断累积实践经验，主动反思和改进教育教学，提高自己的专业素养，与此同时，他们的科研意识和能力也明显增强，目前幼教类刊物中，一线教师发表的文章已占相当比例。

3. 学前教育政策

改革开放以来，我国学前教育政策的范围进一步拓展，政策的制定更加敏感和具有针对性，并且开始走向法制化，更加关注儿童的发展及儿童的自我保护，发展规划性的政策明显增多，与时代和世界前进的步伐更加接轨。

根据《国家中长期教育改革和发展规划纲要（2010—2020年）》的要求，我国学前教育的发展方向：

1）基本普及学前教育。学前教育对幼儿身心健康、习惯养成、智力开发具有重要意义。遵循幼儿身心发展规律，坚持科学保教方法，保障幼儿快乐健康成长。积极发展学前教育，到2020年，普及学前1年教育，基本普及学前2年教育，有条件的地区普及学前3年教育。重视0～3岁婴幼儿教育。

2）明确政府职责。把发展学前教育纳入城镇、社会主义新农村建设规划。建立以政府主导、社会参与、公办民办并举的办园体制。大力发展公办幼儿园，积极扶持民办幼儿园。加大政府投入，完善成本合理分担机制，对家庭经济困难幼儿入园给予补助。加强学前教育管理，规范办园行为。制定学前教育办园标注，建立幼儿园准入制度。完善幼儿园收费管理办法。严格执行幼儿教师资格标准，切实加强幼儿教师培养培训，提高幼儿教师队伍整体素质，依法落实幼儿教师地位和待遇。教育行政部门加强对学前教育的宏观指导和管理，相关部门履行各自职责，充分调动各方面力量发展学前教育。

3）重点发展农村学前教育。努力提高农村学前教育普及程度，着力保证留守儿童入园。采取多种形式扩大农村学前教育资源，改扩建、新建幼儿园，充分利用中小学布局调整富余的校舍和教师举办幼儿园（班）。发挥乡镇中心幼儿园对村幼儿园的示范指导作用。支持贫困地区发展学前教育。

4. 学前教育机构格局

1）学前教育机构格局变化情况。改革开放以来，我国经济体制经历了由社会主义计划经济向社会主义商品经济转变，进而向社会主义市场经济转变的历史进程。

我国学前教育机构在市场经济条件下也发生了根本性的变化：

（1）*由单一格局向多元格局的转变*。20世纪90年代中期，我国学前教育机构开始突破公办幼儿园的单一结构，出现了多种形式的民办幼儿园，有公民独资兴办的幼儿园，有公民合资兴办的股份制幼儿园，有大型财团兴办的幼教集团。

（2）*由城市学前教育向农村教育扩展*。学前教育不仅在城市开展，也在农村开展。在农村出现了乡镇中心幼儿、村办幼儿园、村联办幼儿园、家庭式幼儿园和农村小学学前班。

（3）*形成了园班并存的格局*。园班并存是指既有单独的幼儿园又有小学学前班和幼儿园学前班。

- 部分公办幼儿园出现了改制。
- 早期教育受到重视。胎儿教育、0～3岁幼儿教育得到前所未有的重视。
- 办园形式多样化（见表2-3）。从托幼形势来看，有全托幼儿园、白托幼儿园、托儿所式幼儿园；

从办园学制来看，有全日制幼儿园，有短期幼儿园，有学前3年教育，也有学前1年教育，还有学前半年教育。

表2-3　学前教育机构主要呈现形式

学前教育机构	呈　现　形　式
民办幼儿园	（1）公民独资举办的幼儿园 （2）公民合资举办的股份制幼儿园
国有民办幼儿园	公办幼儿园改制，将原来公办的幼儿园改制为国有民办幼儿园，其性质属政府所有，教师原有身份不变，融资渠道以民间融资为主，政府投资为辅
"小学"代办"幼儿园"	（1）城市小学代办幼儿园，一些势力雄厚的小学在原来学前班的基础上，购置土地或在本校划出场地举办幼儿园 （2）农村中心小学代办幼儿园 （3）村小联办幼儿园 （4）村小独立幼儿园
名园带"民园"	一些社会声誉好、经济效益强、保育质量高的公办幼儿园，实施"一园两制"模式，在办好公办幼儿园的基础上，领头举办民办幼儿园，形成学前教育集团模式
早教中心	主要对0～3岁婴幼儿进行早期智力开发，开展亲子教育活动

5. 学前教育的融资渠道多元

改革开放以前，我国采取的是计划经济体制下的单一的政府办园模式，学前教育经费主要是由政府投入。改革开放以后，在市场经济条件下，学前教育机构格局发生变化，除促进政府投入外，还融入部门、企业、公民个人资金，甚至境外资金。

二、发展趋势

我国学前教育的发展趋势。

1. 把发展学前教育摆在更加重要的位置

学前教育是终身学习的开端，是国民教育体系的重要组成部分，是重要的社会公益事业，改革开放特别是21世纪以来，我国学前教育取得了长足发展，普及程度逐步提高。从总体上看，学前教育仍是各级各类教育中的薄弱环节，主要表现为教育资源短缺、投入不足，师资队伍不健全，体制机制不完善，城乡区域发展不平衡，一些地方"入园难"问题突出。办好学前教育，关系亿万儿童的健康成长，关系千家万户的切身利益，关系国家和民族的未来。

2. 多种形式扩大学前教育资源

大力发展公办幼儿园，提供"广覆盖、保基本"的学前教育公共服务。加大政府投入，新建、改建、扩建一批安全、适用的幼儿园。不得用政府投入建设超标准、高收费的幼儿园。中小学布局调整后的富余教育资源和其他富余公共资源，优先用于改建幼儿园。鼓励优质公办幼儿园举办分园或合作办园。制定优惠政策，支持街道、农村集体举办幼儿园。

3. 多种途径加强幼儿教师队伍建设

加快建设一支师德高尚、热爱儿童、业务精良、结构合理的幼儿教师队伍。各地根据国家要求，结合本地实际,合理确定师生比,核定公办幼儿园教职工编制,逐步配齐幼儿园教职工。健全幼儿教师资格准入制度,严把入口关。

依法落实幼儿教师地位和待遇。切实维护幼儿教师权益,完善落实幼儿园教职工工资保障办法、专业技术职称(职务)评聘机制和社会保障政策。对长期在农村基层和艰苦边远地区工作的公办幼儿园教师,按国家规定试行工资倾斜政策。对优秀幼儿园园长、教师进行表彰。

完善学前教育师资培养培训体系。办好中等幼儿师范学校。办好高等师范院校学前教育专业。建设一批幼儿师范专科学校。加大面向农村的幼儿教师培养力度,扩大免费师范生学前教育专业招生规模。积极探索初中毕业起点的五年制学前教育专科学历教师培养模式。重视对幼儿教师特教师资的培养。建立幼儿园园长和教师培训体系,满足幼儿教师多样化的学习和发展需求。创新培训模式,为有志于从事学前教育的非师范专业毕业生提供培训。3年内对1万名幼儿园园长和骨干教师进行国家级培训。各地5年内对幼儿园园长和教师进行一轮全员专业培训。

4. 多种渠道加大学前教育投入

各级政府要将学前教育经费列入财政预算。新增的教育经费要向学前教育倾斜。财政性学前教育经费在同级财政性经费中要占合理比例,未来3年要有明显提高。各地根据实际研究制定公办幼儿园学生平均经费标准和学生平均财政拨款标准。制定优惠政策,鼓励社会力量办园和捐资助园。家庭合理分担学前教育成本。建立学前教育资助制度,资助家庭经济困难儿童、孤儿和残疾儿童接受普惠性学前教育。发展残疾儿童学前康复教育。中央财政设立专项经费,支持中西部农村地区、少数民族地区和边疆地区发展学前教育和学前双语教育(本地区语言与普通话)。地方政府要加大投入,重点支持边远贫困地区、少数民族地区发展学前教育。规范学前教育经费的使用和管理。

5. 加强幼儿园准入管理

完善法律法规,规范学前教育管理。严格执行幼儿园准入制度。各地根据国家基本标准和社会对幼儿保教的不同需求,制定各类型幼儿园的办园标准,实行分类管理、分类指导。县级教育行政部门负责审批各类幼儿园,建立幼儿园信息管理系统,对幼儿园试行动态监管。完善和落实幼儿园年检制度。未取得办园许可证和未办理登记注册手续,任何单位和个人不得举办幼儿园。对社会各类幼儿培训机构和早教教育指导机构,审批主管部门要加强监督管理。

分类治理、妥善解决无证办园问题。各地要对目前存在的无证办园进行全面排查,加强指导,督促整改。整改期间,要保证幼儿正常接受学前教育。经整改达到相应标准的,颁发办园许可证。整改后仍未到达到保障幼儿安全、健康等基本要求的幼儿园,当地政府要依法予以取缔,妥善分流和安置幼儿。

6. 强化幼儿园安全监督

各地要重视幼儿园安全保障工作,加强安全设施建设,配备保安人员,健全各项安全管理制度和安全责任制,落实各项措施,严防事故发生。相关部门按职能分工,建立全覆盖的幼儿园安全防护体系,切实加大工作力度,加强监督指导。幼儿园要提高安全防范意识,加强内部安全管理。幼儿园所在街道、社区和村民委员会要共同做好幼儿园安全管理工作。

7. 规范幼儿园收费管理

国家有关部门在2011年出台了幼儿园收费管理办法。省级有关部门根据城乡经济社会发展水平、办园成本和群众承受能力，按照非义务教育阶段家庭合理分担教育成本的原则，制定公办幼儿园收费标准。加强民办幼儿园收费管理，完善备案程序，加强分类指导。幼儿园实行收费公示制度，接受社会监督。加强收费监管，坚决查处乱收费。

8. 坚持科学保教，促进幼儿身心健康发展

加强对幼儿园保教工作的指导，2010年国家颁布幼儿学习与发展指南。遵循幼儿身心发展规律，面向全体幼儿，关注个体差异，坚持以游戏为基本活动，保教结合，寓教于乐，促进幼儿健康成长。加强对幼儿园玩、教具和幼儿图书的配备与指导，为儿童创设丰富多彩的教育环境，防止和纠正幼儿园教育“小学化”倾向。研究制定幼儿园教师指导用书审定办法。建立幼儿园保教质量评估监管体系。健全学前教育教研指导网络。要把幼儿园教育和家庭教育紧密结合，共同为幼儿的健康成长创造良好的环境。

9. 完善工作机制，加强组织领导

各级政府要加强对学前教育的统筹协调，健全教育部门主管、有关部门分工负责的工作机制，形成推动学前教育发展的合力。教育部门要完善政策，制定标准，充实管理、教研力量，加强学前教育监督管理和科学指导。机构编制部门要结合实际合理制定公办幼儿园教职工编制。发展改革部门要把学前教育纳入当地经济社会发展规划，支持幼儿园建设发展。财政部门要加大投入，制定学前教育的优惠政策。

10. 统筹规划，实施学前教育3年行动计划

各省（区、市）政府要深入调查，准确掌握当地学前教育基本状况和存在的突出问题，结合本区域经济社会发展状况和适龄人口分布、变化趋势，科学测算入园需求和供需缺口，确定发展目标，分解年度任务，落实经费，以县为单位编制学前教育3年行动计划，有效缓解“入园难”。

地方政府是发展学前教育、解决“入园难”问题的责任主体。各省（区、市）要建立督促检查、考核奖励和问责机制，确保大力发展学前教育的各项举措落到实处，取得实效。各级教育督导部门要把学前教育作为督导重点，加强对政府责任落实、教师队伍建设、经费投入、安全管理等方面的监督检查，组织宣传和推广先进经验，对发展学前教育成绩突出的地区予以表彰奖励，营造全社会关心支持学前教育良好的氛围。

重点知识点汇总

（1）幼儿教育的意义。

（2）幼儿园教育目标的具体表现。

（3）幼儿园全面发展的内在关系。

（4）幼儿园的任务和特点。

（5）福禄贝尔的教育思想。

（6）杜威的教育思想。

（7）陶行知的教育思想。

（8）陈鹤琴的教育思想。

(9)学前教育的基本原则。

(10)幼儿园的特殊原则。

(11)幼儿园教育的基本特点。

(12)幼儿园班级管理的具体办法。

(13)健康领域的目标及指导要点。

(14)科学领域的目标及指导要点。

(15)艺术领域的目标及指导要点。

(16)幼儿园教育活动内容选择的依据。

(17)科学合理安排一日生活的注意事项。

(18)教师如何促进幼儿主动学习。

(19)制定幼儿园教育目标的依据。

经典真题解析

一、单项选择题

1. 下列哪一种不属于《3～6岁儿童学习与发展指南》倡导的幼儿学习方式?( )

A. 强化练习　　B. 直接感知

C. 实际操作　　D. 亲身体验

答案　A

解析　《3～6岁儿童学习与发展指南》指出,幼儿的学习是以直接经验为基础,在游戏和日常生活中进行的。要珍视游戏和生活的独特价值,创造丰富的教育环境,合理安排一日生活,最大限度地支持和满足幼儿通过直接感知、实际操作和亲身体验获取经验的需要,严禁"拔苗助长"式的超前教育和强化训练。

2. 陶行知提出的"六大解放"指向的是( )。

A. 解放儿童的观察力　　B. 解放儿童的体力

C. 解放儿童的智力　　D. 解放儿童的创造力

答案　D

解析　陶行知主张教育者应加入儿童的生活中去,发现孩子的创造力,进一步将儿童的创造力解放出来,把学习和创造的自由还给儿童。为此,他提出六大解放:解放儿童的头脑,使之能思;解放儿童的双手,使之能干;解放儿童的眼睛,使之能看;解放儿童的嘴,使之能谈;解放儿童的时间,不逼迫他们赶考,使之能学习渴望的东西;解放儿童的空间,使之能接触大自然、大社会。

3.《幼儿园教育指导纲要(试行)》中的教育目标较多使用"体验""感受""喜欢""乐意"等词汇,表明幼儿园教育强调( )。

A. 知识取向　　B. 情感态度取向

C. 能力取向　　D. 技能取向

答案　B

解析 《幼儿园教育指导纲要（试行）》中的教育目标主要从幼儿的角度制定，表明了学前教育在该领域的教学重点和主要的价值取向。在目标表述上使用较多的是“体验”“感受”“喜欢”“乐意”等词汇，突出了情感、兴趣、态度、个性等方面的价值取向，着眼于培养终身学习的基础和动力。

4. 最早提出“以儿童的最大的利益为首要考虑”这一原则的文件是（　　）。

A.《适合儿童生长的世界》　　B.《3～6岁儿童学习与发展指南》

C.《未成年人保护法》　　D.《儿童权利公约》

答案 D

解析 《儿童权利公约》第三条明确指出：关于儿童的一切行动，不论是由公司社会福利机构、法院、行政当局或立法机构执行，均应以儿童的最大利益为一种首要考虑。

5. 活动区活动该结束了，可晨晨的“游乐园”还没搭完。他跑到老师面前说：“老师，我还差一点儿就完成了，再给我5分钟，行吗？”老师说：“行，我等你。”老师一边说，一边指导其他幼儿收拾、整理……该教师的做法体现了幼儿园一日生活安排应该（　　）。

A. 与幼儿积极互动　　B. 据幼儿活动的需要灵活调整

C. 按作息时间表按部就班地进行　　D. 随时关注幼儿的活动

答案 B

解析 《幼儿园教育指导纲要（试行）》在“组织与实施”部分指出应科学、合理地安排和组织一日生活，时间安排应有相对的稳定性与灵活性，既有利于形成秩序，又能满足幼儿的合理需要，照顾个体差异。题干中这位教师能够结合幼儿的实际情况灵活调整其活动时间，体现了幼儿园一日生活安排应该根据幼儿活动的需要灵活调整。

6. 对杜威“教育即成长”的正确理解是（　　）。

A. 教育以儿童的本能和能力为依据　　B. 儿童的生长以教育目标为依据

C. 教育以促进教师的专业成长为基础　　D. 教育应促进儿童的身体发育

答案 A

解析 杜威是美国著名教育家，20世纪影响最大的教育家之一。他提出了“教育即生长”，所谓生长，就是指向未来的发展过程。杜威认为：“教育的过程，除它自身以外没有目的，它就是它自己的目的。”“教育即生长、活动、经验的继续不断的改造。”儿童正是在教育过程中主动去体验一切事物，从而获得直接经验。因此，教育不应忽视儿童的本能和能力，而应以其为依据开展教育活动。

7. 关于学前教育任务最准确的表述是（　　）。

A. 促进幼儿智力发展　　B. 促进幼儿身心的快速发展

C. 促进幼儿社会性发展　　D. 促进幼儿身心全面和谐发展

答案 D

解析 本题考查幼儿园教育的目标。我国幼儿园教育的目标是：对幼儿实施德、智、体、美等方面全面发展的教育，促进其身心和谐发展。故本题选D。

8. 幼儿园艺术教育的主要目标是（　　）。

A. 发展幼儿的艺术技能　　B. 培养幼儿的艺术感受和表达能力

C. 丰富幼儿的艺术知识　　D. 拓展幼儿的逻辑思维能力

答案　B

解析　本题考查《幼儿园教育指导纲要》艺术领域的目标。① 能初步感受并喜爱环境、生活和艺术中的美;② 喜欢参加艺术活动,并能大胆地表现自己的情感和体验;③ 能用自己喜欢的方式进行艺术表现活动。幼儿艺术活动的能力是在大胆表现的过程中逐渐发展起来的,教师的作用应主要在于激发幼儿感受美、表现美的情趣,丰富他们的审美经验,使之体验自由表达和创造的快乐。在此基础上,根据幼儿的发展状况和需要,对表现方式和技能技巧给予适时、适当的指导。故本题选B。

9. 陶行知创立的培养幼教师资的方法是(　　)。

A. 讲授制　　B. 五指活动

C. 感官教育　　D. 艺友制

答案　D

解析　本题考查学前教育思想家陶行知的思想理论。艺友制指从实际出发,培养幼教师资。陶行知针对当时的社会实际,提出3条培养幼教师资的途径:一是为建设省钱的幼儿园,陶行知主张"训练本乡师资教导本乡儿童"。可以从本村中吸收"一二天资聪敏,同情富厚之妇女","经过相当训练之后,出来担任乡村幼稚园的教师"。二是创办幼稚师范学校。三是实行"艺友制"。即"用朋友之道教人学做艺术或手艺"的方法培养师资。A选项中的讲授制是指口头传授知识内容不符合陶行知的生活教育思想,B选项中的五指活动是陈鹤琴的教育思想。C选项中的感官教育为蒙台梭利的教育思想。故本题选D。

10. 实施幼儿园德育最基本的途径是(　　)。

A. 教学活动　　B. 亲子活动

C. 阅读活动　　D. 日常生活

答案　D

解析　日常生活和游戏是实施幼儿童德育最基本的途径。

二、简答题

1. 为什么不能把《3～6岁儿童学习与发展指南》作为一把"尺子"来衡量所有的幼儿?请说明理由。

解析　幼儿园教师不能将《3～6岁儿童学习与发展指南》作为一把"尺子"来衡量所有的幼儿,原因如下:

(1)教师应尊重幼儿发展的个体差异。幼儿的发展是一个持续、渐进的过程,同时也表现出一定的阶段性特征。每个幼儿在沿着相似进程发展的过程中,各自的发展速度和到达某一水平的时间不完全相同。要充分理解和尊重幼儿在发展进程中的个别差异,支持和引导他们从原有的水平向更高水平发展,按照自身的速度和方式到达《3～6岁儿童学习与发展指南》所呈现的发展"阶梯",切忌用一把"尺子"来衡量所有的幼儿。

(2)教师应关注幼儿学习与发展的整体性,理解幼儿的学习方式和特点,重视幼儿的学习品质,以促进儿童体、智、德、美各方面协调发展。《3～6岁儿童学习与发展指南》只是参考,而非评价幼儿的唯一标准。

2. 简述幼儿园社会领域的指导要点。

解析　《幼儿园教育指导纲要（试行）》明确指出社会学习的指导要点：

（1）社会领域的教育具有潜移默化的特点。幼儿社会态度和社会情感的培养尤应渗透在多种活动和一日生活的各个环节之中，要创设一个能使幼儿感到接纳、关爱和支持的良好环境，避免单一呆板的言语说教。

（2）幼儿与成人、同伴之间的共同生活、交往、探索、游戏等，是其社会学习的重要途径，应为幼儿提供人际间相互交往和共同活动的机会和条件，并加以指导。

（3）社会学习是一个漫长的积累过程，需要幼儿园、家庭和社会密切合作，协调一致，共同促进幼儿良好社会性品质的形成。

三、论述题

1. 论述积极师幼关系的意义，并联系实际谈谈教师应如何建立积极的师幼关系。

解析　（1）积极的师幼关系具有如下意义：

第一，积极的师幼关系有利幼儿的全面发展。积极的师幼关系是幼儿成长所需的精神环境，有利幼儿认知和情感的顺利发展，有利幼儿良好个性的发展，有利幼儿社会性的正常发展。

第二，积极的师幼关系是顺利开展教育教学活动的重要保障。师幼关系和谐、良好，教师热爱幼儿，对工作充满热情；幼儿尊敬教师，乐于接受活动内容；双方互动的积极性强，保教活动的效果更好。

第三，积极的师幼关系对幼儿构建良好的同伴关系、教师自身的专业发展，也有一定的促进作用。

（2）师幼关系是影响教育质量最重要的因素。建立良好的师幼关系，要做到如下几点：

正确理解教师与幼儿之间的关系。在师生互动中，教师的角色身份不是管理者、指挥者、机械的传授者，而是良好互动环境的创造者，是幼儿主体性发展的帮助者、指导者和促进者。只有尊重幼儿在教育中的主体地位，才能真正建立平等、和谐的师生关系。从幼儿园的角度来说，教师和幼儿是师幼关系，在师幼互动中，教师是幼儿合法权益的保护者，有职责和义务保障幼儿在教育过程中的主体地位，并维护其相应的权利，使他们能够健康成长。

建立师幼之间良好的感情关系。教师应当爱护、尊重、信任幼儿，与幼儿平等协商或对话，关注幼儿及其活动，了解他们的需要和愿望，理解和宽容他们的错误，只有这样，幼儿才会对教师产生亲近、依恋感，这种感情对于建立良好的精神环境起着十分重要的作用。

四、材料分析题

阅读下列材料，回答问题。

小班入园第2周，王老师发现小雅在餐点与运动后，仍会哭着要妈妈。老师抱她，感觉她身体绷得很紧，问她要不要去小便，她摇头。老师又问："要不要去大便？"她点头。老师牵她到卫生间，她只拉了一点就离开了。过一会儿，她又哭了。老师给她新玩具，和她一起玩游戏，但她的情绪还是不好。离园时，老师与她妈妈约谈，了解到小雅在幼儿园拉不出大便。

第二天早操后，小雅又哭了，老师蹲下轻声问："小雅是想上厕所了吗？"她点点头。老师带她上厕所,她又只拉了一点就站起。“老师陪你多蹲一会儿,把大便都拉出来,好吗?”小雅又蹲下,但频频回头。这时,自动冲厕所水箱的水“哗”的一声冲出,小雅“哇哇”大哭,扑到老师身上,老师紧紧地抱住她,轻柔地说:“老师抱着你,好吗?”

老师将水龙头关小,把小雅抱到离冲水口远一点的位置蹲下,小雅顺利拉完大便。连续一段时间,老师们轮流陪小雅上厕所,并指导小雅观察、了解水箱装满水会自动冲水清洁厕所。小雅渐渐适应了幼儿园的厕所,笑容回到了她的脸上。

请分析上述材料中教师的适宜行为。

解析 材料中的教师在保教活动中体现了《幼儿园教育指导纲要(试行)》所要求的教师角色,即:教师应成为幼儿学习活动的支持者、合作者、引导者。

(1)王老师发现小雅哭着要妈妈,遇事耐心的王老师和小雅沟通,了解她想去大便,但又不能很顺利地拉出大便。在王老师的细心观察、耐心沟通后,知道小雅是害怕自动冲厕水箱突然出水。之后,王老师非常顺利地解决了小雅拉大便的问题。这说明王老师能够以关怀、接纳、尊重的态度与幼儿交往。耐心倾听,努力理解幼儿的想法与感受,支持、鼓励他们大胆探索与表达。

(2)小雅总是在餐点与运动后,哭着要妈妈;自动冲厕水突然出水后,小雅“哇哇”大哭,扑到老师身上。王老师观察到这现象后,敏锐地意识到小雅大便困难的症结所在,及时将她抱离冲水口远一点的位置蹲下,指导小雅观察、了解自动冲厕水箱。这说明王老师能够关注幼儿在活动中的表现和反应,敏感地察觉他们的需要,及时以适当的方式做出应答,形成合作探究式的师生互动。

(3)小雅可能因为年龄小,没有见过自动冲厕水箱,所以惧怕上厕所。王老师没有嘲笑小雅,而是耐心、细心地帮助小雅解决大便问题。说明王老师能够尊重幼儿在发展水平、能力、经验、学习方式等方面的个体差异,因人施教,努力使每一个幼儿都能够获得满足和成功。

(4)王老师及时发现了小雅在幼儿园不愿意大便的问题,积极与家长沟通,用爱心、耐心帮助小雅。这说明王老师关注幼儿的特殊需要,与家庭密切配合,共同促进幼儿健康成长。

总之,在保教工作中,我们应当向王老师学习,及时关注幼儿的需要,因人施教,促进幼儿的全面发展。

单元自测

一、单项选择题

1. 不同类型、层次的学校或专门培养人才的具体质量规格被称为(　　)。

A. 教育方针　　B. 培养方针

C. 教育目的　　D. 教育目标

2. 以下未能表明教育目的的评价功能的是(　　)。

A. 评价学校的办学方向　　B. 检查学生的学习质量

C. 教育方法的选择　　D. 评价教师的教育质量

3. 幼儿园具有(　　)。

A. 基础性和公益性　　B. 基础性和营利性

C. 基础性和潜能开发性　　D. 基础性和代表性

4. 1840年第一所幼儿园的创始人是(　　)。

A. 欧文　　B. 蒙台梭利

C. 卢梭　　D. 福禄贝尔

5. 中国创办的最早的公立学前教育机构是(　　)。

A. 湖南幼稚园　　B. 河北幼稚园

C. 湖北幼稚园　　D. 鼓楼幼稚园

6. 世界上最早的学前教育专著是(　　)。

A.《儿童与课程》　　B.《童年的秘密》

C.《母育学校》　　D.《人的教育》

7. 倡导对幼儿实施"百科全书式"启蒙教育的教育家是(　　)。

A. 夸美纽斯　　B. 福禄贝尔

C. 维果斯基　　D. 裴斯泰洛奇

8. 提出"教育即生长,教育即生活,教育即经验的改造"的教育家是(　　)。

A. 卢梭　　B. 杜威

C. 陶行知　　D. 福禄贝尔

9. 主张以"生活教育"为理念并主张解放幼儿创造力,建立生活教育理论体系的是(　　)。

A. 陈鹤琴　　B. 张宗麟

C. 张雪门　　D. 陶行知

10. 建立我国第一个幼儿教育研究中心,并亲自主持幼稚园课程研究工作,提出"活教育"教育思想的是(　　)。

A. 陶行知　　B. 陈鹤琴

C. 张宗麟　　D. 张雪门

二、简答题

1. 幼儿园健康教育的目标有哪些?

2. 老师如何定位自己的角色?

三、论述题

怎样才能更好地发挥幼儿园一日生活的整体功能?

四、材料分析题

明明在集体教学活动中注意力很难集中,是个“坐不住的孩子”。有时他会“骚扰”周围的小朋友而打断老师正在进行中的教学活动;对于老师布置的任务,常常不能很好地完成。他想和小朋友一起活动却因为采取不适当的方式而被拒绝,周围的小朋友经常在老师面前告他的状。老师对于这个经常惹麻烦的孩子也很伤脑筋,经常在教室中批评他,盛怒之下勒令全班的孩子不要理睬他。但这种教育方式的效果并不好,时间一长,在其他孩子的眼中,明明成了一个调皮、只知道惹老师生气的坏孩子。

问题:请从师幼关系的角度分析老师的教育行为。

第二章 【参考答案】

一、单项选择题

1. B　**解析**　此题考核考生对教育方针、教育目的与培养目标这3个名词的概念掌握。从不同类型,“不同层次的学校培养人才”这一表述中我们不难界定,答案为培养目标。因为教育方针与教育目的都是国家层面的定义,只有培养目标是指各级各类学校的具体培养方向和要求。

2. C　**解析**　教育目的既是一个国家人才培养的质量规格和标准,也当然是衡量教育质量和效益的重要依据。教育目的的评价功能可集中体现在现代教育评估或教育督导行为中。具体应依据教育目的,评价学校的总体办学方向、办学思想、办学路线是否正确,是否清晰,是否符合社会的发展方向和需要;依据教育目的,评价教育质量是否达到了教育目的的要求,达到了教育目的规定的规格和标准;依据教育目的，评价学校的管理是否科学有效，是否符合教育目的要求，是否遵循教育规律和人的身心发展规律，是否促进学生的健康发展和成长。由此可以发现教育方法的选择不属于评价功能。

3. A　**解析**　此题考核幼儿园教育的特点。学前教育的基本属性决定学前教育发展变化的内在要求，一是基础性，要求学前教育必须普及、普惠；二是公益性，要求学前教育必须公共、公平；三是保教性，要求学前教育必须专业、全面、优质。所以选A。

4. D　**解析**　1840年福禄贝尔在德国创立了世界上第一所幼儿园，他也被称为“幼儿园之父”。

5. C　**解析**　1903年，湖北巡抚端方创立了中国第一个公办的学前教育机构“湖北幼稚园”，1904年《癸卯学制》后改名为“武昌蒙养院”。

6. C　**解析**　世界上第一本专门论述学前教育的专著是夸美纽斯的《母育学校》。

7. A　**解析**　夸美纽斯在《母育学校》这本书里详细列举了“泛智论”教育的思想，即对孩子的教育应该从多方面入手，涉及尽可能多的学科，但是具体内容却只要求是这些学科中最普遍、最通俗、最浅显的学科知识。所以此题选A。

8. B　**解析**　杜威的教育本质论认为：教育就是儿童生活的过程，生活就是发展，而不断发展、不断生长，就是生活。因此，最好的教育就是“从生活中学习、从经验中学习”。教育就是要给儿童提供保证生长或充分生活的条件。故选B。

9. D　**解析**　“生活即教育”是陶行知生活教育理论的核心。

陶行知指出：“生活教育是生活所原有，生活所自营，生活所必需的教育。教育的根本意义是生活之变化。生活无时不变，即生活无时不含有教育的意义。”“六大解放”教育思想是陶行知先生创造教育思想的重要内容，尤其是创造儿童教育的核心内容。所以选D。

10. B　**解析**　1923年陈鹤琴在系统研究儿童心理发展的基础上，创办了中国最早的幼儿教育实验中心——南京鼓楼幼稚园，对幼稚园的课程、设备、幼儿教育的基本原则等进行了系统的研究。他主张办幼稚园要适应国情，幼稚园教育要注意幼儿的健康，养成幼儿良好的习惯，应当与家庭合作、共同教育好幼儿，幼稚园课程应以大自然、大社会为中心，实施单元教学，采用游戏方法，多让幼儿在户外活动。经过多年的教育实验研究，在20世纪40年代末，他把自己的教育思想系统化，提出了“活教育”的理论体系。故选B。

二、简答题

1. **答**　此题考核《幼儿园教育指导纲要（试行）》第二节教育内容与要求中五大领域中健康领域的目标。

幼儿园教育中健康领域的目标有如下4个：

（1）身体健康，在集体生活中情绪安定、愉快。

（2）生活、卫生习惯良好，有基本的生活自理能力。

（3）知道必要的安全保健常识，学习保护自己。

（4）喜欢参加体育活动，动作协调、灵活。

2. **答**　此题考核《幼儿园教育指导纲要（试行）》第三节组织与实施中第十条。

答:教师应该成为幼儿学习生活活动的支持者、合作者、引导者;

(1)以关怀、接纳、尊重的态度和幼儿交往。耐心倾听,努力理解幼儿想法与感受,支持、鼓励他们大胆探索与表达。

(2)善于发现幼儿感兴趣的事物、游戏和偶发事件中所隐含的教育价值,把握时机,积极引导。

(3)关注幼儿在活动中的表现与反应,敏感地觉察他们的需要,及时以适当的方式做出应答,形成合作探究式的师生互动。

(4)尊重幼儿在发展水平、能力、经验、学习方式等方面的个体差异,因人施教,努力使每一个幼儿都获得满足和成功。

(5)关注幼儿的特殊需要,包括各种发展潜能和不同发展障碍,与家庭密切配合,共同促进幼儿健康成长。

三、论述题

答:一日活动中的各种活动不可偏废;各种活动必须有机统一为一个整体。通过科学、合理地安排和组织一日生活能更好地发挥一日生活的整体性功能。

(1)时间安排应有相对的稳定性与灵活性,既有利于形成秩序,又能满足幼儿的合理需要照顾到个体差异。

(2)教师直接指导的活动和间接指导的活动相结合,保证幼儿每天有适当的自主选择和自由活动时间。教师直接指导的集体活动要能保证幼儿的积极参与,避免时间的隐性浪费。

(3)尽量减少不必要的集体行动和过渡环节,减少和消除消极等待现象。

(4)建立良好的常规,避免不必要的管理行为,逐步引导幼儿学习自我管理。

总之,通过合理组织、科学安排,让一日活动发挥一致的、连贯的、整体的教育功能,寓教育于一日活动之中。

四、材料分析题

答:该教师的法是错误的,违背了教师职业道德素养和规范的基本要求。

首先教师的做法违背了关爱学生的教师职业道德规范。关爱学生要求教师要关心爱护全体学生,尊重学生人格,平等公正对待学生,不讽刺、挖苦、歧视学生,不体罚或变相体罚学生。材料中,教师拒绝、批评、冷漠地对待幼儿,尤其是勒令全班的孩子不要理睬明明,严重伤害了幼儿的人格尊严。

第三章 生活指导

考试要求

（1）熟悉幼儿园一日生活的主要环节，理解一日生活的教育意义。

（2）了解幼儿一日生活常规教育的要求与培养幼儿良好生活、卫生习惯的方法。

（3）了解幼儿卫生保健常识、疾病预防、营养等方面的基本知识。

（4）了解幼儿园常见的安全问题和处理方法，了解突发事件的应急处理方法。

本章内容简介

进入幼儿园，是幼儿迈入社会生活的第一步，幼儿由家庭的中心变为集体中的普通一员，社会角色发生了重大的变化。入园是幼儿发展独立人格，适应集体生活的开端。教师必须紧紧抓住这一环节，在一日生活的各个环节，有计划、有目的、有组织地进行各种有趣的活动，寓教于乐，让幼儿在愉悦的情绪中，获得自信，乐于探索，发展其社会性和创造性等各种能力。

幼儿园是学前儿童的重要生活场所，因此幼儿园教师必须掌握对幼儿进行生活指导的方法，理解幼儿园一日生活的意义，把握一日生活的各个步骤以及内容；培养幼儿良好的生活常规，帮助其养成良好的生活习惯；了解幼儿常见的疾病，传染病的防治以及营养保健知识；了解幼儿园安全教育的内容与方法。

本章学习重点，一日生活的主要环节与教育意义。考试题型涉及单选题、简答题、论述题、材料分析题。

第一节 幼儿园一日生活

考纲提要

（1）通过学习，熟悉幼儿园一日生活的主要环节。

（2）理解一日生活的教育意义。

（3）了解幼儿一日生活常规教育的要求。

（4）了解培养幼儿良好生活、卫生习惯的方法。

内容结构图

本节内容框架如图3-1所示。

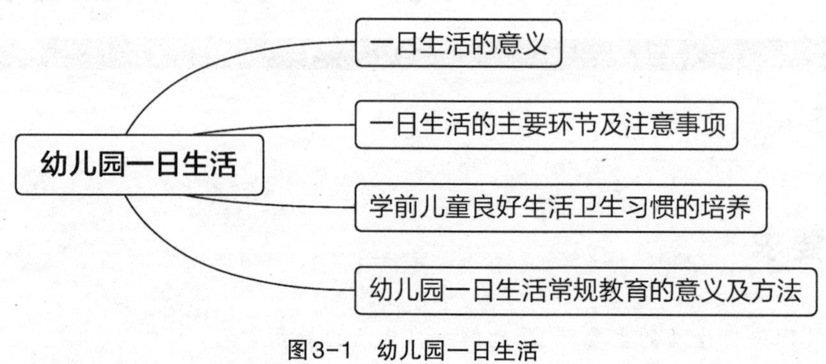

图3-1　幼儿园一日生活

《幼儿园工作规程》指出，幼儿园一日活动的组织应动静交替，注重幼儿的实践活动，保证幼儿愉快的、有益的自由活动。入园、早操、教学活动，盥洗、进餐、喝水、如厕、自由活动、午睡、离园是幼儿园的主要生活环节。能否组织好各个环节的活动直接关系幼儿园的保教工作是否能够顺利进行。

一、一日生活的意义

幼儿园一日生活是幼儿日常生活中重要的组成部分。虽然在一日生活中各个环节的活动各有其不同，但这些活动在本质上都具有共同的属性，是一个整体。幼儿在园的一日生活不仅应该满足幼儿基本的生理需要，还应该提供各种教育，引导幼儿心理的发展，促使幼儿独立性人格的形成。教师应在进行班级管理的过程中注重人文关怀，意识到儿童的生活是一种游戏化、生动形象的生活，而非单纯地要求儿童遵守成人世界的秩序和规范，有必要重视幼儿在园一日生活的教育价值，将潜在的教育契机提升到显性的层面上，尊重儿童身心发展的规律，将渗透式的教育落到实处。幼儿教师要真正意识到幼儿在园一日生活的教育价值和意义。

1. 促进幼儿的身心健康，形成良好的生活习惯

《幼儿园教育指导纲要(试行)》中指出："幼儿园应为幼儿提供健康、丰富的生活和活动环境，满足他们多方面发展的需要，使他们在快乐的童年生活中，获得有益于身心发展的经验。"

学前儿童不仅身体各种生理功能尚未发育成熟，身体素质比较薄弱，而且学前儿童时期又是生长发育十分迅速、新陈代谢十分旺盛的时期。合理安排幼儿一日生活，科学地组织各项活动、各个生活环节，动静交替，有张有弛，劳逸结合，养成健康的生活习惯，是幼儿园最基本的保健方法。

2. 使学前儿童尽快适应托幼机构的生活，为今后的发展打下基础

学前儿童既需要教师的悉心照顾，又需要在保育员和教师反复指导下训练，养成良好的生活习惯，建立良好的生活秩序。帮助学前儿童掌握生活中所必需的知识、技能，并能在生活中加以运用，使幼儿产生安全感，从而产生自信，对幼儿园产生依恋和归属感；也为他们今后的学习和生活，为最终走向独立生活奠定最基本的能力和基础。

3. 日常生活是学习的重要途径

学前儿童身心发展的特点决定了学前教育必须是保教并重的，必须寓教于儿童的一日生活之中。日常生活是学前儿童教育的重要内容，也是教育的重要途径。幼儿园教育活动的内容，应该是“既贴近幼儿的生活来选择感兴趣的事物和问题，又有助于拓展幼儿的经验和视野”；幼儿园教育活动组织的内容应该“充分考虑幼儿的学习特点和认知规律，各领域的内容要有机联系，相互渗透，注重综合性、趣味性、活动性，寓教育于生活、游戏之中”。儿童日常生活的每一个环节都具有教育价值，教师应从儿童发展的现实出发，从儿童的一日现实生活中挖掘教育资源，将这些资源加以充分组织和利用。

二、一日生活的主要环节及注意事项

1. 入园

对于刚入园的幼儿，最大的问题就是分离焦虑。对于幼儿因此产生的负面情绪，教师需要完全接纳，迅速使自己成为幼儿可信赖的人，并引导幼儿与其他小朋友建立联系。同时，及时向家长解释分离焦虑的原因和适应过程，取得家长的理解和支持，帮助幼儿尽快熟悉和适应环境。每个幼儿的适应期是不一样的，多数幼儿在2周左右就可适应。

每天，教师要在幼儿入园前，做好活动室内外清洁工作、开窗透气。为幼儿营造温馨舒适、丰富有趣的入园环境，吸引幼儿投入活动，让其从心理、生理功能、能力等方面都得到一定的发展。使入园环节成为幼儿一日生活的愉快开始。

1）晨间接待。教师应利用晨间接待的机会，重点了解幼儿的身心状况。通过与幼儿互相热情地打招呼，亲切交谈，了解幼儿在家的情况，有计划地进行个别教育，对不爱活动、性格孤僻的幼儿要具体关照，给予帮助。吸引幼儿参加集体生活。教师的情绪、态度对幼儿有很大的感染作用，要使幼儿感到亲切、温暖，感到教师喜欢他、等待他、欢迎他。由此他也会喜欢老师，喜欢上幼儿园。教师应允许幼儿表达情绪，引导幼儿控制不良情绪，保持良好的精神状态。

教师应有礼貌地向家长问好，用简洁的语言向家长了解儿童在家的情况，听取家长的要求和意见。对双方需要及时沟通的问题交换意见，做好个别幼儿的药品交接工作。

2）晨间检查。晨间检查根据各园的条件，可以由带班教师负责，也可以由专门的护士、保健老师负责。晨间检查是为了了解幼儿的健康状况，检查幼儿的个人清洁卫生，以便做到对疾病的早发现、早预防、早隔离、早治疗。晨间检查的一般方法：

一看，看脸色，看皮肤，看眼神，看喉咙；

二摸，摸摸是否发烧，摸腮腺是否肿大；

三问，问幼儿在家吃饭情况，睡眠是否正常，大小便有无异常；

四查，检查幼儿是否携带不安全物品。

在此活动中教师亲切、温和的态度和行为有利于引导幼儿接受晨间检查，并将身体不舒服的感觉告诉保健老师或教师。

3）幼儿活动的引导。幼儿入园后，根据各托幼园所客观环境条件及当日的天气情况，教师引导幼儿进行室内或室外活动。此时段的活动一般为自由活动，教师应密切关注，防止发生意外事故。

(1)值日生。教师要引导幼儿学会保持活动室的整洁、有序、美观。要有计划地组织中大班幼儿参加活动室的清洁工作,如擦桌椅、整理玩具、整理图书、照料自然角、记观察日记等。让幼儿参加一些力所能及的劳动,既发展了动作,熟练了技能,又培养了幼儿热爱劳动和相互友爱的优良品质,促进幼儿独立性与自信心的发展;体验为他人服务的乐趣,具备初步的集体意识和责任感。

(2)分散的活动。鼓励幼儿根据自己的兴趣、爱好,自由参加各种不同类型的活动。如看图书、搭积木、下棋、折纸、画画等。要让幼儿自由选择活动内容,自由选择玩具,自由选择伙伴,给幼儿自主权。鼓励幼儿与同伴友好相处,愿意与同伴分享经验和感受,能独立完成任务,并逐步提高任务意识。

2. 早操

以体操为主,并配以跑步、体育游戏、器械活动等,宜按年龄组织团体活动;以锻炼身体,培养团体精神和对体育活动的兴趣为主要目的。在早操前,教师应提前准备好场地和所需器械、设备;检查幼儿的服装是否适宜运动。在运动中,教师做好示范,口令清晰,动作规范,同时应注意观察幼儿的基本动作情况,并及时纠正幼儿不正确的姿势。帮助幼儿建立初步的规则意识。

3. 有组织的教育活动

有组织的教育活动是教师从儿童的兴趣和实际水平出发,循序渐进地组织实施全面发展的教育活动。教师设计与组织教育活动应注意以下各点:

① 每次教育活动应有明确的、适宜的教育目的要求。

② 组织教育活动应充分利用周围环境的有利条件。

③ 灵活采用集体的、小组的或个别的活动形式及多样化的方法。

④ 教育活动中引导儿童运用各种感官积极参与活动过程。

⑤ 促进每个幼儿在原有水平上发展、进步。

⑥ 每次教育活动的时间,可根据活动的内容、活动的方式和儿童年龄而定,有长有短,以儿童不过度疲劳为限。

⑦ 每日均应安排有组织的教育活动。

4. 盥洗

良好的盥洗习惯是保障幼儿身体健康的基础工作,是保证幼儿个人卫生,减少传染病的重要措施,是幼儿园一日生活的重要内容,包括洗手、洗脸、漱口、梳头等活动。盥洗活动是培养幼儿自小养成卫生习惯和自我服务能力的一个重要环节,保教人员要认真组织和训练,并为幼儿盥洗创造必要的条件,如有较宽敞的盥洗室、装有足够的水龙头供每个幼儿单独使用、备有每个幼儿分用的毛巾和香皂,有毛巾架,并放在幼儿便于取用的地方。教会小班幼儿漱口和中、大班幼儿刷牙。冬季要教幼儿使用润肤霜。还要培养幼儿盥洗时遵守规则,不玩水,不拥挤,不打闹,不妨碍别人。

其中,洗手是进行最频繁的盥洗活动,如饭前饭后、便前便后、活动前后都需要将手洗干净;幼儿每次进餐后都应用白开水漱口,一般每天要漱口4次左右;洗脸和梳头一般在幼儿午睡起床后进行。

教师应让幼儿在盥洗环节达到如下要求:

1)洗手环节

① 学习用六步洗手法洗干净双手,如图3-2所示。

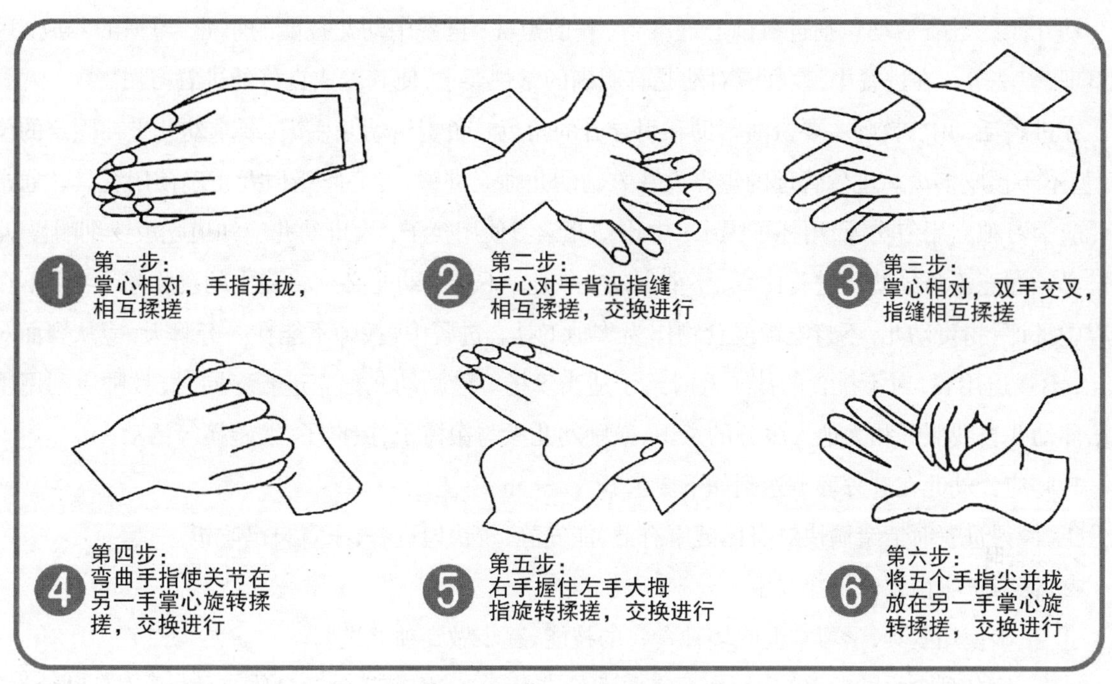

图3-2　六步洗手法步骤

② 洗手时不湿衣袖、不玩水、节约用水。

③ 理解洗手的好处，饭前饭后、便前便后、活动前后能及时洗手。

④ 养成认真有序洗手的良好习惯。

2）漱口环节

① 了解漱口能清洁口腔，喜欢漱口。

② 会用鼓漱的方法漱口。

③ 餐后能坚持用正确的方法漱口。

3）洗脸环节

① 学习用正确的方法洗脸。

② 洗脸时不湿衣袖、衣襟，不玩水。

③ 了解起床后、脸脏时要及时洗脸。

4）梳头环节

① 学习梳头发的基本方法。

② 梳头结束后，学习清洁梳子和地面。

③ 了解梳理头发前后要洗净双手。

④ 了解起床后、头发凌乱时要及时梳头。

5. 进餐

进餐为幼儿身体发育提供了充足的营养，是幼儿生活学习的物质前提。通常日托幼儿园的用餐安排是三餐两点——早、中、晚三餐及上、下午各一次加餐。每餐间隔3～4个小时，每餐就餐时间为20～30分钟。教师对进餐环节的组织与指导，有利于促进幼儿身体及心理的健康发展。

幼儿园的进餐活动包括进餐前心理准备、餐前盥洗;进餐中幼儿技能的掌握、习惯的养成;进餐后的整理、盥洗等。在进餐中,教师应对幼儿有明确的常规要求,使其养成良好的进餐习惯。

在进餐活动中,教师主要扮演帮助和引导者的角色。负责给幼儿盛饭,要求幼儿坐在固定的位置吃饭,但不干预吃多少。进餐管理的重点放在鼓励幼儿独立进餐、专心吃饭以及正确使用餐具。通常小班幼儿应学习独立用勺吃饭,用杯子喝水;中班幼儿学习使用筷子;大班幼儿应知道吃饭要细嚼慢咽。

必须注意不鼓励幼儿进餐比赛,不催促幼儿快吃,不要求幼儿必须将碗中的食物吃干净;不在吃饭过程中批评、指责幼儿,不将吃饭或食物作为奖励工具。进餐中,教师不能在一旁聊天,应从容面对挑食幼儿,不强迫用餐,对不挑食的孩子及时给予适当表扬。鼓励幼儿独立进餐。同时,教师应利用用餐环节培养幼儿自我服务和为他人服务的意识,鼓励幼儿参与搬椅子、擦桌子、摆碗筷等活动。

教师应让幼儿在进餐环节达到如下要求:

① 懂得进餐时情绪愉快对身体健康有益,能安静、较快地进餐,乐意自己吃饭。

② 懂得进餐前要洗干净双手。

③ 正确使用餐具,学习掌握吃多种食物的技能,逐步做到独立进餐。

④ 了解各种食物的营养知识,根据需要适量进食,知道均衡膳食对身体有益;爱吃各种食物,不挑食,不偏食,吃饱吃好。

⑤ 养成良好的进餐习惯。做到细嚼慢咽,吃饭不发出较大声音,不掉饭菜,保持桌面、地面干净。

⑥ 餐后有序整理餐具,收拾食物残渣,做到餐后擦嘴、洗手和漱口。

6. 饮水

培养幼儿主动喝水、科学喝水的习惯,了解良好的喝水习惯对幼儿身体的正常发育和健康成长的影响,是幼儿园重要的生活教育课题。教师应在活动结束后,或者活动转换间隙提醒幼儿饮水。不应限制幼儿饮水次数,允许幼儿根据自己的需要随时饮水。幼儿园每个班要设饮水设施,鼓励幼儿喝白开水。幼儿的水杯专人专用,标记好名字,每天进行消毒处理。

教师应让幼儿在喝水环节达到如下要求:

① 懂得喝水对身体健康的好处。

② 喜欢喝白开水,逐步做到主动喝水。

③ 在取放杯子、接水、喝水的过程中能正确使用口杯。

④ 能独立喝适量的水。

⑤ 养成安静、有序喝水的良好习惯。

⑥ 在成人指导下,学习根据身体需要适量喝水。

⑦ 按时喝水,遇到特殊情况能及时喝水。

7. 如厕

幼儿的神经发育尚不完善,再加上幼儿园的如厕方式与器具可能与家里不同,所以对多数幼儿来说,在幼儿园如厕是一种挑战。教师应重点关注如厕能力较弱的幼儿,及时提醒。如果出现尿裤子的情况,不要批评幼儿,要及时帮助幼儿更换,防止着凉感冒。表扬有了便意懂得自我服务或能够及时请求老师帮助的幼儿。

教师应让幼儿在如厕环节达到如下要求：

① 懂得在幼儿园如厕是一件很正常的事，不紧张、不拒绝。

② 有便意时知道自己如厕或告诉成人，能及时排便。

③ 能自己脱裤子、提裤子，大小便入池。

④ 正确使用便池和抽水马桶，排便时不弄脏便池和衣裤，便后冲水，便前便后洗干净手。

⑤ 了解在厕所逗留、玩耍有危险，能安静、有序如厕。

⑥ 了解大小便与身体健康的关系，初步具有关注身体健康的意识，养成良好的如厕习惯。

8. 自由活动

《幼儿园教育指导纲要（试行）》中明确指出："要给幼儿提供自由活动的机会，支持幼儿自主地选择、计划活动；提供幼儿自由表现、自由表达和创造的机会。"

自由活动是指让幼儿自己选择活动内容、玩具材料、玩伴，在活动过程中主动参与、充分交往，获得直接经验，体验各种情感的活动。自由活动可以满足幼儿身体的、认知的、社会的和情绪情感的发展需要，也是教师了解幼儿发展、增进师生感情、实施教育的途径。

幼儿的自由活动场所，无论是室内还是室外，都必须安全，活动材料丰富，摆放整齐有序，便于幼儿取放。室内空间采光、通风、照明条件良好，有较大的活动空间。室外场地需地面平整、清洁，无噪声和污染，大型器材和设施不存在安全隐患。

教师应让幼儿在自由活动环节达到如下要求：

① 了解活动前要做好自身、材料及场地的充分准备，初步具有关注周围环境安全的意识。

② 喜欢参加各种自由活动，并能积极投入。

③ 注意倾听老师的提醒和要求，能按要求行动。

④ 注意掌握多种运动技能，提高动作的协调性、灵活性。

⑤ 了解大小型器械的正确玩法，爱护器械，不争抢。

⑥ 遵守活动规则，逐步养成良好的活动习惯。

⑦ 了解关于运动健康的基本常识，在活动过程中学习根据身体的感受，调节和控制自己的运动量和情绪。

⑧ 活动中能运用协商、合作、求助等方式，学习化解矛盾和冲突，愉快地游戏。

⑨ 发现自己或同伴有特殊情况时应及时告诉成人，学习掌握简单的应对危险的技巧和方法。

⑩ 初步具有坚强、勇敢、不怕困难的意志品质。

⑪ 懂得活动结束后要进行身体放松和器械整理。

⑫ 感受活动带来的收获，愿意与同伴分享。

9. 午睡

睡眠能够帮助幼儿迅速消除疲劳，恢复体力，补充能量，从而促进大脑功能的提高，促进生长发育。也能够有效调节和舒缓情绪。因此，午睡是幼儿园一日生活中非常重要的环节，直接影响幼儿的身体健康、生长发育、学习状况。而且幼儿在幼儿园独立入睡，以及午睡前后的穿脱衣服整理床铺，还能促进幼儿手眼协调、精细动作发展，更有助其生活自理能力的养成，增强幼儿自信心，培养独立意识。3～6岁儿童的午睡时间根据季节每日为2～2.5小时为宜。

午餐后,教师应组织幼儿在户外散步10～15分钟,再回到睡眠室准备午睡。上床前先如厕;调暗室内光线,摆好卧具;教师指导或协助幼儿脱去外衣和鞋袜,上床睡觉。入睡时盖好被子,避免着凉,保持正确睡姿;睡眠中,要求幼儿不说话、不玩耍、安静入睡。教师不定时巡视幼儿睡觉状况,注意保持睡眠室的安静,不可在教室里交谈,以免影响幼儿睡眠。日托园通常每天安排幼儿午睡2～2.5小时。午睡管理中,教师要注意对幼儿进行个别指导。对个别不愿意睡午觉的孩子,不必强求一定要睡觉,可在不影响其他小朋友午睡的前提下,将其安排在教室(教师视野范围之内)做一些安静活动。允许幼儿醒后即起床,教会孩子起床后自行整理床铺。

10. 离园

离园是幼儿园一日生活的最后一个环节,是幼儿一天幼儿园生活的结束。教师要根据实际情况,适时地组织有目的、有计划的活动,抓住活动环节中有价值的教育契机,实施有效的指导和帮助。可组织离园前的总结性谈话,对一日或一周生活进行简单小结,表扬鼓励幼儿的进步,提出回家的要求,让幼儿高高兴兴地回家。幼儿离园时,根据需要向家长介绍幼儿在园的情况和听取家长的意见。对暂时不能回家的幼儿要个别照顾、妥善安排,适当组织活动,消除幼儿因等待家长而产生的急躁不安的情绪。

教师应让幼儿在离园环节达到如下要求:

① 保持稳定、愉悦的情绪等待家长来接。

② 乐于自己整理仪表,喜欢干净和整洁。

③ 学习管理自己的物品,并能有顺序地整理和摆放。

④ 根据自己的意愿选择离园活动,遵守活动规则。

⑤ 尝试解决自主交往中的问题和冲突,与同伴友好相处。

⑥ 离园时,会将玩具、材料、椅子等收放整齐、归位,保持环境的整洁和有序。

⑦ 主动与教师、小朋友道别,约好明天愉快地来园。

⑧ 跟随家人离园,不独自离开,不跟陌生人走。

三、学前儿童良好生活卫生习惯的培养

心理学认为,习惯是一种长期养成的、不易改变的行为方式,是人在一定情境下自动化地去进行某种动作的需要或倾向。习惯具有简单、自然、后天性、可变和情境性等特点。

良好生活与卫生习惯的养成是保证幼儿身体健康的必要条件,是提高机体工作效能的基础;良好生活与卫生习惯的养成使幼儿受益终身。因此,良好生活与卫生习惯的养成是幼儿学习的重要目标,也是幼儿园教育的工作任务。

《3～6岁儿童学习与发展指南》(简称《指南》)将幼儿园阶段应养成的良好生活与卫生习惯目标定为:有规律地生活,按时睡觉和起床,坚持午睡;按时进餐,不挑食、偏食,喜欢吃新鲜蔬菜与水果,不贪饮料,喝白开水;早晚刷牙、饭后漱口,勤洗澡、勤换衣、勤剪指甲,注意保护眼睛(看电视不超过半小时);喜欢参加体育活动等。

幼儿生活与卫生习惯养成中应把握如下关键点:

① 生活与卫生习惯养成是一个循序渐进的过程。应根据幼儿身心发展的规律，从简单易做的习惯训练入手，随着幼儿能力的发展逐步提高要求和增加内容，让幼儿通过体验成功，建立自信心，并愿意按照要求去做。

② 对幼儿而言，整个习惯养成的过程贯穿在一日生活常规全过程之中。教师和家长必须利用教学活动和生活活动中的一切时机，让幼儿不间断地练习，反复强化。特别注意在整个习惯养成过程中，教师和家长对幼儿的要求应保持一致。

③ 在幼儿习惯养成的过程中，教师应注意采用正面教育的方式和方法，保证示范动作和语言的准确性，树立正确的榜样，鼓励和肯定正确的行为，使幼儿在成功体验的基础上将好行为保持下去。同时开展各种形式的教学活动，通过示范讲解、体验操作、集体教学、小组教学和个别指导等方式帮助幼儿养成良好习惯。

四、幼儿园一日生活常规教育的意义及方法

一日生活常规是幼儿园为了培养幼儿良好的生活习惯和生活自理能力，确保幼儿健康成长而制定的幼儿园生活各环节的基本规则与要求。幼儿园一日生活常规对幼儿在幼儿园每天生活活动的内容、时间、程序等均有明确的规定，使幼儿的一日生活能在一定的节奏、秩序和规律中进行。

1. 一日生活常规教育的意义

1）生活常规教育促使幼儿形成良好的生活习惯。幼儿园对幼儿一日生活进行规范的组织与安排，对各环节的生活提出规定和要求，使幼儿的生活规律化、程序化。这样，幼儿就会顺应日常生活的规律，养成良好的生活习惯。

2）生活常规教育促进幼儿身体各系统的生长发育。生活常规教育就是为了保证和支持儿童生理活动的正常进行，进一步促进儿童健康成长。

3）生活常规教育有利幼儿心理的健康发展。学前儿童的各项心理活动，如感知觉、注意、记忆、想象、思维等都处于迅速发展阶段，自我意识和自我控制能力的发展刚起步。生活常规教育不仅可以保证幼儿集体生活的有序和顺畅，还可以促进其心理健康发展，提高其自我意识和自我控制水平。

4）生活常规教育是实现幼儿园教育目标的重要保证。生活常规教育是实现幼儿园教育目标的保证，是幼儿园各项活动顺利开展的前提条件。一个班级常规的好坏直接影响幼儿的成长和教师组织一日生活的质量。如果常规没有建立好，幼儿就没有好的学习习惯。在组织教育活动的时候，教师就要分散精力维持各个环节的秩序而影响活动的质量。

2. 一日生活常规教育的方法

1）示范讲解法。示范讲解法是生活常规教育中最基本的方法，主要是有整体示范讲解法和分解示范讲解法。对于比较简单的生活常规，一般采用整体示范讲解法；对于较难的生活常规，通常先采用分解示范讲解法，然后进行整体示范讲解，循序渐进地增加学习难度。

2）操作法。操作法是生活常规教育中最重要的方法，也是养成教育的主要方法。幼儿必须通过反复不断的操作练习，才能习惯成自然，把生活常规转变为自觉的行为习惯。

3）集中训练与个别指导法。在生活常规教育中，集中训练与个别指导是不可分割的，必须结合使

用。在集体生活中,生活常规是每个幼儿都必须遵守的,否则就会给集体带来不良的影响。因此,生活常规知识和技能往往通过集中训练的方法传授。由于个体差异的存在,教师必须通过个别指导使每个幼儿都能达到相应生活常规教育的要求。

4)随机教育法。随机教育法是利用偶发事件进行及时、灵活的教育。幼儿年龄小、认知水平低、生活经验少且个体差异显著,他们的生活中常会出现意外事件。因此,在日常生活中常需要运用随机教育法进行教育。

第二节　幼儿卫生保健

考纲提要

(1)了解幼儿园卫生保健常规。
(2)了解幼儿园常见疾病及预防。

内容结构图

本节内容框架如图3-3所示。

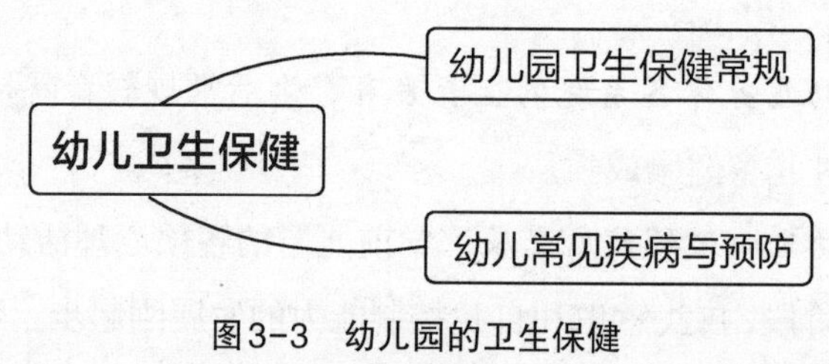

图3-3　幼儿园的卫生保健

幼儿园卫生保健工作主要包括卫生保健常规和疾病的预防等,是实施幼儿园保教工作,保障幼儿健康成长的重要基础。

一、幼儿园卫生保健常规

1. 幼儿园环境的卫生要求

1)园址。《托幼建筑设计规范》要求幼儿园的园址应选择地质条件较好、环境适宜、空气流通、日照充足、交通方便、场地平整、排水通畅、基础设施完善、绿化率高、符合卫生和环保要求的地段;应避开有可能发生自然灾害的地段。不应与大型公共娱乐场所、农贸批发市场等人流密集场所相邻,应与铁路、公路主干道有一定的安全、卫生防护距离。幼儿园的主出入口不宜设在主要交通干道边,园门外应留有缓冲地带。

2)室外活动场所。《托幼建筑设计规范》和《幼儿园工作规程》要求,幼儿园室外游戏场地应设全园共用活动场地和分班游戏场地，人均面积不应小于2米；地面应平整、防滑、无障碍、无尖锐突出物，并宜采用软质地坪。共用活动场地应设置游戏器具、沙坑、30米跑道、洗手池等，宜设戏水池，储水深度不应超过0.3米；游戏器具下面及周围应设软质铺装。分班游戏场地宜设在建筑物四周，方便以班级为单位开展户外活动。室外活动场地应有二分之一以上的面积在标准建筑日照阴影线之外。托儿所、幼儿园场地内绿化率不应小于30%，宜设置集中绿化用地。绿地内不应种植有毒、带刺、有飞絮、病虫害多、有刺激性的植物。

幼儿园室外游戏场地多配有具备攀登、平衡、钻爬、荡、踩等功能，能发展儿童攀登、爬越、平衡、灵活性和协调性及综合能力的大型活动设备，如攀登架、滑梯、秋千、平衡木、跷跷板等。

① 大型活动设施在设计和材质的选用等方面应符合《国家玩具安全技术规范》，具有3C（China Compulsory Certification, 中国强制性产品认证）认证标志。

② 设施应使用安全、功能齐全、安装好的器材，要牢固、不得有突出的螺钉或边缘尖锐的组件，器械可接触部分不得有坚硬或尖锐部分，使用中不会发生夹、挂等事件。

③ 安置大型活动设施的地面应铺设应具有透水性的安全软垫，以减缓冲力，防止发生意外。

3）室内活动场所。幼儿园室内桌椅、床等设施应安全耐用，符合学前儿童的身体要求。

（1）幼儿园应为每个幼儿准备一个专用床，以保障每个儿童的正常睡眠，避免疾病传播。建议儿童用床最好选择木质床，床的四周有栏杆或床较矮。沙发床、弹簧床、帆布床等较软，不利于儿童脊椎发育，不宜给幼儿使用。

（2）幼儿的桌椅应与学前儿童的身高匹配，以保证幼儿保持正确的坐姿，预防近视和脊柱弯曲。幼儿园选购桌椅时，要依据大、中、小班幼儿的身高进行选择。同时，儿童桌椅的材质应是木质，产品外表和内面、儿童手指可触及的隐藏处均不得有锐利的棱角、毛刺，小五金部件露出部分不得有锐利尖端，涂层、漆膜不含有毒物质；椅子质量不超过2.5公斤。

2. 清洁卫生要求

消毒制度是幼儿在园期间健康生活的重要保证。幼儿园常用的消毒方法有物理消毒法和化学消毒法。

物理消毒是利用物理因素将病原微生物清除或杀灭的方法。如机械、热力、光照、微波等消毒方法。化学消毒是指采用化学药物来消除或杀灭微生物的方法。幼儿园常用的化学试剂有次氯酸钠消毒剂、乙醇、碘酊等。

幼儿园卫生洁具，各班专用专放，并做好标记。抹布、拖布用后及时清洗干净，晾干后存放。

幼儿用的餐具、水杯、餐桌应每餐进行消毒，毛巾每天消毒1次。

门把手、房间地面、盥洗间地面等应每天在幼儿入园前进行消毒；坐便器应随用随消毒，蹲便器每天消毒。

每天幼儿离园后对教室空气进行消毒。

玩具至少每周清洗一次，不能清洗的各种用具、玩具、图书应每2周进行翻晒或紫外线灯照射1次。

幼儿园必须派专人每天对室内外环境（地面、家具、用品）进行清扫，保证环境干净、卫生，防蚊虫、苍蝇、老鼠、蟑螂。

教室、活动室、卧室每天至少要开窗通风两次,每次10～15分钟,通过空气对流,降低室内污染物含量,改善室内空气质量,保持空气新鲜,保证大脑供氧。北方冬季可在幼儿户外活动时开窗通风。卫生间应做到清洁、干燥、无异味。

3. 健康检查

《托儿所幼儿园卫生保健工作规范》明确规定,幼儿和幼儿园工作人员要定期进行健康检查。

1)学前儿童入园健康检查

① 儿童入托幼机构前应当经医疗卫生机构进行健康检查,合格后方可入园(所)。

② 承担儿童入园(所)体检的医疗卫生机构及人员应当取得相应的资格,并接受相关专业技术培训。应当按照《托儿所幼儿园卫生保健管理办法》规定的项目开展健康检查,规范填写"儿童入园(所)健康检查表",不得违反规定擅自改变健康检查项目。

③ 儿童入园(所)体检中发现疑似传染病者应当"暂缓入园(所)",及时确诊治疗。

④ 儿童入园(所)时,托幼机构应当查验"儿童入园(所)健康检查表""0～6岁儿童保健手册""预防接种证"。

发现没有预防接种证或未依照国家免疫规划受种的儿童,应当在30日内向托幼机构所在地的接种单位或县级疾病预防控制机构报告,督促监护人带儿童到当地规定的接种单位补证或补种。托幼机构应当在儿童补证或补种后复验预防接种证。

班级教师要熟悉班上幼儿的基本健康状况,对患有先天性心脏病、癫痫、高热惊厥、过敏等儿童要特别关注,并与保健医生沟通了解这类儿童在日常活动中应注意的相关事项。对有过敏史的幼儿,教师要熟记幼儿的过敏物,避免让幼儿接触。

2)定期健康检查

① 承担儿童定期健康检查的医疗卫生机构及人员应当取得相应的资格。儿童定期健康检查项目包括测量身长(身高)、体重、检查口腔、皮肤、心肺、肝脾、脊柱、四肢等,测查视力、听力,检测血红蛋白或血常规。

② 1～3岁儿童每年健康检查2次,每次间隔6个月;3岁以上儿童每年健康检查1次。所有儿童每年进行1次血红蛋白或血常规检测。1～3岁儿童每年进行1次听力筛查;4岁以上儿童每年检查1次视力。体检后应当及时向家长反馈健康检查结果。

③ 儿童离园(所)3个月以上需重新按照入园(所)检查项目进行健康检查。

④ 转园(所)儿童持原托幼机构提供的"儿童转园(所)健康证明""0～6岁儿童保健手册"可直接转园(所)。"儿童转园(所)健康证明"有效期为3个月。

每个幼儿都必须建立健康档案,包括各项体检结果登记表及评价。如体检发现幼儿患有疾病,或疑似患病,要及时建议家长带幼儿到医院做进一步检查或治疗;同时,保健医生要对这些幼儿进行追踪。对身高、体重没有达标或超标,以及营养不良、贫血、佝偻病、反复感染等"特殊"儿童,要另建专门管理档案,并制订干预方案,追踪干预效果。

3)晨午检及全日健康观察

① 做好每日晨间或午间入园(所)检查。检查内容包括询问儿童在家情况、观察精神状况、有无发

热和皮肤异常，检查有无携带不安全物品等，发现问题及时处理。

在午睡后幼儿起床时，由班级教师观察幼儿精神状态，以及有无发烧和皮肤异常。

② 应当由班级老师对儿童进行全日健康观察，内容包括饮食、睡眠、大小便、精神状况、情绪、行为等，并做好观察及处理记录。

③ 卫生保健人员每日深入班级巡视2次，发现患病、疑似患传染病儿童应当尽快隔离并与家长联系，及时到医院诊治，并追访诊治结果。

④ 患病儿童应当离园（所）休息治疗。碰到家长委托喂药的情况，应当做好药品交接和登记，并请家长签字确认。

4）工作人员健康检查。幼儿园工作人员健康检查包括岗前检查和定期检查。人员包括教师、保育员、食堂工人、清洁人员和行政人员。

幼儿园工作人员上岗前必须到指定医疗卫生机构进行健康检查，取得“托幼机构工作人员健康合格证”后方可上岗。精神病患者或有精神病史者不得从事托幼机构工作。

幼儿园工作人员每年都要进行1次健康检查。反复出现呼吸道传染病、消化道传染病者，淋病、梅毒、滴虫性阴道炎、化脓性或渗出性皮肤病等疾病者，及体检异常者均需离岗，治愈后取得“托幼机构工作人员健康合格证”后方可回园工作。

二、幼儿常见疾病与预防

幼儿因身体器官和功能发育不完善，抵抗能力差，患病后往往病情发展较快，对身体危害很大。通常幼儿患病后，身体会出现某些症状和体征，在日常照料幼儿的过程中，教师要注意观察幼儿的变化，及时辨别患病的重要线索，做到早发现、早治疗，减少疾病对幼儿的伤害。

1. 预防呼吸道疾病

幼儿园中幼儿多发呼吸系统疾病，如普通感冒、急性支气管炎、支气管哮喘、急性扁桃腺炎、肺炎等。针对此类疾病，幼儿园应在气候和季节变化之际，注意帮助幼儿预防感冒。平时要有意识注意锻炼和保证营养全面、平衡，增强儿童的体质和免疫力。不要给孩子穿衣过多，随气候变化做好添、减衣物的日常照料工作。

对于扁桃体炎，护理要点是保证患儿进食，鼓励患儿吃东西，选择刺激性小、易消化、软烂的半流质或流质食品，保证营养供给。进食后要用温盐水漱口，使患儿保持口腔清洁；同时，要注意多休息、多饮水。

2. 预防消化道疾病

腹痛和腹泻也是幼儿园常见的疾病。腹痛是消化道疾病和肠道寄生虫疾病的常见病状。儿童常见腹痛疼痛部位及疾病：

① 脐周疼痛多见于肠道蛔虫病、急性肠炎、肠痉挛、食物过敏等病。

② 右下腹疼痛，并有明确的压痛点，一般多为急性阑尾炎。

③ 下腹部疼痛多为憋尿、便秘、痢疾等原因所致。

④ 上腹部突然出现剧烈疼痛，并伴有面色苍白、出汗等症状应考虑肠道蛔虫，应尽快送医院诊治。

腹泻多为急性肠炎。病因分为非感染性肠炎和感染性肠炎。非感染性肠炎多见饮食不当。感染性肠炎分肠道内感染和肠道外感染。肠道内感染主要因食物或食具被病原体污染,造成肠道感染而出现腹泻。常见的感染性腹泻有致病性大肠杆菌肠炎、轮状病毒肠炎、白色念珠菌肠炎等。

3. 预防龋齿

龋齿是幼儿的多发病,乳牙患龋高峰在5岁左右。牙齿的正常结构受到破坏,对幼儿来说,不仅牙齿的咀嚼功能无法正常发挥,影响牙周围组织,引起身体其他部位的疾病,而且还会造成恒牙萌出异常。

幼儿园和家庭必须注意幼儿龋齿的预防:

① 注意口腔保健,培养儿童早晚刷牙、饭后漱口、少吃糖、睡前不吃零食的口腔卫生习惯。

② 注意让儿童补充维生素D和钙,合理补充营养,促进牙齿咀嚼能力的发展。

③ 定期检查,及时治疗,可采用牙线清洁牙齿。

4. 预防单纯性肥胖症

幼儿因摄入过多食物,偏爱甜食,运动量过少,心理异常,患内分泌疾病,还有遗传等因素造成皮下脂肪积聚过多。体重超过相应身高应有体重20%以上的即为肥胖,超过10%～20%为超重;20%～30%为轻度肥胖;30%～50%为中度肥胖,超过50%为重度肥胖。

幼儿园应配合家庭,采取措施,帮助幼儿预防肥胖。

① 饮食管理,适当减少高热能食物的摄入量,多吃蔬菜和水果。

② 培养幼儿对运动的兴趣,增加运动量。

③ 幼儿身心出现异常情况时要及时采取应对措施。切忌服用减肥药。

5. 预防佝偻病

佝偻病即维生素D缺乏性佝偻病,是由于婴幼儿、儿童、青少年体内维生素D不足,引起钙、磷代谢紊乱而产生的一种以骨骼病变为特征的全身、慢性、营养性疾病。3岁以下小儿比较常见。

佝偻病主要表现为易激怒、烦躁、不活泼,对周围环境缺乏兴趣;睡眠不安,夜间常惊醒、哭闹;较大儿童可出现记忆力、理解力差,语言发育迟缓;患儿明显多汗,头皮痒,枕秃;运动功能发育迟缓;出牙迟;骨骼发育异常。

佝偻病是可以预防的。孕妇要经常晒太阳,吃含钙丰富的食物;提倡母乳喂养,及时添加辅食,如蛋黄、肝泥等,可提供一定量的维生素D;多晒太阳,让孩子多在户外活动,接受充分的日光照射。小儿满月以后,可每天补充适量维生素D制剂,6个月以后要每天补充适量钙剂。

少儿及青少年常见脊柱侧弯,如不及时治疗,可导致严重畸形,并影响儿童心肺功能,严重的甚至导致瘫痪,会给儿童心理带来影响。

教师应鼓励儿童养成良好的饮食习惯,摄取足够的钙质,加强幼儿骨骼强度。最重要的是要让儿童看书、写字时养成坐姿端正的习惯,适时适当调整姿势与休息。走路时抬头挺胸。避免使用单侧肩膀长期背重物。睡觉时,鼓励儿童睡硬床,避免高枕。加强适量的体育运动。

6. 预防弱视

眼球没有器质性病变,戴矫正镜片后视力低于0.9(适用于5岁以上者,4岁为0.8,3岁及3岁以下者为0.6),称为弱视。年龄越小,弱视的治愈率越高。若患儿年龄大于1岁,治愈率明显下降。所以诊治弱视的原则是“早发现,早治疗”。

有条件的幼儿园要对幼儿每年进行1次视力检查。弱视儿童往往有除了视力低下以外的其他表现,如斜视、视物歪头、眯眼或视物贴得很近等。一旦发现孩子有上述现象,应尽早到医院检查、确诊。治疗弱视多采用遮盖法矫正,即给患儿佩戴眼镜,把正常的一只眼用黑色眼罩盖住,强迫孩子用视力差的眼睛看物体,通过强制性锻炼使其功能逐渐恢复。弱视的最佳治疗年龄在5～6岁。

7. 预防急性中耳炎

急性中耳炎是最常见的儿科疾病。其病因是幼儿的咽鼓管呈水平位,且短而直,在咳嗽、擤鼻涕、打喷嚏的时候,口腔和鼻腔中的细菌顺着气流,沿咽鼓管进入中耳,引起急性中耳炎。

预防急性中耳炎,一是教给幼儿正确的擤鼻涕方法;二是洗头、洗澡、戏水时避免污水入耳,保持外耳道清洁。不要随便为幼儿挖耳屎。

8. 预防皮肤病

痱子是夏季常见的皮肤病,尤其是南方地区发病率高。主要原因是高温、潮湿,出汗多、汗液不易蒸发、堵塞汗腺口。

预防幼儿长痱子。夏天要注意勤换衣服、勤洗澡,及时将汗液和污垢洗净。天气炎热时给儿童洗澡,最好用温水,可在水中加入花露水或“十滴水”。室内注意通风、降温。幼儿夏季衣服最好选用透气性好、吸汗性强、宽松的棉织品。

9. 预防缺铁性贫血

缺铁性贫血是因合成血红蛋白的铁不足所致,是小儿贫血中最常见的一种,尤以学前儿童发病率最高。

缺铁性贫血的症状主要表现为记忆力下降、注意力不集中、反应慢、生长发育减慢等;中、重度贫血可变现出一系列临床症状和体征,如面色苍白,指甲、眼结膜、嘴唇发白,全身无力、疲倦,心率快、烦躁、爱哭,头发无光泽、毛发脱落,容易感染生病,个别儿童出现异食症。

母亲怀孕后期要注意补铁;教师应该对幼儿进行营养教育。为婴幼儿选择含铁丰富的食品,如动物肝脏、动物血、瘦肉、蛋黄等;婴儿半岁后要添加蛋黄,7～8个月时添加动物血、动物肝、瘦肉等。早产儿和生长发育快的儿童应该在医生指导下适当补铁,或选择一些铁强化食品等。

10. 预防传染病

传染病是由病原体感染引起的,能在人与人之间、或人与动物之间传播流行的疾病。任何一种传染病在人群中的传播和流行都必须具备3个基本要素,即传染源、传播途径、易感者。

原卫生部(2013年组建国家卫生和计划生育委员会,2018年组建国家卫生健康委员会)、教育部2010年颁布的《托儿所幼儿园卫生保健管理办法》第十六条规定:“托幼机构发现传染病患儿应当及时按照法律、法规和卫生部的规定进行报告,在疾病预防控制机构的指导下,对环境进行严格消毒处理。在传染病流行期间,托幼机构应当加强预防控制措施。”有效控制传染病的传播和流行,阻断传染病传播与流行的3个环节是关键。幼儿可通过管理传染源,切断传播途径,提高易感儿童的抵抗力等举措来防止传染病的流行。

1)管理传染源。保健医生应及时了解当地传染病流行情况,一旦出现疫情及时向班级教师通报,加强常规检查,做到早发现、早隔离、加强检疫。

早发现。幼儿园传染病早发现的途径:通过健康检查及时发现患儿或携带者。如入园常规体检、每年的定期体检等;通过每天常规检查,对学前儿童"一摸、二看、三问",及时发现儿童的早期异常变化。班级教师对因病缺勤的幼儿,应了解其患病情况或可能的原因。对疑似患传染病的,要及时报告给园所疫情报告人。由园所疫情报告人对患儿病情、病因做进一步的追踪、了解。

早隔离。一旦发现患儿或疑似患儿,马上送幼儿园隔离室观察或请家长送医院处理。患儿隔离时间应根据该传染病的传染期来决定。患儿隔离期满后,凭医疗机构出具的痊愈证明方可返回园所。

加强检疫。首先,对患儿或疑似患儿待过的房间、使用过的物品进行消毒处理。其次,对密切接触者进行隔离,使其不与正常班级和人群接触。隔离时间至最长潜伏期结束。如检疫期间又有新病例出现,检疫期延长至新患者的最长潜伏期期满。通常幼儿园某班级发现传染病后,检疫对象应是全班幼儿和老师。该班的一日生活仍正常进行,但所有活动都严格与其他班级分开,同时加强观察。

2)切断传播途径。根据传染病的传播途径,采取相应预防措施,使病原体无法在人群中扩散。

(1)一般性预防性措施。首先,做好环境卫生、饮食卫生和个人卫生等基础性工作。保证室内外环境清洁、室内空气新鲜(每天定时开门窗,通风换气);食堂操作间干净,食品新鲜、安全,食品制作和存放时生熟分开;幼儿养成饭前便后洗手、勤洗澡、勤换衣、勤剪指甲等好习惯。其次,严格执行幼儿园日常消毒制度;如每天对餐具、水杯、毛巾进行清洁消毒,餐前对桌面进行清洁消毒,定期对门把手、水龙头、玩具、地面、厕所等进行消毒。

(2)针对性预防措施。在呼吸道传染病流行季节,加强室内通风换气,使用紫外线灯进行空气消毒;在消化道传染病流行季节,加强对物品、用具、玩具的消毒及加强个人卫生,保证食品和饮水的安全。同时,减少幼儿在公共场所的活动。

3)提高易感者的抵抗力。学前儿童发育不成熟决定了其易感性。提升学前儿童的抵抗力,是保护儿童预防传染病的最佳措施。通常的做法如下:

(1)预防接种。预防接种是当前最有效、最经济、最简便的预防传染病的方法。托幼园所应督促家长按照免疫程序和要求完成儿童预防接种。配合疾病预防控制机构做好托幼机构儿童常规接种或应急接种工作。

(2)体育锻炼。幼儿园和家庭要重视幼儿的体育锻炼,每天保证幼儿有2段按时的户外活动时间和足够的运动量。

(3)营养与睡眠。保证供给充足的营养,提供平衡膳食;保证睡眠充足、有规律的一日生活。这些均可增强幼儿体质,提高免疫力。

4)在幼儿园,常见的传染病有风疹、水痘、红眼病、手足口病等

① 风疹是由风疹病毒引起的急性呼吸道传染病,主要由飞沫经呼吸道传播。

② 水痘是由水痘-带状疱疹病毒初次感染引起的急性传染病,以发热及皮肤和黏膜成批出现周身性红色斑丘疹、疱疹、痂疹为特征,皮疹呈向心性分布,主要发生在胸、腹、背,四肢很少,冬春两季多发,传染力极强。

③ 红眼病又称急性结膜炎,具有很强传染性,在短时间内即可广泛蔓延,因此预防工作很重要。教

师应在加强宣传教育的前提下，做好如下措施：发现首例患者后，尽快做好隔离、消毒工作；教育幼儿搞好个人卫生和公共卫生，养成不揉眼、勤洗手的好习惯。

④ 手足口病是由肠道病毒（EV71和柯萨奇A16）引发的消化道传染病。是托幼园常见的传染病。2～6岁儿童是易感人群，多于夏秋季发病。手足口病的传播途径有粪—口途径传播、空气飞沫传播和接触传播。

患儿常出现发烧、咳嗽、咽疼等。进入症状期，患儿体温可达到38摄氏度上，手、足和臀部出现红色斑丘疹。手足口病的疱疹为红色小水疱。患病期，还伴有口腔疱疹和溃疡。"勤洗手、吃熟食、喝开水、勤通风、晒太阳"是预防手足口病的有效措施。

第三节　幼儿营养

考纲提要

了解儿童所需营养素及其功能；了解幼儿园膳食管理各方面的基本原则及制度。

内容结构图

本节内容框架如图3-4所示。

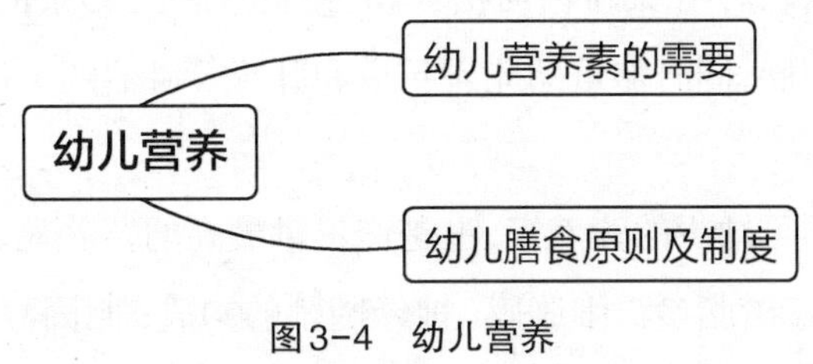

图3-4　幼儿营养

人体维持生命和健康所需要的各种营养物质来自食物。一旦饮食中营养素含量不足，将影响学前儿童身体的建构与功能发挥，导致营养性疾病的发生；相反，如果饮食过量，人体摄入的营养素高于身体的消耗，同样也会导致疾病的发生。也就是说，饮食是构成生命的物质基础，但人体对各种营养素的需要并非越多越好，最佳状态是人体需要量与摄入量保持平衡。平衡膳食是保证人体健康的关键。学前儿童每天从食物中获取的各种营养素、热能应与人体的需要保持一致。科学搭配各种食物，吃多样食物、安全食物，食物制作侧重于软、细、易消化，是托幼园所和家庭安排幼儿饮食的基本原则。

一、幼儿营养素的需要

营养素是指食物中能够维持机体基本生理活动、提供活动所需的热能，具有构建、维护和修复组织等功能的化学成分。

必需营养素是指人类不能合成或转化,只能从食物或营养补给品中获取的营养素。人维持生命与健康需要摄取四十多种必需营养素。这些营养素按其功能和化学结构划分为六大类:蛋白质、脂肪、糖类、矿物质、维生素和水。

1. 蛋白质

蛋白质是人体所需的重要营养素,其含量占到人体总重量的16%左右,是人体排位第二多的营养素。

蛋白质的主要功能:

1)合成细胞与组织。蛋白质参与细胞的构成,是合成人体组织、更新和修复组织的主要原材料。幼儿长高、增重需要蛋白质,每天新陈代谢,补充衰老、死亡的细胞需要蛋白质。

2)调节生理功能。蛋白质参与酶和激素的合成,在体内发挥调节新陈代谢速度,调节人体各项生理功能的作用。生长激素就是由191个氨基酸分子合成,具有促进儿童身高、体重增加的作用。

3)合成抗体。抗体又称免疫球蛋白,是抵御病原体入侵机体的重要物质。其主要成分是蛋白质。如果学前儿童蛋白质摄入不足,机体免疫功能将下降,抵抗力减弱,容易患各种疾病。

4)提供热能。蛋白质是产热营养素。每克蛋白质在体内氧化分解可释放大约4 000卡的热能,儿童每天所需热能12%~15%来自蛋白质产能,其他热能主要来自糖和脂肪。

蛋白质来自日常进食的各种食物中。蛋白质含量丰富,且易于被人体吸收和利用的优质蛋白质食物有禽、蛋、奶、鱼、虾和各种肉类、大豆及其制品等(即动物性食物和大豆类食物)。一般来说,年龄越小,生长发育越快,对蛋白质的需要量越大。对幼儿而言,每天不仅要保证蛋白质摄入量充足,而且还要保证摄入蛋白质的质量。如果幼儿蛋白质摄入不足,将直接影响生长发育、代谢和免疫,出现生长发育减慢、消瘦或水肿,易感染患病等;如果蛋白质摄入超过机体需要,多余的氨基酸将在体内分解释放热能,或转化为脂肪,导致幼儿肥胖,同时加重幼儿胃肠道和肝肾等脏器的工作负担。

2. 脂肪

脂肪是人体生长和代谢不可缺少的营养素,也是产热量最高的营养素。脂肪的主要功能:

1)参与细胞和组织构成。磷脂参与细胞膜、神经髓鞘的构成;胆固醇参与雌激素、雄激素、胆汁等物质的合成;必需脂肪酸参与细胞膜、胆固醇和磷脂的合成;中性脂肪以脂肪组织的形式分布在皮下和内脏器官表面。故人体所有细胞、组织都含有脂肪。

2)保护机体。脂肪具有保暖、保护和固定脏器、减震等作用。

3)提供热能。脂肪是人体的"储能库"和"产热器"。1克脂肪在体内氧化可产生9千卡的能量。储藏在皮下和内脏表面的脂肪均可在机体能量不足时分解产能。

4)促进脂溶性维生素吸收。脂肪是分解脂溶性维生素(维生素A、D、E、K),提高身体吸收率的溶剂。

脂肪主要来源于烹调油,肉类和坚果类食品也含有一定量的脂肪。动物性脂肪含饱和脂肪高,在常温下呈固态。植物性脂肪,在常温下呈液态。营养学认为,植物性脂肪含必需脂肪酸高,具有防止胆固醇在血管壁沉积,保持细胞膜完整性等功能。

脂肪是人体生长和代谢不可缺少的营养素,也是产热量最高的营养素。过量摄入会出现肥胖,还会诱发各种疾病。膳食指南建议，儿童每日脂肪摄入量占食物摄入总量的30%左右，不宜过量但也不能过少，否则将危及健康。

3. 糖类

糖类也称碳水化合物，具有产热快、经济等特点，是人体热能的主要来源。糖类的主要功能：

1）**提供热能**。成人每天机体所需总能量的50%～70%来自糖类食物。尽管1克糖在体内氧化分解只产生4千卡的热能，其产能量远远低于脂肪，但因人们每天进食糖类食物多，加之糖类食物易消化吸收、产能快，故糖类是人体供能的主要营养素。

2）**参与细胞和组织的构成**。糖类是构成机体组织的重要物质，它以糖蛋白、黏蛋白、糖脂等形式分布在细胞膜、细胞质及细胞间质中，参与细胞的构成。

3）**节约蛋白质**。糖类和蛋白质均是产热营养素。因糖类产热快，它可以快速产能满足身体的需要，从而使饮食中的蛋白质不被用于产能，而用于完成其他功能，故糖类有节约蛋白质的作用。

4）**增强肠道功能**。糖类中的膳食纤维（纤维素、果胶等）具有增加粪便体积，刺激肠蠕动，加快粪便排泄等功能。膳食纤维有减少肠道对脂肪的吸收，避免有害物质在肠道长时间停留，预防肠道癌症发生的作用。但如果纤维素过量摄入则会因不易消化而降低营养素的吸收。

5）**预防酸中毒**。糖类食物具有预防酸中毒的作用。当机体糖类食物摄入不足，血糖浓度下降，组织、器官供能不足时，人体会通过分解体内储存的脂肪来供能。脂肪分解代谢过程中会产生酮体（酮体是一种有机酸），大量酮体进入血液将导致机体发生酸中毒。因此，每天饮食保证一定量的糖类食物对人体健康是十分重要的。一些人为了减肥而不吃主食的做法是不利健康的。

糖类来源米、面等粮食类食物，以及红薯、土豆、山药等根茎类食物。这些食物均含有大量淀粉，是人们日常补充糖类的主要来源。

糖类是人体主要的供能营养素，学前儿童每天糖类供给应占总热量的50%～60%。经常食用精制粮食会使血糖迅速升高，并引发饮食冲动。而且精制米面在加工过程中破坏了B族维生素、矿物质和纤维素，降低了其营养价值。

糖类的摄入要适量，切忌过量和不足，尤其不宜食用过多的糖和甜食。如果糖类摄入大于消耗，多余的糖类部分转化为糖原储存在肝脏和肌肉组织中，其他的都转化为脂肪组织在皮下或内脏表面储存，使人发胖。

4. 矿物质

主要参与机体的构成、调节体内代谢。容易缺乏的矿物质是钙、铁、锌、碘。

1）**钙**。构成骨骼和牙齿；调节神经和肌肉活动；参与凝血。维生素D、维生素C和乳糖可促进钙的吸收，补钙最佳食品是奶和奶制品，虾米、虾皮、排骨、大豆等食品也常作为补钙食品。学前儿童的骨钙每1～2年更新一次，成人10～12年更新一次。

1～4岁儿童每日钙供给为600毫克，4～7岁800毫克。需要多补钙，多吃奶及奶制品，建议每日饮用牛奶在500毫升左右。

2）**铁**。主要功能是运输氧和二氧化碳；参与机体能量代谢，促抗体产生。补铁的最佳食物是动物血、肝、瘦肉等动物性食品。

3）碘。主要功能是参与甲状腺素的合成，调节新陈代谢，促生长发育。含碘丰富的食品主要是海产品。

4）锌。缺锌会导致生长发育迟缓，身高、体重增长减慢；食欲差，味觉改变，喜欢吃味重食品或患异食癖；免疫力下降。含锌丰富，易吸收的食物主要有贝类、动物肝、瘦肉等。

5. 维生素

维生素存在于动植物体内，通过正常进食可获取。容易缺乏的是维生素A、B1、维生素D、B2。

1）维生素A。在动物肝脏含量最丰富，鱼肝油、鱼卵、乳类、禽蛋等，主要功能是保护视力、促进上皮细胞分泌，保护皮肤和黏膜，促进骨组织生长。

2）维生素D。促进钙磷的吸收和利用，促进儿童骨骼生长。维生素D来自食物和晒太阳，含维生素D的食物是动物肝脏、鱼肝油、禽蛋等，其中鱼肝和鱼油含维生素D最丰富。

3）维生素B1。促进葡萄糖转换为能量，对维持神经、肌肉、消化、循环等系统的正常活动有重要作用。尤其是在动物肝、瘦肉、蛋以及粗粮杂粮中维生素B1含量较丰富。如果缺乏可使儿童患脚气病。

4）维生素B2。主要功能是促进能量的转化，来源与维生素B1相似，动物食品中维生素B2的含量高。长期缺乏会导致代谢紊乱、口角炎、唇炎、脂溢性皮炎。

6. 水

水占人体重量的50%～70%，是人体含量最多、分布最广的营养素。水的主要功能是构成细胞、组织，为体内生化代谢反应提供媒介和载体，调节体温，也是人体关节、内脏器官的润滑剂。通过关节液、眼泪、唾液、分泌物等方式保护器官。

一般来说，年龄越小、新陈代谢越快，对水的需要量越大；夏季、活动量大，出汗越多，需水量也越多。营养学主张，学前儿童补水以白开水为主，尽量少喝或不喝含糖饮料和碳酸饮料。

综上所述，蛋白质、脂肪和碳水化合物属于产热营养素，它们在体内氧化分解、释放热能。获取途径是进食产能营养素的各种食物，产热营养素转化为能量。营养学家建议，学前儿童热能摄入应与消耗平衡，需要多少吃多少。同时，三大产热营养素要平衡。《托儿所幼儿园卫生保健工作规范》要求儿童饮食结构中蛋白质、脂肪、碳水化合物三者的比例分别为12%～15%、25%～30%、55%～60%。

二、幼儿膳食原则及制度

1. 学前儿童膳食金字塔

中国营养学会妇幼营养分会在2007年出版了《中国孕期哺乳妇女和0～6岁儿童膳食指南》。为帮助人们合理搭配食物，做到平衡膳食，中国营养学会推荐了不同人群的“膳食金字塔”。学前儿童平衡膳食宝塔由五层组成，每层的食物种类和所占面积不同，它反映了各类食物在膳食中的重要性和应占的比例。每日膳食中，谷类食物（180～200克）所占比例最大，位于宝塔的底层；蔬菜水果位于第二层，每天蔬菜的摄入量为200～250克，水果是100～300克；鱼虾类、禽畜肉类、蛋类等动物性食物位于第三层，每天分别应摄入40～50克，30～40克，60克；奶类及奶制品、大豆类及豆制品位于第四层，应分别摄入200～300克，25克；最顶层是烹调油，每天不超过25～30克。同时，学前儿童每天要进行户外活动和运动。

学前儿童膳食宝塔主要用于指导家长和幼儿园保健医生为幼儿选择和搭配食物。使用时应注意：

① “膳食金字塔” 中建议的每人每天各类食物的摄入量是指一类食物的总量，而不是某一种具体食物的重量。因此，在同类食物中可以互换，如肉换肉，菜换菜，粮食与粗粮互换，也可以采取几种同类食物相加。受条件限制也可使用替代物，如农村没有牛奶，可选用羊奶或豆浆代替。

② “膳食金字塔” 中建议摄入量适用于3～6岁的健康儿童，但它只是一个平均摄入值，不一定适合每个儿童。具体每个儿童的摄入量应根据儿童的年龄、性别、活动量大小等进行适当的调整。判断幼儿食物摄入量是否恰当的一个简单方法是观察幼儿的体重变化。如果幼儿在短期内体重增长过快，说明应适当减少高热量食物，增加活动。如果幼儿体重符合其年龄的正常值，表明营养摄入适量。

③ 要长期坚持按宝塔的食物结构搭配每天的饮食。

总之，在给学前儿童进行食物选择时应遵循“安全性”“营养性”和“多样性”的选食原则。

2. 托幼机构膳食管理

托幼机构的膳食管理是幼儿园保健工作的重要内容之一。它包括食谱的制订，食物的购买与加工、进餐过程的管理、膳食调查与评价等工作内容。实施膳食管理旨在通过对幼儿饮食各个环节进行监管，保证学前儿童获取平衡膳食，促进儿童生长发育和健康。

1）食谱的制定。原卫生部2012年颁布的《托儿所幼儿园卫生保健工作规范》明确规定：托幼机构应根据儿童生理需求，以《中国居民膳食指南》为指导制订儿童带量食谱，并1～2周更换1次。带量食谱是指按照每个儿童的进食量，标注出每种食物原料的用量的食谱。

托幼园所食谱的基本要求：

① 一周食谱中，食物种类齐全。食物应包括“膳食金字塔”中提及的粮谷、蔬菜水果、肉禽蛋鱼、奶、大豆等各类食物，且每类食物的品种应丰富、多样。

② 午餐和晚餐做到荤素搭配，3餐做到干稀搭配、甜咸搭配、粗细搭配，饭菜花样有变化，少重复。

③ 三餐热量分布合理，符合早餐吃好、午餐吃饱、晚餐吃少的原则。早午晚3餐食物的供热量比应分别为25%～30%、30%～35%、25%～30%，两次加餐占10%。同时注意优质蛋白质供给占蛋白质总量的50%以上。

④ 食物制作方法安全、卫生；食物易消化吸收、香味形俱全，符合学前儿童的消化能力和进食心理。

⑤ 食谱设计符合实际情况，蔬菜水果选择当季品类，饭菜符合当地饮食风俗习惯，费用控制在托幼机构的膳食收费标准内。

2）食物的购买与制作

（1）儿童食品应当在具有《食品生产许可证》或《食品流通许可证》的单位采购。食品进货前必须采购查验及索票索证，托幼机构应建立食品采购和验收记录。

（2）儿童食堂应当每日清扫、消毒，保持内外环境整洁。食品加工用具必须生熟标识明确、分开使用、定位存放。餐饮具、熟食盛器应在食堂或清洗消毒间集中清洗消毒，消毒后保洁存放。库存食品应当分类、注有标识、注明保质日期、定位储藏。

（3）禁止加工变质、有毒、不洁、超过保质期的食物，不得制作和提供冷荤凉菜。留样食品应当按品种分别盛放于清洗消毒后的密闭专用容器内，在冷藏条件下存放48小时以上；每样品种不少于100克以满足检验需要，并做好记录。

3）进餐过程的管理

(1)托幼机构应当为儿童提供符合国家《生活饮用水卫生标准》的生活饮用水。保证儿童按需饮水。每日上、下午各1～2次集中饮水,1～3岁儿童饮水量每次为50～100毫升,3～6岁儿童饮水量每次为100～150毫升,并根据季节变化酌情调整饮水量。

(2)进餐环境应当卫生、整洁、舒适。餐前做好充分准备,按时进餐,保证儿童情绪愉快,培养儿童良好的饮食行为和卫生习惯。

4）膳食调查与评价

① 托幼机构食堂应当按照《食品安全法》《食品安全法实施条例》以及《餐饮服务许可管理办法》《餐饮服务食品安全监督管理办法》《学校食堂与学生集体用餐卫生管理规定》等有关法律法规和规章的要求,取得《餐饮服务许可证》,建立健全各项食品安全管理制度。

② 儿童膳食应当专人负责,建立有家长代表参加的膳食委员会并定期召开会议,进行民主管理。工作人员与儿童膳食要严格分开,儿童膳食费专款专用,账目每月公布,每学期膳食收支盈亏不超过2%。

第四节　幼儿安全教育

考纲提要

了解幼儿园意外事故的处理机制;了解幼儿园常见的安全问题和处理方法;了解突发事件的应急处理方法。

内容结构图

本节内容框架如图3-5所示。

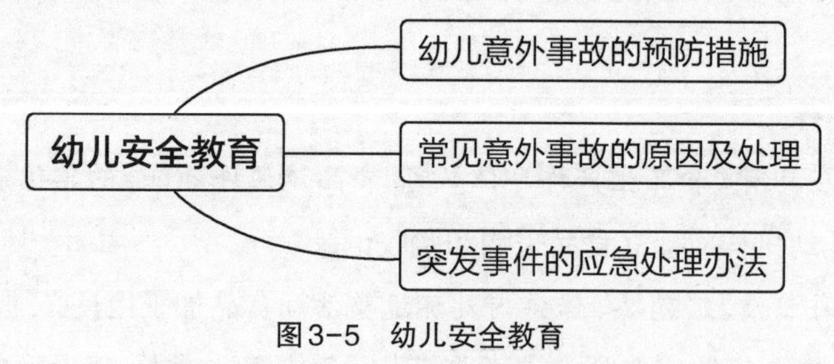

图3-5　幼儿安全教育

意外伤害是影响儿童生活和生命的重要危险因素。在我国,意外伤害已成为0～14岁儿童死亡的第一位原因。学前儿童是意外伤害的高发年龄。《幼儿园教育指导纲要(试行)》明确要求:"教师应该把保护幼儿的生命和促进幼儿的健康放在教育工作的首要位置。"本节将重点讨论幼儿童外事故的预防、常见意外事故的原因和处理,以及突发事件应急处理办法等。旨在提高教师安全防范意识和处理意外伤害的技能。

一、幼儿意外事故的预防措施

1. 幼儿园安全管理

1）制定幼儿园安全管理制度。《幼儿园工作规程》明确要求，“幼儿园应建立房屋、设备、消防、交通等安全防护和检查制度；建立食品、药物等管理制度和幼儿接送制度，防止发生各种意外事故。应加强对幼儿的安全教育。”《托儿所幼儿园卫生保健工作规范》提出，“托幼机构的各项活动应当以儿童安全为前提，建立定期全园（所）安全排查制度，落实预防儿童伤害的各项措施。”

制定幼儿园安全管理制度，其目的是针对幼儿园容易发生意外伤害的工作内容和工作环节，通过制度管理来控制和降低危险因素。因此，完善、细致、具体的安全管理制度是保障幼儿安全的基本前提。通常幼儿园安全管理制度包括门岗管理制度、幼儿接送制度、设备安全检查制度、食堂卫生管理制度、环境和物品消毒制度、药物管理制度、意外事故应急预案等。

2）建立安全管理工作机制。建立安全管理长效工作机制，严格执行各项安全管理制度，是减少意外伤害发生的关键。

① 幼儿园各项安全工作应定岗、定人，每项工作要有专人负责和管理，并做到职责清晰，分工明确。

② 成立以园长为组长的安全工作小组。

③ 建立安全预警机制和突发事件应急预案。对可能发生的突发事件制订处理方案，包括突发事件的现场处理程序和事后处理工作事项等，并组织幼儿和教师定期演练，熟悉应对措施和方法，将伤害降到最低。

3）提供安全环境

（1）幼儿园室内环境安全。室内地面最好采用地板，水泥地面应铺有草垫或者地毯，或设有围栏，让学前儿童有安全活动的场所。椅角、桌角、墙角以圆角为宜，以免儿童跌伤或碰伤。窗户、阳台、楼梯应有栏杆，栏杆应采用直栏，高度不低于1.1米，栅间距不能超过11厘米，中间不设横向栏杆，以免儿童攀越。活动场所应有安全通道和出入口，应有消防灭火装置和报警装置。常设通信联系工具。

（2）生活用品。儿童睡床应有床栏，床栏插销应安在儿童摸不到的地方，以防坠床。热水瓶、热锅、家用电器、火柴、打火机、刀、剪刀等应放到儿童够不到的地方，以免发生烫伤、触电、割伤等事故。室内电器插座应安装在儿童摸不到的地方，使用拉线开关或用插座绝缘保护罩，电线应用暗线，以免儿童接触。

（3）玩具。给儿童选择玩具除了要考虑年龄特点，还应符合安全要求。不给儿童体积小、锐利有毒的玩具及物品，以免塞入耳、鼻、口中，造成耳、鼻、气管及食管异物等意外伤害。

大型玩具应定期检查是否牢固，有无损坏，如有损坏要停止使用，及时维修，玩耍时要有成人在旁照顾或监护。教师在组织活动时应以安全为前提，遵循“事先计划、建立规则、细心管理”的安全原则。易燃易爆物品不能让儿童玩耍，预防发生火灾。

（4）药物。药物的用量、用法、存放不当，以及家长、医务人员粗心大意用药是造成药物中毒的主要原因。医务人员必须合理用药，认真计算用药剂量，严格执行核对制度。剧毒药品必须按规定进行保管及使用。家长、保教人员切勿擅自给儿童用药，用药前要认真核对药品标签、用量及服法，禁止给儿童服用变质或标签不清的药物。家庭和幼儿园的药物应妥善存放,不让儿童随便拿到。

(5)幼儿园建筑及设施安全。幼儿园应设安全通道,且标记明显;禁止在安全通道堆放物品,保持通道畅通无阻;园内配置一定数量的消防灭火装置和报警装置,并放置在明显位置,要求每个工作人员都会使用;园内地下管道、水沟出口均应加盖,以防儿童失足落入;楼梯杆要牢固,楼梯扶手和台阶的高度要适合儿童;大型玻璃门窗要有明显并且儿童能够明白其意思的提醒标志;幼儿园应设围墙、防止幼儿擅自离园,或是无关人员、宠物随意入园。

2. 幼儿园安全教育

《幼儿园教育指导纲要(试行)》对幼儿园安全教育目标和要求有明确规定,幼儿应"有初步的安全和健康知识,知道关心和保护自己",在教学内容和方法上要"密切结合幼儿的生活和活动进行安全、保健等方面的教育,以提高幼儿的自我保护能力"。

1)帮助幼儿树立安全意识。安全意识的建立是预防意外伤害发生的关键。通过各种形式的安全教育活动,帮助幼儿了解周围环境中存在的不安全因素,尤其是抓住幼儿园发生的意外伤害事件进行及时教育,帮助学前儿童学习遵守规则,保护自己和他人。

2)提高幼儿的安全保护能力

(1)培养幼儿自理能力。生活自理能力的培养可促进幼儿精细动作能力发展,以及动作灵活性和协调性发展,使幼儿手、脚、眼、脑更加协调、灵活。

(2)加强幼儿常规培养。幼儿园常规是指幼儿在园一日生活应遵守的基本行为规则,主要包括生活常规和活动常规。幼儿常规培养可帮助幼儿建立起安全和适宜行为,起到维护个人安全、维持班级秩序,预防意外伤害发生的作用。与幼儿安全密切相关的常规:有秩序地如厕;用正确的方法洗手、不玩水;专心进餐,不边吃边说;上下楼梯与小朋友保持一定的距离,不推挤;按老师的指令回班级,不逗留、不私自离开;不带危险物品到幼儿园,放学不跟陌生人走;与小朋友友好相处,出现冲突协商解决;遵守游戏规则,正确使用活动器械,不争抢等。

(3)经常开展体育活动。幼儿园应保证幼儿每天有2小时以上的户外活动时间,其中体育活动时间不少于1小时。体育活动的作用在于,加强幼儿身体运动机能的发展,促进幼儿动作的协调性、平衡性、灵活性和身体力量发展,从而减少幼儿意外伤害的发生,增强幼儿躲避危险的能力。

3)强化教师的安全意识和责任心

① 帮助教师熟悉、了解影响幼儿童外伤害发生的原因、幼儿意外伤害发生特点,在工作中有意识地消除安全隐患,做好安全预防工作。

② 通过幼儿意外伤害案例的分析与讨论,提高教师对环境中潜在危险的警惕性和预见性,学习如何及时发现危险和排除危险。

③ 掌握正确的急救方法和意外伤害的应对措施,了解幼儿园意外伤害的紧急预案程序,以便及时开展紧急救助工作。

④ 开展安全法规、幼儿园安全管理制度的学习,使教师熟悉岗位职责和要求,强化教师的责任感和安全管理意识。

⑤ 加强家园合作,向家长宣传和传递安全知识,提高家长的安全防范意识。

二、常见意外事故的原因及处理

1. 学前儿童意外伤害的常见诱因

1）个体因素

① 儿童意外伤害发生种类存在明显的年龄差异。如婴儿外伤害多见窒息；1～5岁儿童多见溺水、烫伤；3～6岁儿童常见跌伤和气管异物；5～9岁儿童多见交通事故和溺水等。1～5岁儿童是意外伤害的高发人群。

② 儿童意外伤害存在明显的性别差异，男孩意外伤害发生率高于女孩，其原因在于男孩自身特点及父母的养育方式。

③ 学前儿童意外伤害发生通常与其生理功能发育不成熟，防范意识和防范能力不足等有关。

④ 儿童意外伤害发生与其心理特征密切相关。研究表明，气质、情绪、性格特征、行为特征与意外伤害存在明显相关关系。通常难以照看型气质类型的儿童和启动缓慢型儿童有发生意外伤害的倾向（张佩斌、邓静云，2003，02；李亚萍，2001，09）。有学者指出，问题行为可作为预测儿童意外伤害发生的指标。

2）家庭因素

① 家长缺乏安全知识和安全保护意识，对孩子监管不够、忽视孩子，不注意对儿童进行安全教育等均是意外伤害的危险因素。

② 贫困家庭儿童更易受不良环境危害。

③ 过度保护、溺爱同样是意外伤害发生的危险因素。

④ 家庭环境不良是导致家庭意外伤害的重要原因。

3）社会因素

（1）托幼机构。托幼机构是幼儿意外伤害发生的主要场所之一。一方面，托幼机构聚集了大量高危人群，婴幼儿受生理和心理发育不成熟影响，在游戏、运动、交往等各种活动过程中都容易发生意外伤害；另一方面，托幼机构安全管理不到位往往是导致意外伤害发生的关键因素。如班级规模过大、空间狭小、幼儿教师人手不足，忽视安全教育、安全管理制度执行不严，保教人员安全意识不强，缺乏责任心、缺乏对危险因素的预见性，场地设施存在安全隐患等。

（2）社会变迁。社会发展和变迁带来了环境变化，也加剧了意外伤害的发生。

2. 常见意外伤害的处理程序

幼儿园意外伤害的急救处理程序通常包括如下步骤：

1）判断伤情

① 伤情严重者，现场急救，寻求帮助（打急救电话—送医院—通知家长）。

② 伤情不严重者，园内处理（通知保健医生—处理伤情—通知家长）。

2）现场急救。应遵循“抢救生命，防止残疾，减少痛苦”的原则，对呼吸、心跳停止的伤者马上实施心肺复苏术；对呼吸道异物实施异物排出；对出血者进行止血处理等。抢救时，动作尽量轻，并给予伤者语言安慰和鼓励，稳定其情绪，缓解其恐惧心理。

3）启动紧急预案。常见的幼儿园紧急预案程序如下：

① 立即通知相关人员(园长、医生)。

② 现场急救或进行必要的处理(医生/现场人员)。

③ 送医院,通知家长、建事故档案(医生、教师)。

④ 调查事故起因并提出改进方案(园长、教师)。

⑤ 针对意外伤害开展全园安全教育活动,慰问受伤儿童。

⑥ 后续追踪。

3. 常用急救技术

学前儿童意外伤害具有事发突然、危害大等特点。幼儿教师必须“掌握意外事故和危险情况下幼儿安全防护与救助的基本方法”。

1)人工呼吸实施方法。口对口进行人工呼吸,是在无抢救工具的情况下,最常用而且简答有效的方法。

(1)判断有无呼吸。将耳朵贴近伤者的口鼻,或将手放在伤者鼻子附近感觉有无气息,观察伤者胸部有无起伏动作。如没有呼吸,应立即实施抢救。

(2)保持呼吸通畅。伤者取仰卧位,清除口腔中异物,解开衣领、裤带,头向后仰,保持呼吸道畅通。

(3)实施口对口呼吸。救助者一只手捏住伤者的鼻孔,另一只手托起下颌,伤者的头尽量往后仰;嘴紧贴嘴呈密封状,缓慢吹气,直至胸部隆起。每次吹完一口气,嘴离开,观察伤者胸部回落状况。吹气量大小以吹完气后伤者的胸腹部略有起伏来判断,吹气频率为每3秒实施1次。救助者需要反复吹气,直至伤者恢复自主呼吸,或至救援医生到达。

2)胸外心脏按压实施方法

(1)检查有无心跳。将手放在颈部动脉或股动脉处检查有无搏动;或用耳贴在伤者胸前听有无心跳。若没有脉搏和心跳,要立即启动急救。

(2)事前准备。让伤者仰卧在坚实的平面上,或在背部垫上木板。解开伤者衣物,选择按压部位(按压心前区,胸骨下部1/2段)。

(3)心脏按压。急救人员跪在患儿的一侧,将一只手掌根部放在心前区(胸骨下部),肘关节伸直,有节律地向下冲击压迫(压迫力度以胸骨下陷2～3厘米即可),随即放松(挤压时要慢,放松时要快),让胸部自行弹起(手不离开胸),如此反复,直至心跳恢复。心脏按压频率与心率相同(每分钟60～80次)。婴儿用中间的3根手指按压即可。胸外心脏按压操作要注意按压力度,如果用力过小达不到挤压目的,用力过大,部位不正确可导致胸骨、肋骨骨折及内脏损伤。如果伤者同时伴有呼吸、心跳停止,需要进行心肺复苏术。通常吹气与挤压的比例为1∶4～1∶5,即吹1口气,挤压4～5次。

3)呼吸道异物的急救方法

(1)手指抠咽喉法。救助者将伤者头后仰,强行用食指沿伤者的颊内侧深入口腔和咽部迅速将异物抠出。该方法适用于异物堵在咽喉附近者。

(2)手掌背击法。将伤者背上半身倾斜,头向下;救助者一手支托其胸部前,另一手掌连续猛击伤者背部两肩胛间5次,促使伤者咳嗽,将呼吸道异物排出。该方法适用异物进入气管堵塞呼吸道者。

(3)腹部推压法。又称海姆立克急救法。救助者从背侧用双手臂环抱伤者上腹部;一手放在正中线脐上，另一手紧握此手；救助者用力压住伤者腹部6～10次，促使上呼吸道堵塞物吐出。该方法适用于异物进入气管堵塞呼吸道者。

4）止血的方法

（1）指压止血法。用手指、手掌或拳头压迫出血血管的上端（近心端），将血管压闭，阻断血液流出。适用于出血量大的情况，紧急时，不适宜长时间使用。

（2）加压止血法。用干净的纱布或毛巾直接按压在伤口上，用手压迫止血，通常压迫15分钟即可止血；如果仍有血渗透出纱布，可在原有的纱布上再加盖一块纱布继续加压止血。常用于血流不急的小动脉、静脉和毛细血管出血。

（3）止血带止血法。用止血带扎在伤口上方，阻止血液流出。操作方法：先在使用止血带的部位垫上毛巾，然后用止血带扎住。为防止组织缺血坏死，应每隔15～29分钟放松一次止血带。如果出血已停止，不必再结扎。此法适用于四肢大血管出血。

（4）一般止血。小伤口出血，在清洗伤口后用创可贴或干净的纱布包扎即可。

5）骨折的处理。临床上骨折的类型分为开放性骨折、闭合性骨折和青枝骨折。临床表现为剧烈疼痛，骨折处出现皮肤肿胀、畸形，并伴有肢体功能丧失，不能活动等。处理方法：

（1）止血。如果骨折为开放性骨折伴有出血，首先要进行止血处理。

（2）固定。对骨折断端的上下两个关节进行固定，防止搬运过程中，造成二次损伤。如果是脊椎、胸椎、颈椎骨折，必须选用硬木板或门板、硬担架作为搬运和固定工具；4人或3人托住伤者同时抬起，使骨折处不再移动，将伤者小心地平放在木板或硬担架上；用绷带或绳索将整个身体固定在木板上，然后送医院。或拨打120急救电话，等待专业人员来搬运。

6）皮肤破损和青肿的处理

① 如果有出血，出血量不大，可采取指压止血。

② 送医务室处理伤口。如果伤口有污物，先用棉签蘸清水由内向外将污物清洗干净，再用75%的酒精由内向外进行消毒，然后用创可贴或纱布做简单包扎（夏季一般不包扎）。伤口处理的重点是防止感染。

③ 如果伤口较大、较深，在做初步清洗和消毒后，用一干净纱布盖在伤口表面，马上送伤者去医院进一步消毒、缝合伤口及实施抗破伤风处理。

④ 如果皮肤没有破损，仅出现红肿或青肿，切不可用手揉伤处，让幼儿试着慢慢活动，确认有无大碍。若仅有皮下出血可抬高患部、冷敷，24小时改用热敷，促进血液循环和淤血的吸收。皮下淤血大约需要2周或者更长时间才慢慢被吸收。

7）烫伤的处理

① 切断电源，冷却烫伤处。

② 冷却处理后用剪刀将衣服剪开。

③ 根据烫伤程度给予不同的处理。Ⅰ度烫伤只需在烫伤部位涂一层烫伤药膏即可，一般4～5天即可自愈；浅Ⅱ度烫伤尽量不要弄破水疱，可涂烫伤膏。深Ⅱ和深Ⅲ度烧伤或烫伤面积较大，冷却后送医院。

8)鼻出血的处理

① 安慰儿童不要惊慌、啼哭,安静地坐下,头稍向前倾,减少血液流入口腔引发恶心、呕吐。

② 用手指压迫鼻翼约10分钟,或者用干净的棉球、纸团塞入出血鼻孔。

③ 用冷毛巾敷在前额鼻根部或脖子后面,应尽快送幼儿去医院医治。

9)骨刺、鱼刺的处理。让幼儿张开嘴,如能看见异物,可用镊子夹出;如看不到异物,可用筷子或勺子刺激幼儿咽部呕吐,促使异物排出。如果上述方法不能将异物排出,应马上送医院处理。切忌采用饮醋、吞咽饭菜等方式强行将异物往食道下吞咽,尤其是鱼刺、骨刺等尖利异物,若强行吞咽可能导致异物下行时将食道、食道附近血管刺破,引发大出血危及生命。

10)耳道异物

① 如果异物为小昆虫,可用灯光或手电筒放在外耳道口,利用昆虫的趋光性引诱昆虫爬出耳道;或滴入油剂、酒精等将其淹死,再通过单脚跳让耳内液体和昆虫流出,或者用棉签轻轻将液体和昆虫取出。

② 如果异物为植物,如谷粒、豆类、小果核等,可先采用单脚跳的方式让异物顺着耳道掉出来。如果该方法仍不能将其取出,建议送医院。注意植物类异物不宜用水,以免膨胀后更难取出。

11)眼内异物

(1)结膜异物。将眼睑轻轻翻开吹一口气,刺激眼睛流泪,将异物冲洗出;或用清水冲洗眼睛,让异物随清水一起流出;或用干净棉签轻轻将异物沾除。异物清除后,滴1～2滴氯霉素眼药水防止感染。

(2)角膜或眼球异物。用干净纱布或手帕盖住眼睛,立即送医院处理。

(3)化学异物。立即用大量清水仔细清洗,清洗时间不少于20分钟。确认冲洗干净之后,再送医院处理。但如果是生石灰,则千万不能用水直接冲洗。应迅速用干净的棉签或手绢将石灰拨出,再用清水反复冲洗。

12)溺水的处理。溺水抢救的关键是迅速使气道通畅,恢复血液循环。

(1)疏通呼吸道。立即将溺水者救上岸,清除口、鼻内的污泥、杂草及分泌物,解开衣领和裤带,保持呼吸道通畅。

(2)尽快倒出体内积水。让溺水者头朝下,身体放在救护者的膝盖上(头低脚高呈俯卧位),轻压腹部,让灌入呼吸道和胃里的水流出。

(3)如果溺水儿童停止呼吸和心跳,要立即进行心肺复苏术,并拨打120急救电话。

13)急性中毒

(1)煤气中毒。立即打开门窗,尽快将中毒者移至通风的房间或户外,呼吸新鲜空气,同时注意保暖。呼吸、心跳已停止者,立即对其进行胸外心脏按压和口对口人工呼吸,护送至医院进行抢救。

(2)食物中毒。食物中毒是误食含毒食物引起的,包括细菌性食物中毒、化学性食物中毒及有毒动植物中毒,其中以细菌性食物中毒为最常见。对于细菌性食物中毒的患儿,应立即将其送往医院进行抢救,并收集残留食物、呕吐物、排泄物送医院检查。

(3)误服毒物。儿童误吃有毒的东西,或乱服药片、药水等,要立即催吐、洗胃,以尽量减少有毒物质的吸收。

• 如果患儿未处于昏迷状态，教师要耐心地给孩子讲道理，让孩子配合治疗。可先让患儿喝些清水，再采用机械刺激的方法催吐。

• 如果孩子食入腐蚀性较强的毒物，可使用面糊、蛋清、豆浆、牛奶等洗胃。若孩子误将碘酒当作止咳药服用了，可用米汤洗胃。米汤中的淀粉与碘发生化学反应，可达到解毒的目的。

• 若食入毒物已超过4个小时，毒物进入肠道，洗胃就没有用了，应迅速送医院处理。

• 在急救的同时，要收集患儿吃剩的东西、呕吐物，以供医生检验毒物的性质，为进一步解毒、治疗提供依据。

14）惊厥、晕厥、休克

（1）惊厥。惊厥俗称抽风，常突然发作，表现为意识短暂丧失，眼球固定、上转或斜视等症状。儿童惊厥时，应让其平卧，保持安静，少移动，解开衣服，用筷子或手帕垫在患儿的牙齿之间，防止患儿咬破舌头，用针刺或手指重压人中、合谷、内关等穴位，使痉挛停止，并及早送医院治疗。

（2）晕厥。晕厥是短时间大脑供血不足而失去知觉。晕厥发生前，患儿多有头晕、恶心、心悸、眼前发黑等症状，然后晕倒，面色苍白、出冷汗，但很快能清醒过来。儿童晕厥时，应让其平卧，头部略放低，脚略抬高，以改善脑缺血状况，松开衣领、裤带。一般经短时间休息后即可恢复。

（3）休克。休克是疾病发展到一定程度时的严重表现。患儿休克时血压下降，脸色苍白，肢端发冷。此时，应迅速将其放平，头部略低，注意保暖，速送医院治疗。

15）触电。儿童触电常因为玩弄电器、湿手摸开关、摸灯头等引起。儿童触电时，首先应在保证自身安全的情况下切断电源。如果电闸离得很远或一时找不到，可用干燥的木棍、竹竿等绝缘工具，把触电者身上的电线挑开。对呼吸、心跳已停止的触电者，应立即做口对口人工呼吸和胸外心脏按压，不可中断，直到送进医院。

16）中暑。患儿中暑时，应迅速将其移至阴凉通风的地方，解开衣扣，躺下休息。用冷水浸湿毛巾敷在头上，用扇子扇风，帮助散热。患儿若能自己饮水，就让他多喝一些清凉饮料，还可服十滴水、仁丹。

17）冻伤。救治冻伤的原则是保暖复温。轻度冻伤多发生在耳郭、手、足等部位，仅伤及皮肤表层，局部红肿，感到痒和痛。在冻伤部位可用白酒、辣椒水轻轻涂擦，再涂上冻疮药膏，伤愈后不留瘢痕，但再受冻易复发。对于重度冻伤的患儿，应注意保暖并及时送医院处理。

18）叮咬伤的处理

（1）猫狗咬伤。被猫狗咬伤后，如果受伤部位皮肤已破，应立即用水龙头急水冲洗，或用3%～5%肥皂水反复冲洗伤口，并用手挤压伤口周围，将血挤出，以防狂犬病毒进入机体。冲洗干净后，马上用75%的酒精对伤口进行消毒，然后再用碘酒消毒。之后，马上到医院接种抗狂犬病抗体和狂犬疫苗。无论动物是否患有狂犬病，都要按照上述方法处理。狂犬病毒在动物和人体内可潜伏1～3个月，动物当时没有发病并不代表未感染狂犬病毒。

（2）蜂蜇伤。幼儿被蜂类昆虫蜇伤后，应该迅速用消毒后的针将毒刺取出，挤压蜇伤部位排除毒素。蜇伤后伤口会出现酸痒症状，要防止幼儿挠抓伤口，以免伤口进一步感染、扩散，然后用药物对伤口进行处理。

在处理蜂类蜇伤时应当注意，蜜蜂的蜂毒呈弱酸性，因此被蜜蜂蜇伤后，可用弱碱性溶液（如肥皂水、淡石灰水等)外敷清洗，以中和酸性毒素，必要时可用冰敷以减轻红肿疼痛。而黄蜂与蜜蜂不同，其毒素呈现弱碱性，被蜇伤后需要用酸性物质中和毒素，可用棉花蘸柠檬汁轻拍伤口，也可用醋及稀释后的醋酸或硼酸冲洗。在简单处理后，观察幼儿有无过敏反应，如果幼儿有过敏反应，教师应该及时将幼儿送到医院接受治疗。

三、突发事件的应急处理办法

1. 地震

地震发生时，教师需要有清醒的头脑，正确、快速引导幼儿逃生。

在操场或室外时，可原地不动蹲下，双手保护头部，注意避开高大建筑物或危险物，千万不要让孩子回到教室去。震后应当有组织地撤离到安全带。

如果在教室，组织儿童选择好躲避处后蹲下或坐下，脸朝下，额头枕在两臂上，或抓住桌腿等身边牢固的物体，以免震时摔倒或因身体失控移位而受伤。要用手护住头部或后颈，低头、闭眼，有可能时，可用湿毛巾捂住口、鼻，以防灰土、毒气。室内较安全的避震空间有承重墙墙根和墙角、铺设水管和暖气管道等处。千万不要让孩子跳楼，不要站在窗前，不要到阳台上去，以免受伤。

2. 火灾

火灾发生时，教师必须及时拨打报警电话，立即参与和组织力量抢救。当班教师注意不要惊慌，有组织地引导幼儿疏散，稳定幼儿情绪，防止幼儿因恐慌而跳楼。逃生时为了防止浓烟引起窒息，可用毛巾、口罩蒙鼻，快速撤离火灾现场。也可向头部、身上冷水或用湿毛巾、湿棉被、湿毯子等将头、身裹好，再冲出去。

在火灾现场，不得让幼儿参与救火。撤离到安全地带后，教师应迅速清点幼儿人数，并向指挥教师汇报情况。火扑灭后，要注意保护现场，接受事故调查，如实提供火灾情况。

教师应通过一日生活、班会，利用专题讲座、宣传栏、横幅等多种形式和手段，对幼儿及家长进行安全防范及紧急救助等方面的安全教育。

重点知识点汇总

(1)一日生活的教育意义。

(2)生活与卫生习惯养成教育的关键点。

(3)幼儿园生活常规教育的意义与方法。

经典真题解析

选择题

1.《幼儿园工作规程》指出，幼儿园应当制定合理的幼儿一日生活作息制度，正餐间隔时间不少于(　　)。

A. 2.5小时　　B. 3小时　　C. 2小时　　D. 3.5小时

答案 D

2. 制定幼儿班级生活常规的主要目的是(　　)。

A. 让幼儿学会服从　　B. 帮助幼儿学会自我管理

C. 维持纪律　　D. 便于教师管理

答案 B

解析 班级生活常规有利于培养儿童良好的生活卫生习惯和基本生活自理能力。

3. 婴幼儿应多吃蛋、奶等食物,保证维生素D的摄入,以防止因维生素D缺乏引起的(　　)。

A. 呆小症　　B. 异嗜癖　　C. 佝偻病　　D. 坏血病

答案 C

解析 佝偻病是3岁以下幼儿的常见病,是缺乏维生素D导致体内钙、磷代谢紊乱而使骨骼钙化不良的一种疾病。

4. 被黄蜂蜇伤后,正确的处理方法是(　　)。

A. 涂肥皂水　　B. 用温水冲洗

C. 涂食用醋　　D. 冷敷

答案 C

解析 本题需要特别注意黄蜂和蜜蜂的区别。

5. 幼儿鼻中隔是易出血区,该处出血后,正确的处理方法是(　　)

A. 鼻根部涂紫药水,然后安静休息

B. 让幼儿头略低,冷敷前额、鼻部

C. 让幼儿仰卧休息

D. 止血后,半小时内不剧烈运动

答案 B

单元自测

一、单项选择题

1. 幼儿园一日生活是根据幼儿的(　　)来安排幼儿一天生活的。

A. 个体差异　　B. 需要

C. 生活特点　　D. 个性特点

2. (　　)教育是幼儿园为了培养幼儿良好的生活习惯和生活基本能力,确保幼儿健康成长而制定的幼儿园生活各环节的基本规则与要求。

A. 学习常规　　B. 生活常规

C. 活动常规　　D. 体育常规

3. 下列关于幼儿睡眠的说法正确的是(　　)。

A. 3～6岁的儿童白天睡眠时间平均3小时较为合理

B. 幼儿教师在睡觉前可以给儿童讲引起悬念的故事

C. 有些幼儿喜欢趴着睡觉,教师不能干预幼儿睡觉姿势的喜好

D. 睡眠时生长素的分泌有助于幼儿大脑皮层的发育

4. 下列观点正确的是(　　)。

A. 幼儿园教育活动比其他活动重要

B. 幼儿园保育员的地位低,因为他们的工作不是那么重要

C. 幼儿园的各项活动应有机联系在一起

D. 幼儿园里幼儿睡眠、盥洗等活动是次要活动

5. 手足口病属于(　　)。

A. 呼吸道传染病　　B. 消化道传染病

C. 血液传染病　　D. 体表传染病

6.(　　)是合成血红蛋白的重要原料。

A. 维生素　　B. 糖类

C. 铁　　D. 蛋白质

7. 下列关于幼儿营养元素的说法错误的是(　　)。

A. 糖类可以为幼儿提供足够的蛋白质

B. 钙能促进幼儿牙齿和骨骼的生长发育

C. 维生素A和视力发育密切相关

D. 缺铁会导致幼儿贫血

8. 下列关于幼儿进食时的做法错误的是(　　)。

A. 幼儿的餐桌椅应符合幼儿的身高

B. 批评不符合进食要求的幼儿

C. 要求幼儿保持恰当的进食速度

D. 不允许幼儿在进餐时谈笑打闹

9. 换季时,幼儿容易患病,下列预防幼儿患病的做法错误的是(　　)。

A. 发病季节,尽量少带领幼儿去公共场所

B. 随着温度的变化,增减幼儿的衣服

C. 关好门窗,防止风吹进幼儿活动室

D. 多让幼儿到户外锻炼,提高对环境冷热变化的适应能力

10. 某幼儿拿着削铅笔的小刀玩耍,不小心刺伤了自己的手指,伤口渗出血珠,关于此案例下列做法错误的是(　　)。

A. 如果伤口有异物,首先必须将异物冲洗干净

B. 幼儿活动中难免受伤,幼儿新陈代谢旺盛,恢复很快,不必在意

C. 应让幼儿使用比较安全的削笔刀,例如卷笔刀,直接用小刀不利于幼儿安全

D. 如果伤口较小、较浅,可以直接压迫止血

11. 当幼儿不慎发生磕碰事故,出现红肿情况时应该立刻(　　)处理

A. 温柔安慰幼儿,冷敷

B. 温柔安慰幼儿,用手轻揉止痛,再冰敷

C. 温柔安慰幼儿,热敷

D. 温柔安慰幼儿,用手轻揉止痛,再热敷

12. 学前儿童在做下列哪种活动时最容易发生意外伤害(　　)。

A. 体育活动　　B. 上厕所

C. 娱乐活动　　D. 洗澡

13. Ⅱ度烧(烫)伤损伤人体的(　　)。

A. 皮肤表层　　B. 真皮层

C. 皮下组织　　D. 肌肉

14. 正常幼儿每日总热量的需求为每千克体重(　　)千焦耳,而且各种供能营养素之间应保持平衡,蛋白质、脂肪、碳水化合物三者重量的合理比值十分重要。

A. 230　　B. 380

C. 560　　D. 420

15. 不属于幼儿园一日活动安排中须正确处理的关系的一项是(　　)。

A. 个别与集体的关系　　B. 自选与指定活动的关系

C. 分散与集中的关系　　D. 家长与教师的关系

16.(　　)是指幼儿在游戏场地中人均所占的面积,其值越大,表明越宽敞,反之,则越拥挤。

A. 时间密度　　B. 教室大小

C. 可用面积　　D. 空间密度

17. 健康检查的种类不包括(　　)。

A. 儿童家长入所(园)前体格检查

B. 晨间检查及全日健康观察

C. 儿童入所(园)前体格检查和儿童入所(园)前家庭访视

D. 定期儿童体格检查

18. 儿童的睡眠时间,应随年龄和健康状况而异,年龄小体质弱的儿童睡眠时间需相应延长,3～4岁每天需要(　　)个小时睡眠。

A. 8～9　　B. 9～10

C. 11～12　　D. 12～13

19. 幼儿的体温比成人略高,正常体温(腋表)为36～37.4℃。一昼夜间,有生理性波动。测量幼儿体温最好在其进食(　　)小时以后,安静状态下进行。

A. 1　　B. 2

C. 3　　D. 0.5

20. 近几年来，患肥胖症的幼儿越来越多，治疗肥胖首先应适当地(　　)，同时必须从精神上对患儿予以鼓励和协调。

A. 增加运动　　B. 限制饮食

C. 进行针灸治疗　　D. 进行药物治疗

二、简答题

简述一日生活的重要意义。

第三章　【参考答案】

一、单项选择题

1. **答案**　C　**解析**　幼儿园一日生活是根据幼儿的生活特点安排幼儿一天的生活，即对幼儿主要的生活内容，如吃、睡、活动等在时间和顺序上予以合理安排与划分。《幼儿园工作规程》明确指出，"幼儿一日活动的组织应动静交替，注重幼儿的实践活动，保证幼儿愉快的、有益的自由活动"。幼儿园的一日生活应包括入园、盥洗、如厕、进餐、睡眠、游戏、教学活动、户外活动和离园等环节。

2. **答案**　B　**解析**　生活常规教育是幼儿园为了培养幼儿良好的生活习惯和生活基本能力，确保幼儿健康成长而制定的幼儿园生活各环节的基本规则与要求。幼儿园生活常规对幼儿在幼儿园每天生活活动的内容、时间、程序等均有明确的规定，使幼儿的一日生活能在一定的节奏、秩序和规律中进行，有利于培养幼儿良好的生活卫生习惯和基本生活自理能力，同时生活常规也是实现幼儿园教育目标的重要保证。

3. **答案**　D　**解析**　托幼机构和家庭要引导幼儿在睡眠时不趴卧、不跪卧、不蒙头，这样才能保证幼儿的安全和身体健康。3至6岁儿童白天睡眠时间平均2至2.5小时较为合理。幼儿教师在睡觉前给儿童讲引起悬念的故事，会引起儿童的好奇心而不能帮助幼儿入睡。

4. **答案**　C

5. **答案**　B

6. **答案**　C　**解析**　营养素是指各种食物所包含的维持和促进人体生长发育和健康所需要的营养成分，主要包括蛋白质、碳水化合物、脂肪、无机盐、维生素、水六大营养素。

7. **答案**　A　**解析**　糖类和蛋白质都是人体必需的营养素。糖类能帮助节省蛋白质，但无法提供蛋白质。

8. **答案**　B　**解析**　在进餐活动中，教师主要扮演帮助和引导者的角色。必须注意不鼓励幼儿进餐比赛，不催促幼儿快吃，不要求幼儿必须将碗中的食物吃干净；不在吃饭过程批评、指责幼儿，不将吃饭或食物作为奖励工具，进餐中教师不能在一旁聊天，从容面对挑食幼儿，不强迫用餐，对不挑食的孩子及时适当表扬。鼓励幼儿独立进餐。

9. **答案**　C　**解析**　幼儿园应在气候和季节变化之际，注意帮助幼儿预防感冒。平时要有意识注意锻炼和保证营养全面平衡，增强儿童的体质和免疫力。不要给孩子穿衣过多，随气候变化做好添、减衣物的日常照料工作。每天至少开窗通风两次，保证室内空气流通、新鲜，保证大脑供氧，预防传染病。

10. **答案**　B　**解析**　① 如果有出血，出血量不大，可采取指压止血；② 送医务室处理伤口。如果伤口有污物，先用棉签蘸清水由内向外将污物清洗干净，再用75%的酒精由内向外进行消毒，然后用创可贴或纱布做简单包扎（夏季一般不包扎）。伤口处理的重点是防止感染。

11. **答案**　A　**解析**　如果皮肤没有破损，仅出现红肿或青肿，切不可用手揉伤处，让幼儿试着慢慢活动，确认有无大碍。若仅有皮下出血，可抬高患部、冷敷，24小时改用热敷，促进血液循环和淤血的吸收。

12. **答案**　C

13. **答案**　B　**解析**　烫伤是学前儿童在家庭中发生率较高的一种意外伤害。导致儿童烫伤的热源常见开水、茶水、热汤饭、热蒸汽、热油、火等。临床按皮肤受损程度常将烫伤分三度。Ⅰ度烫伤是指伤及表皮层，局部血管有充血、扩张和渗出液体，表现为皮肤红肿、疼痛。Ⅱ度烫伤伤及真皮层，分浅Ⅱ度和深Ⅱ度。前者伤及真皮浅层，表现为剧烈疼痛、有水泡。深Ⅱ度伤及真皮深层，疼痛不是太剧烈、有或无水泡、伤处皮肤苍白，愈后会出现色素沉着。Ⅲ度烫伤伤及皮肤全层，可累及肌肉和骨骼组织，表现为皮肤痛觉消失、无弹性、干燥、无水泡，愈后留下瘢痕。

14. **答案**　D

15. **答案**　D　**解析**　幼儿园一日活动安排中须正确处理的几个关系：① 分散与集中的关系；② 室内与室外的关系；③ 个别与集体的关系；④ 动态与静态的关系；⑤ 生活与其他活动的关系；⑥ 自选与指定活动的关系。

16. **答案**　D

17. **答案**　A

18. **答案**　D　**解析**　儿童的睡眠时间，应随年龄和健康状况而异，年龄小体质弱的儿童睡眠时间需相应延长，3～4岁每天需要12～13个小时，5～6岁每天需要11～12个小时。

19. **答案**　D

20. **答案**　B　**解析**　治疗肥胖首先应适当地限制饮食，食品应以蔬菜、水果、米饭、麦食为主，外加适量的蛋白质，包括瘦肉、鱼鸡蛋、豆类、豆腐等。饮食管理需长期坚持，方能获得满意效果。

二、简答题

答　一日生活的重要意义在于：

（1）保护幼儿身体的健康发育。幼儿园一日生活能够保护和支持幼儿生理活动的正常进行，可进一步促进幼儿身体各系统的健康发育。

(2)有利幼儿心理的健康发展。合理的幼儿园一日生活不仅能够保证幼儿集体生活的有序和顺畅,而且还能够促进幼儿自我意识和自我控制水平的提高,对幼儿心理的健康发展具有重要意义。

(3)培养幼儿良好的生活习惯。合理的幼儿园一日生活可以培养幼儿按一定时间和规律吃饭、活动(包括学习和游戏活动)、睡眠等,能够使幼儿更快更好地熟悉和适应生活环境,从而达到保护幼儿身心健康的目的。

(4)促进幼儿的学习。幼儿园日常生活是幼儿教育的重要内容,也是教育的重要途径。选择贴近幼儿生活、令幼儿感兴趣的事物和问题,有助拓展幼儿的经验和视野。

第四章　环境创设

考试要求

（1）熟悉幼儿园环境创设的原则和基本方法。

（2）了解常见活动区的功能，能运用有关知识对活动区设置进行分析，并提出改进建议。

（3）了解心理环境对幼儿发展的影响，理解教师的态度、言行在幼儿心理环境形成中的重要作用。

（4）理解协调家庭、社区等各种教育力量的重要性，了解与家长沟通和交流的基本方法。

本章内容简介

孟母三迁的故事告诉我们，环境的作用不可忽视。幼儿每天大部分的时间都在幼儿园，因此幼儿园的环境创设至关重要。幼儿园环境是幼儿耳濡目染的教育介质，是幼儿自然成长的良师益友，多层面的环境伴随着幼儿的生活，它既能满足幼儿的好奇心，又能激发幼儿动手参与的愿望。在幼儿园的教育活动中，环境作为一种“隐性课程”，在开发幼儿智力、促进幼儿个性方面，应高度重视。

本章主要了解幼儿园环境创设的意义，功能和环境创设的基本原则，简单介绍了常见活动区的功能还能结合幼儿园实际加以运用，并提出改进建议；还介绍了心理环境对幼儿成长的重要意义；最后还介绍了协调家庭、社区等各种教育力量的重要性，以及一些与家长沟通和交流的基本方法。

本章的考试重点是幼儿园环境创设的原则，在考试中主要涉及单选题、简答题、材料分析题。

第一节　幼儿园环境创设概述

考纲提要

了解幼儿园环境的含义和意义，掌握幼儿园环境创设的原则以及注意问题。

内容结构图

本节内容框架如图4-1所示。

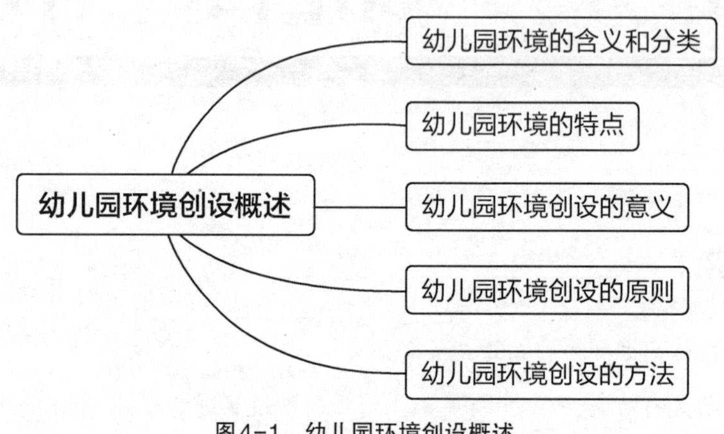

图4-1　幼儿园环境创设概述

人的生存与发展离不开环境，幼儿的健康成长更是如此。作为促进幼儿身心发展的重要场所——幼儿园，环境具有特殊的意义与价值，加之3～6岁的幼儿不具备成人对环境的选择、适应、改造等能力，所以创设科学的幼儿园教育环境显得尤为重要。

那么，什么是幼儿园环境？幼儿园环境具体包括什么？相对于其他环境，幼儿园环境有什么特点？幼儿园环境对幼儿发展的价值在哪里？如何创设幼儿园环境？通过以下内容的学习，对幼儿园环境形成系统全面的认识。

一、幼儿园环境的含义和分类

1. 幼儿园环境的含义

环境是指人类社会赖以生存和发展的各种物质条件和精神条件的总和。

广义的幼儿园环境是指幼儿园教育赖以进行的一切条件的总和，包括幼儿园内部小环境，又包括园外的家庭、社会、自然、文化等大环境对幼儿身心发展产生影响的外部因素。

狭义的幼儿园环境是指在幼儿园内，对幼儿身心发展产生影响的物质与精神的要素的总和。幼儿的成长离不开环境，幼儿会从环境中吸取他所看到或感受到的东西，并将其融入生命体验之中。

环境对幼儿健康发展的影响是极其重要和深远的。我国古代对此就有精辟的论述。如“近朱者赤、近墨者黑”，就是强调环境对人的感染作用。

2. 幼儿园环境的分类

幼儿园环境按其性质可分为物质环境和精神环境两大类。

1）物质环境。主要包括门厅、器材、午休室、活动室、多功能室、庭院、墙面、窗户及相关的设施和设备，是幼儿园教育赖以生存的物质基础。

物质条件的好坏与教育质量的关系密切。一个良好的物质环境能陶冶幼儿的性情，激发幼儿的好奇心、鼓励幼儿的探索行为，使幼儿在操作和摆弄各种材料的过程中，学习知识，获得各种社会行为，实现个人的发展。如果盲目地追求幼儿园物质条件的高标准、超豪华而不注意提高教师的水平，是难以发挥物质环境的教育效益的。

2）**精神环境**。精神环境在幼儿园里主要可分为人际环境和人文环境。

人际环境主要体现在师幼关系、同伴关系，同事关系以及家园关系等。人文环境主要是指园的氛围，园本文化，园风园貌以及老师的教育观、儿童观等。

瑞典教育家爱伦凯说，环境对一个人的成长起着非常重要的作用，良好的环境是孩子形成正确思想和优秀人格的基础。幼儿园的精神环境虽然看不见摸不着，但其中蕴含的自由、平等、宽容的教育理念直接影响幼儿社会性发展，从而在一定程度上促使幼儿形成正确的世界观、人生观、道德观、审美观和价值观，最终培养幼儿积极情感，促进人格发展。

二、幼儿园环境的特点

著名教育家陈鹤琴先生曾经说过："怎样的环境就得到怎样的刺激，得到怎样的印象。"作为专门的幼儿教育机构，幼儿园环境有别于家庭环境，也不同于学校环境，幼儿教育的特殊性决定了幼儿园环境必须以幼儿身心和谐发展为出发点和归宿。结合幼儿园的任务、保育和教育的目标，以及幼儿发展与环境的关系，可以归纳出如下幼儿园环境的特点：

1. 环境的教育性

幼儿园作为专门的幼儿教育机构，其环境创设与其他非教育机构有显著区别。在《幼儿园教育指导纲要（试行）》（简称《纲要》）指导下，从幼儿的需要和发展特点出发，有目的、有计划、有组织地精心创设环境。在幼儿园教育中，环境创设不仅是美化的需要，而且是教育者实现教育意图的重要中介。教育者把教育意图隐含于环境中。让环境说话，让环境启发幼儿应有的行为。因此幼儿园的环境具有教育功能，是为实现教育目标服务的。

2. 环境的可控性

幼儿园内环境与外界环境相比具有可控性，即幼儿园内环境的构成处于教育者的控制之下。具体表现在两个方面：一方面，社会上精神、文化产品以及各种儿童用品等在进入幼儿园时，必须经过教师精心筛选、甄别，取其精华，去其糟粕，以有利幼儿发展为选择标准；另一方面，教师根据幼儿教育的要求及幼儿的身心发展特点，有效地调控环境中的各种要素，促进全体幼儿全面发展。

三、幼儿园环境创设的意义

《幼儿园教育指导纲要》（以下简称《纲要》）明确要求，"幼儿园应为幼儿提供健康、丰富的生活和活动环境，满足他们多方面发展的需求，使他们在快乐的童年生活中获得有益于身心发展的经验"。可见，在幼儿园，环境是重要的教育资源，良好的环境创设与利用能使幼儿在与环境的互动中获得各方面能力的发展。

1. 提供发展保障

《纲要》指出："幼儿园空间、设施、活动材料和常规要求应有利于幼儿的主动探索和幼儿间的交往。"环境创设的最终目的是能有效地激发幼儿发现的欲望、探究的兴趣，在动手操作各种材料过程中学习知识,获得社会性行为,从而实现幼儿的主动发展。

2. 促进身心健康

幼儿园教育是基础教育,这个基础就是培养“身心健康,人格健全”的人,是百年大计。我们有责任让“健康(身心健康)第一”的理念深入人心,并获得社会与家长的认可与支持。教师就可以通过创设或改变环境来支持和引导幼儿的活动,从而使教育效果更显著。

3. 激发创新潜能

3~6岁的幼儿的大脑正趋于完善,环境的各种信息和存在对幼儿的智能发展能够起启发、刺激的作用。在教师的精心设计和布置的活动环境中,幼儿运用各种感官去体验、观察、操作、思索、发现、创造,在潜在的学习环境中学到粗浅的知识,可以发展思维,锻炼各项能力,从而促进其智力的发展。所以,要实现幼儿园环创的教育意义,必须以孩子为导向,以科学合理的办法去实现。

四、幼儿园环境创设的原则

随着社会对幼儿教育的日益重视,幼儿园环境的创设也越来越重要。幼儿园环境创设既要符合幼儿身心发展特点和幼儿园教育规律,还应该体现无声教科书的功能,这就要求幼儿园环境创设遵循一定的原则。

1. 环境与教育目标相一致的原则

环境与教育目标的一致性原则即环境创设的目标要符合儿童全面发展的需要,与教育目标相一致。要注重环境为教育目标服务,应该考虑如下两点:

1)环境创设要有利教育目标的实现。幼儿园教育目标是促进幼儿的全面发展。在环境创设时对幼儿体、智、德、美四育不能重此轻彼。

2)依据幼儿园教育目标,对环境设置做系统规划。在制定学期、月、周、日及每一次活动计划时,当教育目标确定后,应考虑为了达到这些目标,需要什么样的环境与之配合。

2. 适宜性原则

适宜性原则是指幼儿园环境创设要符合儿童的年龄特征及身心健康发展的需要,促进每个儿童全面、和谐地发展。幼儿正处于身体、智力迅速发展以及个性形成的重要时期,有多方面的发展需要。

1)幼儿园环境创设应与幼儿身心发展的特点和发展需要相适宜。如幼儿天性好奇,有强烈的探索欲望,教师应为幼儿创设问题情境,使幼儿能学习发现问题、解决问题,提高思维水平和动手能力。

2)环境创设应适应幼儿的差异。如小班幼儿喜欢平行游戏,提供的玩具就应该同品种的数量多一点,中、大班象征性游戏水平较高,提供的玩具材料可以是一物多用的。

3. 幼儿参与性原则

幼儿参与性原则是指:环境创设过程是幼儿与教师共同合作、共同参与的过程。幼儿园的环境创设必须以幼儿为主体,创设幼儿熟悉、喜爱和积极投入的环境,让幼儿感到自己是环境的主人,并能主动参与到环境的布置中去,并从参与过程中获得知识,提高幼儿的认知能力,促进幼儿操作技能的发展。

环境创设过程是幼儿与教师共同参与合作的过程。教育者要有让幼儿参与环境创设的意识,认识幼儿园环境的教育性不仅蕴涵于环境之中,而且蕴涵于环境创设的过程中。墙饰应培养幼儿初步的对美的感受、表现美的情趣和能力，也是对幼儿进行美的教育。要达到这个目的，教师必须尊重幼儿的审美情趣，满足儿童的审美需要。

4. 开放性原则

开放性原则是指创设幼儿园环境，既要考虑幼儿园内环境要素，也要重视幼儿园外环境的各要素，两者有机结合，协同一致地对幼儿施加影响。

利用开放的教育环境对幼儿进行教育，是教育者应该树立的大教育观。比如通过多种形式主动与家长联系，对家长进行科学育儿知识的培训，使家长配合幼儿园的教育，也可以请特殊岗位（如消防员、牙医等）和有特长的家长志愿者到幼儿园给孩子们讲课。在保证安全的前提下组织社会实践活动，多带孩子到大自然、农场果园等健康有益的活动场所参观学习。

5. 经济性原则

经济性原则是指创设幼儿园环境应考虑幼儿园自身经济条件，充分利用周围资源，就地取材，因地制宜办园。同时培养幼儿从小就要有环保意识。

培养在保证干净、卫生、安全的前提下，变废为宝，一物多用，不浪费任何资源的环保意识。让幼儿关注生活，善于发现生活美。要多利用废旧材料布置环境、制作玩教具。比如用废旧的衣架缠上麻绳，在展示幼儿的绘画作品时进行装饰；又如，让幼儿一起收集纸箱，做酷酷的赛车道和停车场，让幼儿自由游戏。

6. 安全性原则

安全性原则是指在环境创设中，以幼儿安全为首位。保护幼儿的安全健康，是幼儿园的基本责任，也是贯彻“保教并重”原则的必要措施。幼儿园环境的安全主要包括两个方面。一是物质环境的安全，物质环境的安全是保障幼儿人身安全的基础；二是精神环境的安全，它是保证幼儿获得心理安全的重要条件。

比如室外要铺设安全塑胶地板，不仅美观漂亮，而且对孩子的安全至关重要；又比如在楼梯拐角贴上醒目的标志牌，写有“一个接着一个走，大家都是好朋友”并配上趣味图片，时刻提醒上下楼梯的幼儿注意安全。

五、幼儿园环境创设的方法

马拉古奇曾说：“环境是教育的一个组成部分，环境具有教育的内涵。教育是由复杂的互动的关系所构成，也只有环境中各个元素的参与才是许多互动关系实现的决定性关键。”所以，在创设幼儿园环境时，教师需要和幼儿合作，一方面让幼儿真正参与到环境中来，真正进行操作与游戏；另一方面也可以解放教师的头和手，减轻教师的负担。最终目的是让幼儿在适宜的环境中得到自然的发展。

1. 讨论法

在环境创设以前以及环境交往中，教师引导全班幼儿或几个幼儿通过讨论的方法，集思广益，相互启发，选择或确定环境创设的主题和内容，与环境和材料互动的方法。

运用讨论法时应注意：

① 最好在幼儿已具备感性经验的基础上进行。

② 讨论的问题要围绕环境主题，主题要明确。

③ 在讨论中要让幼儿敢于发表自己的看法和见解，并善于倾听同伴的回答。

案例

在开展小班主题活动《地球上的来客》时，教师运用提问、暗示、引导等方式鼓励幼儿动脑筋，大胆设想，勇敢地表达应该布置一些什么。有的说要画上一个很大的地球，有的说要贴上世界各国的小朋友图片，还有的说要画上星星和月亮手拉手，教师在尊重幼儿童见的基础上，根据幼儿的发展水平及教育需要确定的画面内容，让幼儿讨论"用什么材料布置""怎样布置"等，引导幼儿进一步进行画面设计。幼儿的设计天马行空，但充满童趣、独特的想法令人耳目一新，而且幼儿对自己的奇思妙想表现出浓厚持久的兴趣。他们常常自豪地向他人介绍，这是我想出来的！语气中充满了成就感和自豪感。幼儿的发展是在与周围环境的积极互动中实现的。幼儿只有在与适合其身心发展需要的环境互动中，才能发挥最大的学习潜力，身心得到健康全面的发展。

2. 探索法

让幼儿在环境创设中自己发现问题，独立解决问题，自己亲身获得知识。教师应该给幼儿创设一个比较自由的环境，引导他们积极、主动地参与活动，让他们在活动中体验其中的乐趣，探索未知的秘密。

运用探索法应注意：

① 创设的环境和提供的材料是幼儿探索力所能及的。

② 独立探索应与教师的指导结合起来，使幼儿探索不断深化。

③ 教师要在幼儿探索中帮助他们找出所探索的问题与他们已知事物之间的联系。

④ 教师要指导幼儿组织已有知识来促成探索，以提高幼儿探索的兴趣和质量，树立他们解决问题的信心。

案例

在创设大班"影子的秘密"的主题活动环境时，先用一场精彩的光影表演拉开帷幕，引起幼儿的好奇心，让他们带着好奇和求知的欲望来参加活动。在活动中，教师帮助幼儿回顾关于影子的各种经验，让幼儿了解影子真像一个魔术师，有时会出现，有时又会躲起来；有时会变长，有时又会变短。这样既让幼儿对影子产生了浓厚的兴趣，积极思考探索影子的秘密，并结合自己的生活经验，展开丰富的联想，又满足了他们探索的欲望，使整个活动收到意想不到的效果。

3. 操作法

教师在环境创设中指导幼儿动手操作，让幼儿掌握知识、形成技能和习惯的基本方法。教师要积极采纳幼儿建议，并请幼儿参与环境的设计与布置，既能提高幼儿动脑思考、动手操作的能力，又能满足幼儿自我表现的愿望，体验劳动的快乐，增强保护环境的意识。

运用操作法时应注意：

① 鼓励幼儿自己动手。

② 对幼儿操作提出不同的要求，因人施教，哪怕是在原来操作的基础上稍稍提高一点要求或者降低一点要求。

③ 首先允许幼儿操作错误，同时引导幼儿纠正操作中的错误。

④ 操作的方式要多种多样，避免简单机械的重复。

在进入中班“秋天的童话”这个主题时，在活动区布置一个以秋天为主题的环境，让幼儿自己通过各种方式收集落叶，有的幼儿带来了周末在公园捡回的枫叶、银杏叶等；有的是幼儿在小区里捡到的枯黄的树叶，也有的是幼儿和家长去果园亲自采摘水果，捡了很多果树叶带到幼儿园，幼儿在收集树叶的过程中感受大自然的美好，也发现了树叶颜色不同，形状不同，大小不一；在收集树叶的过程中他们更多是想了解有关树叶的一些知识。秋意渐浓，秋天的落叶满天飞，像蝴蝶在空中翩翩起舞，落叶慢慢掉下，又好像是把秋天的气息分散到幼儿园的各个角落，幼儿劳动的成品真实地呈现在他们眼前，提高了幼儿参与活动的积极性和主动性。

4. 评价法

环境创设后组织幼儿一起观察、评价。教师由单纯的知识传授者变成了观察者、倾听者、合作者，幼儿由单纯的倾听者变成了计划者、参与者，幼儿充分认识到自己的能力，意识到自己是环境的主人。人人出谋划策，人人都来承担一份责任，真正展示和发展了任务意识，有目的地学习知识和技能的能力，以及分工合作、讨论、决策的能力和发现、解决问题的能力。

运用评价法时应注意：

① 是否支持幼儿按照自己的想法作用于环境。

② 是否促使作用于环境的结果为幼儿所感知和体验。

③ 是否用启发性和互动性的方式引入新的经验。

随着环境育人理念逐渐深入人心，幼儿园的教育环境不再仅仅是装饰和美化的作用，更主要的是作为一种鲜活的课程和教育的载体，成为孩子们学习的有效途径和重要的教育手段。比如幼儿园小班春天的主题墙，小班的孩子们喜欢小动物，经过投票，大家决定让可爱的小鸟儿在班级门口来迎接小朋友。用彩色卡纸剪成小鸟的形状，头顶和尾巴各打一个孔，穿进铁丝或细线。在小鸟的肚子上写着：“欢迎春天”。每天孩子们蹦蹦跳跳上幼儿园，时不时和小鸟问声好。又比如孩子们喜欢花，当他们在给主题墙的花宝宝涂色时，教师观察到幼儿对花的认知都是五瓣的，都是红色的，千篇一律，涂色的时候孩子们也似乎都提不起劲。于是老师在午休的时候带领幼儿在幼儿园的户外环境里观察春天，紫藤花架上盛开的可爱的紫花吸引了孩子的目光，大家纷纷赞美和表达了喜爱之情，回到教室午睡后，老师带领孩子用指纹画（整个手掌）画花开放在藤蔓上的样子，展现了生机勃勃的春天美景。老师把孩子们的作品重新布置在主题墙上,放学的时候孩子们都兴高采烈地拉着爸爸妈妈来到主题墙前展示他们自己的紫藤花。环境创设还需要不断添加和改进。孩子需要什么环境,孩子最清楚。老师们在创设环境时不要“闭门造车”,要蹲下来用孩子的高度审视一下四周,或者直接问问孩子的建议,是很不错的方法。

总之,幼儿园环境创设不是表面化的装修,而是真正适宜幼儿自然健康发展的互动活动平台。幼儿园环境创设不是一次就可以完成的,而是教师与幼儿共同参与,经历“设计→实施→修正→再实施→再修正”,是一个螺旋式发展过程。

第二节　幼儿园活动区的创设

考纲提要

了解常见活动区的功能,能运用有关知识对活动区设置进行分析,并提出改进建议。

内容结构图

本节内容框架如图4-2所示。

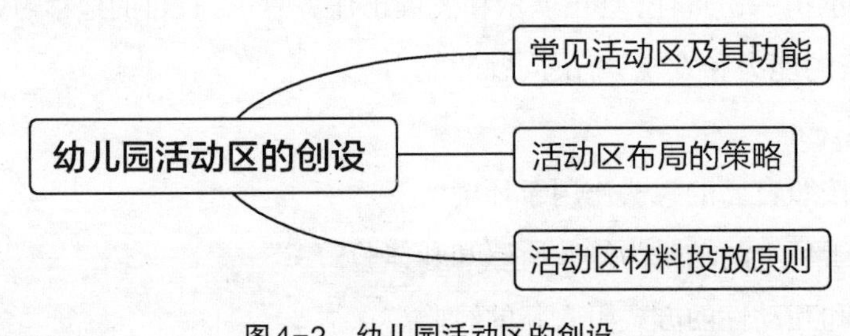

图4-2　幼儿园活动区的创设

一、常见活动区及其功能

1. 幼儿园活动区的概念

幼儿园活动区活动又称区角活动,是指教师根据教育目标和幼儿发展水平,有目的、有计划地投放各种材料,创设活动环境,让幼儿在宽松和谐的环境中按照自己的意愿和能力,自主地选择学习内容和活动伙伴,主动地进行操作、探索和交往的活动。区角活动是个别化学习的活动,介于(自由)游戏和教学之间。

2. 开展活动区的意义

在幼儿园里,活动区是幼儿自由展示自己的空间。作为一种教育游戏,它重在创设宽松、和谐的环境,受到了幼儿的普遍欢迎。幼儿园良好的区域环境能为幼儿提供自我学习、自我探索、自我发现、自我完善的空间和相对宽松的活动氛围,能满足幼儿发展的需要。

1）促进幼儿自主参与活动，自发地学习。在区角活动中，孩子喜欢什么内容、怎样游戏都是孩子的事；区角活动区是在教师观察、了解孩子的基础上，顺应孩子的兴趣和需要，追随孩子的热点而创设的环境，能让孩子玩得自主、快乐。如小班孩子最喜欢的就是娃娃家游戏了，孩子们在操作摆弄中获得了愉快的情绪体验。

2）增进幼儿、师生交流，培养幼儿交往能力。教师不断地在观察和倾听的基础上调整自己，以跟上儿童的步伐，进入他们灵性的生命世界。为孩子们营造良好的物质和心理的条件，并将观察结果作为改进教学的根据，对孩子给予鼓励和扶持，不包办代替，使孩子们能够自我坚持学习，能够自我服务，自我决策和自由选择，自己完成自己决定要做的事情。

案例

益智区有很多操作材料，一个小男生围着区角兜了一圈，好像决定了活动内容，毫不犹豫地坐在益智区，拿起串珠。刚想穿又放下，看看旁边的小女生在忙碌，他似乎看得津津有味；区角活动时间过去了大半，他还没有开始动手，突然他发现什么秘密，就问小女生："你是不是按颜色穿的？""是呀！"这会他才开始游戏起来，到活动结束时，他拿着按形状串成的项链送到老师面前，并戴在老师的脖子上，说："老师，做我的公主"……老师表示愿意做他的公主，同时也给予他很高的评价，告诉他成功了。

3）锻炼幼儿动手操作能力。每一个孩子都是独立的个体，他们应该有充分的权利选择自己喜欢的游戏、材料、同伴、时间、方式、速度，在"尊重孩子、尊重孩子的个体"的理念指导下，区角环境是开放的，比如在美工区教师为幼儿提供了大小不一的各种水果，让孩子为水果宝宝穿衣服，既可以蜡笔涂色，又可以撕贴，还可以皱纸团贴，不同的材料适合不同能力的孩子取用，并且让孩子在游戏操作中感知了大小、区分了颜色。

4）有利于教师因材施教。每个孩子都是独一无二的个体，他们的性格，爱好，学习方式等各不相同。比如，当孩子遇到困难时，教师应当以一个伙伴的身份，在旁边协助孩子；当孩子出现纠纷问题时，教师应当采取转移视线的方法巧妙地化解纠纷。例如，在主题活动"小兔乖乖"中，让孩子制作萝卜，有的孩子在老师的半成品上撕贴或涂色，很快做出了萝卜，有的孩子则看着老师的折纸示意图，自己撕贴制作萝卜，一次不成功再来一次，即使不成功，但体验的过程也很快乐。

5）增强幼儿的表现力，促进幼儿社会性的良好发展。凡是孩子愿意表达的，能够表达的，就让他们尽情地表达。在区角活动中，有的孩子好动，喜欢用肢体动作或语言表达，老师就为他们创设语言区、小舞台、动脑屋等。有的孩子好静，就为他们创设美工区、私密角。为孩子创设既可以产生互动交往，也可以享受独处的环境。区角活动可以让孩子在擅长和不擅长的智能领域中，根据自己的能力表达、表现良好的情绪、情感，促进幼儿社会性良好稳定的发展。

3. 常见的活动区角名称及功能

活动区是一个概念，只要能实现教育价值，什么区角都可以设置。一般常见的活动区角如下：

1）表演区（小舞台）。表演区深受幼儿喜爱。幼儿可以唱歌、跳舞以及演奏简易乐曲等。在表演游戏中,孩子们可以充分发挥自己的想象,并努力营造快乐的氛围,在与同伴交往过程中获得快乐的体验。

2)**语言阅读区**。主要功能是通过中外优秀绘本、图片、头饰、手偶等的观察、操作、拼摆等讲述活动,让孩子做小作者,自编故事等,发展幼儿的观察能力和语言表达能力,既锻炼了幼儿的表现力和表达能力,又培养了幼儿的自信心。阅读区是幼儿园每个班都有的一个区域。让幼儿根据自己的爱好、需要和实际能力主动选择活动内容,进一步激发幼儿喜爱图书的情感。

3)**美工区**。美工区活动内容丰富,有绘画、印画、版画、折纸、剪纸、粘贴等,需要的材料和工具也很多,各式各样的笔、纸、颜料,各种工具以及辅助材料等。其主要功能是通过撕、贴、剪、画、捏、做等美术操作表现活动,发展幼儿的动手操作能力及欣赏美、表现美和创造美的能力。

4)**科学区**。主要功能是通过各种科学小游戏及数学操作活动,从小培养幼儿对科学探索的兴趣,在对材料的摆弄中,如天平、数棒或者磁铁等,发展幼儿数学能力和动手操作等能力。

5)**建构区**。主要功能是利用积木、雪花片、酸奶盒、易拉罐、纸盒、乐高等进行建构游戏活动,培养幼儿的空间知觉,发展幼儿的空间想象力、动手操作及交流合作能力。建构区一般不需要放置桌椅,可以铺上各式地毯方便幼儿搭建活动。

6)**角色区**。角色游戏是幼儿通过扮演角色,运用想象,创造性地反映现实生活的一种游戏,是通过模仿各种社会活动,帮助幼儿学习各种社会性行为,发展交往能力,培养幼儿的主动性、独立性和创造性,促进幼儿社会性的发展。主要有开心娃娃家、小小美发屋、小医院、娃娃超市、快乐美食城、小银行等。

7)**益智区**。主要功能是通过棋牌类、拼图活动等益智类游戏,发展幼儿的思维能力及动手操作能力等。益智区是幼儿园中、大班幼儿喜爱的一个区域活动,益智区的玩具多半是需要幼儿开动脑筋的,让孩子们"在玩中学、在学中玩"。

8)**自然角**。常见的布置是植物、小动物及标本。主要功能是为幼儿提供一个观察自然的窗口,使他们能自主地对动植物进行观察和探索,从而激发幼儿对自然的兴趣以及探索大自然奥秘的求知欲望,培养他们的观察力。

常见区角内容的设置

1. 根据幼儿年龄特点设置区角

幼儿的年龄特点决定幼儿的身心发展水平。因此,活动区角应根据不同年龄段幼儿的身心特点来设置,做到有的放矢,具有年龄特征。区角活动应随着不同年龄幼儿智力发展而设置内容,这样有利于幼儿智力、能力的发展。如小、中、大班一般的认知区角都可以开设,只要在材料的投放上根据孩子的年龄特点配置。社会性区角在设置上应注意针对性,角色简单、分工明确的娃娃家应设在喜欢模仿、社会经验欠丰富的小班,利于培养幼儿的交往能力。超市购物可锻炼幼儿的分类、计数、交往等综合素质,可设在中、大班。医院、邮局、理发店、银行这些社区的服务设施是幼儿在日常社会生活中所经常接触的,有利于幼儿的社会性成长,可设在大班,让幼儿在充分参观、了解的基础上创造性地开展。

小班

关键词：温馨、暗示。

娃娃家区：活动以本区域为中心。

建构区：可以建构在娃娃区边上。

图书区：亲和但不随意。

其他：故事角、饲养角。

提示性标语很重要，温馨的家居感可以让孩子情绪稳定，操作内容以生活操作为主。

中班

关键词：丰富、提升。

图书区：规范、整洁。

表演区：形式多样、经常开展。

益智区：结构清晰。

美工区：材料丰富，最好提供幼儿不常用的材料。

其他：音乐角、体育角。

让孩子动手、动脑，丰富幼儿的知识结构，提升孩子的水平。

大班

关键词：幼小衔接、智力思维发展。

阅读区：自主、互相监管。

识字区：随课堂内容变更，系统性要强。

益智区：材料丰富，让孩子参与教具制作（棋类的添加）。

其他：探索角、机械角。

摆放、分区逻辑性要强，要易于孩子自取自拿。

2. 根据幼儿兴趣点设置区角

区角活动是一种以幼儿为主体，教师的指导、支持为辅的活动。在区角活动中，可以发现幼儿的已有经验、能力、兴趣及性格都得到淋漓尽致的表现，幼儿会表现出不同的兴趣点。如有的区角更受男孩喜欢，有的区角则是女孩的天地，有的喜欢科学角，有的则喜欢美工角，不同年龄的幼儿随着年龄的增长，其兴趣点也在不断地转移。因此，在设置区角时应根据幼儿不同的兴趣点设置不同的区角。

如小班幼儿动手能力弱，开辟的生活区、数学区，以模仿成人劳动为题材，如：串木珠、插花篮。在成人看似机械性的劳作，幼儿却是玩得有滋有味，有的把珠子串成了项链，有的把同颜色的珠子按规律串成串。通过这样的活动，幼儿的模仿能力、辨别能力得到发展。

进入中班，幼儿的兴趣点会增加，所以区角活动的设置将有所变化，如生活区增设"梳小辫"的活动。小朋友把辫子梳了拆，拆了梳，其乐无穷，这是女孩的天地。男孩则喜欢数学区中的数字游戏，有趣的数字游戏使幼儿的判断能力、分析能力、记忆能力都得到了提高。

在大班，随着幼儿能力的普遍提高，能力发展到了一定的水平，他们的兴趣点趋于精华的、抽象的事物，由形象思维向抽象思维发展。针对幼儿对新奇事物的好奇心，在大班的科学角投放的材料是幼儿感兴趣的科学小实验,如关于沉浮的实验,幼儿通过操作,知道了什么东西是会沉入水底的,什么东西是可以浮在水面的,在活动中引发兴趣,产生为什么这样东西会沉于水中,而那样东西会浮在水面的问题。有时候幼儿不能一下子明白原理,但他们的辨别能力、接受能力、理解能力、分析能力得到了提高,学习能力得到了培养,为以后的学习打下一定的基础。

二、活动区布局的策略

环境的设置要为儿童服务。既要为幼儿提供一个有准备的、丰富的、精心设计的、有序的环境,又要提供开放的、变化的、有多种探索发现机会的环境;既要有多个有利儿童个别活动的不同活动区域,又要有集体活动的空间;既要有活动室环境的整体布局,又应有细节的暗示及空间划分的动静区分等。总之要充分利用地面、墙面、桌面,使环境布置、材料、设备等蕴涵的教育因素发挥作用,使儿童在其中充分活动、和谐发展。

活动区域布局的基本程序:

1. 确定活动区的数量和规模

根据儿童人数与活动室面积来决定活动区的数量和规模。一般来说,幼儿园的每个活动区的最佳容纳量为5~7人,如活动室面积为60平方米,有30名幼儿,就需要设置5~6个活动区。当然这只是理想状况,活动室的结构也会影响活动区的数量和规模。比如,活动室的面积较大,但门和走廊较多,致使过道占去相当的空间。另外,经费匮乏、材料稀缺也会导致有些活动区徒有虚名。

2. 确定各区的空间位置及策略

1) 干湿分区。美工区、植物区要用水,而图书角不需要水,应该分开。

2) 动静分区。建构区、表演区等属于热闹的“动”区,而图书区、益智区等活动量较小,需要安静,这两类区最好离得远些,以免相互干扰。

3) 相对封闭性。由于界限不明晰,会导致儿童无目的地“乱窜”。所以教师要利用玩具柜、书架、地毯等现有设施作为活动区之间的分界线。不同的活动区、不同年龄的幼儿有不同的要求。图书区的封闭程度要高一些,而美术区、娃娃家则可以开放一些,便于取水换水和出入方便。小班幼儿因为注意的有意性和稳定性较差,很容易受外界的刺激影响,所以需要封闭程度高的环境;而大班则应加大开放性,便于活动内容的丰富和区域之间的交流。

4) 就近。美工区以及植物区由于经常需要用水,最好离水源近一些;美工区、阅读区需要自然的光线,而且经常需要将活动延伸到户外场地,最好选择向阳和接近户外的一面。

5) 方便通畅。教师要合理利用活动室的每个角落,充分发挥活动室内设施的作用,保证活动室内的“交通”畅通无阻。积木区、娃娃家等区域活动量较大,最好有一大块宽敞的地方;活动室的中央和各个门口最好不要设置活动区,活动室和寝室合一的班级,可以用两排床在活动室后半部分隔出3个区,用钢琴、柜子在前半部分隔出3个区。中间部分根据本班实际情况再开设其他区域。

6) 标识作用

① 根据幼儿难于理解“轮流、等待、分享、谦让”等含义的特点,在每区设立标记。如有的标记为脚

印，幼儿入区后把鞋放在脚印上，脚印占完则不能进入该区。

② 在玩具存放位置上设立标记便于幼儿取放和收拾玩具。

每个区都形成从上至下的3块：上面是与区域相对应的主题墙饰，中间是与儿童同等高度的操作墙面，下面是一个宽敞的可供儿童活动的区域。最好在活动室中央留一块供集体活动用的场所，当然不一定要单独开辟。同时，不要让活动区出现“死角”，教师的视线要能随时看到任何地方，这也是出于安全的考虑。

3. 逐一布置各个活动区

创设环境和投放材料是正式开展区域活动的必要条件。活动区环境的布置，不单是创设环境，更重要的是针对各个区角合理地选择和投放材料，让幼儿在与材料产生有效互动的同时，开展多种形式多样的活动。

三、活动区材料投放原则

活动区材料投放原则如图4-3所示。

1. 材料的选择要围绕活动区的目标

区域活动中，材料的投放与所要达成的教育目标紧密联系。为了更有效地发挥区域材料的作用，在区域材料内容的选择上应围绕活动区的活动目标，即教师应根据本班的教学活动主题的进程和活动的需要，随时灵活地把主题学习材料投放在相应的区域中。比如在中班“伞的世界”主题活动中，老师们在美工区投放各种材质的伞，让幼儿进行伞的创作；在扮演区创设主题“创意伞造型大会”，将美工区制作好的作品，投放到扮演区作为装扮造型的道具等；在益智区则投放一些自制伞的拼图、伞的分类游戏等。

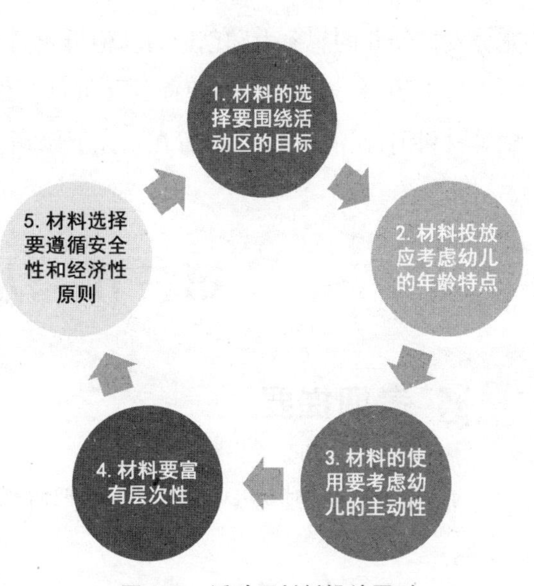

图4-3　活动区材料投放原则

2. 材料投放要考虑幼儿的年龄特点

幼儿的发展存在差异，各个年龄层次的幼儿发展状况、发展层次、发展速度、兴趣需要也有所不同。因此，在选择投放材料时应以幼儿为主体。要针对本班幼儿的实际年龄特点根据幼儿的需要来投放材料，注重发挥幼儿的主体作用。如小班幼儿多以自我为中心，以直观行为思维向具体形象思维发展，注意力不容易集中，所以提供的材料要形象、具体、直观，暗示性、游戏性强，体现趣味性。“给小动物喂饼干”就是利用游戏方法，寓数的概念于游戏中，让幼儿通过给相应口型的小动物喂相应形状的“饼干”的过程来学习和理解数的一一对应。

3. 材料的使用要考虑幼儿的主动性

幼儿教师通过有目的地创设活动环境，投放活动材料，让幼儿在宽松和谐的气氛中，按照自己的能力和意愿，自主地选择学习内容和活动伙伴，主动地探索与交往，通过实践操作、感知、亲身体验，学会学习、学会生活、学会交往，并在充满愉悦和自信的体验中感受学习的快乐，形成积极的学习态度，养成活泼开朗的性格和终身受用的良好品质。

4. 材料投放要富有层次性

幼儿的思维是由低级向高级、由直观到抽象逐步发展的。为适应各阶段幼儿的不同思维水平，层次性体现在根据同一目标的不同层次要求，提供难度不同的材料，以适应不同发展水平的幼儿。如语言区，幼儿的表述能力可从看图讲述开始，逐渐提高到排图讲述，材料的投放从有序图片到无序图片和拼图构件。最后幼儿可以按自己的意愿将一组散乱图片排列出次序，然后按图讲述。在此基础上幼儿还可以做拼图讲述，把自己喜欢的图片摆在背景图上，组成一幅完整的画面，再让幼儿按画面的情景讲述。从看图讲述到构图讲述，幼儿已经从看图说一句话发展到能逐渐运用自身经验和行为标准，编出较连贯的有一定情节的故事。

5. 材料投放要遵循安全性和经济性

区域材料的制作和投放上，采用大量身边的材料，体现经济性原则，同时也增强了幼儿的环保意识，充分发挥幼儿的想象力和创造力。但毋庸置疑，安全性应是第一位的。大部分瓶、盒、罐都是幼儿从家中搜集来的，一定不能忽视里面的残留物，教师必须和小朋友们一起做好卫生工作，把收集来的瓶、盒、罐等材料消毒、清洗干净，放置在阳光下暴晒后方可使用，以免发生意外事故。

第三节　幼儿园心理环境创设

考纲提要

了解心理环境对幼儿发展的影响，理解教师的态度、言行在幼儿心理环境形成中的重要作用。

内容结构图

本节内容框架如图4-4所示。

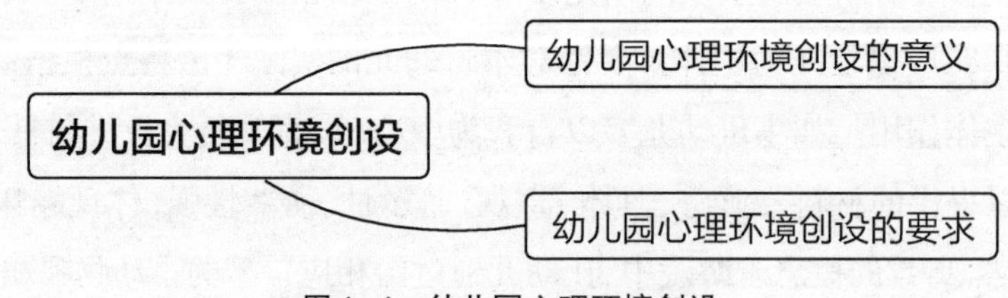

图4-4　幼儿园心理环境创设

《纲要》中指出：“幼儿园应为幼儿提供健康、丰富的生活和活动环境，满足他们多方面发展的需要，使他们在快乐的童年生活中获得有益于身心的和谐发展。”创设一个良好的心理环境，有利幼儿积极向上、乐观、自信品质的培养；相反，不良的心理环境，不仅使幼儿感到处处是压抑，导致各种不良个性品质的形成，而且也使幼儿情绪低落，养成消极的思想方法和行为习惯。教师应给幼儿创设一个温馨、和谐的氛围，使幼儿在幼儿园不紧张、不害怕、感到安全与自由。

一、幼儿园心理环境创设的意义

1. 幼儿园心理环境的概念

“心理环境”这一概念最早是由美国心理学家勒温提出的。幼儿园心理环境是指存在于幼儿周围并对幼儿心理发生影响的环境。主要是指教师与幼儿之间、幼儿与幼儿之间、教师与教师之间、教师与家长之间的态度、情感交流状态，一般包含班级的人际关系、心理氛围及班级文化等。

2. 幼儿园心理环境的构成因素

幼儿园心理环境的构成因素如图4-5所示。

① 幼儿园心理环境是一种心理氛围，如：压制还是民主，积极还是消极，自由还是束缚，接纳还是拒绝，热情还是冷漠。

② 幼儿园心理环境是一种人际关系，包括师幼关系、同伴关系、同事关系、干群关系及家园关系等。

③ 幼儿园心理环境是一种幼儿园文化，即幼儿园长期形成的共同的价值观念和行为方式，存在于幼儿园教职工的观念及行为中，物化于幼儿园的物质环境中。

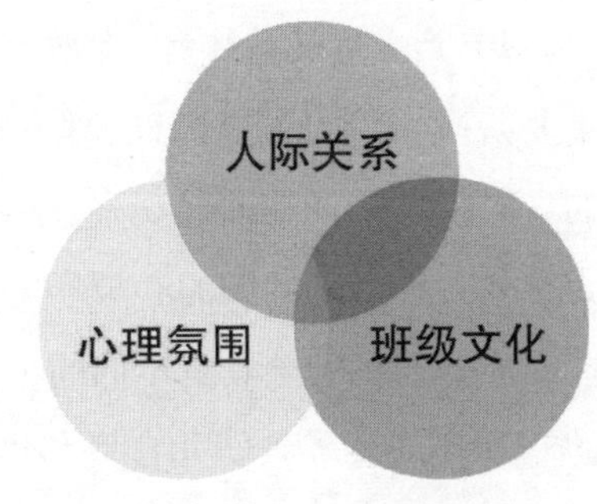

图4-5　幼儿园心理环境的构成因素

心理环境的创设必须以爱为前提，美国著名心理学家库姆斯说过：“我们创造的社会是完全依赖着他人的合作努力，善良仁爱而生活下去的，一个生活于充满爱的环境中的人，他的内心也必将充满爱，包括爱自己、爱他人和爱整个社会。”

3. 幼儿园心理环境创设的意义

幼儿园是幼儿感受的第一个社会心理环境，这一社会心理环境的品质和特点决定了幼儿对社会及他人的看法，也塑造幼儿的个性。幼儿正处于“吸收力的心智”的发展阶段，对心理环境特别敏感，不同的心理环境塑造着幼儿的不同个性。

1）有利幼儿适应幼儿园生活。心理环境的创设过程是幼儿与教师共同合作、共同参与的过程。环境的创设过程应该是一个积极的教育过程。教师根据教育的要求及幼儿的特点，有效地调控环境中的各种要素，维护环境的动态平衡，使之始终保持最适合幼儿发展的状态。幼儿每天都能从这种师幼间亲密、充满爱意的气氛中开始一天新的生活，他们对自己、对他们的老师，甚至对整个世界都会感到安全和满意。

2）有利幼儿形成良好个性，适应社会生活。从一般年龄特征来看，小班、中班、大班幼儿在身心发展特点上的差异是非常明显的，其身心发展所需要的环境也不尽相同。幼儿是心理、生理都尚不成熟的孩子，教师的一言一行都会对他们产生较大的影响，增强教育行为的理智性，减少冲动性，形成良好的教育环境，为幼儿创设出一个愉悦的心理环境，促进幼儿身心和谐发展。建立良好的幼儿群体，是幼儿园心理环境的重要内容，它能促进幼儿个体心理的发展。

3）有利幼儿园员工的成长和发展。教师是幼儿园环境创设中重要的人的要素，心理环境中人际因素以及各种要素与幼儿的关系和相互作用都是由教师来调控的，幼儿在环境中的活动也是由教师直接或间接引导的,幼儿在环境中健康发展的实现也有利幼儿园员工的成长和发展。

与显性、直观的物质环境相比较,在更多情况下,精神环境是看不见,摸不着的隐形环境,容易被无视。但却对身处幼儿园的教师和幼儿,特别是对幼儿的心理活动、社会行为乃至整个幼儿园教育有着巨大的影响。

4. 良好的心理环境对幼儿的影响

幼儿的学习乃至整个发展都是在与环境的交互作用中完成的。通过创设最适合幼儿成长的教育环境,建立起好的行为习惯和方式。依据幼儿的年龄特点,创设良好的幼儿园心理环境可以给幼儿带来如下影响:

1)产生愉悦的情绪,有助于形成幼儿活泼、开朗、自信的性格。幼儿期是形成安全感和乐观态度的重要阶段,教师的态度和管理方式有助于形成安全、温馨的心理环境,教师的言行举止应成为幼儿学习的良好榜样。幼儿通过观察、学习、交往,被教师所影响,并按照教师的做法,学习限制和调节自己的行为方式。如果幼儿园的心理环境是接纳的、欣赏的,幼儿会形成乐观、积极、开朗、热情、主动等健全的个性品质。否则就会具有不同的个性缺陷。比如,压抑的心理环境会导致幼儿被动冷漠的个性,训斥紧张的心理环境会导致幼儿自卑和焦虑。讽刺挖苦等心理环境还会留下程度不同的心理阴影,影响幼儿个性健全发展。

2)有助于幼儿思维的活跃和智力开发。马克思曾经说:人创造了环境,同样环境也创造了人。幼儿需要一个充满心理安全与心理自由的环境,一个民主、向上、和谐的心理环境。良好的环境能给幼儿一种“润物细无声”的教育,身处其中的幼儿会萌发学习的热情,促进幼儿智力发展,幼儿的大脑更加活跃积极,幼儿不仅获得情感的满足,还可以得到心灵的陶冶。

3)有助于功能平衡,正常吸收、消化、代谢,增强对疾病的抵抗力。幼儿期是儿童身体发育和身体功能发展极为迅速的阶段,幼儿园是促进幼儿身心健康发展最理想的场所,发育良好的身体、愉快的情绪、强健的体质、协调的动作、良好的生活习惯和基本生活能力,是幼儿身心健康的重要标志。反之,不良的心理环境会使幼儿情绪不佳,整天生活在紧张和恐惧的气氛中,从而导致生理功能的障碍和紊乱,影响幼儿的身体健康,更重要的是会使幼儿形成孤僻、抑郁、胆怯、不信任等性格特征,极大地扼杀了儿童的童真和天性,扼杀孩子的想象力和创造力,甚至对其今后一生的健康和幸福产生深远影响。

作为幼儿教育工作者,应如何为幼儿创设一个宽松、和谐的心理环境呢?幼儿的一日生活大多是在幼儿园中度过的,他们每天都在和周围的环境进行着交互作用,所以教师应在整体的日常生活中给幼儿一个温馨、和谐的氛围。

二、幼儿园心理环境创设的要求

1. 教师要具备正确的教师观、教育观和儿童观

教师要热爱教育事业,对幼儿要有真挚的爱,无时无刻不关心幼儿,充分地与幼儿进行沟通,知道和理解幼儿的想法与感受,并让幼儿知道和理解教师的一些想法,让幼儿在老师的关心和爱护下,健康快乐成长。

2. 尊重和满足幼儿的生理需要

幼儿的生理需要如进食、排泄、睡眠等基本的生理需要是否被满足，直接影响其心理健康，影响班级的心理氛围，反映了师生关系的质量。

3. 教师应为幼儿营造一种宽松和谐的心理环境

① 老师随时以亲切的语言、赞赏的目光、友善的态度与幼儿平等的身份相互交往。宽松、自由的心理环境有利幼儿各方面能力的发挥。

② 教师在与孩子交往过程中，尽量表现支持、尊重、肯定的情感态度和行为。这是建立师生间积极关系的基础，也是进一步培养幼儿良好社会行为的基本条件。老师应尽量理解幼儿的各种情绪、情感的需要，善于对幼儿的情绪、情感做出积极的行为反应。

③ 教师以民主的态度对待幼儿，允许幼儿表达自己的想法和建议，不压制幼儿，不命令幼儿，使幼儿能积极主动、大胆、自信。

④ 教师尽量采用多种适宜的身体语言、动作体态语等，以无声胜有声的方式来表示对幼儿的关心、爱抚或不满等。

4. 教师帮助幼儿建立良好的人际关系，引导幼儿间的相互交往

教师对幼儿和教导和自身的努力来为幼儿创造一个积极交往的背景，从而有效地影响幼儿的交往态度和社会行为。

① 引导幼儿学会相互交流思想、感情，这样有利于幼儿与同伴相互了解彼此的多种需要，进而产生帮助、合作等行为，也能使得到帮助的幼儿学会正确的反馈方法。教师尽量多让幼儿诉说平时对某事的感受，学会观察他人喜怒哀乐的表情，了解他人的情绪状态等。

② 建立同伴间相互关心、友爱的气氛。例如，在游戏时，玩具要共享；不小心碰到他人时要说“对不起”；教师鼓励幼儿积极与他人交往，体验交往成功的愉快，以增强自信心和积极、愉快的情感。

爱是教育的基础，是教育的原动力，心理环境作为幼儿园环境的一部分，对幼儿的一生有着很大的影响，对此应有足够的重视。

第四节　家园合作、社园合作

考纲提要

理解协调家庭、社区等各种教育力量的重要性，了解与家长沟通和交流的基本方法。

内容结构图

本节内容框架如图4-6所示。

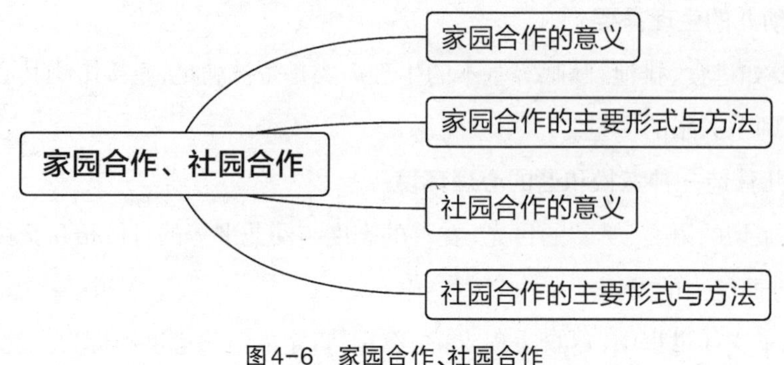

图4-6 家园合作、社园合作

《幼儿园教育指导纲要(试行)》指出“家庭是幼儿园重要的合作伙伴。应本着尊重、平等、合作的原则,争取家长的理解、支持和主动参与,并积极支持、帮助家长提高教育能力”。充分挖掘家庭和社区资源,创设幼儿园教育环境,既能够丰富幼儿园的教育资源,构建幼儿园、家庭、社区三位一体的幼儿教育网络,也让幼儿园教育跨越“围墙”,让幼儿更多地看到、听到、接触到外面的精彩世界,最大限度地促进幼儿的发展。

一、家园合作的意义

1. 家园合作的内涵

家园合作是指幼儿园与家庭(含社区)都把自己当作促进儿童发展的主体,双方积极主动地相互了解、相互配合、相互支持,通过幼儿园与家庭的双向互动促进儿童的身心发展。

(1)*幼儿园和家庭都是促进幼儿发展的主体*。伟大的教育家陈鹤琴非常强调家园合作的重要性,认为:幼儿教育不是家庭或幼儿园哪一单方面可以单独胜任的。幼儿教育是一个系统的工程,需要幼儿园、家庭、社会的共同努力,幼儿园只有和家庭密切配合,协同合力,共同架起家园共育的彩虹桥,形成教育合力,才能培养一个人格健全的孩子。

(2)*幼儿教师和家长是幼儿教育的合作伙伴*。家长是幼儿园宝贵的教育资源,幼儿园可以从家长那里获得人力、物力的支持。通过家园合作,家长也可以从幼儿园获得科学育儿的专业知识,通过配合幼儿园的教育工作,可以提高和改善家庭教育的质量。整合家庭教育资源,达成有效的家园合力,就能充分发挥各自的优势,最大限度地利用已有的教育资源并发挥其作用,促进幼儿全面发展。

(3)*家园合作是一个互动的过程*。苏霍姆林斯基曾说过,儿童“只有在这样的条件下才能实现和谐的、全面的发展:两个教育者——学校和家庭,不仅要一致行动,向儿童提出同样的要求,而且要志同道合,抱着一致的信念,始终从同样的原则出发,无论在教育的目的上、过程上,还是手段上,都不要发生分歧”。调动家长关心、支持、参与幼儿园教育和管理的积极性,共同提高幼儿园保育和教育质量。

“家园配合”,就是使幼儿在幼儿园里获得的学习经验能够在家庭中得到延续、巩固和发展;同时,幼儿在家庭获得的经验能够在幼儿园的学习活动中得到应用。

2. 家园共育的重要性

1)家庭是幼儿成长最自然的生态环境。人一出生就生活于家庭,家庭是幼儿最重要的安全基地。

人类最初的幼儿教育是由家庭承担的，家庭教育是以家长同孩子之间的血缘和亲情为基础来构建的一种教育关系。家庭是最自然的生态环境，与父母生活是最基本的，幼儿的成长不能欠缺家庭天伦之乐的生活气氛。

2）家庭是人的第一个学校。父母是幼儿的第一任老师，而且幼儿在家中度过的时间要多于在幼儿园待的时间，在幼儿时期，家庭对孩子的教育比老师还重要，没有父母的榜样和引导，老师教得再好，也是无用的。

3）家长是幼儿园重要的教育力量。幼儿与家庭关系密切，唯有认识家庭对孩子发展的重要性，并与家长有效合作，共商教育对策，才能使幼儿园教育适应孩子的需要。

通过家园合作，家长也可以从幼儿园获得科学育儿的专业知识，通过配合幼儿园的教育工作，提高和改善家庭教育的质量。家园共育给孩子提供了一个温柔且坚定的教育环境，让孩子感受老师和家长的爱意，也让孩子深刻感受到家园教育的统一：不辜负每一个孩子的成长，不曲解每一位家长的希望，不误解每一位老师的付出。为了孩子，家园共育之路必须坚定不移地走下去，为了孩子，家长和老师之间必须“换位思考”，良性沟通，为了孩子，一切的努力和付出都是值得的！

二、家园合作的主要形式与方法

1. 家园合作的主要形式

1）电话联系。电话联系是幼儿园家长工作中最快捷、最灵活的联系方式。教师可以通过电话及时向家长说明幼儿在园的情况，了解幼儿在家中的表现。

2）家访工作。家访前教师要做好充分的准备，包括熟悉幼儿的资料，怎样应对家长可能提出的问题，家访前应打电话预约等。

3）入园、离园。在家长接送幼儿时，教师要有目的地与个别家长交谈，对幼儿的优点要及时向家长说明，对于孩子需要改进的地方要婉转地向家长提出，并与家长协调好家园共育的问题。

4）亲子活动、节日联欢、开放日。每一位家长都希望能了解幼儿在幼儿园的生活，教师要经常给家长创造这样的机会，定期举办一些亲子活动、节日联欢、开放日等，使家长能了解幼儿在园情况。其中，开放日是最常采用的方式。

5）家园之窗。幼儿园教室门口的家长园地，是联系家园的纽带，是传输信息和知识的桥梁。及时向家长介绍保教内容，帮助家长明确本阶段教育重点，增强家庭教育目标的目的性，使家长对幼儿园的学习内容做到心中有数。

6）家长委员会。家长委员会是家长的代表，可以把家长共同关心的话题或意见告诉教师。更重要的是，家长委员会是教师的智囊团，如果平时教师遇到什么棘手的问题，可以请教家长委员会，大家一起出谋划策、解决问题。

7）家园联系手册。教师可以通过《家园联系手册》向家长反映幼儿在园生活、学习情况，家长接到联系手册就能较为全面地了解幼儿在园的情况。

8）家长学校。家长学校是家长工作的一种新形式，是一种集体方式的家园联系形式。它主要通过向家长宣传教育知识，帮助家长树立正确教育观念、学习教育方法等。

2. 家园共育的实施方法

1)合理利用家庭资源优势。家长是幼儿园宝贵的教育资源,可以使幼儿园从家长那里获得人力、物力的支持。每位家长从事不同的行业,具有不同的经历、职业特长。家长参与幼儿园的环境创设,一方面,会给老师以启发、灵感;另一方面,家长还可以运用各自的专业知识和技能拓宽孩子的视野,丰富幼儿的社会生活经验。

2)主动邀请家长参与幼儿园环境创设和材料收集。一方面,通过环境创设,让家长了解、熟悉幼儿学习特点与学习方式,学得一定的科学育儿知识和方法;另一方面,进一步掌握孩子在幼儿园的游戏、学习和生活状况,做好教育的支持、配合工作,做到家园一致,也可以使班级环境变得更加开放、互动。

3)鼓励家长参与幼儿园开展的各项活动。家长参与幼儿园的教育活动,可以让家长密切亲子关系,改进家庭教育。家长有机会了解自己的孩子在幼儿园的生活与学习,更好地认识自己孩子的特点,同时,也使幼儿有机会了解自己父母亲的工作与"本领",对家长产生敬佩、尊敬的情感。

4)搭建多渠道家园合作的交流平台,分享科学育儿经验,共同促进幼儿发展。比如设计幼儿园网站小组,在当地电脑培训公司的技术指导下,创建本园的专门网站,与当地学前教育网站链接,通过网站丰富的栏目内容进行网上家园互动,开展"育儿论坛":这是专供家长、老师互相交流育儿经验的平台。家长可在此栏目中通过发帖或回帖发表自己的育儿心得体会、困惑和见解。

知识拓展

教师与家长沟通的实用技巧

(1)用日常普通语言与家长交谈,切忌使用专业术语。

(2)要用平等的身份与家长交谈。

(3)交谈时不要谈及别的幼儿。

(4)谈幼儿缺点时注意方式方法:

① 借助儿童发展的知识来表达。

② 先肯定幼儿的优点和进步,再婉转提出问题和要求。描述时不加任何评价,反对告状式描述孩子行为。

③ 积极倾听。

④ 要敏感地觉察与体验家长的情绪,以及引起这种情绪的原因。幼儿在场时,教师要注意谈话的内容,以免影响幼儿的自尊心和家长的威信。

因此,幼儿园及其教师要高度重视家园共育的意义,从教育目标、内容形式、环境创设、活动开展等多方面,做好幼儿园与家庭的沟通工作,切实保障家园共育目标的一致性和行动的有效性。只有家庭与幼儿园对幼儿教育的认识达成一致,形成共同目标时,幼儿才可能更健康、更快乐地发展。

三、社园合作的意义

幼儿的成长与发展依赖于多方面的环境资源，社区可以为幼儿园提供相对完备的生活环境与教育环境、学习和游戏场所，社区是幼儿园的社会资源之一，因而社区也是幼儿成长过程中重要的环境。

1. 社区的概念与社区教育的特点

① 社区。人们聚集生活的一定区域，但它不是简单地缘意义上的群居关系，也就是说不是一群人聚集生活在一起就构成一个社区。

② 社区教育的特点包括渗透性、广泛性、随机性、复杂性。

2. 社园共育的重要性

幼儿园已经不是幼儿学习的唯一渠道，幼儿既可以从幼儿园获得信息，又可以从社会中获得信息。幼儿既接受幼儿园教育，又受社会的影响。要促进幼儿身心健康发展，提高幼儿园教育质量，幼儿园必须与社区合作。加强幼儿园与社会的有效互动是现代教育对幼儿园提出的一个新的要求。

四、社园合作的主要形式与方法

1. 利用社区的地域环境优化幼儿园教育

社区的地域环境主要是指社区的地理环境、资源环境和人工环境等。优越的地理环境、丰富的资源环境和独特的人工环境毋庸置疑都是幼儿园应该加以利用的宝贵资源。

幼儿园在利用地理环境的时候，要考虑社区的地理位置、地形地势和气候特征等因素。在沿海地区，教师可选择一天的不同时间，带领幼儿去观看海浪的变化，在海边玩沙戏水；在丘陵地区，教师可利用当地的小山丘，开展各种体育游戏活动，如组织幼儿奔跑、爬山比赛；在四季分明的地区，教师可随着季节的更替，适时带领幼儿到社区中去走一走、看一看，指导幼儿用自己的眼睛发现季节对人的行为有什么影响，如在夏天，人们往往喜欢在太阳照射不到的树荫下行走；而在冬天，人们则比较喜欢在阳光充足的地方行走。

2. 利用社区的人口环境优化幼儿园教育

幼儿园在利用社区的人口因素时，可从社区的人口数量、人口结构、人口素质、人口密度、人口流动和迁移着手。

如果幼儿园所处的社区在人口构成上是以50～60岁的退休人员为主的话，那么，教师就应加大力度调动退休人员参加教育的积极性，鼓励他们花费更多的时间做幼儿园的志愿工作者；如果幼儿园所处的社区在人口素质上是以大专、大学学历为主的话，那么，教师就应以幼教园地的方式发挥他们议教、评教的主动性，倡导他们多为幼儿园出谋划策，幼儿园要重视社区里学校和军队的独特价值。比如教师要有计划地组织参观小学的工作，尽早为幼儿做好进入小学的准备工作；教师可结合“建军节”，带领幼儿参观军营，增加幼儿对海军、陆军、空军的感性认识。

3. 利用社区的文化环境优化幼儿园教育

社区的文化环境包括社区的物质生活方式（如衣食住行方式、工作和娱乐方式）和社区的精神生活方式。

利用社区活动中心,帮助幼儿认识图书馆的功能,怎样到图书馆寻找资料等活动,开展节日娱乐主题的亲子活动,通过家庭,推动幼儿园与社区合作。把幼儿园教育融入社区,并招募社区中热心人士参与幼儿园教育,建立园社共育平台。幼儿园教育必须与社区教育相结合才能取得共育的效果。

总之,幼儿园要加大舆论宣传力度,强化科学育儿指导,充分利用家园联系栏、幼儿园网站、QQ群、家园小报、班级家长会等多种形式,向家长、社区广泛宣传幼儿园工作和家园共育的重要意义,做到家喻户晓、深入人心,从而影响并动员家庭、社区进一步关心支持幼儿园教育事业的发展,形成幼儿园、家庭、社区"三位一体"共同推动幼儿园发展的合力,促进所有幼儿健康科学发展。

重点知识点汇总

(1)环境创设的意义。

(2)环境创设的原则。

(3)活动区的教育功能及设置方法。

(4)幼儿园与家庭合作的重要性与方法。

(5)幼儿园与社区合作的重要性与方法。

(6)活动区材料投放的注意事项。

经典真题解析

一、单项选择题

1. 教师通常在班里设置许多活动区,提供多层次的活动材料,让幼儿自选。这遵循的心理发展原则是(　　)。

A. 阶段性原则　　B. 社会性原则

C. 操作性原则　　D. 差异性原则

答案　D

解析　差异性原则要求教师在教育活动中既要满足全体幼儿的一般需要,又要关注幼儿的个体差异,满足幼儿的特殊需要。多层次的活动材料能够满足不同发展水平幼儿的需要,促使每个幼儿在其原有水平上获得发展。因此,题干中教师遵循的心理发展原则是差异性原则。

2. 特别适合用于与不易见面的家长联系的书面联系形式是(　　)

A. 宣传板　　B. 家园联系簿

C. 家长园地　　D. 问卷调查表

答案　B

解析　幼儿园和不易见面的家长联系,需要通过一个中介来实现,家园联系簿就是记录幼儿在家庭和幼儿园活动情况的中介方式。

二、论述题

1. 什么是幼儿园环境？为什么幼儿园教育中要强调创设良好的幼儿园环境？请联系实际说明。

答　幼儿园环境分为广义和狭义。广义的幼儿园环境是指幼儿园教育赖以生存的一切条件的总和，包括幼儿园内部小环境，又包括园外的家庭、社会、自然、文化等大环境中一切对幼儿身心发展产生影响的外部因素。狭义的幼儿园环境是指在幼儿园内，对幼儿身心发展产生影响的物质与精神的要素的总和。幼儿的成长离不开环境，幼儿会从环境中吸取他所看到或感受到的东西，并将其融入自己的生命体验之中。

2. 创设良好的幼儿园环境的意义

答　（1）提供发展保障。《幼儿园教育指导纲要（试行）》指出："幼儿园空间、设施、活动材料和常规要求应有利于幼儿的主动探索和幼儿间的交往。"环境创设的最终目的是能有效地激发幼儿发现的欲望，探究的兴趣，在动手操作各种材料过程中学习知识，获得社会性行为，从而实现幼儿的主动发展。

（2）促进身心健康。幼儿园教育是基础教育，这个基础就是培养"身心健康，人格健全"的人，是百年大计。我们有责任让"健康（身心健康）第一"的理念深入人心，并获得社会与家长的认可与支持。教师可以通过创设或改变环境来支持和引导幼儿的活动，从而使教育效果更加显著。

（3）激发创新潜能。3～6岁的幼儿的大脑正趋于完善，环境的各种信息和存在对幼儿的智能发展能够起启发、刺激的作用。在教师的精心设计和布置的活动环境中，幼儿运用各种感官去体验、观察、操作、思索、发现、创造，在潜在的学习环境中学到粗浅的知识，可以发展思维，锻炼各项能力，从而促进其智力的发展。要实现幼儿园环创的教育意义，必须以孩子为导向，以科学合理的办法去实现。

三、材料分析题：阅读下面材料，回答问题

幼儿园大一班开展识字比赛，教师为此创设了班级墙面环境。

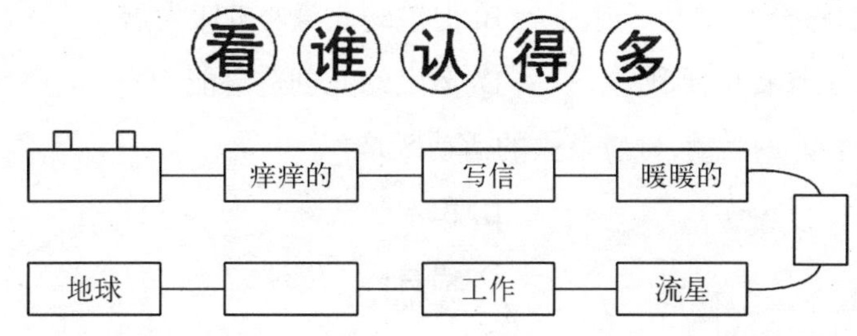

问题：请根据创设环境的基本原则，对材料中教师为识字比赛所创设的环境进行评析。

解析　本题考核重点是创设环境的六大原则，考生在回答出六大原则的基础上，结合自己的认知对题目中的墙面设计进行评价。

（1）环境与教育目标一致性原则。结合认知分析（略）。

（2）适应性原则。结合认知分析（略）。

（3）幼儿参与性原则。结合认知分析（略）。

（4）经济性原则。结合认知分析（略）。

(5)开放性原则。结合认知分析(略)。

(6)安全性原则。结合认知分析(略)。

单元自测

一、单项选择题

1. 幼儿园环境创设主要是指(　　)。

A. 选择较清静的场所　　B. 购买大型玩具和设施

C. 安装塑胶地板　　D. 合格的物质条件和良好的精神环境

2. 由学前儿童的生长和心理发展特点所决定,他们对(　　)的依赖性更大。

A. 物质环境　　B. 精神环境

C. 教育环境　　D. 社区环境

3. 幼儿园环境创设的安全性原则体现在(　　)。

A. 设备之间保持较近距离　　B. 攀爬具设在沙地上

C. 秋千放在宽阔的空地上　　D. 活动室出口对准机动车道

4. 创设幼儿园物质环境时,小班环境要有结构简单、色彩鲜艳、富有感官刺激等特点;中班环境在小班的基础上要突出操作性;大班环境要突出探索性和实验材料的丰富性。这主要体现了幼儿园物质环境创设原则中的(　　)。

A. 经济性原则　　B. 发展适宜性原则

C. 动态性原则　　D. 开放性原则

5. 以下哪项不是幼儿园环境创设的意义(　　)。

A. 为幼儿提供发展保障　　B. 促进幼儿身心健康发展

C. 为幼儿家长学习工作提供便利　　D. 激发幼儿创造潜能

6. 美美想做电子琴表演的活动,她应该去的活动区是(　　)。

A. 表演区　　B. 积木区

C. 美工区　　D. 语言区

7. 活动区的设置首先应考虑(　　)。

A. 教育性　　B. 美观性

C. 经济性　　D. 可变性

8. 活动区的数量根据活动室大小而定,一般在(　　)个为宜。

A. 3～4　　B. 1～2

C. 4～5　　D. 6～7

9. 幼儿园心理环境的创设要求有(　　)。

① 创设优美、整洁的物质环境　　② 创设幼儿园与成人之间和谐的精神环境

③ 建立安全、温暖、互相信任的师幼关系　④ 建立幼儿间良好的同伴关系

A. ①②③　　B. ②③④

C. ①③④　　D. ①②③④

10. 幼儿园应该秉持(　　)的态度与家长合作。

A. 教育　　B. 尊重

C. 评判　　D. 指责

二、材料分析题：阅读下列材料，回答问题

有的幼儿园在创设物质环境过程中，购买大量高价的成品玩具，追求高档，教师花费大量心血精心布置五彩缤纷的墙饰，甚至还买来一些名画进行装饰，环境的布置非常明显地体现了幼儿园中教师的特长和喜好。面对这些高档的材料，教师时刻提醒幼儿注意爱护，甚至很多时候不让幼儿操作这些材料，只是有人来参观时，才拿出来让幼儿操作。这种高档的环境一旦布置好之后，整个学期，甚至整个学年基本不会变动。此外，有的幼儿园小、中、大班环境布置得非常雷同，当人置身其中时，如果不看班级标识牌，根本无法判断是小班、中班，还是大班。

问题：结合有关幼儿园物质环境创设基本原则方面的知识，分析以上现象主要违背了哪些原则？并说明理由。

第四章　【参考答案】

一、单选题

1. **答案**　D　**解析**　此题考核考生对幼儿园环境创设的含义的理解。幼儿园环境包括物质环境和精神环境两方面，环境的创设也应该从这两方面来入手。

2. **答案**　A　**解析**　学前儿童的生长发展和心理发展特点决定了他们对物质环境的依赖性更大。他们的独立生活能力尚在形成中，需要成人为其准备安全、卫生、舒适、优美、丰富、和谐的生活环境和教育环境，儿童在适宜的物质环境中生活，他们的生存与发展可获得可靠的保障。

3. **答案**　C　**解析**　此题考核考生对幼儿园室外环境的创设的理解，选项A中，设备之间保持较近距离，容易发生幼儿拥挤现象。选项B中攀爬具设在沙地上，手持沙子攀爬容易发生危险。选项D中活动室出口对准机动车道，幼儿跑进跑出容易发生意外事故。

4. **答案**　B　**解析**　此题考核考生对环境创设原则概念的理解，针对不同年龄的幼儿的年龄和认知特点，给他们提供适合其年龄特征的材料，符合幼儿发展适宜性。

5. **答案**　C　**解析**　此题考核考生幼儿园环境创设的3点意义，用排除法选出答案。

6. **答案**　A　**解析**　此题考核考生对常用区角的名称以及功能的理解，电子琴是音乐区的基本器材，因此美美应该去音乐区活动。

7. **答案**　A　**解析**　此题考核考生对活动区创设概念的理解，活动区的创设不仅是给幼儿提供丰富

的物质设备，更重要的是把活动区作为促进幼儿全面发展的重要途径。

8. **答案** C **解析** 此题考核考生对室内活动区的数量和规模概念的理解，活动区的数量根据活动室的大小来确定，一般在4～5个为宜。

9. **答案** D **解析** 此题考核考生对幼儿园心理环境创设的要求的熟悉程度，不仅要创设优美、整洁的物质环境，还要建立温暖、安全的人际和人文环境精神环境，建立幼儿间良好的同伴关系

10. **答案** B **解析** 此题考核考生对家园合作知识点的了解，《幼儿园教育指导纲要（试行）》中提出家庭是幼儿园重要的合作伙伴。幼儿园应本着尊重、平等、合作的原则，争取家长的理解、支持和主动参与，并积极支持、帮助家长提高教育能力。

二、材料分析题

答 本题主要考查学生对环境创设的基本原则概念的理解。

材料中的教师在环境创设中违背了教育目标一致性原则，适宜性原则，参与性原则以及经济性原则，不利于幼儿身心健康和全面发展。

（1）经济性原则是指创设幼儿园环境应考虑幼儿园自身经济条件，因地制宜办园。同时培养幼儿从小养成变废为宝、不浪费任何资源的环保意识。材料分析题中的老师购买大量高价的成品玩具、名画，显然不符合幼儿园实际，违背了经济性原则。

（2）参与性原则是指环境创设过程是幼儿与教师共同合作、共同参与的过程。材料分析题中教师花费大量心血精心布置五彩缤纷的墙饰，环境的布置非常明显地体现了幼儿园中教师的特长和喜好，却违背了幼儿参与性原则。幼儿园的环境创设必须以幼儿为主体，创设幼儿熟悉、喜爱和积极投入的环境，让幼儿感觉到自己是环境的主人，并能主动参与环境的布置中去，不应该体现教师的喜好，本末倒置了。

（3）环境与教育目标一致性的原则是指环境创设的目标要符合幼儿全面发展的需要，与教育目标相一致。材料分析题中这种高档的环境一旦布置好之后，整个学期，甚至整个学年基本不会变动。这违背了教育目标一致性原则。幼儿园环境是幼儿园课程的一部分，在创设幼儿园环境时，要考虑它的教育性，应使环境创设的目标与幼儿园教育目标相一致。依据幼儿园教育目标，对环境设置做系统规划。制定学期、月、周、日及每一次活动计划，幼儿园的环境不可能一学期完全不变。

（4）适宜性原则是指幼儿园环境创设要符合儿童的年龄特征及身心健康发展的需要，促进幼儿全面和谐发展。材料分析题中有的幼儿园小、中、大班环境布置得非常雷同，当人置身其中时，如果不看班级标识牌，根本无法判断是小班、中班，还是大班。这违背了适宜性原则。幼儿园环境创设应与幼儿身心发展的特点和发展需要相适宜，对不同的年龄段，与之相匹配的环境创设也不一样，教师应为幼儿创设适合他们身心发展的环境。

第五章　游戏活动的指导

考试要求

（1）熟悉幼儿游戏的类型以及各类游戏的特点和主要功能。

（2）了解各年龄段幼儿的游戏特点，并能够提供相应材料支持幼儿的游戏，根据需要进行必要的指导。

本章内容简介

《幼儿园教育指导纲要（试行）》指出：幼儿园教育应尊重幼儿的人格和权利，尊重幼儿身心发展的规律和学习特点，以游戏为基本活动，保教并重，关注个别差异。让幼儿通过游戏来学习知识，在游戏中健康成长。

本章共分两节，第一节为幼儿游戏概述，介绍了游戏的含义、特征、意义与分类；第二节为幼儿游戏指导，介绍了游戏的四大指导策略和三大指导环节，简单明了地阐述了针对不同年龄段幼儿和不同种类游戏的指导要点。

本章节内容在历年考试中题型分布较广，以简答题、论述题、材料分析题居多。

第一节　幼儿游戏概述

考纲提要

熟悉幼儿游戏的类型以及各类游戏的特点和主要功能。

内容结构图

本节内容框架如图5-1所示。

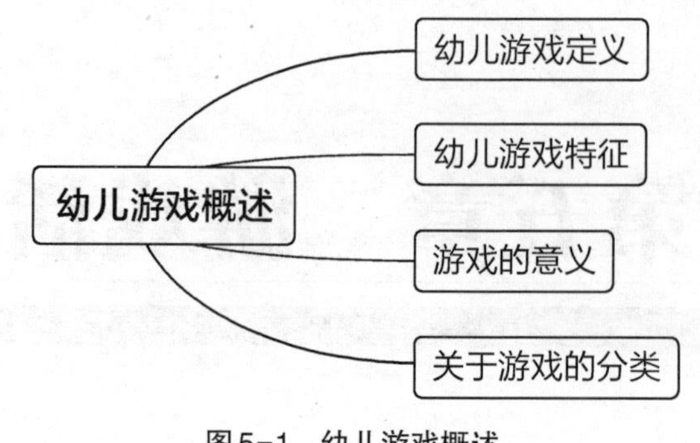

图5-1 幼儿游戏概述

一、幼儿游戏定义

游戏伴随着人类的诞生而出现,其固有的特点使其成为最适合幼儿和最受幼儿喜爱的、不可替代的活动。游戏渗透生活及各项活动中,对幼儿身心发展起着极大的作用。在《幼儿园工作规程》中明确指出:游戏是幼儿园的基本活动。其依据有如下几点:

1. 游戏是幼儿最喜爱的活动,也是一日生活的主要内容

幼儿在一日生活中,除了吃饭、喝水、睡觉等基本生活活动外,大多数时间就是游戏。比起成年人为了人际交往的游戏,或是重视结果的竞技性游戏,幼儿游戏显得纯粹很多。幼儿本能地游戏是为了享受活动过程所带来的乐趣,感受自己的能力和验证已有的生活经验。对于幼儿来说,游戏就是生活本身,游戏充盈于心,充盈于思想、情感和身体中。

2. 游戏符合幼儿身心发展的特点,满足成长的需要

幼儿喜爱游戏且以游戏为基本活动,是由幼儿身心发展特点决定的。幼儿的身心发展水平比较低,但发展速度很快。他们有交往的需求,运动的需求,探索的需求;有些需求在现实生活无法得到满足,他们有交往需求,但交往技能薄弱;他们有运动需求,但身体联动性较弱,无法直接走向社会像成年人那样工作、学习;因此,游戏是他们探索世界、适应生长的一种方式,游戏既符合幼儿身心发展的特点,又满足其成长的需要。

3. 游戏是幼儿自发的学习

对幼儿来说,游戏既是一种娱乐活动,又是幼儿主要的学习方式。例如,幼儿在积木游戏中认识了颜色、形状,在角色游戏中了解了各种社会角色等,这些并不是做题上课,而就是游戏中的自发学习,也就是“玩中学”。

在游戏中学习与其他形式的学习相比,“玩中学”有以下特点:

① 学习目标隐含。

② 学习方式潜移默化。

③ 学习动力来自内部。

二、幼儿游戏特征

1. 自主性

游戏是儿童主动的、自愿的活动。幼儿游戏的动机主要源于主体的内在需要,并没有强制性的外在目的。幼儿是否主动地进行游戏，是判断活动是否真正成为游戏的一个标准。在幼儿游戏中，游戏的形式、游戏的材料以及游戏的开始或结束都应由幼儿自己自由掌握，按照他们自己的意愿、体力、智力自发进行。幼儿在游戏中的态度是积极的。

如果游戏是由教师来精心安排的，幼儿只是在不得已的情况下，被动地参加游戏，担任其中某一角色，那么，从表面上看，幼儿是在参加游戏，实际上幼儿并没有真正地参与游戏，他们认为是在完成教师布置的任务，也就失去了游戏的积极性。

2. 趣味性

游戏的趣味性是通过游戏的内容、游戏的形式、游戏的情节反映出来的。趣味性包含在游戏中，游戏能调动幼儿的积极性，对幼儿有强烈的吸引力。趣味性是游戏活动独有的特点，正是游戏的这一特征给幼儿的精神和身体带来舒适、愉快，使他们喜欢游戏。因为没有外在强制性的目标，幼儿可以轻松愉快地享受游戏的过程，体验"成功"的乐趣。

3. 假想性

在游戏中，幼儿扮演社会各阶层人物，模仿他们的动作、语言和表情，充分创造人物的形象，他们感到十分亲切，仿佛真实生活在其中。

游戏以生动的形象来反映现实生活，强烈地吸引着每个幼儿，满足了幼儿的需要。例如"理发店"的角色游戏要求扮演工作员的幼儿穿好服饰后先站在店门口，如果发现没有"顾客"主动上门，便会拿起宣传单到处招揽顾客，等客人来了之后，邀请顾客躺着洗头，送上水果、点心等，这些游戏行为都是现实生活的写照，通过游戏能使幼儿形象地感受成人世界的活动内容。

假想性还体现在对游戏道具的假想。如"医院"游戏中，扮演医生的幼儿会拿"铅笔"给病人打针。这些形象的道具对幼儿来说无疑有着巨大的吸引力，能激发幼儿参与表演的愿望，提高他们参与游戏的积极性和主动性。

4. 社会性

游戏源于儿童的生活，又融入儿童生活。时代、文化、习俗、地域等差异都会影响幼儿游戏。但幼儿游戏并不是周围生活的翻版，而是通过想象和联想，将日常生活中的生活经验，用语言、动作等方式重新表现出来。

三、游戏的意义

日本学者井深大说："游戏是孩子的第二生命，是孩子的第一所学校。"游戏对幼儿的身体、认知、社会性、情感等各方面发展都有促进作用。游戏对幼儿发展的重要价值，正是幼儿园一日生活要以游戏为基本活动的科学原理。

1. 游戏对幼儿身体发展的作用

各种不同的游戏，有的包涵全身运动，有的包涵局部运动。全身运动有走、跑、钻、爬、跳等游戏，局部运动有画画、玩沙、搭积木等游戏，都可以促进幼儿大小肌肉的运动，促进骨骼关节的灵活与协调。游戏既有助于增强身体协调性，又有助于身体各器官的生理功能得到锻炼和改善，从而达到锻炼身体、增强体质的目的，为孩子们今后的生活和学习打下坚实的基础。

2. 游戏对幼儿认知发展的作用

认知包括了感知觉、记忆、思维、想象、语言等方面。在游戏中,幼儿直接接触各种玩具或材料,通过不断移动、触摸、聆听、观察、对比等运动感觉来认识活动,并且结合已有的生活经验,接触、探索新的事物,了解事物之间的关系。于是,其感知能力、注意力、记忆力、想象力、思维能力、解决问题的能力和创造力都会得到发展。在游戏中幼儿需要与同伴沟通与交往,需要用语言交流思想、商讨办法。在游戏过程中,幼儿的语言也得到了发展。

3. 游戏对幼儿社会性发展的作用

社会性是幼儿逐渐掌握社会的道德行为规范与社会行为技能,进入成人社会的一个过程。多种多样的游戏活动可以使幼儿在轻松、愉快的活动中与同伴和老师接触、交往,在同说、同笑、同乐中体会与人合作的重要性,体验人与人之间交往的乐趣。游戏,特别是角色游戏,在幼儿从他人角度看问题的能力的发展中起着重要作用。幼儿在游戏中扮演各种角色,由于角色的需要,幼儿必须按角色的身份及情感体验来行动,把自己当作别人来意识,慢慢学会从他人的角度去看待问题,克服以自我为中心的观点。受到游戏规则的约束,幼儿必须遵守游戏的规则,才能被同伴接纳并参与游戏,才不会在游戏中被淘汰出局,这也有助于幼儿控制自己的行为,消除愤怒、紧张、厌烦等消极情绪的体验。

4. 游戏对幼儿情感发展的作用

幼儿通过游戏能体会取得成功的快乐感,而且能选择自己喜欢做的事,在现实生活中做不到的事情也能在游戏里做到,从而产生成就感、自信、满意等积极情绪。现实生活中,幼儿的有些需求不能得到满足时,也会出现悲伤、愤怒、焦虑等负面情绪,通过游戏可以帮助幼儿发泄不良情绪。在游戏中,幼儿能够主动地选择和接触各种色彩鲜艳、造型生动的玩具;在游戏中,幼儿能自由自在地感知美、体验美、创造美。游戏是幼儿产生美感的重要源泉,是培养和发展幼儿美感的重要手段。

5. 游戏对良好品行养成的作用

游戏过程中,幼儿通过扮演多种不同角色来学习各种社会角色的行为。在游戏中幼儿为了要达到游戏的目的,就要遵守规则、约束自己、克服困难、坚持工作,这有利于培养幼儿积极主动、勇于克服困难的优良品质,锻炼自我的控制能力和坚持性,促进自我调节能力的发展。

四、关于游戏的分类

学前儿童的游戏多种多样,分类方法也各有不同。目前主要的游戏分类方法有按幼儿游戏的教育作用分类、按幼儿游戏的认知分类、按幼儿游戏的社会性分类。

1. 按幼儿游戏的认知特点分类

皮亚杰认为,游戏是随儿童认知的发展而变化的。他将幼儿游戏分为感觉运动游戏、象征性游戏、结构游戏和规则游戏四大类。

1)感觉运动游戏。感觉运动游戏是幼儿最早出现的一种游戏,一般发生在0~2岁这一阶段,又称为练习性游戏、机械性游戏、实践性游戏。幼儿通过以自己的身体作为游戏的中心,逐渐地会摆弄与操作具体物体,并不断反复练习已有动作,在反复的成功摆弄和练习中获得愉快的体验。该游戏的主要特征是重复、操作、自我模仿。

2）象征性游戏。象征性游戏是2～7岁学前儿童最典型的游戏形式。幼儿把一种东西当作另外一种东西来使用即“以物代物”，把自己假装成另外一个人即“以人代人”，都是象征的表现。角色游戏是其主要的表现形式。

3）结构游戏。结构游戏是儿童利用各种不同的结构材料来构建、反映现实生活中物体的活动。前期带有象征性的特征，比如用雪花片搭一串项链玩公主游戏，此游戏强调过程的体验；而后期游戏逐渐变成一种智力活动，对过程以外的结果越来越关注，如七巧板游戏。

结构游戏的发展阶段：

① 摆弄——两岁以下儿童的典型行为（只拿积木，或抓几块）。

② 重复——用一样大的积木堆高、叠加、平铺（小班）。

③ 搭建——可用一块把几块连接，如搭桥、门（小班）。

④ 围封——用几块积木围成一个封闭的空间，如动物的家、汽车库。

⑤ 模型——利用对称平衡原理建造模型。

⑥ 再玩——幼儿为自己所造的东西命名（电影院、幼儿园）。

4）规则游戏。规则游戏是两人以上参加，按照一定规则从事的游戏。一般3岁开始萌芽，4～5岁以后发展起来的。

2. 按幼儿游戏的社会性分类

美国教育家帕顿发现了幼儿社会性游戏的思想，按儿童2～6岁在游戏中的社会交往水平，把幼儿的社会性游戏分为6种，真正属于游戏行为的只有如下4种：

1）独自游戏。幼儿独自一个人玩玩具，专注地玩自己的游戏，并不注意同伴在做什么或玩什么，所表现出的行为是个体行为。

2）平行游戏。在同一空间里，仍独自一人玩玩具，但所使用的玩具与附近同伴相同或相近，在同伴旁边玩，但与同伴没有过多的交流，并没有一起玩。在游戏中，幼儿常会模仿附近同伴的玩法。平行游戏是反映2～3岁幼儿社会性交往状况的游戏。

3）联合游戏。和其他幼儿在一起玩，谈论共同的话题，有很强交往意愿，但相互之间没有明确的分工与合作，也没有共同目标，每个幼儿都是按照自己的意愿来游戏的。

4）合作游戏。幼儿在游戏中，围绕一个共同的主题，有共同的目标，采取分工合作，有组织地进行游戏。比如：幼儿商量一起搭建一个游乐园，即使有的孩子想搭建高楼，他也会遵从游戏分工完成用小插片搭建花坛的任务。一般幼儿3岁以后才会玩此类游戏，5～6岁得以发展，反映幼儿社会性发展日渐成熟的趋势。

3. 按幼儿游戏的教育作用分类

我国幼儿园习惯于将幼儿园游戏分为创造性游戏和规则性游戏（教学游戏）两大类，创造性游戏是把发挥创造性放在首位，规则性游戏是把遵守规则放在首位。

1）创造性游戏。指以幼儿自由创造为主的游戏，游戏中幼儿完全可以按自己的需要、兴趣和意愿进行活动，不受外显规则的约束。包括角色游戏、结构游戏和表演游戏。

（1）*角色游戏*。角色游戏又称为象征性游戏，是学前儿童按照自己的意愿，通过扮演角色，运用模仿和想象，创造性地反映周围真实生活的一种游戏，是学前儿童期最典型、最有特色的游戏。游戏中的角色、情节、内容等都是源于周围真实生活中的所见所闻,比如“娃娃家”“理发店”“超市”等。因此,丰富的生活经验是角色游戏的基础与源泉。

(2)结构游戏。结构游戏又称建构游戏,是指运用各种玩具或者材料进行具有创造性的建构活动或造型活动的游戏。可以是现成的高结构玩具,如雪花片、积木、乐高等;也可以是废旧材料再利用的低结构玩具,如纸盒、吸管、易拉罐等;甚至可以使用无结构材料,如沙、水等。在结构游戏中,儿童既可以动手构造现实生活中的各种物体形态,又可以结合自己的想象,创造性地反映周围生活。

(3)表演游戏。表演游戏是根据故事、童话等内容,通过动作、表情、语言,扮演游戏中角色,进行创造性表演的游戏。游戏中的角色、情节、内容等都是源于故事、童话等有剧本的素材。通常表现形式有幼儿表演、木偶表演、桌面表演、皮影表演、手偶表演等。

2)规则性游戏。指以教师组织和创编为主的游戏,游戏中的幼儿行为必须受到规则的限制,服从规则所要求的步骤、玩法进行活动,游戏的结果是幼儿在游戏中要努力达到的目的。这类游戏常是为教学服务的,又称教学游戏,包括体育游戏、音乐游戏和智力游戏。

(1)体育游戏。以身体练习为主要内容,以发展基本动作为目的的游戏活动。民间传统游戏丢手绢、老鹰抓小鸡、跳房子等都属于此类游戏。

(2)智力游戏。以生动、新颖、有趣的游戏形式,让儿童在轻松愉快的活动中,增进知识、发展智力为主的游戏,如走迷宫、大家来找茬、棋牌类游戏等。

(3)音乐游戏。音乐游戏是在音乐伴奏或歌曲伴唱下进行的、以发展音乐能力为主要目的的一种游戏活动。

第二节 幼儿游戏的指导

考纲提要

了解各年龄段幼儿的游戏特点,并能够提供相应材料支持幼儿的游戏,并根据需要进行必要的指导。

内容结构图

本节内容框架如图5-2所示。

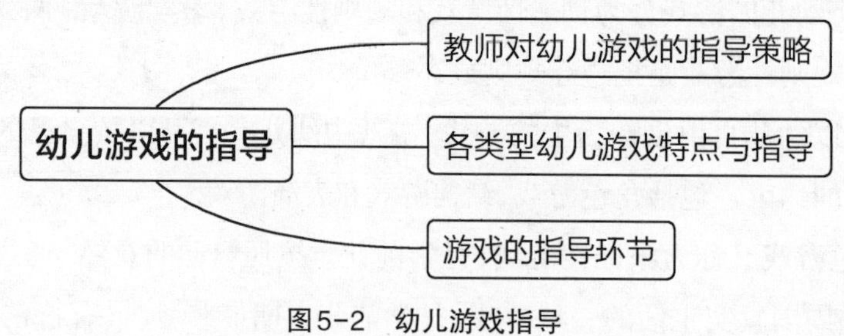

图5-2 幼儿游戏指导

一、教师对幼儿游戏的指导策略

在幼儿游戏活动的过程中，一切指导要以尊重游戏的特点为前提，以间接指导为主，观察并合理地介入幼儿游戏，做游戏的尊重者、引导者、参与者、支持者。

1. 尊重幼儿的自主性

1）尊重幼儿游戏的兴趣和意愿。幼儿有自己的兴趣和需要，教师应尊重幼儿选择游戏的意愿，让幼儿自由、愉快地参加游戏，促进他们的个性发展。

2）尊重幼儿游戏的氛围和游戏中的想象和创造。在游戏中，教师应尊重幼儿的尝试和探索，允许他们自己去发现、去想象和创造，而不把自己的意志强加给幼儿，以免妨碍幼儿想象力和创造力的发展。

2. 以间接指导为主

1）丰富幼儿的生活经验。生活经验是幼儿游戏的基础和源泉。丰富幼儿的生活经验，角色游戏的主题将会更多彩；丰富幼儿的生活经验，结构游戏的造型将会更百变；丰富幼儿的生活经验，表演游戏的情节将会更生动……可以通过参观、阅读、讨论、看图片、参加各种社会活动等多种方式来拓宽幼儿的眼界，为游戏向更高水平迈进奠定基石。

2）观察并合理参与幼儿游戏。指导游戏并不是为了指导而指导的。一切指导要以观察为前提，注意参与游戏的时间、地点、情景和方法，只有适时、适宜、适当地参与，才不会破坏、干扰幼儿的游戏。

3. 按幼儿游戏发展特点指导

幼儿的游戏随着幼儿的成长发生和发展。教师在指导幼儿游戏时也应该考虑这种发展的特点。如小班的幼儿在玩游戏的时候，都是各玩各的，即使是玩一样的游戏，他们也不会相互交流。教师在对小班的幼儿进行游戏指导时，要帮助幼儿进行相互交流和合作，使他们学会做游戏；中班的幼儿在游戏中虽然有分工也有合作，但他们的计划性较差，教师应尽量为幼儿提供多种条件，引导他们有组织、有计划地开展游戏；大班的幼儿游戏水平较高，可以给他们增加具有竞争性内容的游戏，以便将来更快地适应社会……

1）幼儿初期的游戏特点

（1）目的性不强。幼儿在进行游戏时往往没有预先的主题，更谈不上计划，其游戏更多是反映一些日常生活的琐事。在游戏时，很大程度受周围事物，如玩具、材料的支配，幼儿往往是看到什么玩什么，只要与游戏材料发生联系，常常会无计划地摆弄结构元件，只有在他人的提问下才会注意自己要做什么。

（2）兴趣不稳定。幼儿的注意力为无意注意占优势，而且自控力较差，容易受外界事物的干扰而转移兴趣。因而，他们坚持一项游戏的时间，一般只有几分钟，最多十几分钟。如果教师提供的游戏材料是幼儿感兴趣的，幼儿在游戏时就表现得积极主动，认真投入游戏，否则就会显得漫不经心。

（3）重内容、轻规则。幼儿对游戏的规则理解较差，控制力也弱，不管是哪一种游戏，幼儿都会按自己的意愿进行游戏，对于游戏过程中应当遵守的规则，幼儿时而遵守，时而不遵守。

（4）独自游戏、平行游戏较多。处于独自游戏和平行游戏的高峰期，幼儿在游戏中集体意识淡薄,各玩各的,彼此互不关照。幼儿会模仿同伴,平行充当同一角色,还常会为了争抢同一件玩具而哭闹。

指导策略

鉴于幼儿初期的游戏内容主要是重复操作游戏材料,教师的指导重点便在于如何使用游戏材料。通过投放形象逼真的教、玩具,让幼儿能更好地联系生活经验,丰富游戏内容。教师根据幼儿的游戏特点和社会经验为幼儿提供种类少、但同一种数量较多的成型玩具,避免幼儿因相互模仿而争抢玩具,满足幼儿平行游戏的需要。教师以游戏者的身份介入游戏,引导幼儿,培养幼儿的规则意识,让幼儿逐渐学会在游戏中进行自我管理,并通过游戏评价不断丰富游戏经验。

2)幼儿中期的游戏特点

(1)游戏水平极大提高,主动性提升。此阶段幼儿不但爱玩,也开始会玩了,游戏内容涉及范围广,能够自己选择主题、自己设计游戏。游戏情节丰富、内容多样化,还出现以替代物进行游戏的行为,如他们会用木棒代替针筒,用扫帚代替小马,表征水平有了明显的提高。结构游戏的水平也逐渐提高,能进行主题构造活动,还喜欢看图构造,对规则游戏产生了兴趣。

(2)主题丰富但不稳定。4~5岁是象征性游戏的高峰期,幼儿对游戏的兴趣显著增强,能够自己选择主题,且想尝试所有的游戏主题,但游戏主题不稳定,在游戏中有频繁调换的现象。

(3)同伴交往需求旺盛,交往技能欠佳。幼儿游戏能力与水平都有所发展,与同伴的合作性游戏也逐渐发展起来。他们已不再满足于自己玩,开始喜欢找同伴一起玩。这一时期幼儿有着强烈的交往需求,但交往技能欠佳,容易出现冲突。

(4)联合游戏为主。幼儿身上已经有了共同游戏的影子,从一开始的相互松散的关系,逐渐变得有了相同的游戏目的,只不过这种目的是随时变化的。比如幼儿一会儿说“咱们一起搭房子吧”,一会儿又会被一根长条积木吸引,把它当作长枪玩模拟打枪的游戏了。

指导策略

重点是引导幼儿解决游戏中的冲突。仔细观察并认真分析幼儿发生冲突的起因,以游戏者的身份介入游戏,指导游戏;教师应结合幼儿的社会经验,为幼儿提供丰富且富有变化、高低结构相结合的游戏材料,满足幼儿不同的游戏需求;教师应为幼儿创造一个宽松自主、有规则的活动环境,让幼儿真正成为活动的主人。通过幼儿讨论等形式展开游戏评价,增长游戏经验,锻炼表达能力。教师为幼儿提供可以交往的游戏氛围,指导幼儿在游戏中逐渐掌握社会规则和交往技能,逐渐掌握独立解决问题的能力。

3）幼儿晚期的游戏特点

（1）游戏的自我评价能力逐步提升。5岁以后，儿童的个性特征有了较明显的表现，其中最突出的是儿童自我意识的发展，主要体现在自我评价的能力上。儿童在评价自己时，不再轻信成人的评价，当成人的评价与儿童的自我评价不一致时，他们会提出申辩。同时，儿童可以从多个角度进行自我评价。

（2）合作意识逐渐增强。幼儿开始有了合作意识，他们会选择自己喜欢的玩伴，也能与三五个小朋友一起开展合作性游戏。他们逐渐明白公平的原则和需要服从集体约定的意见，也能向其他同伴介绍、解释游戏规则。比如，在小舞台表演游戏中，几个小朋友能一起分配角色、道具，能以语言、动作等进行表现，并有一定的合作水平。

（3）规则意识逐渐增强。幼儿的规则意识逐步形成，他们开始学习控制自己的行为，遵守集体的共同规则。后期的幼儿特别喜欢有规则的游戏，对在活动中违背规则的行为，幼儿常常会“群起而攻之”。但这一时期的儿童对于规则的认识还没有达到自律，规则对幼儿来说还是外在的，因此儿童在规则的实践方面仍会表现出以自我为中心。

（4）动作灵活、控制能力明显增强。幼儿晚期走路速度基本与成人相同，平衡能力明显增强，可以用比较复杂的运动技巧进行活动，还能伴随音乐进行律动与舞蹈。手指小肌肉快速发展，能自如地控制手腕，运用手指活动，所以此年龄段幼儿开始热衷综合性体育游戏与创造性游戏。

指导策略

教师引导幼儿一起准备游戏环境，侧重语言引导，培养幼儿的自主性；认真观察游戏，给幼儿提供必要的条件和机会以及适当时给予引导，鼓励幼儿合作完成游戏；允许并鼓励幼儿在游戏中进行创造，培养幼儿的创造性；适当增加投放规则复杂的综合游戏，满足幼儿更高层次的游戏。通过多种形式开展游戏讲评，让幼儿在分享中取长补短，拓宽思路，提升游戏水平。

二、各类型幼儿游戏特点与指导

1. 角色游戏的指导

1）角色游戏的特点

（1）高度的自主性。幼儿想玩什么、想与谁玩、怎么玩、采取什么策略、使用什么材料等一系列问题都由幼儿自己根据意愿、经验、能力而定。

（2）特殊的想象性。想象是角色游戏的支柱。角色游戏是幼儿根据现实的生活经验，通过丰富的联想和想象加工而成的，在模仿中具有创造性，是把现实的真实和游戏的虚构巧妙结合。

2）角色游戏的指导要点

教师可以通过各种方式丰富幼儿的生活经验，提供适合的场所，提供丰富的游戏材料以及充足的游戏时间。鼓励和启发幼儿按照自己的意愿自主确定游戏主题；教会幼儿分配游戏角色；在游戏后，应引导幼儿收拾游戏材料和场地，培养幼儿良好的习惯；可以组织分享会，评价游戏的经验和过程，提升幼儿游戏水平。

2. 结构游戏

1）结构游戏的特点

（1）材料多样性。结构游戏必须有材料的支持，比如积木、插塑玩具，甚至是一些废旧材料，纸盒、易拉罐、吸管等，但并非所有的材料，都适合成为结构游戏的材料。应优先考虑具有明显三维空间特征、具有有效接触面或具有可堆叠性的材料。

（2）造型性。结构游戏是一种构造活动，构建心目中的造型，以此得到满足和愉悦。需要掌握物体的造型、色彩、比例、构图、布局等方面的艺术造型简单知识与技能。

（3）动手操作性。在结构游戏中，幼儿必须通过直接动手操作，对材料进行堆放、排列、规则拼搭、围合、简单造型、复杂造型等，这些都需要幼儿有很好的手眼协调能力，以及把握物体的形状、结构、位置等的空间想象水平。

2）结构游戏的指导要点

激发幼儿参与结构游戏的兴趣（投放材料引入、出示范例引入、创设情境引入）；引发引导幼儿设计建构活动，重点围绕建造什么，怎么建造，用什么材料建造讨论；指导幼儿协商分工，合作建构；观察分析幼儿建构活动水平。

3. 表演游戏

1）表演游戏的特点

（1）表演游戏的主题和情节来源于故事，包括文学作品或幼儿根据自己的经历和想象创编的故事。表演游戏中体现的故事（不论其来源是文艺作品还是幼儿自己创编）在幼儿表演前已经确定了游戏的基本框架。幼儿会在游戏中依据故事的情节和人物形象约束自己的言行，故事是游戏的依托和框架，幼儿不能随意改变。表演游戏受故事框架的限制和约束，结构性更强。

（2）表演游戏是幼儿自娱自乐的游戏，幼儿是因为表演游戏好玩才去玩的。即使没有人看，幼儿也会独自兴致盎然地表演下去。因此表演游戏只是一种游戏，他和戏剧表演有本质的区别。表演游戏中，“游戏性”大于“表演性”。

（3）表演游戏虽然有剧本框架，但无须严格生硬地按照文艺作品的情节和角色表演。幼儿可以根据自己对作品的理解、喜好和社会经验进行表演，游戏中的语言、动作可以是幼儿自创的，甚至角色和情节，也可以按照幼儿的情趣爱好加以删减，每一次游戏都可以不同，因此，表演游戏蕴涵着幼儿丰富的想象力和创造力，是幼儿创造性的表演。

2）表演游戏的指导要点

教师可协助幼儿选择表演游戏的主题。首先，作品要有健康活泼的思想内容；其次，要有一定的情境和戏剧成分，用于表演游戏的作品情节主线要简单、明确，不能过于复杂，要便于幼儿理解和记忆。教师在尊重幼儿自愿的前提下，指导幼儿分配角色；指导幼儿表演的技能，鼓励幼儿自然、生动地表演（教师可以引导幼儿观察、表演和交流；教师可示范表演；教师可与幼儿共同表演；教师可利用幼儿的生活经验，对幼儿进行表演技能训练；教师可启发并尊重幼儿的创造性表演）。

4. 规则游戏

1）规则游戏的特点

（1）规则外显性：规则游戏是以遵守规则为首要条件的，参与者需共同遵守所制定的规则，游戏才能进行。但凡有打破规则的行为出现，游戏即暂停或终止。

（2）竞争性：当游戏双方按照一定的规则一起游戏时，双方的关系往往具有竞争性。竞争性是规则游戏的重要特征，但需要注意的是，规则游戏的竞争性会随着游戏者的变化而变化，同样的游戏，两个孩子一起玩与大人和孩子一起玩，竞争性是截然不同的。

（3）文化传承性：规则游戏往往以代代相传的形式流传在民间，并以言传身教的方式得以传播。与此同时，规则游戏在传承的过程中会产生文化变异，同一种规则游戏在两个地区的名称和玩法都可能不同，从而赋予了规则游戏地方文化特色。

2）规则游戏的指导要点

根据幼儿的实际水平，选择和编制适合的游戏。教师要熟悉游戏的玩法和规则，了解游戏的重点与难点；根据游戏内容，准备好游戏的场地和材料。教师教会幼儿游戏的玩法，帮助幼儿建立规则意识。尽可能选择让多数幼儿参与而不是旁观、等待游戏；采取随机的方式分组，增加结果的不确定性；教师应该以正面评价为主，让幼儿体验游戏成功的快感而不是挫折感；教师要注意督促幼儿遵守规则，以保证游戏的顺利开展和游戏任务的完成。总结游戏过程中规则的遵守情况，结合幼儿的游戏情况帮助幼儿更好地掌握规则，鼓励幼儿创新玩法。引导幼儿正确对待游戏结果，不向获胜者提供奖品或奖赏，关注游戏过程中获胜者的有效策略、游戏技能的提升及快乐体验。

总之，对于幼儿游戏的指导，没有固定的模式。在指导幼儿游戏的过程中，我们应根据不同的游戏活动，给予幼儿不同的指导。如幼儿进行角色游戏的时候，我们要通过丰富幼儿的生活经验，同时也要以尽可能地发挥幼儿的想象力和创造力为主要指导方向；而在进行指导表演游戏的时候，则要帮助幼儿选择健康而又适合的作品，通过各种方式，使幼儿熟悉理解作品的内容，如讲故事、听录音、看电视等形式；如指导幼儿结构游戏的时候，则要通过丰富幼儿对物体的空间想象力和锻炼动手操作能力为主要指导目标。

三、游戏的指导环节

1. 准备游戏

准备工作包括充分考虑游戏所需时间、游戏地点、游戏材料和幼儿的经验准备等。

1）提供充足的时间

时间是开展游戏活动的重要保证，游戏时间的长短会影响幼儿的游戏质量。研究表明：在较长的时间段（约30分钟）幼儿才有时间发展出社会和认知层次较高的游戏形式，如团体游戏、建构游戏等。反之，幼儿没有足够的时间结伴、选择角色、计划情节，则会转而进行一些简单形式的游戏。幼儿游戏水平不高，可能是游戏时间不充足造成的。教师可以观察幼儿游戏的水平、投入喜好程度、情节的开展深入程度，来衡量游戏时间是否适宜，保证幼儿充分游戏的时间。

2）提供适合的场所

教师要为幼儿选择合适的游戏场地，地点选择要灵活，游戏场地要安全、卫生、美观、整洁、富有童趣。

3）提供丰富的游戏材料

教师要为幼儿提供充足的游戏材料。游戏材料的准备,要以幼儿年龄特点和游戏特点为依据,一般形象化玩具随年龄的增加而递减,而低结构的材料随年龄的增长而递增。不同年龄的幼儿,在选择玩具的过程中,都喜欢能活动、可操作的、实用的玩具。

4）丰富幼儿的游戏经验

幼儿的知识经验是开展游戏的源泉,幼儿游戏的内容来自幼儿的生活经验,幼儿积累的经验基础越厚实,幼儿的游戏就会越多姿多彩。当幼儿游戏的相关经验匮乏时,游戏则停滞不前;当幼儿的游戏经验错误时,幼儿的游戏行为也会产生偏差;当幼儿的相关经验丰富而充分时,幼儿的游戏才得以进展。因此,教师应该在充分观察幼儿游戏的基础上,思考幼儿相关的经验是否完备,哪些经验需要丰富,哪些已有经验需要梳理,进而丰富和拓展儿童的生活经验,促进幼儿游戏的发展。

2. 观察游戏

观察是一切指导的前提,是教师将前期准备和后续介入连接起来的桥梁。教师需观察前期准备工作中提及的游戏时间是否充裕、场地安排是否合适、材料投放是否满足幼儿的需要和是否安全。教师要做个有心人,随机观察捕捉从幼儿的语言、动作、表情中所发出的信息(目的是了解幼儿行为动机、即时需要、意愿、困难、情绪),以便把握介入时机,满足游戏需要,推进其活动。也可有目的地观察,有针对性地了解幼儿现有的发展状况、发展的个别差异、发展的趋势,作为教育的依据,以便因材施教,不断调整教育方案,为教师进一步创设环境提供依据。

3. 介入游戏

教师介入游戏和游戏的自主性并不矛盾,因为两者都立足于幼儿的最大发展性,在适当的时机介入游戏,不但不会破坏游戏的氛围和进程,还可以提升幼儿游戏的兴趣,使游戏向更高水平迈进。

1）介入干预游戏的时机

(1)当幼儿遇到困难、挫折,即将放弃游戏意愿时。当幼儿不知道自己该做什么游戏、如何去游戏时,教师介入的关键是引导幼儿开始游戏。教师可以作为游戏伙伴进入游戏给予幼儿示范,或者让幼儿相互启发,相互影响,克服困难,拓展游戏。

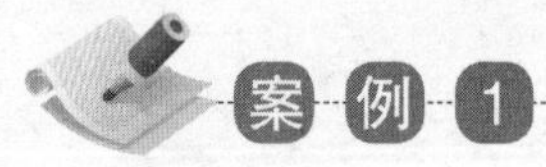

案例1

理发店里很安静,琳琳在为一名"顾客"理发,只是面无表情长时间机械地重复简单的修剪动作,也没其他"顾客"光顾。教师看见后走过去说:"琳琳,你站了半天了,我们轮流来接待顾客吧?"琳琳点点头。只见教师先给"顾客"洗头(嘴里模仿流水的"哗啦啦"的声音),然后给顾客擦干头发、剪发,剪完后拿起一面小镜子给"顾客"照照,道:"您满意吗?"小"顾客"开心地点点头。教师又拿起电吹风,嘴里"呼呼呼"边发出模仿电吹风的声音,边给顾客吹头发。琳琳在一旁看得津津有味。"琳琳,下个顾客交给你啦。"教师说。琳琳开心地模仿着教师的动作、表情和声音,理发店的生意也热闹了起来。

（2）当必要的游戏秩序受到威胁时。当必要的游戏秩序受到威胁时，教师可用游戏口吻自然地制止幼儿的干扰行为，并提出活动建议。

几个幼儿正在地毯上搭积木，这时另一名幼儿在旁边推着玩具小车向这边走来，眼看就要干扰他人活动，教师及时挡住他："请问你有通行证吗？" 幼儿说："没有。""没有通行证是不能从这里走的，请你回去拿通行证，再看看从哪条路走最方便。"

（3）当幼儿不投入所构思的游戏想象情境时。幼儿不投入游戏，反复摆弄同一物件、心不在焉时，教师可以拓展游戏内容，增加游戏的材料，运用鼓励、奖励的方式激发幼儿的兴趣。

（4）游戏中出现不安全因素或反社会行为时。游戏固然是幼儿对现实生活的创造性反映，但由于幼儿知识经验较为贫乏，是非辨别力弱，在游戏中必然会出现一些不安全因素或者一些反社会行为。如，在角色游戏中扮演恐怖分子，出现暴力等行为，此时教师要注意矫正幼儿不正确的想法和做法。一些无意有害的游戏行为，教师要尽早干预。

2）教师的介入方式（教师角色）

根据游戏类型的不同以及幼儿在游戏中的表现水平存在的差异，教师要采用灵活多变的方式介入游戏，在此过程中教师的角色也是灵活多变的。教师介入游戏的方式如下：

（1）平行式介入（游戏带头者）。指教师在幼儿附近和幼儿玩相同或不同材料的游戏，目的在于引导幼儿模仿，教师起着暗示指导的作用，这种指导是隐性的。当幼儿对教师新提供的材料不感兴趣或者不会玩，不喜欢玩，只会一种玩法时，教师可用这种方式介入进行指导。例如，教师提供了一些硬纸壳及挂历纸，目的是想让幼儿自己动手通过画、剪、贴制作各种拖鞋及其他物品，但无人问津。这时，教师用这些材料制作了非常漂亮的拖鞋，紧接着就有一部分小朋友围拢过来，活动便继续下去了。又如，教师提供了新的插塑玩具，有的孩子只插了一种造型就呆坐在那里，这时教师用这些材料插出了滑梯、发夹、汽车、火箭等，开阔了幼儿的思路，孩子们便又活跃了起来。

（2）交叉式介入（游戏合作者）。指当幼儿有教师参与的需要或教师认为有指导的必要时，由幼儿邀请教师作为游戏中的某一角色或教师自己扮演一个角色进入幼儿的游戏，通过教师与幼儿角色与角色的互动，起到指导幼儿游戏的作用。当幼儿处于主动地位时，教师可扮演配角。例如，幼儿在玩开商店游戏时"售货员"和"顾客"都很正常地进行业务往来，如果扮演"售货员"的幼儿说店里很忙，邀请教师来帮忙，教师可扮作服务人员介入其中，并巧妙地引导孩子提升游戏技巧。又如，有一幼儿钻在用纸箱做的火车头里面，想玩开火车的游戏，但就是没有"旅客"，游戏无法进行，教师扮作"旅客"加入游戏，并告诉幼儿我要到天安门去，找谁买票，这名孩子赶紧找来伙伴，扮作售票员，开始玩了起来。教师和幼儿都感觉玩得很快乐时，教师就隐退了，在一边静心观察，关键时刻再登场。当幼儿的游戏只是在一个层面上进行时，教师要引导幼儿向游戏的更高水平发展，例如，娃娃餐厅里有人正在切菜，教师走过去问："你做什么菜？" 幼儿想了想说："炒菠菜。" 教师又问："你们有人在做饭吗？" 幼儿听后恍然大悟，连忙对另一幼儿说："你快做饭吧，等一下，饭和菜要一起吃。" 两幼儿由同时切菜变为一人切菜一人做饭,他们心中确立了共同的目标:“开饭”,并且知道饭和菜是要一起上的。教师这样做也使该项游戏由平行游戏转化为联合游戏。

(3)材料引导(舞台管理者)。材料引导是通过教师为幼儿提供材料,引发幼儿的游戏兴趣,促进游戏的延续和提升的方法。材料可以是实物(成品、半成品和废旧品)和图片、图书等。

当原有材料不能满足幼儿当前游戏的需要时,可以适时增添新材料;当幼儿对某些新材料感到困惑而不会使用时,老师可以示范材料的使用方法;当原有材料的玩法在幼儿的认知范围内已经玩尽,在低水平重复或准备放弃时,老师可以展示材料的多种玩法,使幼儿意识到材料的多种转换;当幼儿的想象表征受到材料的限制时,老师可以提供替代物的选择和建议;当幼儿在游戏中遇到对材料的操作技能困难时,老师可以帮助解决。

(4)语言指导。语言指导是教师通过运用询问、建议、鼓励、邀请、指令等不同形式的语言指导幼儿游戏的方法,常会结合其他介入方式一起使用。语言指导是介入游戏中较常用的接入方式,教师可适时地提出开放性问题或提出合理化建议,来帮助幼儿更好地开展游戏。但是,指令式方式很容易破坏幼儿的游戏氛围,幼儿游戏出现严重违反规则或攻击性等危险行为时,教师直接介入游戏,对幼儿的行为进行直接干预,这时教师的指导是显性的,如在游戏当中,幼儿因争抢玩具而发生打骂,或者是玩一些如“死”“上吊”“暴力”内容的游戏时,教师应直接干预,加以引导,但这种方式易破坏游戏气氛,甚至使游戏中止,一般情况下不宜多用。

重点知识点汇总

(1)幼儿游戏特点。

(2)幼儿游戏的作用。

(3)影响幼儿游戏的主客观因素。

(4)小中大班游戏的特点。

(5)角色游戏的特点及指导。

(6)规则游戏的特点及指导。

(7)结构游戏的特点及指导。

(8)表演游戏的特点及指导。

(9)教师对幼儿游戏的指导策略。

(10)教师对幼儿游戏的介入时机及方式。

(11)游戏指导环节。

经典真题解析

一、单项选择题

1. 幼儿反复敲打桌子,在房间里跑来跑去,在椅子上摇来摇去,这类游戏属于(　　)。

A. 体育游戏　　　　B. 象征性游戏

C. 动作游戏　　　　D. 机械性游戏

答案　D

解析　感觉功能游戏又称为机械性游戏、练习性游戏，是幼儿最早出现的游戏形式，其典型性是重复和自我模仿。题目中幼儿反复敲打桌子，跑来跑去都体现了感觉功能游戏的特点，因此选D。

2. 当教师以"患者"身份进入小班"医院"时，有6位"小医生"同时上来询问病情，每个孩子都积极地为教师看病、打针，忙得不亦乐乎。结果教师一共被打了6针，对小班幼儿这种游戏行为最恰当的理解是(　　)。

A. 过于重视教师的身份　　　　B. 角色游戏呈现合作游戏的特点

C. 在游戏角色的定位中出现混乱　　　　D. 角色游戏呈现平行游戏的特点

答案　D

解析　小班幼儿以平行游戏为主，模仿性强，在游戏中常扮演同一角色。题目中幼儿都扮演小医生，正是在同一空间里，玩着大致相同的游戏内容，所以选D。

二、论述题

李老师设计了一个名为"三只蝴蝶"的游戏活动，她选了3位幼儿扮演蝴蝶，又选了若干幼儿扮演花朵，结果幼儿兴趣不高，表现被动，还没等游戏结束，一个幼儿就问李老师："老师，游戏完了吗？我们可以自己玩了吧？"

对这种现象，请从幼儿游戏特征和游戏指导的角度阐述以上活动是否是真正意义上的幼儿游戏。

解析　此题目在问题中已经明确表达了要从游戏特征和游戏指导的角度来论述。题目中，老师既没有让幼儿自己分配角色选择游戏，还"粗暴"地指挥游戏，明显剥夺了幼儿活动的自主性和趣味性。在指导过程也违背了幼儿游戏的指导策略，因此我们可以从"自主性"切入，来论述这个活动不是真正意义上的幼儿游戏。

这个活动不是真正意义上的幼儿游戏。

从幼儿游戏特征的角度分析，幼儿游戏应该具有以下4个特征

(1) 游戏是幼儿主动的自愿的活动。

(2) 游戏是在假想的情景中反映周围生活。

(3) 游戏伴随着愉悦的情绪。

(4) 游戏具有社会性。

从教师对游戏指导策略的角度，游戏应该要尊重幼儿的自主活动，教师以间接指导为主，尊重游戏的特点为前提去指导。

李老师在游戏中始终是导演者、控制者的角色，强制性介入游戏，告诉儿童在游戏中应该做什么，不应该做什么，完全控制了儿童游戏。这种做法很可能破坏了儿童游戏，变成"游戏儿童"而不是"儿童游戏"。

三、材料分析题

李老师发现大班"理发店"的顾客很少，"顾客"对理发店不感兴趣。于是李老师带幼儿到理发店参观，看理发店的设施，鼓励幼儿向理发师咨询问题，并记录幼儿的问题，还拍下照片，幼儿在理发店看到

顾客躺着洗头,梳理发型。回到幼儿园,李老师组织幼儿讨论“如何开好理发店”,并把照片给孩子看,帮助回顾;这时,有的幼儿反映没有躺椅,有的反映没有发型师,李老师则启发幼儿自己用积木做成躺椅,自己画发型,之后“理发店”生意又红火起来。

请分析案例中教师采用了哪些策略来支持幼儿的游戏活动。

解析 题目要求分析李老师的做法,那就先回到材料中看看李老师做了什么。李老师发现“理发店”“顾客”很少,于是“带领”参观、“鼓励”提问、“组织”讨论、“引导”搭建等,他的行为无处不体现了尊重幼儿的自主性,让幼儿自发自愿地去游戏,并且以间接指导为主,如提供材料,丰富生活经验等指导策略。题目中表明,所述是大班的角色游戏,因此再结合大班的游戏发展特点来论述即可。

在幼儿游戏活动的过程中,一切指导要以尊重游戏的特点为前提,以间接指导为主,观察并合理介入幼儿游戏,做游戏的尊重者、引导者、参与者、支持者。该案例中,李老师采用了如下策略来支持幼儿的游戏:

(1)尊重幼儿的自主活动。在游戏中尊重幼儿对游戏的想象和创造,尊重游戏的氛围。材料中李老师是带领幼儿参观理发店,让幼儿自己提问,回来后自己讨论,发现问题,自己用材料制作,没有过多强制性的干预。

(2)以间接指导为主。间接指导就是采用外部干预的方式来指导游戏,可以通过参观,看图,讲故事,提供材料等方式来丰富幼儿的生活经验。在观察的前提下,介入幼儿的游戏。材料分析题中,李老师观察并分析大班“理发店”“顾客”少的原因有可能是缺乏生活经验,因此带领幼儿“参观”理发店,鼓励幼儿提问等,丰富了幼儿的生活经验,给幼儿提供制作躺椅的材料等方式都是以间接的方式来指导游戏。

(3)按幼儿的游戏发展特点来指导。大班幼儿的游戏发展特点最主要表现为合作性强,规则意识强。因此,材料分析题中,李老师是引导幼儿用积木搭躺椅,小组讨论问题,激发大班幼儿的合作意识和创造性。

单元自测

一、单项选择题

1. 皮亚杰是按照儿童认知发展对游戏进行分类的首创者。根据这种方法,学前儿童的游戏可划分为4种,以下选项不属于按皮亚杰分类方法分类的类型是(　　)。

A. 感觉运动游戏　　B. 象征性游戏

C. 表演游戏　　D. 结构游戏

2. 以下游戏类型不属于规则游戏的是(　　)。

A. 智力游戏　　B. 角色游戏

C. 音乐游戏　　D. 体育游戏

3. 幼儿园的“娃娃家”游戏属于(　　)。

A. 结构游戏　　B. 表演游戏

C. 角色游戏　　D. 智力游戏

4. 关于角色游戏的特点说法不正确的是(　　)。

A. 自主性　　B. 想象性

C. 规则性　　D. 创造性

5. 关于创造性游戏与规则性游戏的共同点和区别,说法不正确的是(　　)。

A. 创造性游戏的规则是显性的、单一化的

B. 活动的主体都是幼儿

C. 幼儿在规则性游戏中所运用的经验是已经内化为幼儿自身经验体系中的经验

D. 两种类型的游戏都能让幼儿获得愉快的体验

6. 学前儿童最典型的游戏形式是(　　)。

A. 结构性游戏　　B. 规则性游戏

C. 象征性游戏　　D. 合作性游戏

7. 对幼儿游戏的评价应该是(　　)。

A. 反面评价　　B. 正面评价

C. 正面评价与反面评价相结合　　D. 消极评价

8. 儿童按照故事和童话的内容去分配角色、安排情节,通过动作、表情、语言、姿势等来进行的游戏被称为(　　)。

A. 合作性游戏　　B. 规则性游戏

C. 象征性游戏　　D. 表演游戏

9.(　　)是幼儿角色游戏的基础和源泉。

A. 教师的指导　　B. 家长的影响

C. 同龄人的经验　　D. 幼儿的生活经验

10.(　　)儿童能根据游戏的特点制定规则,并认真遵守规则,也能互相观摩、评价。

A. 大班　　B. 中班

C. 小班　　D. 小小班

二、简答题

1. 简述幼儿游戏对幼儿的发展意义。

2. 简述幼儿游戏的基本特征。

三、材料分析题

阅读下面材料,回答问题。

操场上新安装了一个投篮架。幼儿经常在这里玩投篮游戏。一天,几个幼儿带着笔刷和水桶来到这里,他们先是快乐地粉刷投篮架,之后开始往篮筐里灌水,有的从上面灌,有的从下面灌,再灌……相互配合,反反复复,忙得不亦乐乎。

问题:是否应支持这些幼儿的行为?请说明理由。

第五章 【参考答案】

一、单项选择题

1. **答案** C **解析** 皮亚杰是认知发生论的首创者,他把游戏按照认知发展特点分为感觉功能游戏、象征性游戏、结构游戏、规则游戏。表演游戏不在这种分类方式里,所以选C。

2. **答案** B **解析** 规则游戏也称为教学游戏,主要有智力游戏、音乐游戏和体育游戏。角色游戏不在此分类里,所以选B。

3. **答案** C **解析** 此题考查的是对角色游戏与表演游戏的区别的了解。幼儿园的"娃娃家"游戏是幼儿通过语言,动作,模仿爸爸或者妈妈等角色,是典型的角色游戏,而不是按剧本在表演,所以选C。

4. **答案** C **解析** 角色游戏的特点是高度的自主性、特别的想象力和创造性,没有显性的规则,因此规则性不是角色游戏的特点,故选C。

5. **答案** A **解析** 游戏具有自主性、趣味性,所以选项B和D正确。规则游戏就是按照一定规则来进行的游戏,要理解和遵守规则,是把规则内化为自己经验的一种游戏,所以选项C也正确。创造性游戏是把创造性放在首位的游戏,而规则是隐形的,显然A是不正确的。

6. **答案** C **解析** 象征性游戏是幼儿喜爱的游戏形式,也是学前儿童比较典型的游戏形式。规则游戏和合作游戏都可延续至成人,结构游戏也可延续至青少年,所以选C。

7. **答案** B **解析** 幼儿游戏是获得快乐的源泉,在游戏中成功的体验应大于失败的体验,对幼儿游戏的评价应该是以正面评价为主,故选B。

8. **答案** D **解析** 儿童按照故事和童话的内容去分配角色、安排情节,通过动作、表情、语言、姿势等来进行的游戏被称为表演游戏。

9. **答案** D **解析** 角色游戏反映了幼儿周围的真实生活,游戏虽然不是生活的机械性翻版,但它源于生活的经验,通过想象、创造、加工而来。因此,幼儿的生活经验是角色游戏的基础和源泉。故选D。

10. **答案** A **解析** 此题考查了大班幼儿玩游戏的发展特点。大班幼儿玩游戏的发展特点是规则意识和合作意识较强,而且自我评价能力也进一步提升,因此大班儿童能根据游戏的特点制定规则,并认真遵守规则,也能互相观摩、评价。

二、简答题

1. **答** 游戏对儿童发展的意义:

(1)游戏促进儿童的认知发展。在游戏中,儿童可以潜移默化地学到许多知识;游戏有助于培养儿童的注意力、观察力和判断力;游戏能够激发儿童创造力和思考力。

(2)游戏促进儿童的社会性发展。孩子们在游戏中作为集体的成员,开始学会相互理解,共同遵守规则,学会与人相处;借助游戏,儿童的社会交往能力得到锻炼与发展。

(3)游戏有利于儿童情绪发展。游戏是儿童表现情感的一种重要方法;游戏是儿童克服情绪紧张的一种手段;游戏有助消除孩子的愤怒心情。

（4）游戏有助于幼儿的身体锻炼和成长。游戏满足幼儿身体活动的需要，增强幼儿体质，促进幼儿正常的生长发育。

（5）游戏有助于幼儿良好品质的养成。游戏发展了幼儿克服困难、坚持到底、保有耐心等良好品质。

2. 答　游戏的特征：

（1）游戏是幼儿自主自愿的活动，无强制性的外在目的。

（2）游戏伴有愉悦的情绪体验。

（3）游戏是在假想的情境中反映真实生活。

（4）时代、文化、习俗、地域等差异都会影响幼儿游戏，但幼儿游戏并不是周围生活的翻版。

三、材料分析题

答　教师应该支持幼儿的游戏活动。具体理由如下：

（1）游戏是幼儿最喜爱的活动，符合幼儿年龄特点。材料分析题中幼儿的游戏不是成人强制的，而是自发的。幼儿在游戏中反反复复、忙得不亦乐乎，满足了幼儿的运动需求、探索需求等。

（2）幼儿天生有好奇心，有探究的心理需求。游戏能使幼儿获得经验和满足。案例中，幼儿自发地拿着笔刷与水桶对篮球架其他功能与用途进行积极的探究，这一自发的探究行为正是幼儿好奇、好问、好动、好玩天性的体现。因此，教师应尊重幼儿身心发展的特点，保护幼儿的天性，并给予合理的引导。

（3）教师应尽量满足儿童游戏的各种需要，从物质和精神上给予儿童的游戏以支持，推动游戏不断向更高水平迈进。案例中的幼儿能够相互配合、共同活动，说明幼儿的合作能力在游戏中得到发展，教师可以通过引导幼儿讨论或者通过增加多种材料的方式继续推动幼儿游戏向更高水平发展。

（4）幼儿园以活动为中介，通过各种活动促进儿童发展。教师可以通过一日活动或游戏等多种形式的活动开展，使其身心得到全面的发展。本案例中幼儿的行为就是教学外的一种积极的情绪体验与科学探究精神的萌芽，对此，教师应给予精心的呵护。综上所述，教师应支持幼儿的游戏活动，并通过游戏促进幼儿在认知、社会性、情绪情感、智力等方面的发展。

第六章　教育活动的组织与实施

考试要求

（1）根据教育目标和幼儿的兴趣需要和年龄特点选择教育内容，确定活动目标，设计教案。

（2）掌握五大领域的基本知识和相应的教育方法。

（3）理解整合各领域教育意义和方法，综合设计开展教育活动。

（4）根据幼儿的需要，选择相应互动方式，调动幼儿参与活动的积极性。

（5）根据幼儿个体差异进行指导。

本章内容简介

有研究表明：影响孩子学业成绩的第一因素不是知识的准备问题，而是孩子是否处于积极主动的学习状态，对学习的兴趣是否得以激发，对知识的好奇心是否得以引发，是否养成了良好的学习习惯，是否习得了知识的迁移能力，是否树立了克服困难的勇气，是否能够自己想办法解决问题，是否学会探索、学会合作等。这些良好的非智力因素的养成，关键期在学前，这也是幼儿园教育的重点所在。

良好的非智力因素的养成会使孩子终身受益。学前教育活动的组织与实施是幼儿园最重要的职能，是实现幼儿园教育目标的重要途径。教师每设计一个游戏活动往往使幼儿得到多种能力的训练，孩子在以游戏为主的教育活动中变得越来越健康、活泼、聪明。本章主要就幼儿园五大领域教育活动的开展与实施进行详细分析。

考生应该在熟悉各领域目标、内容、指导要点的基础上，结合幼儿不同年龄阶段的特点，完成活动设计。本章在考试中所占比重较大，考试题型主要涉及活动设计题、单选题、简答题等。

第一节　幼儿园教育活动概述

考纲提要

了解幼儿园教育活动的概念和特点；熟悉幼儿园教育活动的不同组织方法和设计流程。

内容结构图

本节内容框架如图6-1所示。

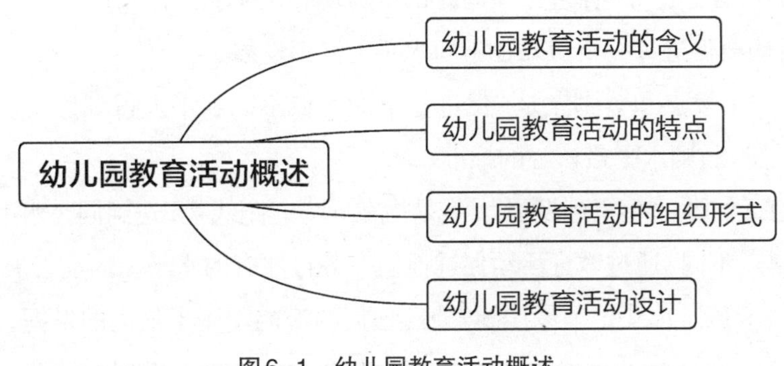

图6-1 幼儿园教育活动概述

一、幼儿园教育活动的含义

幼儿园教育活动有广义和狭义之分。从广义上来讲，幼儿园的一日生活中，能促进幼儿各方面发展的、具有教育作用的活动都可以称为教育活动；从狭义上来讲，则是指幼儿园教师在一定时间内专门组织的教育活动。

二、幼儿园教育活动的特点

根据《幼儿园工作规程》对幼儿园教育活动所下的定义，可以从如下几点来理解。

1. 幼儿园教育活动是一种有目的、有计划的活动

幼儿园教育活动不是幼儿自发的活动，而是有组织、有计划的活动。幼儿园教育活动受幼儿园的任务、幼儿园保育和教育目标所制约。所以幼儿园教育活动有明确、具体的目标、周密的计划和具体内容要求。

2. 幼儿园教育活动是教师引导幼儿主动活动的教育过程

教师把幼儿当作活动的主人，重视幼儿在教育活动中的主体地位；幼儿主动活动，并在活动中得到发展，这是教育过程的核心。

主动活动能激发幼儿的兴趣，使其能自发投入活动中，在实践中获得知识、发展能力。同时也能满足幼儿的好动、好奇、好问的愿望，使幼儿获得愉快的情绪体验，促进其身心和谐发展，符合幼儿心理发展的需要。

3. 幼儿园教育活动是多种形式的教育过程

幼儿园教育活动实际上是指幼儿在幼儿园一日生活中的各项活动，所以活动是多种形式、丰富多彩的。按不同角度，会有各种分类（在“幼儿园教育活动组织形式”中会做详细介绍）。

4. 幼儿园教育活动是一个需要注重的教育过程

① 教师不仅要研究自己应怎样教，还要研究幼儿是怎样学的。先要了解幼儿学习的方法和特点，要站在幼儿的角度，设身处地地体会幼儿是怎样学的，怎样才能学得好，才能有发展，不要教师包办代

替,要耐心地引导幼儿的感知、分析、判断推理,给幼儿一定的思考时间,不要急于公布答案,或急于纠正幼儿尝试性的错误,因为尝试错误也是幼儿学习发展的一个重要途径。

② 教师要把更多的精力与时间安排在教育的过程上,不要急于追求使幼儿学会知识技能、技巧的结果,重视教育过程正是为了获得“促进每个幼儿都得到发展”的好的结果。

5. 幼儿园教育活动要促进每一个幼儿在不同水平上得到发展

幼儿园保教工作的出发点和落脚点是“促进每个幼儿在不同水平上得到发展”。这一点也是评价各种课程模式、保教质量、教师水平最核心的标准。

这里“每个幼儿在不同水平上得到发展”,不是指在同一起跑线上,达到同一水平的发展,而是指幼儿存在差异,他们的起点不同,通过教育活动促进他们在各自原有的水平上向前发展。虽然最后可能不会到达同一水平,但每个孩子都获得了最佳的发展,他们的潜能得到了最大的发挥。所以,幼儿园组织的各种教育活动都是为了促进幼儿发展的活动,而且是促进每一个幼儿发展的活动。

三、幼儿园教育活动的组织形式

幼儿园教育活动的组织形式按照不同的标准,可以有多种分类方法,具体如下:

1. 按照特征分类

按照特征可分为:

1)生活活动。生活活动是培养幼儿良好卫生习惯(如饭前便后洗手)及行为习惯(如排队喝水)的主要途径。它包括幼儿园一日生活中的进餐、饮水、睡眠、盥洗、如厕等活动,是培养幼儿社会性品质(如分享、合作等)的主要途径。在生活活动中,教师要根据幼儿的身心特点,建立合理的生活常规,逐渐培养幼儿生活自理、自立的能力,同时应及时发现幼儿的不良习惯并加以纠正,抓住幼儿的个别教育时机。

2)区域活动。区域活动又称活动区(活动角)活动,是指幼儿在活动区(如角色游戏区、积木区、音乐区、嬉水区、沙池区、科学区、语言区、美工区、故事角、图书区等)进行的以自由游戏为主要特征的活动,是幼儿在园一日生活的主要活动形式之一,能够满足不同幼儿的兴趣和需要。区域活动为幼儿提供主动尝试、探索和交往的机会,培养幼儿园的创造性,有利于促进幼儿社会性和个性的发展。

3)教育活动。教育活动是指由教师依据目标专门设计、组织的有目的、有计划的活动,它在促进幼儿的全面发展中具有重要作用,是幼儿在一日生活中的重要内容之一。在教育活动中,教师有目的地选择教育内容,有计划地组织教育活动,灵活地运用多种教育形式、教育方法和教学手段,鼓励幼儿主动参与。

2. 按照教育内容分类

按照教育内容可分为:

1)分学科式教学活动。分学科教学历史久远,学科课程是指以科学为中心的课程,即把有价值的知识系统化,形成一定的科学或学科,将这些知识传授给幼儿,以达到教育目标的课程。幼儿园的学科课程具有启蒙性的特点。对于新教师来讲,掌握分科教学的方法仍是组织教学活动的基础,等具有一定的实践经验之后再进行综合、整合、灵活运用。

2）综合主题式活动（或称单元式主题活动）。综合主题式活动是在分科的基础之上形成的。综合主题式活动主要是指以某一主题为中心组织课程，打破学科或领域的界限，把学习内容融汇成一种新的体系。综合主题式活动的特点在于建立各学科之间的自然、有机的联系。其教学内容既可以是以某一学科知识为线索，渗透其他学科的知识体系，又可以是以幼儿兴趣为出发点的有益的系列活动内容。

3）按领域分类的活动。幼儿园的教育内容是全面的、启蒙性的，可以划分为健康、语言、社会、科学、艺术等5个领域。各领域的内容相互渗透，从不同的角度促进幼儿情感、态度、能力、知识、技能等方面的发展。

3. 按照组织形式分类

按照组织形式可分为：

1）集体活动。幼儿园集体活动是指全班幼儿在教师的组织与引导下，参与同样的教育活动，在同一时间内以同样的方式学习同样的内容。一方面，对于人类优秀的文化传统、社会行为规范、与健康生活有关的安全和卫生常识等要求全体儿童都应该掌握的内容，或是全班儿童共同感兴趣的或有共同经验基础的内容，采用集体教学的形式是十分有效的；另一方面，从儿童发展的角度出发，采用集体教学的方式也是适宜的。集体教学有利幼儿在有限的时间内提高学习效率，并且幼儿在与同伴的互相交流和学习中可以分享经验、体验快乐。但是，由于集体活动幼儿人数较多，教师往往无法顾及每个儿童在教育过程中的表现，不利于幼儿学习主动性的发挥。

2）小组活动。小组活动就是将全班幼儿分成几个小组进行的活动，可以是教师有计划安排的或组织的活动，也可以是儿童自发的活动。小组活动有利于调动幼儿操作材料的积极性，给予幼儿和同伴、教师交流的机会，能让幼儿在合作学习、共同建构中学会理解、学会交往、学会遵守规则。小组游戏与集体游戏不同的是，它有助满足幼儿不同的兴趣需要，可以让他们有更多的机会交往、交流、合作、分享，有利于促进幼儿解决问题能力的发展。

3）个体活动。个体活动是指由一个教师面对一两个幼儿进行指导的活动，也可以是幼儿自发的、自由的活动；可以是教师根据观察到的情况随机进行指导，还可以是有计划的专门辅导。个体活动能满足不同幼儿的学习需求，尊重幼儿的兴趣。教师在个体活动中可以根据幼儿的发展速度、认知方式因材施教，为幼儿提供更为自由的活动空间。

4. 按照学习方式分类

按照学习方式可分为：

1）接受式学习。奥苏伯尔根据学生进行学习的方式，把学生的学习分为接受式学习和发现式学习。其中，接受式学习是指幼儿通过教师呈现的材料来掌握现成知识的过程。它不要求幼儿独立发现问题，只要求幼儿被动地接受教师所传授的东西并加以内化，储存在认知结构中。接受式学习可以使学生在相对短的时间内掌握较多的知识；能充分发挥教师的主导作用及科学知识结构的内在功能；有助于培养学生从书本中获取知识的习惯和能力。所以，接受式学习有着其他学习方式不能代替的优越性。

2）体验式学习。体验式学习是指幼儿亲身参与实践活动，通过认知、体验和感悟，在实践过程中获得新的知识、技能、态度的方法。幼儿可以通过在户外自然环境中习得体验式的认知方法；可以在社会交往体验中学会解决实际问题；也可以在集体活动体验中学习共同生活。体验式学习会给幼儿带来新的感觉、新的刺激，从而加深记忆和理解。

3）探究式学习。探究式学习是指以幼儿自主的发现、探究和解决问题为主的学习方式。通过动手做、做中学，主动发现问题、实验、操作、调查、收集与处理信息、表达与交流等探索活动，获得知识，培养能力，发展情感与态度，特别是发展探索精神与创新能力。探究式学习倡导幼儿的主动参与，是一种积极的学习过程。目前幼儿园教育中越来越倡导在教育活动中鼓励幼儿主动探究，教师及时转变角色，正确引导幼儿的探究活动。

4）合作式学习。合作，是一种重要的社会行为品质，是儿童适应行为的一个重要方面，更是儿童社会性教育的重要组成部分。

合作式学习是指以共同目标的设计和达成为先导，以互动合作为基本动力，以小组合作为基本形式的学习活动。换言之，就是幼儿在小组里为了一个共同的目标协调行动，自发地分配角色，互相分工，共同完成任务的学习过程。合作式学习给予幼儿分享经验和解决认知冲突的机会，让幼儿在学习活动中相互协商、相互合作，最终达到教育的目的。

5. 其他组织形式

除了前面所列举的活动，幼儿园还有各种活动的组织形式，如全园活动，亲子活动等。

全园活动，是指根据某一主题或某一类的教育内容而开展的全园性的集体活动。例如“六一儿童汇演”“新年庆祝会”等，是全园型的大型活动。幼儿需要在幼儿园组织的庆祝活动中得到锻炼和满足，家长也能根据孩子在这类活动中的表现，感受幼儿园的教育在孩子身上的某种反映。

亲子活动，是指对幼儿及其家长实施的亲子体验、家庭游戏等亲子互动的活动。在活动中促进孩子与父母的关系，通过活动锻炼孩子参与探索的性格，能让孩子在少年时期身心得到健康发展；也为幼儿与家长、教师与家长、家长与家长之间搭起沟通的桥梁。

以不同标准划分的教育活动形式具有各自的特点和优势，它们之间相互交叉，幼儿园应根据幼儿年龄特点和教育目标加以综合运用，充分发挥它们的作用。

四、幼儿园教育活动设计

教学活动是一种有目的、有计划的师生之间教与学的双向互动。教学活动设计是指在教学活动开始之前对教学过程中的一切预先进行策划，创设教学情境，以期达到预设的教学目标的系统性设计。

1. 幼儿园教学活动设计的基本特点

1）幼儿园的教学活动设计不以解决幼儿园全部幼儿的发展问题为目的，它应该有针对性地指向某一部分的幼儿。同样的教学活动主题对于不同的幼儿来说可能具有不同的价值或意义，教师应赋予其不同的教育含义，这样才能做到“因材施教”，从而通过改进不同部分幼儿的发展来实现团体的全部发展。

2）幼儿园教学活动设计必须具备促进幼儿身心发展的正面价值。有的学者主张，只有在不加任何限制的教学活动情境下，幼儿才会获得最佳的发展，因而他们认为教学活动设计是对幼儿学习活动的限制，故而反对教育活动设计。但站在教学心理学的立场上，肯定教学活动设计并没有限制幼儿的发展与学习，而是有目的地引导幼儿的发展。

3）幼儿园教学活动设计必须符合幼儿学习心理和幼儿教学心理的基本规律。只有充分认识和了解了幼儿的心理发展与学习的规律之后，所进行的教学活动设计才更有利于幼儿的发展。在教学活动设计之前，幼儿园教师应该根据幼儿的这些特征了解在何种条件之下最容易促成幼儿的学习与发展，从而据此组织和安排教育活动的情境。

4）幼儿园教学活动设计应包括短期和长期两种目标。教学活动设计的短期目标主要由幼儿园教师负责，是设计某一个具体活动应该达到的目标，其内容比较具体。教学活动设计的长期目标则可能贯穿整个幼儿园教育的目标，甚至整个幼儿园今后所有的发展与教育目标，是由整个幼儿园的教师共同负责，并按一定的程序进行。

5）幼儿园教学活动设计必须接受系统的方法指导。在教学活动的系统设计中，应该包括多个前后彼此连接的步骤，从开始的教育目标分析，到最后的目标达成与否的评估，每一个步骤的设计均应符合活动的要求。而且，每一步的完成必须有助于下一步的开始。

2. 幼儿园教学活动设计过程

1）目标的筛选与确定。幼儿园教学活动的目标是教师根据幼儿年龄特点、原有水平和能力、活动的内容和性质来确定的。因此，在设计具体的教学活动之前，教师应在了解幼儿现有的发展水平，即他们现在已经能够做什么、知道什么的基础上，根据本班幼儿的具体特点，将幼儿园教育法规中设定的教育目的、目标具体化，从而确定本学期或本学年教育活动的全部目标或总体目标，即确定帮助幼儿学会什么。

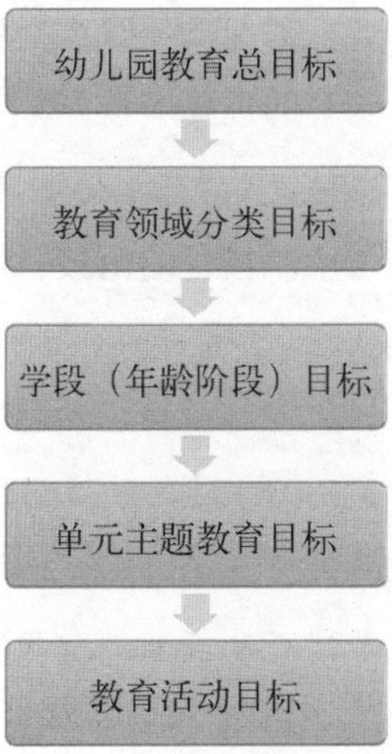

《幼儿园工作规程》和《幼儿园教育指导纲要（试行）》分别提出了幼儿园保育和教育目标以及各领域的教学目标，形成了一个完整的目标体系。幼儿园教育目标体系（见图6-2）是由幼儿园保教总目标、幼儿园各领域目标、幼儿园各年龄班目标、单元主题教育目标、幼儿园教学活动目标5部分构成，呈阶梯式结构，从抽象到具体、层层分解、步步落实。从不同年龄班的目标来看，前后目标之间具有连续性，并且遵循由易到难、由简到繁的规律。

幼儿园教育总目标

教育领域分类目标

学段（年龄阶段）目标

单元主题教育目标

教育活动目标

图6-2 幼儿园教育目标结构体系

在设计教育活动目标时，首先应考虑幼儿的发展实际和能力水平，另外教育活动目标还需要强调幼儿的全面发展。美国教育学家布鲁姆将教育目标分成认知、动作技能（能力）和情感体验3个维度。在设计教育活动目标时可以参照3个维度来进行。

教学活动目标的筛选与确定过程中，必须做到：

（1）目标要具有可操作性，避免过于笼统。教学活动目标处于幼儿园目标体系的最底层，具备具体、明确的特点，具有可操作性，便于指导教师的教学。例如，一位中班教师设计了一系列健康活动，“不挑食的好宝宝”活动的其中一个目标：了解各种蔬菜水果的营养；“保护牙齿”活动的目标之一：知道牙齿的重要性，养成保护牙齿的习惯。教师在这两个健康活动中的目标表述就比较具体，比起“养成良好的生活卫生习惯”的目标表述对教学更具有指导意义。

（2）目标表述主体要统一。在表述教学活动目标时，可以从教师的教和幼儿的学两个维度来表述，在表述时要保持一致。从教师的教这一角度来描写活动目标时，可以采用“教会”“帮助”“激发”“促进”等词语来表示教师的教;从幼儿的学这一角度来描写时,可以采用“学会”“喜欢”“知道”“感受”等词语来表述幼儿的学。

2)确定主题活动。确定活动主题即确定教学活动的内容,所要解决的问题是如何来组织教学内容,并使之概念化。一般说来,主题是依据三个基本来确定的,即本班幼儿学习和发展的需要与兴趣、本地区或本园的一些特殊的情况、活动进行的季节和节日背景。还要考虑主题的教育潜能和发展潜能,是否有可能促进幼儿各方面的发展,是否包含丰富的教育活动资源和多学科知识、技能等。

幼儿园教学活动内容的选择应该遵循如下基本原则:

(1)*促进幼儿的长远发展*。学前教育是打基础的教育,教学活动内容要体现时代性,为培养未来社会所需要的人才奠定基础。另外,教学活动内容要能够从反映事物发展的内在规律性和儿童身心发展的阶段性、连续性出发,体现教育内容在知识经验之间的固有逻辑性上的对接,由浅入深、由易到难、由具体到抽象、由简单到复杂,形成一个有关联的系统,使当前的学习为后续的学习打好基础,以循序渐进为原则,为儿童今后的学习和成长发展奠定良好的基础。

(2)*符合幼儿年龄特征、幼儿的生活经验和认知水平*。《幼儿园教育指导纲要(试行)》指出:教育内容的选择应该“既符合幼儿的兴趣和现有经验,又有助于形成符合教育目标的新经验;既贴近幼儿的生活,又有助于拓展幼儿的经验;既体现内容的丰富性、时代性,又注重幼儿学习的必要性、妥当性以及与小学教育的衔接”。幼儿园教学活动内容的选择必须以儿童的生活经验为基准,遵循各年龄段儿童在认知、情感、能力、个性和社会性发展方面的规律。教师要根据幼儿园教育的任务和儿童的年龄特点,选择适合儿童身心发展特点的教育活动内容。

(3)*满足幼儿的兴趣和需要*。教师应该注意观察幼儿,及时发现幼儿的兴趣所在,选择幼儿感兴趣的教学活动内容。例如,教师观察到幼儿对泡沫拼板很感兴趣,于是组织开展以泡沫拼板为道具的体育游戏活动。因为选择的是幼儿感兴趣的道具,体育游戏很快就吸引了幼儿。

3)选择与分析教育资源。在主题确定后,教师应根据主题把能够找得到的、想得到的和看得到的相关教育资源包括诗歌、儿歌、谜语、故事、游戏、舞蹈、实验等都加以整理,然后对它们进行研究和分析,识别其课程潜能,找出与教育目标之间的联系,分析它们的教育价值。当然,教育资源的课程潜能和教育价值的识别有赖于教师的专业知识、工作经验以及儿童观、教育观等。这种能力需要经过专门的训练。

4)确定学习活动的性质与类型。根据教师对幼儿游戏或学习活动控制程度的不同,将学习活动分为发现学习、有指导地发现学习和接受学习3种不同的性质,与之相对应的就是不同类型的活动,即个别活动、小组活动和集体活动。因此,教师在研究和分析教育资源的基础上,应按照活动的性质和类型对教育资源进行分类加工。

5)制定课题的进度表。一个主题通常不可能一次完成,需要按照各领域的知识体系和由近及远、由已知到未知、由易到难的认识规律把已经列出的教育资源与活动分为一个个小单元,排出教学进度表。也就是说,确定先做什么、后做什么。

6)空间和环境的安排。在列出教学活动的时间进度表以后,教师要开始考虑活动室的环境布置(如墙面布置)和每一单元活动的空间安排,使之有利于幼儿展开不同性质的学习活动,避免相互干扰。

7)教学策略。教学策略是指教师通过什么方式去干预或影响幼儿的游戏和学习活动。教师对幼儿的教学策略对学习活动不同程度的控制，主要是通过不同性质的干预策略体现的。教师可以根据活动的不同性质、幼儿学习与发展的不同水平以及活动开展的具体情境来选择具体的干预方法。

8）确定评价的目的与方法。作为幼儿园教师，应学会通过评价来了解幼儿学习与发展变化的状况，考察教学活动设计的合理性，并能及时调整和修改活动计划和安排。

3. 幼儿园教学活动的指导

教学活动的组织指导一般策略包括观察、导入、提问、回应等。

1）教学活动中的观察。在教师按照计划好的教案开展活动的过程中，首先应该观察幼儿对活动内容、材料及活动形式是否感兴趣。如果是游戏活动，教师应该观察幼儿的参与态度、情绪表现等情况；如果是提供材料的探索活动，教师可以观察幼儿对操作及材料的关注度；如果是以教师引导为主的活动，可以观察幼儿是否被教师的语言、动作所吸引。在活动进行阶段中，教师应该观察幼儿的互动情况，包括幼儿与幼儿的互动、幼儿与教师的互动、幼儿与材料的互动等。

2）教学活动的导入。激发幼儿的活动兴趣，引导幼儿主动探索和思考，使幼儿在轻松、愉快的氛围中开展活动，是教学活动导入的主要目的。对于幼儿来说，兴趣是他们最好的老师，教师运用能激起幼儿兴趣的方式导入活动，是十分有效的教学策略。例如用新奇的玩具、材料来吸引幼儿的兴趣，或者用生动、夸张的语言和动作吸引幼儿的兴趣都是不错的选择。幼儿园常用的活动导入方式还有通过游戏导入活动以及通过创设情境导入活动。另外，由于幼儿的好奇心强，问题导入也是比较有效的方式，利用问题引发幼儿的学习愿望，调动幼儿的学习兴趣，可以有效地支持和促进幼儿的探究学习。

3）教学活动中的提问。在教学活动的组织指导中，提问是常用的策略，但是提问也是很有技巧的。在教学过程中，教师应该根据幼儿的实际情况，灵活调整问题，多提一些开放性、启发性的问题，在层层深入的问题情境中推进活动进程。

4）教学活动中的回应。在教学过程中，如何回应幼儿，很多新教师都感觉困惑。教师的回应策略主要有重复、反问、提炼。

在教学过程中，经常会使用重复的策略，但这并不是指简单意义上的语言重复，而是教师教育智慧的体现。教师通过重复个别幼儿的问题或回答可以帮助幼儿获得他人学习经验。

幼儿常常有源源不断的问题来问教师，这时候教师可以不急于回答问题，而是反问幼儿，引发幼儿进一步思考。对于幼儿来说，教学活动中教师的提炼也至关重要，新的经验和概念的获得离不开对环境材料的感知和体验，同样也离不开教师对问题的概括、归纳和提炼。

第二节　幼儿园健康教育

考纲提要

能根据幼儿的年龄特点选择教育内容，确定活动目标；掌握幼儿健康领域教育的基本知识和相应的教育方法。

内容结构图

本节内容框架如图6-3所示。

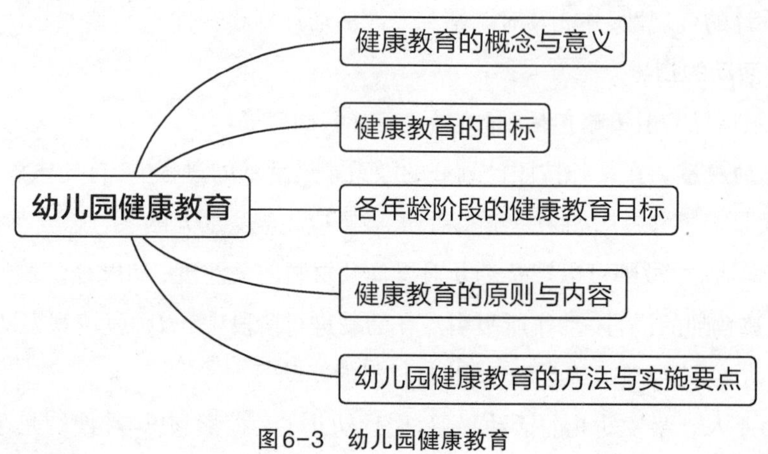

图6-3 幼儿园健康教育

一、健康教育的概念与意义

幼儿园健康教育活动,是指以保护和促进幼儿的健康为主要目标,以身体锻炼和身体保健的有关知识和技能为主要内容所实施的多种形式的教育过程。它是幼儿园教育活动的重要组成部分。

全面理解幼儿园健康教育活动的内涵,应当注意如下几个方面。

① 幼儿园健康教育活动作为幼儿园教育活动的重要组成部分,它和其他领域的幼儿园教育活动一样,都是有目的、有计划地引导幼儿生动、活泼、主动活动的多种形式的教育过程。

② 幼儿园健康教育活动作为幼儿园教育活动整体结构的构成部分,具有幼儿园教育活动的整体功能,即促进幼儿体、智、德、美各方面全面、和谐的发展。其主要的功能和发展目标是保护和促进幼儿的健康,帮助幼儿丰富有关身体保健和身体锻炼的知识和技能,形成他们对待健康积极的态度和情感,逐步养成他们能自觉地采取有利健康的行为和习惯,达成身体、心理和社会适应的健全状态。

③ 幼儿园健康教育活动不仅为幼儿身心的发展提供了良好的健康存在,而且为幼儿园开展其他教育活动提供了良好的条件。这是因为幼儿身心的健康是幼儿园顺利开展各类教育活动的前提,幼儿的认知、情感、态度及技能等诸方面的发展必须首先建立在身体健康这个重要的物质基础之上。

二、健康教育的目标

幼儿园健康教育活动的目标,是指通过健康教育活动使幼儿的身心发展达到应该实现的健康水平或教育结果。它对幼儿身心健康的发展具有预知和规范的作用,也是衡量健康教育活动成效的评价尺度。

《幼儿园教育指导纲要(试行)》在健康领域提出了4条总目标,如下:

① 身体健康,在集体生活中情绪安定、愉快。

② 生活、卫生习惯良好,有基本的生活自理能力。

③ 知道必要的安全保健常识,学习保护自己。

④ 喜欢参加体育活动,动作协调、灵活。

三、各年龄阶段的健康教育目标

健康是指人在身体、心理和社会适应方面的良好状态。幼儿阶段是儿童身体发育和机能发展极为迅速的时期,也是形成安全感和乐观态度的重要阶段。发育良好的身体、愉快的情绪、强健的体质、协调的动作、良好的生活习惯和基本生活能力是幼儿身心健康的重要标志,也是其他领域学习与发展的基础。

为了有效地促进幼儿身心健康发展,成人应为幼儿提供合理均衡的营养,保证充足的睡眠和适宜的锻炼,满足幼儿生长发育的需要;创设温馨的人际环境,让幼儿充分感受亲情和关爱,形成积极稳定的情绪情感;帮助幼儿养成良好的生活与卫生习惯,提高自我保护能力,形成使其终身受益的生活能力和文明生活方式。

幼儿身心发育尚未成熟,需要成人的精心呵护和照顾,但不宜过度保护和包办代替,以免剥夺幼儿自主学习的机会,养成过于依赖的不良习惯,影响其主动性、独立性的发展。

根据《3～6岁儿童学习与发展指南》,健康领域的学习与发展目标分为3个部分:身心状况、动作发展和生活习惯与生活能力。目标分别对3～4岁、4～5岁、5～6岁这3个年龄段幼儿的发展给予合理期望:

1. 身心状况

目标1　具有健康的体态

3～4岁:身高和体重适宜(参考标准:男孩身高:94.9～111.7厘米;体重:12.7～21.2公斤;女孩身高:94.1～111.3厘米;体重:12.3～21.5公斤)。在提醒下能自然坐直、站直。

4～5岁:身高和体重适宜(参考标准:男孩身高:100.7～119.2厘米;体重:14.1～24.2公斤;女孩身高:99.9～118.9厘米;体重:13.7～24.9公斤)。在提醒下能保持正确的站、坐和行走的姿势。

5～6岁:身高和体重适宜(参考标准:男孩身高:106.1～125.8厘米;体重:15.9～27.1公斤;女孩身高:104.9～125.4厘米;体重:15.3～27.8公斤)。经常保持正确的站、坐和行走的姿势。

目标2　情绪安定愉快

3～4岁:情绪比较稳定,很少因一点小事哭闹不止。有比较强烈的情绪反应时,能在成人的安抚下逐渐平静下来。

4～5岁:经常保持愉快的情绪,不高兴时能较快缓解。有比较强烈情绪反应时,能在成人提醒下逐渐安静下来。愿意把自己的情绪告诉亲近的人,一起分享快乐或求得安慰。

5～6岁:经常保持愉快的情绪。知道引起自己某种消极情绪的原因,能努力化解。表达情绪的方式比较适度,不乱发脾气。能随着活动的需要较快地转换情绪和注意。

目标3　具有一定的适应能力

3～4岁:能在较热或较冷的户外环境中活动。换新环境时情绪能较快稳定,睡眠、饮食基本正常。在帮助下能较快适应集体生活。

4～5岁:能在较热或较冷的户外环境中连续活动半小时左右。换新环境时较少出现身体不适。能较快适应人际环境中发生的变化。如换了新老师能较快适应。

5～6岁:能在较热或较冷的户外环境中连续活动不少于半小时。天气变化时较少感冒,能适应车、船等交通工具造成的轻微颠簸。能较快融入新的人际关系环境。如换了新的幼儿园或班级能较快适应。

2. 动作发展

目标1　具有一定的平衡能力,动作协调、灵敏

3～4岁:能沿地面直线或在较窄的低矮物体上走一段距离。能双脚灵活交替上下楼梯。能身体平稳地双脚连续向前跳。分散跑时能躲避他人的碰撞。能双手向上抛球。

4～5岁:能在较窄的低矮物体上平稳地走一段距离。能以匍匐、膝盖悬空等多种方式钻爬。能助跑跨跳一定距离,或助跑跨跳过一定高度的物体。能与他人玩追逐、躲闪跑的游戏。能连续自抛自接球。

5～6岁:能在斜坡、荡桥和有一定间隔的物体上较平稳地行走。能以手脚并用的方式安全地爬攀登架、网等。能连续跳绳。能躲避他人滚过来的球或扔过来的沙包。能连续拍球。

目标2　具有一定的力量和耐力

3～4岁:能双手抓杠悬空吊10秒左右。能单手将沙包向前投掷2米左右。能单脚连续向前跳2米左右。能快跑15米左右。能行走1公里左右(途中可适当停歇)。

4～5岁:能双手抓杠悬空吊15秒左右。能单手将沙包向前投掷4米左右。能单脚连续向前跳5米左右。能快跑20米左右。能连续行走1.5公里左右(途中可适当停歇)。

5～6岁:能双手抓杠悬空吊20秒左右。能单手将沙包向前投掷5米左右。能单脚连续向前跳8米左右。能快跑25米左右。能连续行走1.5公里以上(途中可适当停歇)。

目标3　手的动作灵活协调

3～4岁:能用笔涂涂画画。能熟练地用勺子吃饭。能用剪刀沿直线剪,边线基本吻合。

4～5岁:能沿边线较直地画出简单图形,或能边线基本对齐地折纸。会用筷子吃饭。能沿轮廓线剪出由直线构成的简单图形,边线吻合。

5～6岁:能根据需要画出图形,线条基本平滑。能熟练使用筷子。能沿轮廓线剪出由曲线构成的简单图形,边线吻合且平滑。能使用简单的劳动工具或用具。

3. 生活习惯与生活能力

目标1　具有良好的生活与卫生习惯

3～4岁:在提醒下,按时睡觉和起床,并能坚持午睡。喜欢参加体育活动。在引导下,不偏食、挑食。喜欢吃瓜果、蔬菜等新鲜食品。愿意饮用白开水,不贪喝饮料。不用脏手揉眼睛,连续看电视等不超过15分钟。在提醒下,每天早晚刷牙、饭前便后洗手。

4～5岁:每天按时睡觉和起床,并能坚持午睡。喜欢参加体育活动。不偏食、挑食,不暴饮暴食。喜欢吃瓜果、蔬菜等新鲜食品。常喝白开水,不贪喝饮料。知道保护眼睛,不在光线过强或过暗的地方看书,连续看电视等不超过20分钟。每天早晚刷牙、饭前便后洗手,方法基本正确。

5～6岁:养成每天按时睡觉和起床的习惯。能主动参加体育活动。吃东西时细嚼慢咽。主动饮用白开水,不贪喝饮料。主动保护眼睛。不在过强或过暗的地方看书,连续看电视不超过30分钟。每天早晚主动刷牙,方法正确。

目标2 具备基本的生活自理能力

3～4岁：在帮助下能穿脱衣服或鞋袜。能将玩具和图书放回原处。

4～5岁：能自己穿脱衣服、鞋袜、扣纽扣。能整理自己的物品。

5～6岁：能根据冷热增减衣服。会自己系鞋带。能按类别整理好自己的物品。

目标3 具备基本的安全知识和自我保护能力

3～4岁：不吃陌生人给的东西,不跟陌生人走。在提醒下能注意安全,不做危险的事。在公共场所走失时,能向警察或有关人员说出自己和家长的名字、电话号码等简单信息。

4～5岁：知道在公共场合不远离成人的视线单独活动。认识常见的安全标志,能遵守安全规则。运动时能主动躲避危险。知道简单的求助方式。

5～6岁：未经大人允许不给陌生人开门。能自觉遵守基本的安全规则和交通规则。运动时能避免给他人造成危险。知道一些基本的防灾知识。

四、健康教育的原则与内容

1. 健康教育的原则

1）身体保健教育的原则。身体保健教育的原则有如下四点：

① 集体健康行为指导与个别健康行为指导相结合。

② 幼儿健康教育与幼儿园其他各科教育相结合。

③ 幼儿健康教育与家庭和社会健康教育相结合。

④ 幼儿健康教育应与幼儿年龄相适应。

2）身体锻炼的原则。身体锻炼的原则有如下四点：

① 经常化原则。保证幼儿每天有一定量的户外体育活动,动静交替安排幼儿的一日生活。

② 适量的运动负荷原则。要根据身体锻炼的内容、运动项目的特点及幼儿年龄的差异,遵循人体生理机能变化规律,合理安排活动量。

③ 多样性原则。即幼儿的身体锻炼使用多样的组织形式。

④ 全面发展原则。教师要注意提高幼儿的整体素质,注意身体各部分的锻炼、内容活动的多样性。

2. 健康教育的内容

《幼儿园教育指导纲要（试行）》规定的内容：

① 建立良好的师生、同伴关系,让幼儿在集体生活中感到温暖,心情愉快,形成安全感、信赖感。

② 与家长配合,根据幼儿的需要建立科学的生活常规。培养幼儿良好的饮食、睡眠、盥洗、排泄等生活习惯和生活自理能力。

③ 教育幼儿爱清洁、讲卫生,注意保持个人和生活场所的整洁和卫生。

④ 密切结合幼儿的生活进行安全、营养和保健教育,提高幼儿的自我保护意识和能力。

⑤ 开展丰富多彩的户外游戏和体育活动,培养幼儿参加体育活动的兴趣和习惯,增强体质,提高对环境的适应能力。

⑥ 用幼儿感兴趣的方式发展基本动作,提高动作的协调性、灵活性。

⑦ 在体育活动中培养幼儿坚强、勇敢、不怕困难的意志品质和主动、乐观、合作的态度。

五、幼儿园健康教育的方法与实施要点

1. 幼儿园健康教育的方法

1)身体保健教育的教育方法。幼儿健康教育注重幼儿将获得的知识和形成的态度转化为良好的行为习惯。下列方法是幼儿健康教育过程中常常用的。

(1)动作和行为练习。让幼儿对已经学过的基本动作、基本技能、健康行为与生活技能等进行反复练习,从而加深理解,形成稳定的动作、行为习惯。

(2)讲解演示。具体而形象地向幼儿讲解粗浅的健康知识,并结合身体动作或实物、模型加以演示,从而帮助幼儿尽快掌握有关技能技巧,提高幼儿对健康的认识水平。

(3)情境表演。教师或幼儿就特定的生活情境加以表演,然后让幼儿思考、分析情境中所涉及的健康问题。

(4)讨论评议。让幼儿参与健康教育过程,为他们提出问题、发表意见、自己得出结论提供机会。这种方法能有效地帮助幼儿表达自己的真实想法,并鼓励幼儿对他人的言行加以评价,从而提高幼儿辨别是非的能力。

(5)感知体验。幼儿通过感觉器官认识、辨别事物的特性。这种方法能加深幼儿对事物的印象,同时由于加入了身体动作,更能激发幼儿的兴趣,引起幼儿的注意。

2)身体锻炼的教育方法

(1)讲解法。教师用语言组织幼儿的活动,指导幼儿掌握活动名称和练习的内容,理解动作要领和做法。讲解语言要简洁、生动,有启发性。

(2)示范法。教师以个体动作为范例,使幼儿看到所要练习和掌握的动作技能的具体形象、结构和完成的先后顺序等。

(3)练习法。练习法是在教师指导下,幼儿做练习,以实现健康教育目标的方法,是体育活动中最基本、最重要的方法。

(4)语言提示和具体帮助法。语言提示是在幼儿进行练习时,教师用简短、明确的语言提示和指导幼儿正确活动的方法。

(5)游戏法。游戏法是指以游戏形式组织幼儿进行身体锻炼的方法。

(6)比赛法。比赛法是在比赛条件下进行练习的方法,一般在中、大班采用。

(7)领做法。领做法是教师边示范、讲解,边组织幼儿按教师要求进行练习的方法。

(8)信号法。信号法是指用口令、哨音、音乐、鼓声、拍手等声响来帮助和指导幼儿进行身体锻炼的方法。

在具体开展活动时,应注意综合运用多种方法,并根据幼儿的情况、活动的内容组织形式、幼儿的活动方式,以及场地、器械等具体情况灵活运用。

2. 健康教育实施要点

根据《幼儿园教育指导纲要(试行)》,健康教育实施要注意如下几点:

① 幼儿园必须把保护幼儿的生命和促进幼儿的健康放在工作的首位。树立正确的健康观念，在重视幼儿身体健康的同时，要高度重视幼儿的心理健康。

② 既要高度重视和满足幼儿受保护、受照顾的需要，又要尊重和满足他们不断增长的独立要求，避免过度保护和包办代替，鼓励并指导幼儿自理、自立的尝试。

③ 健康领域的活动要充分尊重幼儿生长发育的规律，严禁以任何名义进行有损幼儿健康的比赛、表演或训练等。

④ 培养幼儿对体育活动的兴趣是幼儿园体育的重要目标，要根据幼儿的特点组织生动有趣、形式多样的体育活动，吸引幼儿主动参与。

第三节　幼儿园语言教育

考试要求

能根据幼儿的年龄特点选择教育内容，确定活动目标；掌握幼儿语言领域教育的基本知识和相应的教育方法。

内容结构图

本节内容框架如图6-4所示。

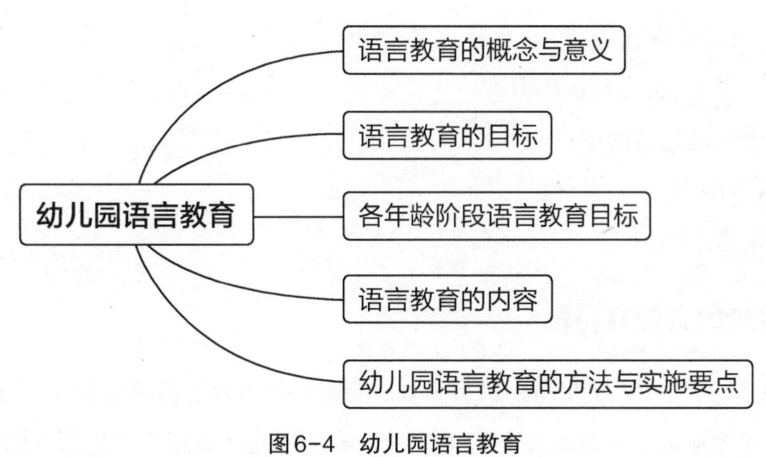

图6-4　幼儿园语言教育

一、语言教育的概念与意义

幼儿园语言教育活动是贯穿幼儿一日生活，具有目的性、计划性，还具有随机性，是一项专门的语言学习过程。教师在整合教育过程及生活中，引导幼儿主动参与，获得丰富的语言经验，促进幼儿语言能力的全面发展，使幼儿能健康地、愉快地成长。

幼儿园语言教育活动能够促进幼儿语言和行为的社会化进程,促进幼儿语言能的发展是语言教育的基本任务。在语言教育活动中,成人为幼儿提供各种语言范例,包括日常对话、故事、诗歌等,让幼儿感知、体会、理解和记忆。幼儿通过获得的语言与周围人进行交流,这种交流有利于幼儿克服自我中心的言行,使他们能主动适应他人的行为调节,并在此基础上逐渐形成语言的自我调节能力,使其情感、态度、习惯、行为等与社会规范逐渐接近并相吻合。

幼儿园语言教育活动能够促进幼儿的学习能力和认知能力的发展。幼儿加工语言使其认知能力得到训练和提高,但是语言加工又不等同于其他的认知加工。语言通过语词、概念向幼儿传递间接经验,有助于幼儿开阔眼界,提高思维能力和想象能力,也有助于幼儿学习能力的发展。幼儿在语言输出加工过程中,要把话语表达正确、清楚、完整和连贯,也需要有感知、记忆、思维、想象过程的积极参与。随着幼儿语言水平的提高,语言和认知能力结合也渐趋密切。心理学家普遍认为,儿童早期语言能力的发展是他们认知发展的重要标志。

幼儿园语言教育活动能够促进幼儿对语言兴趣的提高。听说的兴趣、自信和主动精神都有赖语言听说能力的提高,而幼儿一旦产生学习语言的兴趣,就会主动寻找学习语言的机会,学习更多的语言符号,尝试更多的语言技巧,语言的潜能得到尽情发挥。

二、语言教育的目标

幼儿园语言教育的目标是幼儿园教育总目标在语言领域的具体化,它指出了通过幼儿园语言教育所要达到的预期效果。作为幼儿园教师必须明确:通过幼儿园语言教育要使幼儿的语言获得什么样的发展,达到何种水平,实现什么目标。明确幼儿园语言教育目标,能更好地指导幼儿园教师确定幼儿园语言教育中的内容,以及所采取的方法和途径。同时它也是语言教育效果的评价标准。

《幼儿园教育指导纲要(试行)》对语言领域的目标概括如下:

① 乐意与人交谈,讲话有礼貌。

② 注意倾听对方讲话,能理解日常用语。

③ 能清楚地说出自己想说的事。

④ 喜欢听故事、看图书。

⑤ 能听懂和会说普通话。

三、各年龄阶段语言教育目标

语言是交流和思维的工具。幼儿期是语言发展,特别是口语发展的重要时期。幼儿语言的发展贯穿各个领域,也对其他领域的学习与发展有着重要的影响。幼儿在运用语言进行交流的同时,也在发展着人际交往能力、理解他人和判断交往情境的能力、组织自己思想的能力。通过语言获取信息,幼儿的学习逐步超越个体的直接感知。

幼儿的语言能力是在交流和运用的过程中发展起来的。应为幼儿创设自由、宽松的语言交往环境,鼓励和支持幼儿与成人、同伴交流,让幼儿想说、敢说、喜欢说并能得到积极回应。为幼儿提供丰富、适宜的低幼读物,经常和幼儿一起看图书、讲故事,丰富其语言表达能力,培养阅读兴趣和良好的阅读习惯，进一步拓展学习经验。

幼儿的语言学习需要相应的社会经验支持，应通过多种活动扩展幼儿的生活经验，丰富语言的内容，增强对语言的理解和表达能力。应在生活情境和阅读活动中引导幼儿自然而然地产生对文字的兴趣，用机械记忆和强化训练的方式让幼儿过早识字是不符合其学习特点和接受能力的。

根据《3～6岁儿童学习与发展指南》，语言领域的学习与发展目标分为两个部分：倾听与表达、阅读和书写的准备。目标分别对3～4岁、4～5岁、5～6岁3个年龄段幼儿的发展给予合理期望。

1. 倾听与表达

目标1　认真听并能听懂常用语言

3～4岁：别人对自己说话时能注意听并做出回应。能听懂日常会话。

4～5岁：在群体中能有意识地听与自己有关的信息。能结合情境感受不同的语气、语调所表达的不同意思。方言地区和少数民族幼儿能基本听懂普通话。

5～6岁：在集体中能注意听老师或其他人讲话。听不懂或有疑问时能主动提问。能结合情境理解一些表示因果、假设等关系的相对复杂的句子。

目标2　愿意讲话并能清楚地表达

3～4岁：愿意在熟悉的人面前说话，能大方地与人打招呼。基本会说本民族或本地区的语言。愿意表达自己的需要和想法，必要时能配以手势动作。能口齿清楚地说儿歌、童谣或复述简短的故事。

4～5岁：愿意与他人交谈，喜欢谈论自己感兴趣的话题。会说本民族或本地区的语言，基本会说普通话。少数民族聚居地区幼儿会用普通话进行日常简单会话。能基本完整地讲述自己的所见所闻和经历的事情，讲述比较连贯。

5～6岁：愿意与他人讨论问题，敢在众人面前说话。会说普通话，发音正确、清晰。少数民族聚居地区幼儿会用普通话进行日常会话。能有序、连贯、清楚地讲述一件事情，讲述时能使用常见的形容词、同义词等，语言比较生动。

目标3　具备文明的语言习惯

3～4岁：与别人讲话时知道眼睛要看着对方。说话自然，声音大小适中。能在成人的提醒下使用恰当的礼貌用语。

4～5岁：别人对自己讲话时能回应。能根据场合调节自己说话声音的大小。能主动使用礼貌用语，不说脏话、粗话。

5～6岁：别人讲话时能积极主动地回应。能根据谈话对象和需要，调整说话的语气。懂得按次序轮流讲话，不随意打断他人讲话。能依据所处情境使用恰当的语言。如在别人悲伤时会用恰当的语言表示安慰。

2. 阅读与书写准备

目标1　喜欢听故事，看图书

3～4岁：主动要求成人讲故事、读图书。喜欢跟读韵律感强的儿歌、童谣。爱护图书，不乱撕、乱扔。

4～5岁：反复看自己喜欢的图书。喜欢把听过的故事或看过的图书讲给别人听。对生活中常见的标识、符号感兴趣，知道它们表示一定的意义。

5～6岁:经常专注地阅读图书。喜欢与他人一起谈论图书和故事的有关内容。在阅读图书和生活情境中对文字符号感兴趣,知道文字表示一定的意义。

目标2　具有初步的阅读理解能力

3～4岁:能听懂短小的儿歌或故事。会看画面,能根据画面说出图中有什么,发生了什么事等。能理解图书上的文字是和画面对应的,是用来表达画面意义的。

4～5岁:能大体讲出所听故事的主要内容。能根据连续画面提供的信息,大致说出故事的情节。能随着作品的展开产生喜悦、担忧等相应的情绪反应,体会作品所表达的情绪情感。

5～6岁:能说出所阅读的幼儿文学作品的主要内容。能根据故事的部分情节或图书画面的线索猜想故事情节的发展,或续编、创编故事。对看过的图书、听过的故事能说出自己的看法。能初步感受文学语言的美。

目标3　具有书面表达的愿望和初步技能

3～4岁:喜欢用涂涂画画表达一定的意思。

4～5岁:愿意用图画和符号表达自己的愿望和想法。在成人提醒下,写写画画时姿势正确。

5～6岁:愿意用图画和符号表现事物或故事。会正确地写自己的名字,写画时姿势正确。

四、语言教育的内容

《幼儿园教育指导纲要(试行)》规定的内容:

① 创造一个自由、宽松的语言交往环境,支持、鼓励、吸引幼儿与教师、同伴或其他人交谈,体验语言交流的乐趣,学习使用适当的、礼貌的语言交往。

② 养成幼儿注意倾听的习惯,发展语言理解能力。

③ 鼓励幼儿大胆、清楚地表达自己的想法和感受,尝试说明、描述简单的事物或过程,发展语言表达能力和思维能力。

④ 引导幼儿接触优秀的儿童文学作品,使之感受语言的丰富和优美,并通过多种活动帮助幼儿加深对作品的体验和理解。

⑤ 培养幼儿对生活中常见的简单标记和文字符号的兴趣。

⑥ 利用图书、绘画和其他多种方式,引发幼儿对书籍、阅读和书写的兴趣,培养前阅读和前书写技能。

⑦ 提供普通话的语言环境,帮助幼儿熟悉、听懂并学说普通话。少数民族地区还应帮助幼儿学习本民族语言。

五、幼儿园语言教育的方法与实施要点

根据语言活动的目标和幼儿语言学习的理论,语言教育活动可以分为5种类型:谈话活动、讲述活动、听说游戏活动、文学活动、早期阅读活动。可以通过日常生活、游戏活动、教学活动这3个途径来实施。

1. 幼儿园语言教育的方法

语言教育的方法是根据幼儿语言发展的理论、幼儿学习语言的规律、幼儿语言教育的目标以及多年

幼儿语言教育实践经验归纳出来的。语言教育通常的方法有示范法、试听结合法、游戏法、表演法和练习法等。

1）示范法。示范法是教师通过自身规范化的语言，为幼儿提供学习语言的榜样，让幼儿始终在良好的语言环境中自然地模仿学习。有时也可以由语言发展较好的幼儿来示范。

运用示范法时要注意：教师的示范语言一定要规范到位，要把握好示范的时机和力度，恰当地运用"显形示范"和"隐形示范"的手段。

2）视听结合法。视听结合法是依据"直观法"的要求提出来的，视听结合法是指教师提供材料让幼儿直接感知物体，并配合教师的语言讲解，帮助幼儿学习语言。

运用视听结合法要注意：教师提供给幼儿感知的物体应该是幼儿熟悉的，教师讲解的语言要通俗易懂。

3）游戏法。游戏法是指教师运用有规则的游戏，指导幼儿学习语言的一种方法。游戏法能提高幼儿学习兴趣，促进幼儿大脑和各种感官的积极活动。

运用游戏法时需要配合教具（实物、图片）来进行，有时就是纯语言的游戏，如练习发音、学习反义词、练习组词和造句等。随着幼儿年龄的增长，应逐渐减少直观材料。

4）表演法。表演法是指在教师的指导下，幼儿学习表演文学作品以提高口语表达能力的一种方法。

运用表演法要注意：必须在幼儿理解、熟悉文学作品的基础上进行表演，鼓励幼儿在表演中大胆创作，要为全体幼儿提供参与表演的机会。

5）练习法。练习法是指有意识地让幼儿多次使用同一个语言因素（如语音、词汇、句子等）或训练幼儿某方面技能技巧的一种方法。在幼儿语言教育中，口头练习是大量的。

运用练习法需注意：练习的方式要多样化，逐步提高。以上是几种比较常见的语言教育方法，教师在实际应用中，需要根据幼儿园具体条件、本班幼儿语言学习的特点和实际水平，选择恰当的教育方法，有针对性地进行语言教育。

2. 语言教育实施要点

根据《幼儿园教育指导纲要（试行）》，语言教育实施要注意：

① 语言能力是在运用过程中发展起来的，发展幼儿语言的关键是创设一个能使他们想说、敢说、喜欢说、有机会说并能得到积极应答的环境。

② 幼儿语言的发展与其情感、经验、思维、社会交往能力等其他方面的发展密切相关，因此，发展幼儿语言的重要途径是通过互相渗透的各领域的教育，在丰富多彩的活动中扩展幼儿的经验，提供促进语言发展的条件。

③ 幼儿的语言学习具有个别化的特点，教师与幼儿的个别交流、幼儿之间的自由交谈等，对幼儿语言发展具有特殊意义。

④ 对有语言障碍的儿童要给予特别关注，要与家长和有关方面密切配合，积极地帮助他们提高语言能力。

第四节　幼儿园社会教育

考纲提要

能根据幼儿的年龄特点选择教育内容,确定活动目标;掌握幼儿社会领域教育的基本知识和相应的教育方法。

内容结构图

本节内容框架如图6-5所示。

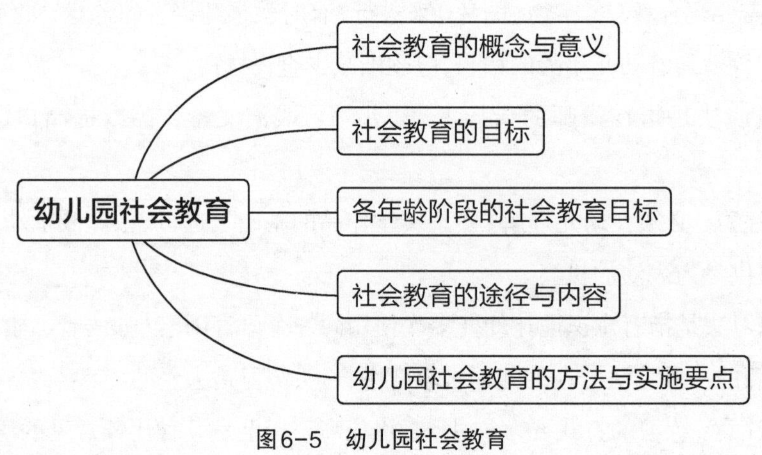

图6-5　幼儿园社会教育

一、社会教育的概念与意义

幼儿园社会教育是指以发展幼儿的社会性为目标,增进幼儿对社会的认知,激发幼儿的社会情感,培养幼儿的社会行为为主要内容的教育。它把社会作为幼儿园教育的内容,把社会领域教育作为幼儿园课程。

幼儿园社会教育的意义:

1)**帮助幼儿学会尊重理解别人,正确认识自己**。在幼儿园中,通过教师有目的地开展各种活动,通过与同伴的相互交往,幼儿逐渐学会理解他人的想法,学会尊重别人,克服自私、任性的弱点,学会合作、谦让、分享等基本的社会交往技能;通过同伴和教师的评价,初步学会客观地认识和评价自己,促进自我概念的形成和自我意识的发展,认识自我的价值,促进良好个性和品德的形成和发展。

2)**帮助幼儿提高社会交往技能**。在幼儿园社会教育中,通过教师有目的地开展各种活动,让幼儿在与同伴交往的活动中学会控制自己的情感,调节自己的情绪,掌握基本的人际关系准则,初步具有独立化解同伴间矛盾冲突的能力,提高自己的交往技能。

3）帮助幼儿学会生存、学会生活、学会做人。通过幼儿园社会教育，让幼儿具有初步的热爱生活的情感，掌握基本的生活和交往技能，学会积极的生活和学习方式，帮助幼儿养成良好的生活习惯和积极的生活态度。

4）促进幼儿独立性、自主性和应变能力的发展。在幼儿园集体中，幼儿更多的是自己独立去完成事情，这些都促进了幼儿独立性、自主性的发展，并将这一能力迁移到家庭和其他环境当中。

二、社会教育的目标

幼儿社会教育是以发展幼儿的情感——社会性为目标，增进幼儿对社会的认知，激发幼儿的社会情感，培养幼儿的社会行为为主要内容的教育。

根据《幼儿园教育指导纲要（试行）》对社会领域的目标概括如下：

① 能主动参与各项活动，有自信心。

② 乐意与人交往，学习互助、合作和分享，有同情心。

③ 理解并遵守日常生活中基本的社会行为规则。

④ 能努力做好力所能及的事，不怕困难，有初步的责任感。

⑤ 爱父母长辈、老师和同伴，爱集体、爱家乡、爱祖国。

三、各年龄阶段的社会教育目标

幼儿社会领域的学习与发展过程是其社会性不断完善并奠定健全人格基础的过程。人际交往和社会适应是幼儿社会学习的主要内容，也是其社会性发展的基本途径。幼儿在与成人和同伴交往的过程中，不仅学习如何与人友好相处，而且也学习如何看待自己、对待他人，不断发展适应社会生活的能力。良好的社会性发展对幼儿身心健康和其他各方面的发展都具有重要影响。

家庭、幼儿园和社会应共同努力，为幼儿创设温暖、关爱、平等的家庭和集体生活氛围，建立良好的亲子关系、师生关系和同伴关系，让幼儿在积极健康的人际关系中获得安全感和信任感，发展自信和自尊，在良好的社会环境及文化的熏陶中学会遵守规则，形成基本的认同感和归属感。

幼儿的社会性主要是在日常生活和游戏中通过观察和模仿潜移默化地发展起来的。成人应注重自己言行的榜样作用，避免简单、生硬的说教。

根据《3～6岁儿童学习与发展指南》，社会领域的学习与发展目标分为两部分：人际交往和社会适应。目标分别对3～4岁、4～5岁、5～6岁这3个年龄段幼儿的发展给予合理期望：

1. 人际交往

目标1　愿意与人交往

3～4岁：愿意和小朋友一起游戏，愿意与熟悉的长辈一起活动。

4～5岁：喜欢和小朋友一起游戏，有经常一起玩的小伙伴；喜欢和长辈交谈，有事愿意告诉长辈。

5～6岁：有自己的好朋友，也喜欢结交新朋友。有问题愿意向别人请教。有高兴的或有趣的事愿意与大家分享。

目标2　能与同伴友好相处

3～4岁：想加入同伴的游戏时，能友好地提出请求。在成人指导下，不争抢、不独霸玩具。与同伴发生冲突时，能听从成人的劝解。

4～5岁：会运用介绍自己、交换玩具等简单技巧加入同伴游戏。对大家都喜欢的东西能轮流分享。与同伴发生冲突时，能在他人帮助下和平解决。活动时愿意接受同伴的意见和建议。不欺负弱小。

5～6岁：能想办法吸引同伴和自己一起游戏。活动时能与同伴分工合作，遇到困难能一起克服。与同伴发生冲突时能自己协商解决。知道别人的想法有时和自己不一样，能倾听和接受别人的意见，不能接受时会说明理由。不欺负别人，也不允许别人欺负自己。

目标3　具有自尊、自信、自主的表现

3～4岁：能根据自己的兴趣选择游戏或其他活动。为自己的好行为或活动成果感到高兴。自己能做的事情愿意自己做。喜欢承担一些小任务。

4～5岁：能按自己的想法做游戏或其他活动。知道自己的一些优点和长处，并对此感到满意。自己的事情尽量自己做，不愿意依赖他人。敢于尝试有一定难度的活动和任务。

5～6岁：能主动发起活动或在活动中出主意、想办法。做了好事或取得了成功后还想做得更好。自己的事情自己做，不会的愿意学。主动承担任务，遇到困难能够坚持而不轻易求助。与别人的看法不同时，敢于坚持自己的意见并说出理由。

目标4　关心尊重他人

3～4岁：长辈讲话时能认真听，并能听从长辈的要求。身边的人生病或不开心时表示同情。在提醒下能做到不打扰别人。

4～5岁：会用礼貌的方式向长辈表达自己的要求和想法。能注意别人的情绪，并有关心、体贴的表现。知道父母的职业，能体会到父母为养育自己所付出的辛劳。

5～6岁：能有礼貌地与人交往。能关注别人的情绪和需要，并能给予力所能及的帮助。尊重为大家提供服务的人，珍惜他们的劳动成果。接纳、尊重与自己的生活方式或习惯不同的人。

2. 社会适应

目标1　喜欢并适应群体生活

3～4岁：对群体活动有兴趣。对幼儿园的生活好奇，喜欢上幼儿园。

4～5岁：愿意并主动参加群体活动。愿意与家长一起参加社区的一些群体活动。

5～6岁：在群体活动中保持积极、快乐。对小学生活有好奇和向往。

目标2　遵守基本的行为规范

3～4岁：在提醒下，能遵守游戏和公共场所的规则。知道不经允许不能拿别人的东西，借别人的东西要归还。在成人提醒下，爱护玩具和其他物品。

4～5岁：感受规则的意义，并能基本遵守规则。不私自拿不属于自己的东西。知道说谎是不对的。知道接受了的任务要努力完成。在提醒下，能节约粮食、水电等。

5～6岁：理解规则的意义，能与同伴协商制定游戏和活动规则。爱护公物，用别人的东西时也知道爱护。做了错事敢于承认，不说谎。能认真负责地完成自己收到的任务。爱护身边的环境，注意节约资源。

目标3　具有初步的归属感

3～4岁：知道和自己一起生活的家庭成员及与自己的关系，体会到自己是家庭的一员。能感受家庭生活的温暖，爱父母，亲近与信赖长辈。能说出自己家所在街道、小区（乡镇、村）的名称。

4～5岁：喜欢自己所在的幼儿园和班级，积极参加集体活动。能说出自己家所在地的省、市、县（区）名称，知道当地有代表性的物产或景观。知道自己是中国人。奏国歌、升国旗时能自动站好。

5～6岁：愿意为集体做事，为集体的成绩感到高兴。能感受家乡的发展和变化并为此感到高兴。知道自己所属的民族，知道中国是一个多民族的大家庭，各民族之间要互相尊重，团结友爱。知道一些国家的重大成就，爱祖国，为自己是中国人而感到自豪。

四、社会教育的途径与内容

1. 社会教育的途径

游戏活动、教学活动、劳动、生活活动和节日娱乐活动、参观游览是对幼儿进行社会教育的常用途径。

游戏活动是符合幼儿身心发展要求的快乐、自主的活动，是进行社会教育的有效途径。教学活动可以帮助幼儿获得社会知识和社会技能，发展社会情感，教师应注意幼儿的情绪，注重幼儿的体验、兴趣，以及投入度。劳动是对幼儿进行社会教育的重要途径，教师不能将幼儿当劳力使用，应特别注意劳动中的安全、卫生。生活活动可以锻炼幼儿适应社会生活的能力以及独立性。节日娱乐活动能促进幼儿爱祖国、爱家乡、爱父母的情感，增进幼儿与人的交流，促进交往能力的发展。参观游览是根据教育目标，组织幼儿到幼儿园以外的地方参观自然和社会现象，让幼儿深入社会生活，激发幼儿的情感，使幼儿理解并实践相关社会行为规范。

2. 社会教育的内容

根据《幼儿园教育指导纲要（试行）》规定的内容：

① 引导幼儿参加各种集体活动，体验与教师、同伴等共同生活的乐趣，帮助他们正确认识自己和他人，养成对他人和社会亲近、合作的态度，学习初步的人际交往技能。

② 为每个幼儿提供表现自己长处和获得成功的机会，增强其自尊心和自信心。

③ 提供自由活动的机会，支持幼儿自主地选择、计划活动，鼓励他们通过多方面的努力解决问题，不轻易放弃克服困难的尝试。

④ 在共同的生活和活动中，以多种方式引导幼儿认识、体验并理解基本的社会行为规则，学习自律和尊重他人。

⑤ 教育幼儿爱护玩具和其他物品，爱护公物和公共环境。

⑥ 与家庭、社区合作，引导幼儿了解自己的亲人以及与自己生活有关的各行各业人们的劳动，培养其对劳动者的热爱和对劳动成果的尊重。

⑦ 充分利用社会资源，引导幼儿实际感受祖国文化的丰富与优秀，感受家乡的变化和发展，激发幼儿爱家乡、爱祖国的情感。

⑧ 适当向幼儿介绍我国各民族和世界其他国家、民族的文化,使其感知人类文化的多样性和差异性,培养理解、尊重、平等的态度。

五、幼儿园社会教育的方法与实施要点

1. 幼儿园社会教育的方法

社会教育方法体系包括两部分,一部分是各个领域普遍使用的教育方法,包括口头语言法、直观教育法和实践练习法等;另一部分是社会教育独特的教育方法。这里重点介绍社会教育领域的特殊方法。

1)移情训练法。移情训练法是通过幼儿的现实生活事件或故事、情景表演等手段,引导幼儿理解和分享别人的情绪情感体验,使幼儿在日后生活中,对他人类似的情绪情感产生习惯性的理解并做出反应的方法。运用移情训练法的要求是:选择适合的情绪情感;引导幼儿辨认情绪情感;引导幼儿进行情感追忆和换位体验,用多种方式使幼儿回忆相关情感,从而理解、分享他人的情感;运用应用性操作和表演性练习,如说出关心话、制作礼物等方法引导幼儿实际行动。

2)角色扮演法。角色扮演法是创设现实社会中的某些情景,让幼儿扮演一定的社会角色,从而掌握自己承担的角色所应遵循的社会行为规范和道德要求的方法。运用角色扮演法的要求是:围绕教育目标创设情景,应力求真实、生动、有人有景、道具和化装应简单并有代表性。所选角色应符合幼儿的接受水平和表演技能。

2. 幼儿园社会教育的实施要点

根据《幼儿园教育指导纲要(试行)》,语言教育实施要注意:

① 社会领域的教育具有潜移默化的特点。幼儿社会态度和社会情感的培养尤应渗透在多种活动和一日生活的各个环节之中,要创设一个能使幼儿感受到接纳、关爱和支持的良好环境,避免单一呆板的语言说教。

② 幼儿与成人、同伴之间的共同生活、交往、探索、游戏等,是其社会学习的重要途径。应为幼儿提供人际交往和共同活动的机会和条件,并加以指导。

③ 社会学习是一个漫长的积累过程,需要幼儿园、家庭和社会密切合作,协调一致,共同促进幼儿良好的社会性品质形成。

第五节 幼儿园科学教育

考纲提要

能根据幼儿的年龄特点选择教育内容,确定活动目标;掌握幼儿科学领域教育的基本知识和相应的教育方法。

内容结构图

本节内容框架如图6-6所示。

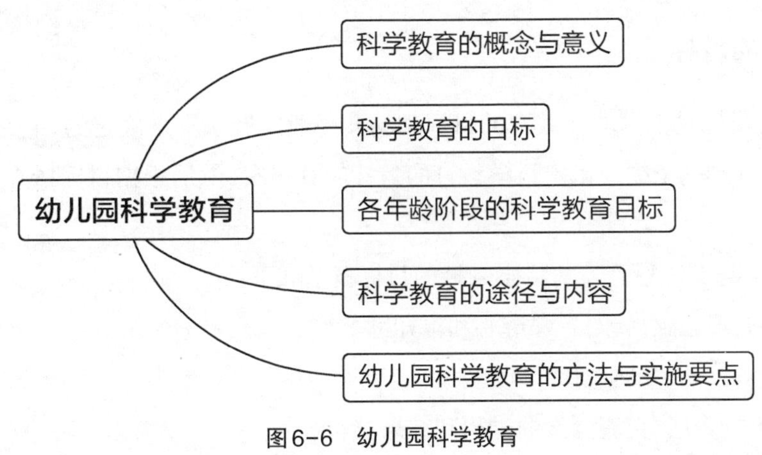

图6-6 幼儿园科学教育

一、科学教育的概念与意义

1. 幼儿园科学教育的概念

幼儿园科学教育的宗旨是对幼儿进行科学素质的早期培养。具体是指教师充分利用周围环境或为幼儿创设条件,提供物质材料和机会,以不同的组织形式,在不同的场合,给予不同程度的指导(包括直接指导和间接影响);幼儿通过自身的活动,对周围环境进行感知、观察、操作、发现问题和寻求答案的探索过程;是幼儿获取广泛的科学、技术经验和具体事实,主动建构表象水平上的粗浅的科学概念、学习科学方法和技能、发展智力的过程;发展幼儿好奇心,使幼儿感受自己的能力,得到愉悦情绪的体验,产生学习科学技术的兴趣,以及对自然界和人工自然关注和爱护的过程。

2. 幼儿园科学教育的意义

1)有利于保护幼儿的好奇心和探究欲望。儿童有着与生俱来的好奇心。自婴儿呱呱坠地的那天起,就开始了探究。他们把自己的大拇指塞进嘴里吮吸,抓住任何物体放入口中咀嚼,进行种种尝试和辨认。独立行走后,他们接触更多的周围事物。他们好摆弄、喜欢瞎忙,呈现了学科学的萌芽状态。自然界的各种事物和现象,例如,山川河流,风雨雷电,植物发芽、开花、结果,鸡蛋孵出小鸡、小鸡变成大鸡等,都能引起幼儿强烈的好奇心。

2)有利于幼儿学到科学方法,提高分析问题和解决问题的能力。幼儿科学教育活动是由教师引发、支持和引导幼儿主动探究,经历从探究到发现的过程。探究过程本身就是运用科学方法获取知识的过程。即使在很简单的探究活动中,都有科学方法的存在。所以,在科学探究过程中,儿童会学到一些科学方法,儿童的观察能力、思维能力、解决问题的能力和动手操作能力等都得到提高。所以说,幼儿科学教育有利于培养幼儿的能力。

3)能使幼儿丰富和积累科学经验。探究的最后结果是有所发现,发现便是科学经验。在幼儿科学教育活动中,教师可以为幼儿提供广泛的内容引导幼儿去探究,从而使儿童获取广泛的科学经验。

4)有利于培养幼儿的主动性、积极性、独立性、创造性、自信心等良好个性品质。各种各样的科学活动,给予不同能力的幼儿在自己的水平上显示能力的可能性。科学活动的实践证实了幼儿都可能在有趣的科学探索过程中有所发现,获得成功,从而促进自信心的发展。同样,科学教育所创造的良好的环境气氛在幼儿创造力的发挥上也起着重要的作用。

二、科学教育的目标

幼儿科学教育的目标是根据幼儿教育的目标和幼儿一般发展水平来确定的,它是教师开展幼儿科学的指导思想和制订计划的依据。确定科学教育的目标应分层次,然后根据目标精心选择、设计可供幼儿探索和操作的内容。

《幼儿园教育指导纲要(试行)》对科学领域的目标概括如下:

① 对周围的事物、现象感兴趣,有好奇心和求知欲。

② 能运用各种感官,动手动脑,探究问题。

③ 能用适当的方式表达、交流探索的过程和结果。

④ 能从生活和游戏中感受事物的数量关系并体验数学的重要和有趣。

⑤ 爱护动植物,关心周围环境,亲近大自然,珍惜自然资源,有初步的环保意识。

三、各年龄阶段的科学教育目标

根据《3～6岁儿童学习与发展指南》,科学领域的学习与发展目标分为两个部分:科学探究和数学认知。目标分别对3～4岁、4～5岁、5～6岁这3个年龄段幼儿的发展给予合理期望:

1. 科学探究

目标1　亲近自然,喜欢探究

3～4岁:喜欢接触大自然,对周围的很多事物和现象感兴趣。经常问各种问题,或好奇地摆弄物品。

4～5岁:喜欢接触新事物,经常问一些与新事物有关的问题。常常动手动脑探索物体和材料,并乐在其中。

5～6岁:对自己感兴趣的问题总爱刨根问底。能经常动手动脑寻找问题的答案。

目标2　具有初步的探究能力

3～4岁:对感兴趣的事物能仔细观察,发现其明显特征。能用多种感官或动作去探索物体,关注动作所产生的结果。

4～5岁:能对事物或现象进行观察比较,发现其相同与不同。能根据观察结果提出问题,并大胆猜测答案。能通过简单的调查收集信息。能用图画或其他符号进行记录。

5～6岁:能通过观察、比较与分析,发现并描述不同种类物体的特征或某个事物前后的变化。能用一定的方法验证自己的猜测。在成人的帮助下能制订简单的调查计划并执行。能用数字、图画、图表或其他符号记录。在探究中能与他人合作与交流。

目标3　在探究中认识周围事物和现象

3～4岁:认识常见的动植物,能注意并发现周围的动植物是多种多样的。能感知和发现物体和材料的软硬、光滑或粗糙等特性。能感知和体验天气对自己生活和活动的影响。初步了解和体会动植物和人们生活的关系。

4～5岁：能感知和发现动植物的生长变化及其基本条件。能感知和发现常见材料的溶解、传热等性质或用途。能感知和发现简单物理现象，如物体形态或位置变化等。能感知和发现不同季节的特点，体验季节对动植物和人的影响。初步感知常用科技产品与自己生活的关系，知道科技产品有利也有弊。

5～6岁：能察觉动植物的外形特征、习性与生存环境的适应关系。能发现常见物体的结构与功能之间的关系。能探索并发现常见的物理现象产生的条件或影响因素，如影子、沉浮等。感知并了解季节变化的周期性，知道变化的顺序。初步了解人们的生活与自然环境的密切关系，知道尊重和珍惜生命，保护环境。

2. 数学认知

目标1　初步感知生活中数学的有用和有趣

3～4岁：感知和发现周围物体的形状是多种多样的，对不同的形状感兴趣；体验和发现生活中很多地方都用到数学。

4～5岁：在指导下，感知和体会有些事物可以用形状来描述的。在指导下，感知和体会有些事物可以用数来描述，对环境中各种数字的含义有进一步探究的兴趣。

5～6岁：能发现和体会按一定规律排列的物体比较整齐、美观。能发现生活中许多问题都可以用数学的方法来解决，体验解决问题的乐趣。

目标2　感知和理解数、量及数量关系

3～4岁：能感知和区分物体的大小、多少、高矮、长短等量方面的特点，并能用相应的词表示。能通过一一对应的方法比较两组物体的多少。能手口一致地数5以内的物体，并能说出总数。能按数取物。能用数词描述事物或动作。如我有4本图书。

4～5岁：能感知和区分物体的粗细、厚薄、轻重等量方面的特点，并能用相应的词语描述。能通过数数比较两组物体的多少。能通过实际操作理解数与数之间的关系，如5比4多1；2和3合在一起是5。会用数词描述事物的排列顺序和位置。

5～6岁：初步理解量的相对性。借助实际情景和操作（如合并或拿取）理解加和减的实际意义。能通过实物操作或其他方法进行10以内的加减运算。能用简单的图表表示简单的数量关系。

目标3　感知形状与空间关系

3～4岁：能注意物体较明显的形状特征，并能用自己的语言描述。能感知物体基本的空间位置与方位，理解上下、前后、里外等方位词。

4～5岁：能感知物体的形体结构特征，画出或拼搭出该物体的造型。能感知和发现常见几何图形的基本特征，并能进行分类。能使用上下、前后、里外、中间、旁边等方位词描述物体的位置和运动方向。

5～6岁：能用常见的几何形体有创意地拼搭和画出物体的造型。能按语言指示或根据简单示意图正确取放物品。能辨别自己的左右。

四、科学教育的途径与内容

1. 科学教育的途径

幼儿科学教育的途径包括教学活动、游戏活动和生活活动。

从当前的幼儿科学教育实践看,教学活动仍是占据主导地位的教育途径。根据不同的认识对象和学习方式,幼儿科学教育活动可分为4种类型:观察认识型活动、实验操作型活动、科学讨论型活动和技术操作型活动。

① 观察认识型活动是一种有目的、有计划、比较持久的知觉活动,是幼儿认识事物最主要的方法。

② 实验操作型活动是在人为控制的条件下,利用一定的仪器或设备,通过操纵变量来观测相应现象和变化的方法,对于幼儿科学教育来说,要注意内容生活化、器材简单化,让幼儿亲自动手操作。

③ 科学讨论型活动是指在收集整理资料的基础上,通过集体讨论等手段获取科学知识的活动。

④ 技术操作型活动是学习制作产品,使用科技产品,或者掌握工具的操作方法的科学活动。

2. 科学教育的内容

根据《幼儿园教育指导纲要(试行)》规定的内容:

① 引导幼儿对身边常见事物和现象的特点、变化规律产生兴趣和探究的欲望。

② 为幼儿的探究活动创造宽松的环境,让每个幼儿都有机会参与尝试,支持、鼓励他们大胆提出问题,发表不同意见,学会尊重别人的观点和经验。

③ 提供丰富的可操作的材料,为每个幼儿都能运用多种感官、多种方式进行探索提供活动的条件。

④ 通过引导幼儿积极参加小组讨论、探索等方式,培养幼儿合作学习的意识和能力,学习用多种方式表现、交流、分享、探索的过程和结果。

⑤ 引导幼儿对周围环境中的数、量、形、时间和空间等现象产生兴趣,建构初步的数概念,并学习用简单的数学方法解决生活和游戏中某些简单的问题。

⑥ 从生活或媒体中幼儿熟悉的科技成果入手,引导幼儿感受科学技术对生活的影响,培养他们对科学的兴趣和对科学家的崇敬。

⑦ 在幼儿生活经验的基础上,帮助幼儿了解自然、环境与人类生活的关系。从身边的小事入手,培养初步的环保意识和行为。

五、幼儿园科学教育的方法与实施要点

1. 幼儿园科学教育的方法

1)操作法。操作法是指为提供幼儿合适的材料、教具、环境,让幼儿在自己摆弄、实践中进行探索,获得感性经验和逻辑知识的一种方法。

运用操作法应注意以下几点:明确操作法的使用目的,创设操作条件,交代操作规则,观察、引导幼儿操作,评价、交流操作结果,体现年龄差异和水平差异。

2)比较法。比较法是通过对两个(组)或两个(组)以上物体的比较,让幼儿找出它们在数、量、形等方面的相同点和不同点的一种方法。按照物体排列形式的不同,比较法可以分为对应比较(重叠式、并放式、连线式)和非对应比较(单排比较、双排比较、不规则排列的比较)两种。

3)游戏法。游戏法是根据幼儿好动的天性、具体形象的思维特点,将抽象的科学知识寓于幼儿感兴趣的游戏中,让幼儿在自由自在、无拘无束的各种游戏活动中学习科学的一种方法。游戏法有利于调动幼儿学习的积极性,激发学习兴趣。

4）启发探索法。启发探索法也称发现法，是指在教学过程中，教师不直接讲解科学知识和概念，而是启发幼儿依靠已有的知识和经验去发现、探索的一种方法。启发探索法可提高幼儿学习科学的探索精神和独立解决问题的能力。

5）讲解演示法。讲解演示法是教师通过语言和运用直观教具把抽象的科学知识加以说明和解释、并将其具体地呈现出来的一种方法，是讲解与演示的结合。

6）寻找法。寻找法是让幼儿从周围生活环境和事物中寻找数、量、形及其关系的一种方法。寻找法包括在准备好的环境中寻找，在自然环境中寻找，运用记忆寻找3种方法。寻找法有利于培养幼儿的观察力、注意力和分析综合等能力。

2. 幼儿园科学教育的实施要点

根据《幼儿园教育指导纲要（试行）》，科学教育实施要注意：

① 幼儿的科学教育是科学启蒙教育，重在激发幼儿的认识兴趣和探究欲望。

② 要尽量创造条件让幼儿实际参加探究活动，使他们感受科学探究的过程和方法，体验发现的乐趣。

③ 科学教育应密切联系幼儿的实际生活进行，利用身边的事物与现象作为科学探索的对象。

第六节　幼儿园艺术教育

考纲提要

能根据幼儿的年龄特点选择教育内容，确定活动目标；掌握幼儿艺术领域教育的基本知识和相应的教育方法。

内容结构图

本节内容框架如图6-7所示。

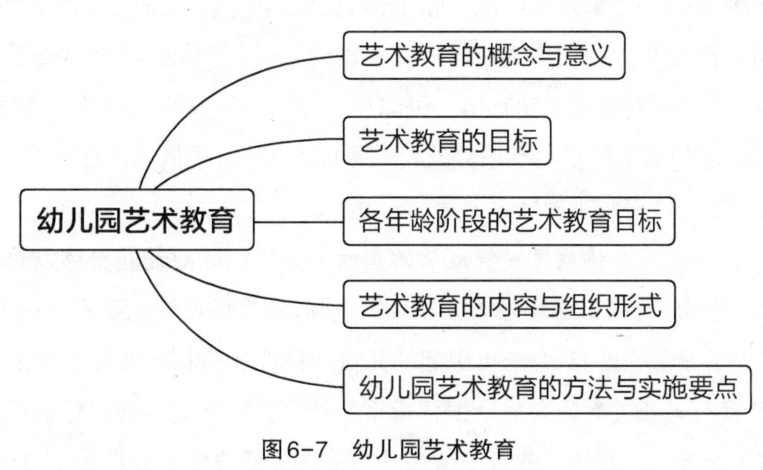

图6-7　幼儿园艺术教育

一、艺术教育的概念与意义

1. 幼儿园艺术教育概念

幼儿园艺术教育分为音乐教育和美术教育。

1)幼儿园音乐教育的概念。幼儿园的音乐教育活动是以幼儿为主体,以适合幼儿的音乐为客体,通过教师设计和指导的活动使主客体相互作用的一种教育活动,旨在促进幼儿的全面发展和身心健康。音乐教育是幼儿园教育活动的重要组成部分,是教育的有效手段之一。

2)幼儿园美术教育的概念。幼儿园美术教育是教师根据幼儿身心发展规律,通过有目的、有计划地实施美术教育活动来满足幼儿表现、表达和创造的需要,从而构建幼儿审美心理的活动过程。

2. 幼儿园艺术教育意义

1)幼儿园音乐教育的意义

(1)对幼儿德育的影响。音乐教育对幼儿的情感、情操、个性起着潜移默化的作用,与品德教育、情操培养处于同一个过程。此外,幼儿在参与集体音乐教育活动时,一起活动,共同体验,表达一种愉悦的情绪,容易产生共鸣,形成友好、愉快、协调的幼儿集体。它有利于培养幼儿互助互爱、关心他人、有礼貌、守纪律等优良品德。

总之,良好的音乐教育给幼儿带来欢乐和愉快,对他们良好品德、行为和个性的形成,都起着积极的教育作用。

(2)对幼儿智育的影响。音乐从艺术角度反映社会生活,丰富和扩展幼儿对社会、自然的认识和印象。更重要的是,音乐教育对幼儿智力发展有着重要影响。

• 促进幼儿听觉的发展。音乐对发展幼儿的听觉有极好的效果。在音乐活动中,通过学习分辨音的高低、音的时间长短、音的强弱和音的不同特性等,幼儿的听觉得到了训练,有助提高其听觉的敏锐程度。

• 促进幼儿思维的发展。在音乐活动中,幼儿需要仔细倾听和记忆音乐内容,认真观察教师的面部表情和示范动作,并借助想象对音乐作品进行理解和再创造,有利于幼儿的想象力、记忆力和观察力的发展。

幼儿处于直接行动思维和形象思维阶段,他们经常借助动作进行各种音乐实践活动,习惯于边动作边学习,还经常用动作表述内容、表达情感。例如,小班幼儿唱《摇篮曲》时,常以手势动作和脸部动作形象地表达歌曲内容,以及对娃娃的亲切感情。可以说,音乐教育直接联系着幼儿的思维活动。

中、大班的幼儿逐渐积累了初步的音乐经验,掌握了简单的音乐概念。在大量的音乐活动中,幼儿的思维能力,尤其是形象思维得到了提高。

(3)音乐教育活动对幼儿身体健康发育成长的影响。音乐活动对幼儿身体发育和健康有很大的影响。音乐使幼儿欢乐、振奋,音乐带给幼儿活泼开心的氛围,常常可见幼儿随着音乐手舞足蹈、自娱自乐的情景。生理学家、医学家研究证实,音乐可引起幼儿血液循环加速和呼吸发生变化。

(4)音乐教育活动与幼儿美育的发展。美育指审美教育。幼儿美育的目标在于培养幼儿初步的感受美、鉴赏美和表现美的能力培养他们的审美情趣。艺术教育是美育的主要形式和有力手段。

音乐教育活动与幼儿美育发展的关系具体体现在两方面：一方面是幼儿积极参与音乐活动的态度影响幼儿的审美兴趣和态度；另一方面是音乐教育培养幼儿简单的音乐才能和能力，为幼儿在音乐的广阔艺术领域中进行审美活动奠定基础。

2）幼儿园美术教育的意义

（1）美术教育可以发展幼儿对美的感受力、理解力和表现力。幼儿在美术活动中将自己在日常生活中美的印象和感受通过各种美术手段具体表现出来，这不仅加深了他们对日常生活感受到的美的理解，而且发展了对美的表现力。幼儿在不断变化的美术实践活动中，不断追求美、探求美、理解美和表现美，因而受到良好的美育。

（2）美术教育能发展幼儿的观察力、记忆力、想象力、创造力和实际操作能力。幼儿画画的一个重要特点，就是靠表象作画。而表象取决于感知，感知又离不开观察、记忆和想象。通过教师的引导促使幼儿去观察，经过观察又将物体（如房子）的形象牢牢记在脑子里。在画画之前再经过回忆，然后将物体（房子）画出来。这样发展了他们的记忆力。如果在物体（房子）的周围画上其他物体（树木、小河）或涂抹上不同颜色等，又使他们的想象力和创造力得到发展。儿童表现美的过程就是创造美的过程。因此，幼儿坚持画画，有助于他们思维的发展，有助于培养他们的智力和创造才能。幼儿在画画或做手工的过程中，总是用眼观察，用脑思考，用双手去参与活动，为了使幼儿掌握造型活动中所必需的各种技能，就要训练他们一些专门的动作，并使这些动作尽可能做得准确，有一定的方向，有一定的速度和力度，逐步达到稳健和协调。

（3）美术教育能培养幼儿良好的个性心理品质。个性心理品质，是指幼儿比较稳定的心理特征，是兴趣、爱好、能力、气质和性格的总和。它是在一个人的生理素质的基础上，在一定的条件下，通过实践活动而形成和发展起来的。美术教育活动，就具有形成和发展幼儿个性心理品质的特殊作用。美术教育对幼儿来说，主要是强调感受美和审美情绪的体验。无论教幼儿绘画还是教幼儿手工，都离不开激发幼儿审美情绪所需要的愉快情绪的体验。因此，正确地实行幼儿美术教育，能有效地促进幼儿社会情感的发展，有益于他们接受良好的情感教育。良好的美术教育能有效地帮助幼儿形成积极的个性特征。

（4）美术教育能提高幼儿学习其他学科的效果。幼儿美术教育和幼儿园其他学科教育有着密切的内在联系，彼此互相促进，相得益彰。例如，常识、语言等教学为美术提供了认识、理解事物的基础，而美术活动所反映的内容反过来又对其他学科起着温故、巩固和提高的作用，如此，强化了对所学知识的理解和技能的掌握。

二、艺术教育的目标

艺术教育即感受美，表现美，创造美。感受美，能初步感受并喜爱环境、生活和艺术中的美。表现美，喜欢参加艺术活动，并能大胆地表现自己的情感和体验。创造美，能用自己喜欢的方式进行艺术表现活动，体验创造快乐。

《幼儿园教育指导纲要（试行）》对艺术领域的目标概括如下：

① 能初步感受并喜爱环境、生活和艺术中的美。

② 喜欢参加艺术活动,并能大胆地表现自己的情感和体验。

③ 能用自己喜欢的方式进行艺术表现活动。

三、各年龄阶段的艺术教育目标

根据《3～6岁儿童学习与发展指南》,艺术领域的学习与发展目标分为两部分:感受与欣赏、表现与创造。目标分别对3～4岁、4～5岁、5～6岁这3个年龄段幼儿的发展给予合理期望:

1. 感受与欣赏

目标1 喜欢自然界与生活中美的事物

3～4岁:喜欢观看花草树木、日月星空等大自然中美的事物。容易被自然界中的鸟鸣、风声、雨声等好听的声音所吸引。

4～5岁:在欣赏自然界和生活环境中美的事物时,关注其色彩、形态等特征。喜欢倾听各种好听的声音,感知声音的高低、长短、强弱等变化。

5～6岁:乐于收集美的物品或向别人介绍所发现的美的事物。喜欢模仿自然界和生活环境中有特点的声音,并产生相应的联想。

目标2 喜欢欣赏多种多样的艺术形式和作品

3～4岁:喜欢听音乐或观看舞蹈、戏剧等表演。乐于观看绘画、泥塑或其他艺术形式的作品。

4～5岁:能够专心地观看自己喜欢的文艺演出或艺术品,有模仿和参与的愿望。欣赏艺术作品时会产生相应的联想和情绪反应。

5～6岁:艺术欣赏时常用表情、动作、语言等方式表达自己的理解。愿意和别人分享、交流自己喜爱的艺术作品和美感体验。

2. 表现与创造

目标1 喜欢进行艺术活动并大胆表现

3～4岁:经常哼唱或模仿有趣的动作、表情和声调。经常涂涂画画、粘粘贴贴,并乐在其中。

4～5岁:经常唱唱跳跳,愿意参加歌唱、律动、舞蹈、表演等活动。经常用绘画、捏泥、手工制作等多种方式表现自己的所见所想。

5～6岁:积极参与艺术活动,有自己比较喜欢的活动形式。能用多种工具、材料或不同的表现手法表达自己的感受和想象。

目标2 具有初步的艺术表现和创造能力

3～4岁:能模仿学唱短小歌曲。能跟随熟悉的音乐做身体动作。能用声音、动作、姿态模拟自然界的事物和生活情景。能用简单的线条和色彩大体画出自己想画的人或事物。

4～5岁:能用自然的、音量适中的声音基本准确地唱歌。能通过即兴哼唱、即兴表演或给熟悉的歌曲编词来表达自己的心情。能用拍手、踏脚等身体动作或可敲击的物品敲打节拍和基本节奏。能运用绘画、手工制作等表现自己观察或想象的事物。

5～6岁:能用基本准确的节奏和音调唱歌。能用律动或简单的舞蹈动作表现自己的情绪或自然界的情景。能自编自演故事,并为表演制作简单的服饰、道具或布景。能用自己制作的美术作品布置环境、美化生活。

四、艺术教育的内容与组织形式

1. 艺术教育的内容

根据《幼儿园教育指导纲要（试行）》规定的内容：

① 引导幼儿接触周围环境和生活中美好的人、事、物，丰富他们的感性经验和审美情趣，激发他们表现美、创造美的情趣。

② 在艺术活动中面向全体幼儿，要针对他们的不同特点和需要，让每个幼儿都得到美的熏陶和培养。对有艺术天赋的幼儿要注意发展他们的艺术潜能。

③ 提供自由表现的机会，鼓励幼儿用不同艺术形式大胆地表达自己的情感、理解和想象，尊重每个幼儿的想法和创造，肯定和接纳他们独特的审美感受和表现方式，分享他们创造的快乐。

④ 在支持、鼓励幼儿积极参加各种艺术活动并大胆表现的同时，帮助他们提高表现的技能和能力。

⑤ 指导幼儿利用身边的物品或废旧材料制作玩具、手工艺品等来美化自己的生活或开展其他活动。

⑥ 为幼儿创设展示自己作品的条件，引导幼儿相互交流、相互欣赏、共同提高。

2. 艺术教育的组织形式

音乐教育活动的组织形式有常规性音乐活动、主题性音乐活动、单元性音乐活动系列层次音乐活动、活动区音乐活动等。美术教育活动的组织形式与之相似。

1）常规性音乐活动。常规性音乐活动是最传统、最常见的一种组织形式，一般由3个环节组成。

开始部分：根据需要可安排2～3项活动内容，如律动练习、发声练习、节奏练习等。目的是把幼儿带入音乐艺术美的氛围，调动幼儿的积极性，使他们集中注意力。

基本部分：一般可安排2～3项音乐活动内容。应考虑内容的新旧搭配、动静搭配并使内容尽量相关。

结束部分：可利用基本部分的最后一项内容自然地过渡到结束，也可以选择专门的律动或舞蹈结束活动。

2）主题性音乐活动。主题性音乐活动是根据某一阶段幼儿园教育的内容，围绕确定的教育主题选择有关的音乐教材，组织音乐活动。

3）单元性音乐活动。单元性音乐活动是指音乐本身的综合，即在某一单元时间内（2～3周或更长），有目的、有计划、有针对性地围绕某一音乐要素，综合听、唱、说、动、奏等音乐实践，组织丰富多彩的音乐教育活动。

4）系列层次音乐活动。系列层次音乐活动是指以一个材料为基础而设计的层层递进、环环相扣、以促进幼儿全面发展为目标的系列音乐活动。

5）活动区音乐活动。活动区音乐活动是指以活动区的形式，为幼儿提供在一定范围内自由选择音乐活动的机会。在音乐活动区投放的材料可以是与音乐有关的书籍、教具、玩具、道具和布景等。

五、幼儿园艺术教育的方法与实施要点

1. 艺术教育的方法(音乐)

音乐教育的教育方法较丰富,这里主要介绍示范、听唱教学法。

1)示范。教师范唱时应使用正确的歌唱技巧,感情真挚,让幼儿在心理上有听唱的准备;使每个幼儿都在自己的视线之内;清唱、操作教具唱、配乐伴奏唱结合进行。一般范唱3次左右。教师在示范舞蹈动作时,应分解示范,辅以语言指导以及形象的比喻。

2)听唱教学法。音乐是听觉艺术,教学中以听觉为先导,可以使幼儿在学习中获得愉悦的情感体验以及美的享受,从而激发他们对音乐的热爱和创造力。

听唱教学法分为整体教唱(教师在范唱后,幼儿跟着教师一起唱整首歌)和分句教唱(教师范唱一句,幼儿模仿一句,用于教难句)。运用听唱教学法时,最好两种方法结合使用,以整体教唱为主。

2. 艺术教育的方法(美术)

美术教育的教育方法:

1)感知欣赏法。感知欣赏法是教师通过艺术性语言的描述,引导幼儿运用多种感官观察、感知艺术作品和周围环境中事物的造型、结构、色彩、运动模式等审美特征,提高其敏锐的审美感知能力和深刻的审美体验能力的方法。

运用感知欣赏法应注意依据不同年龄幼儿的心理特点和实际水平,用语言引导幼儿按整体—局部—整体的顺序进行欣赏,从开始时对个别物体的欣赏逐步过渡到对一组物体的欣赏,并且反复、连续地进行。此外,还要注意区分感知欣赏与科学认知,科学认知活动强调“真”,而感知欣赏法强调“美”。

2)示范和范例法。示范是教师把美术过程中的难点直接操作给幼儿看,利于幼儿在直接模仿的条件下,学习一些参加美术活动必需的、关键的、技术性的措施。范例是为幼儿提供可以观察欣赏的直观教具,可以由教师画画,也可以是实物、照片、图片、图书等。

运用示范和范例法时,应注意与语言、讲解密切结合,动作清晰、准确,必要时动作夸张一些,让每一位幼儿都能看见。只对难点进行示范,并且示范要富有启发性,避免幼儿消极模仿。

3)游戏练习法。游戏练习法是指通过游戏的形式,让幼儿在愉快、积极的状态下习得美术技能,把视觉形象改变为视觉—运动形象,提高手眼协调能力。这是培养幼儿对美术活动兴趣的方法。

使用游戏练习法时要灵活,命题、练习、成果展示等都可以游戏化。

4)线索启迪法。线索启迪法是教师提供某种刺激,激活幼儿的思路,唤醒他们沉睡的经验,进入美术创造的思考过程的方法。运用这种方法引发幼儿去联想能帮助幼儿进行美术构思,丰富作品内容。

运用线索启迪法应注意以下几点:教师提供的线索必须能够激发幼儿丰富的联想,与幼儿已有经验有适度的相似性或关联。此外,教师应提供多样化的线索,促使幼儿展开丰富的联想,塑造出各种不同的形象,发展幼儿的创造性思维。感知欣赏法、游戏练习法等美术教育的方法也可运用于音乐教育。

3. 艺术教育的实施要点

根据《幼儿园教育指导纲要(试行)》,艺术教育实施要注意:

① 艺术是实施美育的主要途径，应充分发挥艺术的情感教育功能，促进幼儿健全人格的形成。要避免仅仅重视表现技能或艺术活动的结果，而忽视幼儿在活动过程中的情感体验和态度的倾向。

② 幼儿的创作过程和作品是他们表达自己的认识和情感的重要方式，应支持幼儿富有个性和创造性的表达，克服过分强调技能技巧和标准化要求的偏向。

③ 幼儿艺术活动的能力是在大胆表现的过程中逐渐发展起来的，教师的作用应主要在于激发幼儿感受美、表现美的情趣，丰富他们的审美经验，使之体验自由表达和创造的快乐。在此基础上，根据幼儿的发展状况和需要，对表现方式和技能技巧给予适时、适当的指导。

第七节　综合应用：教师资格考试活动设计题题型分析

考纲提要

掌握五大领域的基本知识和相应教育方法；根据教育目标和幼儿的兴趣需要和年龄特点选择教育内容，确定活动目标，设计教案；理解整合各领域教育意义和方法，综合设计开展教育活动。

内容结构图

本节内容框架如图6-8所示。

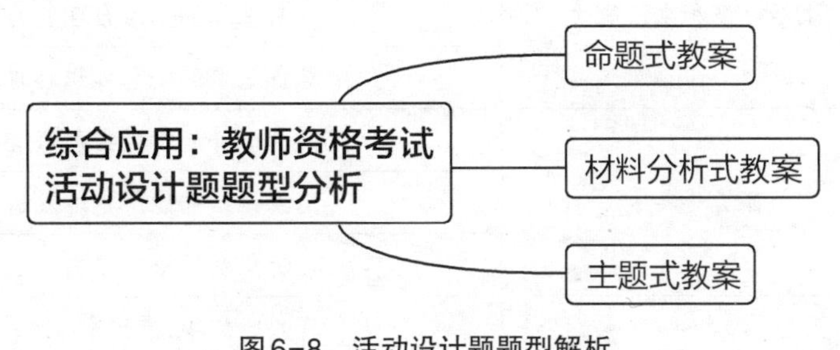

图6-8　活动设计题题型解析

活动设计题题型分析（写教案）

面对当今科技飞速发展、知识不断创新的新时代，教育的功能正发生巨大的变化，作为基础教育之一的幼儿园教育在终身教育体系下的重要性更加凸显出来，特别是《幼儿园教育指导纲要（试行）》和《3～6岁儿童学习与发展指南》颁布以后，在幼教界引起了不小的反响。新纲要强调“以幼儿发展为本”的教育观、课程观、儿童观等新理念。在新理念的引领下进行教学设计，结合教学实践，我们可以关注以下几个方面：

1. 制订科学适宜的教学活动目标

教学目标的制订是教学设计的重要环节，正如布卢姆说过：有效的学习始于准确地知道达到的目标是什么。由此可见，教学目标设计是对教学活动预期所要达到的结果的规划，是教学活动的核心，是教师专业成长的灵魂。它限定教学活动的运作，是判断教学是否有效的直接依据。

2. 选择适宜的教学内容

选择适宜的教学内容，首先要做的是了解幼儿。我们只有经常蹲下身聆听幼儿的想法，才能了解幼儿在想什么、喜欢什么，需要什么，才能了解他们的认知水平和原有经验，选择幼儿感兴趣的内容。幼儿是学习的主人，幼儿本身的需要、兴趣、经验和能力是极为多样化的，课程的目标、内容、教学手段等必须“追随幼儿”，以幼儿为中心，根据幼儿的特点（尤其是本班幼儿的特点）和已有经验来创设，从幼儿的反应中敏感地捕捉蕴含其中的巨大的学习价值，抓住不期而至的教育契机，给予他们及时而适当的引导。

结合《3～6岁儿童学习与发展指南》的框架，活动内容可以从表6-1的目标中来参考。

表6-1 《3～6岁儿童学习与发展指南》设计框架

领域	子领域	目标
健康领域	身心状况	具有健康体态
		情绪安定愉快
		具有一定的适应能力
	动作发展	具有一定的平衡能力，动作协调、灵敏
		具有一定的力量和耐力
		手的动作灵活协调
	生活习惯和生活能力	具有良好的生活与卫生习惯
		具有基本的生活自理能力
		具备基本的安全知识和自我保护能力
语言领域	倾听与表达	认真听并能听懂常用语言
		愿意讲话并能清楚地表达
		具有文明的语言习惯
	阅读与书写准备	喜欢听故事，看图书
		具有初步的阅读理解能力
		具有书面表达的愿望和初步技能
社会领域	人际交往	愿意与人交往
		能与同伴友好相处
		具有自尊、自信、自主的表现
		关心尊重他人
	社会适应	喜欢并适应群体生活
		遵守基本的行为规范
		具有初步的归属感

（续表）

领　域	子 领 域	目　　标
科学领域	科学探究	亲近自然，喜欢探究
		具有初步的探究能力
		在探究中认识周围事物和现象
	数学认知	初步感知生活中数学的有用和有趣
		感知和理解数、量及数量关系
		感知形状与空间关系
艺术领域	感受与欣赏	喜欢自然界与生活中美的事物
		喜欢欣赏多种多样的艺术形式和作品
	表现与创造	喜欢进行艺术活动并大胆表述
		具有初步的艺术表现和创造能力

3. 设计合理的教学过程

教学过程是实施教学目标的流程，教学过程的环节和步骤，都应该根据该教学活动的目标、特点和幼儿的已有经验、能力来安排，激发幼儿内在的学习动机，使幼儿成为学习、活动的主人。

教案是用于课堂教学活动中教学设计的文字表述，是教学理念与教学实践的中间环节和联系的纽带。考生应该在熟悉各领域目标、内容、指导要点的基础上，结合幼儿不同年龄阶段的特点，不断积累，不断练习，完成活动设计，也就是教案的撰写。

根据历年真题，保教考试最后一题“活动设计题”大致可分为3种类型：命题式教案、材料分析式教案和主题式教案。

一、命题式教案

此类题型通常会限定一个题目，或者一个范围，需要考生从规定的角度入手，设计教育教学活动。答题关键是要理解题目要求，结合各领域内容综合设计活动。

1. 命题式教案题型示例

以“把玩具送回家（实物归类）”为题，设计一个小班的活动方案：玩好玩具放整齐。

2. 命题式教案题型解析

一个完整的活动设计包含的要素：活动名称、活动目标、活动准备、活动过程（导入部分、活动过程部分、结束部分）、活动延伸。根据不同情况，会有适当调整。

1）*活动名称*。注明班级名称、活动名称及活动类型这些（大、中、小）班教育活动指导规定的活动内容。

2）*活动目标*。概括说明每一活动要达到的主要目的，即促进幼儿发展的主要方面。要从幼儿发展的角度表述目标，且具体、明确、简明，有一定概括性；尽量避免重复活动内容或活动过程；突出本领域教育的特点，兼顾相关领域的发展要求。美国教育家布鲁姆将教育目标分为认知、动作技能（行为）和情感体验3个维度，在设计教育活动目标时可以参考这3个维度来进行。

3)活动准备。包括物质材料准备以及相关经验的准备。内容要具体、明确;与活动内容相吻合,在活动过程中充分体现。

4)活动过程。分步写出具体上课过程,各环节之间要层层递进,跨度不可太大,要考虑幼儿的理解水平,突出主题,逐步达到活动目标。活动过程大致可分为:导入部分、活动过程部分、结束部分,循序渐进最终达到活动目标的要求。

5)活动延伸。活动结束后,设计与活动内容相关的课外延伸活动,可以和区角有关,也可以和一日生活或者家园共育相联系。

3. 命题式教案范文

活动名称:把玩具送回家(小班)

活动目标:

① 认识玩具、用品的图标及它们所代表的各种物品。

② 培养良好的行为习惯。

③ 初步掌握整理玩具的技能。

活动准备:

设计玩具橱图标。

设计各种玩具、用品的图标每种一张,准备固体胶棒若干。

活动过程:

1)参观班级的玩具橱

师:小朋友们,有没有发现今天我们教室又新添了好几个玩具橱啊。我们一起来看看,都装了些什么?(教师带领幼儿参观、介绍各种玩具橱)

师:现在我们都认识了这些玩具橱,谁来说一说,你看到橱里放了什么玩具?(有小汽车、有小娃娃……)

师:小朋友们回答得都很对,你们观察得都很仔细。但是老师这里还有一些玩具,它们回不了家了。我们要不要帮助它们,送这些小玩具回家?(好的,我愿意……)

2)认识玩具图标

师:要送这些小玩具回家可没那么容易,我们要完成几个小任务。首先,我请小朋友先来猜猜这些图标代表了什么玩具?(教师展示图标)

师:谁愿意来说说,这个图标代表了什么玩具?(是布娃娃)

师:对了,是布娃娃,那么接下来第二步,请你在玩具橱里选择一个空位置,把这个图标,贴上好不好?(教师指导幼儿贴图标)

师:哇,图标贴好了,现在这里就是布娃娃的家了,谁愿意把布娃娃送回家?(教师协助幼儿放置玩具)

师:布娃娃回家了,我们来看一看,谁会是她的邻居呢?(上面有小熊、旁边是小猫、小汽车……)

师:大家的答案都很棒,老师这里还有一些小玩具没有找到它们的家,请小朋友们找一找玩具橱里的图标,让这些小玩具回家吧。(幼儿尝试把玩具放回原位)

3）建立玩具收放常规

师：好了，这些小玩具都回家了，大家是不是特别开心啊。为了防止这些小玩具以后再迷路，我们小朋友有没有什么好办法？（每次拿一个玩具，玩好了要把它们送回去……）

师：对啦，接下来我们就来进行一个小游戏，请每个小朋友去玩具橱选一个玩具，等老师放音乐的时候，我们要准确地把这些小玩具送回家，好不好？（好）

师：现在，游戏开始……（幼儿自行挑选自己喜欢的游戏开始活动）

师：好，时间到，音乐响了，我们要把这些小玩具送回去啦。（幼儿归还玩具）

师：都放好了吗，老师来看看，都放对了吗？（对了，不对，小汽车放错了……）

师：哦，还有几个小玩具被放错了，谁愿意来帮它们一下？（请幼儿上来纠正玩具放置的位置）

师：现在都放对了吗？（放对了）

活动小结：

师：小朋友们，我们今天学会了新本领——送小玩具回家。那么今天我们回家也可以想想办法，把家里的小玩具都送回它们各自的家好不好？（好）

附：

儿歌《玩具玩具我爱你》（游戏背景）

玩具玩具我爱你，
天天跟我做游戏。
轻轻拿轻轻放，
不把玩具扔在地。
高高兴兴一起玩，
玩好玩具送回家。

二、材料分析式教案

此类题型会给考生提供材料（文字材料、图片材料或者文字加图片）。答题关键是要理解材料内容。尤其是文字材料，有些活动设计的初衷是要解决问题，所以要先写“活动来源”，对文字材料进行分析，再按照所列的问题来设计活动，做到前后呼应。

1. 材料分析式教案题型示例

新入园的小班幼儿在洗手时出现许多问题，有的把袖子弄湿，有的不洗手背、冲不净皂液，有的争抢或拥挤，或玩水忘记洗手，擦手后毛巾乱放在架子上，有的握不住大块肥皂，有的因毛巾离水池远，一路甩水把地面弄得很湿……

请针对上述问题，设计一份改进洗手环节的工作方案，要求写出：对问题的分析，工作目标，解决各类问题的方法。（2012年真题）

2. 材料分析式教案题型解析

类似这种纯文字的材料分析式教案，设计活动是为了解决问题。所以考生在设计此类活动时，按照题目要求，先回答设计意图（活动来源），再完成一篇教案的设计（详案）。详案的格式与命题式教案类似，就不再展开。这类题型主要关注“设计意图”的撰写。

设计意图就是阐明“我为什么设计这个活动”。其根本原因就是要抓住矛盾，为什么会有矛盾呢？一方面是因为幼儿的心理和生理的发展尚未成熟，发展水平低；另一方面是活动本身有其教育意义，标准高。高低之间有差异，幼儿的身心发展不能满足生活或学习上的某种需求，作为老师理应建构一种网状的支架去让幼儿往更高处攀爬。这是设计活动的真正意图。所以“设计意图”也可以作为“活动来源”，列明这些矛盾所涉及的问题，接下来设计活动就是活动过程要分步骤解决主要问题。

3. 材料分析式教案题型范文

活动来源：

根据上述材料，小班在洗手方面存在以下问题：

① 没有掌握正确洗手步骤。

② 节水意识薄弱。

③ 秩序感有待加强。

④ 物品归类意识需要锻炼。

根据上述问题，我们制订了此次活动方案。

活动名称：洗手真快乐（小班）

活动目标：

① 了解洗手的重要性。

② 初步掌握洗手的顺序和方法。

③ 养成节约用水的好习惯。

活动准备：

物质准备：水、肥皂、毛巾、视频、洗手步骤的图片。

经验准备：已认识手掌、手指、手腕。

活动过程：

1）提问导入、引发兴趣

教师向幼儿提问、引发幼儿思考。

① 我们的手变脏了怎么办？

② 你知道怎么洗手吗？

③ 怎样才可以把我们的小手洗干净？

幼儿回答，教师倾听并予以纠正、鼓励和记录。

2）观看视频、初步感知

① 教师播放洗手的动画片，幼儿观看后说一说自己的感受。

② 教师向幼儿提问：你能教教他怎么洗手吗？

③ 幼儿举手到教师前方来示范他认为正确的洗手方式。

3）教师示范、练习、熟悉

① 教师播放洗手步骤的视频，观看后引导幼儿回忆视频内的洗手步骤。

② 洗手示范步骤图。教师按照洗手示范步骤图顺序示范洗手，然后带领幼儿一起洗手一次，加深印象。

③ 幼儿自己根据洗手步骤图洗手，洗后教师将步骤图打乱，由幼儿进行排序。

④ 教师总结，提升经验：

a. 饭前便后要洗手，爱干净爱卫生。

b. 洗手的时候要注意不要浪费水资源，关好水龙头。

活动延伸：

① 在图书角提供与爱干净、讲卫生相关的绘本供幼儿翻阅。

② 幼儿每次上完厕所后观察幼儿洗手的变化，做好文字、照片记录。

三、主题式教案

此类题型会限定一个主题，注意与命题式教案区分。按照主题设计系列活动，一般包括2～3个子活动。答题关键是要先用网络结构图理清思路，想好子活动之间的逻辑关系。根据不同的要求，写简案或者详案。

1. 主题式教案题型示例

某幼儿园的院子里有几棵高大的树，也有一些比较低矮的灌木。请你结合院子里的这些资源，设计一个题为“幼儿园的树木”的中班主题活动方案（含3个子活动），要求写出总目标，每个子活动的名称、目的和主要环节。（2015年真题）

2. 主题式教案题型解析

围绕某个主题来设计活动，最重要的是先理清各个子活动之间的关系。我们可以通过“网络结构图”来整理思路。网络图是一种图解模型，它是幼儿教师在设定教学主题后，将主题目标进行剖析和分解，找到次一级目标，根据目标寻找合适的教育内容，通过内容的展开构成一个有机联系的主题网络并用流程图的方式展现。所以，单元主题活动是主题网络图设置的理论支撑。

单元主题活动，是指在一段时间内围绕一个中心内容（即主题）来组织的教育教学活动。它是建立在分科课程基础上，打破了学科之间的界限，将各种学习内容围绕一个“中心”有机连接起来。它关注知识的横向联系，改变了分科教学中重知识轻能力、重教师主导轻幼儿主体的教育弊端，让学习者通过该单元的活动，获得与“中心”有关的较为丰富的经验。完成网络结构图后，可以根据网络结构图来寻找合适的教育内容，通过内容的展开构成一个有机联系的主题网络。

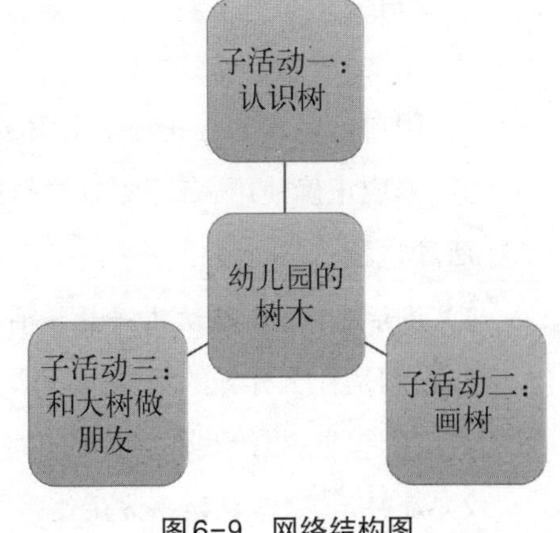

图6-9　网络结构图

案例中“幼儿园的树木”即为主题，围绕这个主题，可以设计简单的网络结构图，如图6-9所示。

3. 主题式教案范文

活动名称：幼儿园的树木（中班）

活动总目标:

① 感知大树的生长变化,简单了解树对人和环境的作用。

② 愿意和树木做朋友,对幼儿园里的树木感兴趣。

③ 能积极与同伴一起探究问题,在探究中获得经验,能够简单地记录。

子活动一:树木的秘密(科学)

活动目标:

① 认识树木的年轮。

② 锻炼分类能力。

③ 感受与同伴交流分享的快乐。

活动过程:

1)情境导入,引出主题。活动开始前,教师带领幼儿到院子去散步,在散步的过程中让幼儿观察身边高低不同、颜色各异的树,教师向幼儿讲解常绿树和落叶树,从而引出本次活动内容。

2)认识常绿树和落叶树:

① 教师通过多种角度教会幼儿区分两种树叶的特征(大小、厚薄、形状)。

② 教师小结:常绿树的叶子是硬硬的、光滑的、厚厚的、有水分的;表面有蜡质。落叶树的叶子是软软的、粗糙的、薄薄的、没有水分的。

3)学习树的年轮。在掌握常绿树和落叶树的知识后,教师引导幼儿学习树的年轮,并教会数树的年轮的方法,幼儿学会后,将幼儿分组,分发记录卡片,让幼儿在园中找树的年龄,并记录下来。

4)游戏结束

① 教师带领幼儿玩"树叶找家"的游戏。教师分发树叶,让幼儿把树叶贴到相对应的树上,找找幼儿园中哪些是常绿树,哪些是落叶树。

② 教师让幼儿交流,大树的秘密有哪些,通过本次活动学到了什么。教师总结树与人的关系。

子活动二:树的想象(美术)

活动目标:

① 了解各种树木的特征。

② 用自己喜欢的方式描绘出大树,培养想象力。

③ 养成正确使用、有序收放材料的习惯。

活动过程:

1)谈话导入,引起幼儿兴趣。活动开始,教师组织小朋友们坐好之后,向小朋友们提问:知道哪些大树?它们是什么样子的?通过谈话引发幼儿的回忆,通过幼儿描述,教师总结,引出本次活动内容——运用自己的想象,描绘我们身边的树木。

2)讲解示范,掌握绘画方法

① 教师出示范画,提问幼儿画上都有什么,教师告诉幼儿画上的树是我们幼儿园里的树。

② 教师示范作画,在示范的过程中,依次说出描画、吹画、点画的方法,引导幼儿注意画面布局;并带领幼儿观察绘画器材,进一步了解不同绘画材料的使用方法。重点讲解吹画、点画的注意事项。

3）幼儿作画，教师巡视指导

① 教师交代要求，要求小朋友们画出在生活中看到过的树，要画得尽量大，布局合理；幼儿开始作画，鼓励幼儿大胆选用自己喜欢的颜色作画。

② 教师巡回指导，对于绘画能力弱的幼儿适时给予帮助，对想象力丰富的幼儿，教师要注意保护其创造力，适时予以表扬。

4）讲评作品，结束活动。教师提醒先画好的幼儿写好名字，将作品贴在展板上。引导幼儿互相欣赏，用贴五角星的方法选出“你最喜欢的树”。请幼儿说说喜欢的理由，并请其他幼儿提意见。

主题活动三：和大树做朋友（社会）

活动目标：

① 知道树木与人类的关系。

② 能用完整的语句表达对自然的喜爱之情。

③ 体验合作的乐趣。

活动过程：

1）视频导入，激发兴趣

① 活动开始，教师播放和树木有关的视频，将幼儿的注意吸引到活动中来。并引导幼儿讨论：为什么树是人类的好朋友？树木对人类有哪些帮助？

② 教师以谈话的形式，引出本次活动的内容。

2）教师出示与环境相关的树的图片，让幼儿认识树的作用。通过观察图片，教师向幼儿讲解树的作用（美化环境、净化空气、调节气温）。通过这一形式，弥补幼儿直接经验的不足，通过真实、生动形象的画面展示树木与自然及人类的关系，从而让幼儿感受爱护树木、植树造林的重要性。

3）学植树。教师告诉幼儿，每年的3月12日是植树节。结合植树节，幼儿自选材料，尝试用自己喜欢的方式建构“森林”，通过这一环节来表达自己对树的认识和爱护。教师始终参与幼儿活动，及时予以引导和帮助。

4）活动结束。教师带领幼儿观察幼儿园的树木，在幼儿园的大树旁，让幼儿把自己想象成小树苗，教师带领幼儿载歌载舞，让幼儿爱护树木、热爱大自然的美好情感进一步提高。

重点知识点汇总

（1）幼儿园课程的特点。

（2）教学组织形式。

（3）活动设计题的各种类型教案的撰写。

经典真题解析

大班下学期，李老师发现幼儿普遍对小学的学习生活不够了解，一些幼儿对上小学有些担心。于是，教师准备开展“我要上小学”主题活动，希望通过多种形式的活动，增进幼儿对小学生活的了解，帮助幼儿进一步做好入小学的心理准备。请根据李老师班级情况，设计“我要上小学”的主题活动。（2018年真题）

要求：

（1）写出主题活动总目标。（8分）

（2）围绕主题设计3个子活动，写出其中一个子活动的具体活动方案，包括活动名称、目标、准备和主要环节。（14分）

（3）写出另外两个子活动的名称、目标。（每个活动4分，共8分）

参考答案

活动名称：我要上小学（大班）

活动总目标：

（1）初步了解小学的基本情况，知道入小学的准备工作、情感目标。

（2）能以感恩的心态关心、留恋身边的朋友、老师，以积极、愉快的状态迎接小学生活，萌发争做小学生的强烈愿望。

（3）珍惜自己的幼儿园生活经历，通过谈话回忆、学唱毕业歌、参观小学、制作纪念册等形式，表达自己对幼儿园和老师的谢意。

子活动一

活动名称：毕业诗（大班）

活动目标：

（1）理解诗歌内容，了解自己从进入幼儿园到毕业的成长过程。

（2）萌发对幼儿园生活依依不舍的情感，并产生对小学生活的向往憧憬之情。

（3）能够带着不舍的情感朗诵《毕业诗》，并根据诗歌中“再见”“汇报”等词做出动作。

活动准备：

（1）物质准备：《毕业歌》的音乐和图片、《毕业诗》的音乐。

（2）经验准备：幼儿有过参观小学的生活经验。

活动过程：

1. 导入部分

音乐导入。教师播放旋律，带领幼儿一起歌唱《毕业歌》，激发幼儿参与活动的兴趣，引出活动主题。

2. 展开部分

（1）教师完整朗诵，幼儿认真倾听。

① 教师声情并茂完整地朗诵诗歌《毕业诗》，并提出问题，引导幼儿初步感知《毕业诗》的内容及韵律。

师：诗歌当中的“我”在做什么？“我”说了什么？

② 幼儿认真倾听，并感受诗歌内容，大胆表达自己对于诗歌内容的理解。

（2）教师出示图片，幼儿观察。

① 教师根据诗歌内容，出示图片，对比初入园与即将离园时幼儿的变化，感受自己的成长。

② 教师引导幼儿根据图片提醒，有感情地朗诵诗歌内容，并与同伴大胆分享自己的感受。

（3）教师播放音乐，幼儿创编动作，大胆表演诗歌。

教师播放《毕业诗》的音乐旋律，鼓励幼儿在音乐中，用自己的动作表演“再见”“汇报”等词语。

子活动二

活动名称：感谢您（大班）

活动目标：

（1）懂得老师对自己的关爱。

（2）感受他人对自己的关爱和帮助，萌发热爱、感激之情。

（3）愿意在同伴和老师面前，用语言、动作或其他方式表达自己的情感。

子活动三

活动名称：幼儿园毕业歌（大班）

活动目标：

（1）理解歌词内容。

（2）喜欢参与音乐活动，萌发上小学的自豪感，知道马上就要毕业，成为小学生了。

（3）随音乐演唱，并尝试用动作表现对老师的感激之情。

附音乐

《幼儿园毕业歌》

时间时间像飞鸟，滴答滴答向前跑。今天我们毕业了，明天就要上学校。

忘不了幼儿园的愉快欢笑，忘不了老师们的亲切教导。老师，老师再见了，幼儿园，幼儿园再见了。等我戴上红领巾，再向你们来问好！

单元自测

一、选择题

1. 在幼儿教育活动中，最能为幼儿提供交谈机会的组织形式是（　　）。

A. 小组活动　　B. 班集体活动

C. 全园活动　　D. 个别活动

2. 教育内容既要符合幼儿已有的发展水平，又要能促进其进一步发展，这符合（　　）。

A. 发展适宜性原则　　B. 价值性原则

C. 基础性原则　　D. 兴趣性原则

二、写出活动目标

（1）小兔乖乖（小班）

（2）我爱我家（中班）

（3）动物大世界（大班）

三、活动设计

最近，大三班许多小朋友用大大小小的纸盒制作小汽车等物品，马老师发现，制作的汽车装饰不太一样，但结构差不多，往往只有车厢、车轮、车灯等。马老师认为可以根据这种情况生成一个“汽车”主题活动，引发幼儿的深度学习。请帮助马老师设计“汽车”主题活动。（2019年真题）

要求：

（1）写出主题活动的总目标。（8分）

（2）围绕主题设计3个子活动。写出其中一个子活动的具体活动方案，包括活动名称、目标、准备和主要环节。（14分）

（3）写出另外两个子活动的名称、目标。（每个活动4分，共8分）

第六章 【参考答案】

一、单选题

1. **答案** A **解析** 小组活动是指部分幼儿一起进行的活动形式，可为幼儿提供更多的交流与操作机会，使其减少等待时间。

2. **答案** A **解析** 学前教育的出发点和最后归宿都是促进儿童身心和谐发展，促进每一个儿童在现有的水平基础上获得充分的最大限度的发展。教师进行学前教育与课程的设计、组织、实施都应着眼于促进儿童的发展。所提出的教育目标，既不可任意拔高，也不能滞后。

二、写出活动目标

1. 小兔乖乖（小班）

活动名称：小兔乖乖（小班）

活动目标：

（1）了解故事内容。

（2）培养参加活动的兴趣。

（3）锻炼语言表达能力。

2. 我爱我家（中班）

活动名称：我爱我家（中班）

活动目标：

（1）认识家庭成员的组成。

（2）培养良好的亲子关系。

（3）锻炼手部精细动作。

3. 动物大世界（大班）

活动名称：动物大世界（大班）

活动目标：

（1）帮助幼儿了解常见动物不同的特点及其与周围环境的关系。

（2）鼓励幼儿体验探索动物世界的乐趣。

（3）引导幼儿掌握保护动物的常见方法。

三、活动设计

活动名称：小汽车（大班）

活动总目标：

（1）了解各种各样小汽车的特征。

（2）培养探索精神。

（3）锻炼动手能力。

子活动一：

活动名称：小汽车，滴滴滴（大班）

活动目标：

（1）了解汽车有各式各样的造型，了解不同汽车的造型特点。

（2）喜欢进行美术绘画活动，乐意与同伴分享自己设计的小汽车造型。

（3）能够大胆想象，有创意地设计出自己喜欢的小汽车造型。

活动准备：

纸张若干、画笔若干、各式各样汽车造型的图册。

活动过程：

1. 导入——音乐导入

教师带领幼儿歌唱歌曲《我的小汽车》，激发幼儿兴趣，吸引幼儿注意力，并引出活动主题。教师总结：儿歌中的小汽车开进了我们的活动室，请小朋友们来欢迎小汽车和它的小伙伴们。

2. 基本部分

（1）教师出示各种造型的汽车图册，幼儿认真观察，结合幼儿生活经验，引导幼儿总结各种汽车的造型特点，整体感知“小汽车”的绘画特征。

师：请小朋友们说一说你在生活中都见到过什么样的汽车？它们是什么样子的？

师：小汽车的造型有很多种，每一种小汽车都有自己的造型，各不相同。

（2）教师分发绘画材料，讲解绘画注意事项，并提出启发性建议，引导幼儿大胆想象并用创意进行作画，老师巡回指导。

① 师：请小朋友们大胆想象，用自己的画笔设计出喜欢的小汽车。

② 教师观察幼儿绘画表现，并进行个别指导。

（3）教师鼓励幼儿与同伴分享自己的绘画作品，引导幼儿相互之间进行评价，体验绘画活动带来的乐趣。

师：请小朋友们和其他同伴来说一说自己设计的独特的小汽车形象。

3. 结束部分

教师总结幼儿在本次绘画活动中的表现,给予肯定鼓励,并组织幼儿回收整理绘画材料,自然结束本次活动。

师:小朋友们都是小小设计家,能够用自己的画笔设计出最神奇的小汽车。现在请小朋友们整理好画笔和纸张,方便我们下次使用。

活动延伸:

教师鼓励幼儿将自己的绘画作品《我的小汽车》投放进展览区,引导幼儿相互之间再次进行欣赏与互评。

子活动二:小汽车总动员(大班)

活动目标:

(1)理解小汽车在马路上行驶的游戏规则,了解"小汽车"上坡跑的动作要领。

(2)喜欢和同伴一起合作进行体育游戏,萌发喜爱体育运动的意识。

(3)能够遵守游戏规则,锻炼身体协调性。

子活动三:我的小汽车(大班)

活动目标:

(1)理解《我的小汽车》的儿歌大意。

(2)体验音乐表演带来的乐趣。

(3)能够创编动作,大胆表现小汽车的造型。

第七章　幼儿园教育评价

考试要求

了解幼儿园教育评价的目的与方法，能对保育教育工作进行评价与反思；能够利用评价手段发现教育活动中出现的问题，提出改进建议。

本章内容简介

教育评价是幼儿园教育改革和发展中的一个热门话题。在《幼儿园教育指导纲要》中明确指出："教育评价是幼儿园教育工作的重要组成部分，是了解教育的适宜性、有效性，调控和改进工作，促进每一个幼儿的发展，提高教育质量的必要手段。"由此可见，幼儿园教育评价的重要性。学前教育评价是对学前教育活动有关各方面和各种问题进行系统的检测和科学的价值判断的过程。

本章学习重点：通过对学前教育评价的初步学习，来了解学前教育评价的概念、功能及实施要点，能够对保教工作进行评价与反思，利用评价手段发现问题，提出改进建议，从而达到教育价值的增值过程。本章在考试中主要涉及单选题、简答题。

第一节　幼儿园教育评价概述

考纲提要

了解幼儿园教育评价的概念，在实际工作中所起的作用。

内容结构图

本节内容框架如图7-1所示。

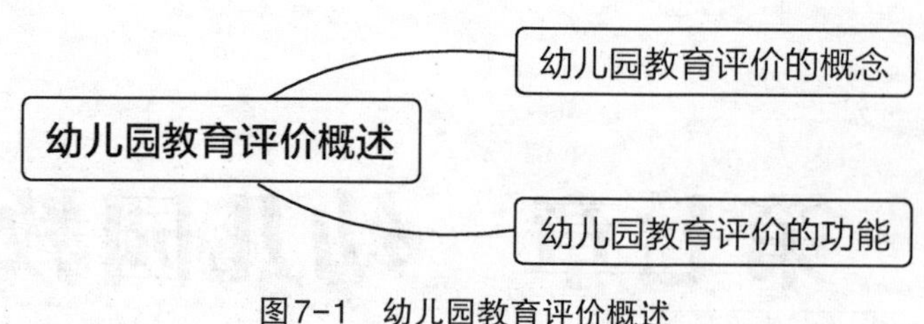

图7-1　幼儿园教育评价概述

一、幼儿园教育评价的概念

学前教育评价是对学前教育的社会价值做出判断的过程。《幼儿园教育指导纲要（试行）》指出："教育评价是幼儿园教育工作的重要组成部分，是了解教育的适宜性、有效性，调整和改进工作，促进每一个幼儿发展，提高教育质量的必要手段。"

明确评价的目的是了解幼儿的发展需要，以便提供更加适宜的帮助和指导。

二、幼儿园教育评价的功能

幼儿园教育评价是为了提高幼儿园教育的质量而采取的手段或者过程，它具有多元化功能，具体如下：

1. 鉴定功能

幼儿园教育活动究竟是否已达到目标所提出的要求，需要通过评价来做出鉴定。幼儿园教育评价的重要功能之一，就是检查和鉴定教育目标是否达到，或判断达到目标的程度。通过评价可以区分教育质量的优劣，也可以为建立合理的奖惩制度提供客观依据。

2. 诊断功能

评价是发现和诊断存在问题的重要而有效的手段。通过评价可以及时发现与预定目标之间的差距，明确努力方向，提高教育效果。对于幼儿在体、智、德、美各方面的能力和实际发展状况的评价，也具有诊断意义，有助于一般化教育教学计划制订，又便于个别化教育和辅导。

3. 改进功能

幼儿园教育评价最重要的功能是改进功能，也称为发展功能。在评价过程中发现的不足和问题，可以及时地通过信息反馈，引起被评价对象的注意，并根据评价标准采取改进措施，促进保教工作的改进。

4. 激励功能

评价还可能引起一定的心理效果。适宜的评价与适宜的奖励制度相结合时，可使幼儿教育工作者在认识到自身的成绩和缺点的同时，激发改进工作的内在需要和动机，调动积极性。幼儿教育事业的发展和保教工作质量的提高，很大程度上依赖于这种内在积极性的发掘。

5. 导向功能

幼儿园教育评价所依据的目标或标准具有鲜明的方向性，就目前而言，它应是在《幼儿园工作规程》《幼儿园管理条例》和《幼儿园教育指导纲要（试行）》的目标和精神的引导下确立的。鉴于评价可能产生的激励作用，它会促使被评价对象追求肯定的评价结果，从而有意识地时常对照标准和目标，把教育工作引向正确的方向。

第二节　幼儿园教育评价的实施

考纲提要

了解幼儿园教育评价的内容及分类；能够利用评价手段发现教育活动中出现的问题，提出改进建议。

内容结构图

本节内容框架如图7-2所示。

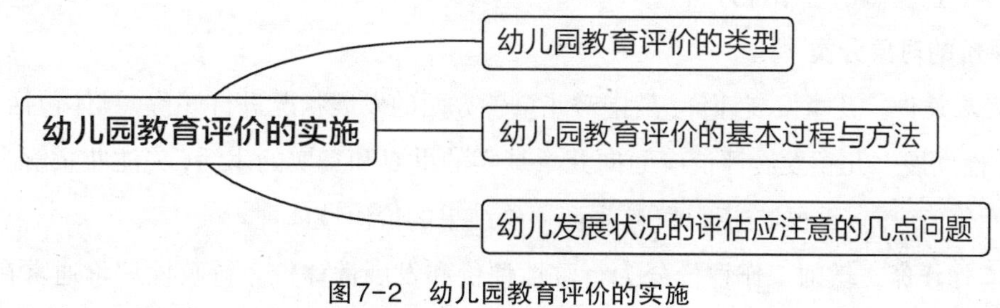

图7-2　幼儿园教育评价的实施

一、幼儿园教育评价的类型

从不同的角度，幼儿园教育评价可以划分为不同的类型。

1. 根据评价方案目标的预定性和评价设计的系统性程度分类

1）正式评价。正式评价按照经过预先严密设计的评价方案进行，围绕某些预定的评价问题，系统地搜集资料，经深入细致的分析后做出价值判断结论。这种评价具有科学研究的性质，主要为政策性决策提供依据，或对幼儿园教育质量及课程做出全面的质量评估。

2）非正式评价。非正式评价与教育教学活动同时进行，目的在于了解教育对象，改进教育效果。如教师在日常教育工作中随时开展的各种形式的评价活动。

2. 根据受评对象的范围分类

1）整体评价。整体评价，对较大范围内的幼儿园教育的现状进行综合性的整体评估。如对全国或某地区幼儿园教育质量的全面评估、对某类幼儿园的课程评价等。此类评价因对象范围广、所要评价的要素较多，因而评价的难度较大。

2）局部评价。局部评价是对幼儿园教育活动的个别方面，或对某幼儿园内部的一部分对象的实态或价值做出判断。如幼儿园的园舍评价、管理工作评价、幼儿教师能力评价等。相比“整体评价”而言，此类评价相对简单易行。

3）单纯评价。单纯评价是对更为具体、微观现象的某一方面进行评判，如园舍的卫生工作评估、幼儿动作发展评估、园长岗位职责评估、教师学历资格评估等。此类评价更为简单易行。

4）区域评价。区域评价是在某个地理区域搜集有关评价对象的资料，并根据该地区的标准，对评价对象的实态和价值进行评判。如某地区的示范园、优质园评估等。

5）全国评价。全国评价是在全国范围内分层搜集有关评价对象的资料，针对某种标准，对不同地区的资料加以比较和分析，并做出价值判断。有时也可能对不同地区采取因地制宜的评价标准。

3. 根据评价的功能和运行时间分类

1）诊断性评价。诊断性评价是在教育活动之前进行预测性评价或“事实评价”，目的在于了解对象的基础情况，并有效地发现问题，为制订教学计划或解决某些实际问题做准备。

2）形成性评价。形成性评价在教育过程中持续进行，目的在于及时了解教育动态过程的成效，以便及时做出反馈性调节，获取改进工作的依据，提高教育过程的质量。

3）总结性评价。总结性评价在完成某个阶段教育活动后进行，目的在于全面了解该教育活动的结果，对达成目标的程度做出总结性评价。

4. 根据评价的对象分类

1）儿童发展评价。儿童发展评价，是指对儿童各方面的发展状况进行评价，具体包括身体发展、认知发展和社会性发展。儿童发展评价应面向儿童真实的世界和真实的生活，关注儿童解决问题的动态过程，提倡多元价值取向，重视描述性评价，强调评价结果的价值性体现。

2）教师工作评价。教师工作评价分为行政性评价和发展性评价。行政性评价通常在目标基础上制定一套量化的评价标准体系，在工作结束时由管理者据此评定教师的工作，多采用他人评价、定量评价的方法。发展性评价不同于行政性评价，提倡用多种评价方法。如形成性评价、自我评价等，对教师的工作进行评价。

3）幼儿园课程评价。幼儿园课程评价是课程建构、生成与发展的重要环节，是针对幼儿园课程的特点和组成要素，通过搜集和全面分析比较系统的有关资料，科学地判断幼儿园课程效益的过程。

进行课程评价必须要有课程评价方案。课程评价方案作为课程评价活动的前提，是依据一定的教育目的和评价活动的规律，对评价的内容、范围、方法、手段和程序等方面加以规范的基本文件。制订课程评价方案，一要确定评价的目的，二要确定课程评价对象。

4）托幼机构教育质量评价。即对托幼机构教育活动是否满足儿童身心健康发展的需要，或者满足儿童身心健康发展需要的程度进行评价。它由条件质量和过程质量构成。条件质量包括人员条件、物质条件和园所管理，如教师与幼儿的比例、班级人数、师资条件、教育行政管理以及总体的物质环境和设施等。它为托幼机构教育活动提供必要的条件和支持。过程质量包括与幼儿的生活和学习经验有更直接联系的活动，如教师与幼儿的互动、学习环境、课程、健康和安全、家长参与等，其中，以教师行为为核心的班级教育活动是托幼机构教育质量评价的中心内容。

5. 根据评价的参照体系分类

1）常模参照评价。常模参照评价是以个体的测量结果与同一团体的平均分数（常模）相比较，从而确定个体成绩在团体中的相对位置。常模是由标准化样本测试结果计算而来的标准量数，建立在样本来源的基础上，比较时也应当与该常模所依据的人群相宜。由于这种评价衡量的是个体的相对水平，因而又常被称为相对评价。

2）标准参照评价。标准参照评价是以某种能体现教育教学目标的标准为参照，确定评价对象是否达到标准以及达到标准的程度。标准参照评价主要运用在对基本知识和技能的测量上，适用于形成性评价和诊断性评价过程。标准参照评价重视的是评价对象在既定标准方面的实际水平，而不是比较评价对象之间的相对位置，因而又常被称为绝对评价。

3）个体内差异评价。个体内差异评价是把某类评价对象中的每一个个体的过去和现在相比较，或将同一评价对象的若干侧面相互比较。例如，把某幼儿学期初期和学期末的动作发展测试成绩相比较来考察其优点和不足。为了弥补个体内差异评价本身的弊端，常与相对评价结合使用。

6. 根据收集与分析资料的方式分类

1）质的评价。一般通过自然情景下的调查，或对各种口头的、书面的材料加以细致的分析，全面充分地描述评价对象的各种特质，揭示其中的意义。如通过个案追踪了解某幼儿在较长一段时间的发展状况。

2）量化的评价。即采用直接量化的方式，对确实存在量化途径的评价指标进行量的描述，或经统计分析得出某些结论，借此评判其价值，以表明对象的某些特征。如通过问卷调查某地区幼儿园教师的工作满意度。

3）混合型评价。现代教育评价主张采用质的评价和量化评价相结合的方式，即混合型评价。量的评价主要是事实判断，而质的评价则主要是价值判断，两者有机结合才能全面地揭示教育现象的本质。从某种意义上说，量的评价是质的评价的基础，而质的评价又是量的评价的出发点和结果。两者结合使用，有助于对评价对象做出更全面、合理的评价结论。

7. 根据评价的主体分类

1）内部评价。也称自我评价。被评价者通过自我认识与分析，对照某种标准，对自己的工作、学习状况与成就做出判断。由于被评者又是评价的主动参与者，可使评价过程成为自我认识提高的途径，有利于改进工作，并接受评价结论。

2）外部评价。也称他人评价。由有关方面人士组成的评价小组，或由专门人员实施评价，对被评者某方面的实态进行评价。例如，政府主管部门评价、社会中介机构评价等。

3）内部和外部相结合的评价。由外部评价机构组织或发起，在自我评价的基础上，搜集评价对象有关方面的资料和证据，进行认证或鉴定，并做出结论。

学前教育事业的发展需要各种类型和形式的评价，各类评价活动均具有其自身的重要性和职责功能，不能简单地以孰轻孰重来论处。以上分类只是相对的，是为了更清楚、更细致地认识各种评价活动的特征而已。对于同样一项评价活动，其所处的类别有时会相互重叠，有时在不同目的驱使下又可以归入同一分类标准下的不同类别，要根据实际情况，注意归纳和区别。

二、幼儿园教育评价的基本过程与方法

评价的基本过程:首先,明确界定需要评价的问题;其次,评价的实施过程必须在评价方案的指引下进行;最后,对评价资料以及评价过程加以深入的分析,得出评价结果。

教学评价的目的是为了更好地达成教学目标,由于评价的内容不同,使用的评价方法自然也就有所区别。幼儿园教师所运用的评价方法,应符合幼儿园教育教学工作的特点,主要包括自然观察法、情景观察法、谈话法、问卷调查法等。

1. 自然观察法

自然观察法是指在日常生活的自然状态下,教师有目的、有计划地对幼儿的行为进行直接观察、记录,从而获得对幼儿学习的了解。自然观察法是学前教育评价最基本的搜集评价信息的方法。通过自然观察,教师得到的评价信息不仅真实,而且十分丰富。自然观察法的主要特点:不对幼儿的行为进行人为干预和控制,教师与幼儿都处于自然状态,能够观察到幼儿在日常生活中最真实、最典型、最一般的行为。该方法适合幼儿发展的各个领域,尤其在情感、社会性发展评价中有重要价值。

自然观察法可分为时间抽样观察法、事件抽样观察法、行为核查观察法、轶事记录法等。

1)时间抽样观察法。时间抽样观察法是对特定时间内幼儿所发生的行为进行观察和记录的方法,主要观察行为是否出现。时间抽样观察可以每天一次或数次,每次在规定的时间内进行,以若干分钟为一个时间单位。在观察过程中,教师要对所观察到的行为进行分类和记录。

2)事件抽样观察法。事件抽样观察法是观察者事先确定观察目的,选择某种或某类事件作为观察的目标,在观察中等待该种事件的发生并仔细观察事件的全过程并加以记录的方法。事件抽样观察法注重观察行为发生的全过程,不受时间限制,只要行为出现,就予以记录。

3)行为核查观察法。行为核查观察法是观察者事先确定观察项目,在观察中核查行为是否发生或出现的方法。具体做法,将要观察的项目和行为预先列出表格,然后核查行为是否发生或出现,并在所列的行为或项目上画“V”。教师可将所选择的评价指标体系分解为若干个行为核查表,分阶段对不同的发展方面进行观察。

4)轶事记录法。轶事记录法是在自然情境下对幼儿的实际行为做细致描述。教师可以对幼儿有意义的偶发事件进行记录。在使用这种方法记录时,应注意:记录幼儿行为发生的时间,当时的情境以及幼儿的反应;以幼儿为主,观察记录与其互动的任何事情;当事情发生时,尽量写下当时所发生的事情。运用自然观察法要注意:

① 创造自然的观察环境和气氛。

② 要有明确的观察目的。

③ 要做好观察记录,精确记下反映幼儿行为的事实及发生的条件、环境,以便做出正确判断。

④ 要对幼儿的行为进行多次观察。

2. 情景观察法

情景观察法是指在实际的教育情境下,按照研究目的控制和改变某些条件,将幼儿置于与现实生活场景类似的情景中,教师观察在该特定情景中幼儿的学习状况。

运用情景观察法要注意以下问题：首先，要围绕观察目的设计情景，所创设的情景要能引发幼儿表现出评价者欲观察的行为；其次，设计的观察情景应尽量与幼儿的日常生活情景相似，是幼儿较感兴趣的活动，能够使幼儿积极参与并产生真实感；最后，情景观察应与日常观察相结合，使教师对幼儿学习评价有比较充分的事实依据。

3. 谈话法

谈话法是通过与幼儿面对面交谈搜集评价信息的方法。谈话法以面对面的方式进行，访谈内容事前准备好。运用此方法需要教师对谈话内容进行记录，然后对其进行分析。

谈话法常用于搜集有关幼儿在学习活动中的动机、态度、自我认识等方面的信息。谈话法可以弥补自然观察法和情景观察法的不足，能较快地了解幼儿学习中某些难以用行为表现出来的认识方面的问题，丰富已有资料，使教师更深入地了解幼儿。

运用谈话法要注意：① 要有明确的谈话目的。② 谈话内容应在幼儿生活范围内并使幼儿能够理解，使用幼儿能听懂的语言，提问要尽可能简单。③ 谈话要在自然状态下进行，避免幼儿出现紧张情绪，影响谈话结果的真实性。④ 教师与幼儿谈话时要营造轻松、亲切的气氛，谈话口吻要温和、自然，切忌斥责、批评幼儿。⑤ 谈话记录应在谈话后追记或把录音机放在幼儿看不到的地方进行录音，然后再整理谈话记录。

4. 问卷调查法

问卷调查法是由评价者根据评价目的，向被调查对象发放问卷调查表，广泛搜集幼儿学习信息的一种方法。该方法的目的是向家长了解幼儿在家庭环境中的行为表现。问卷调查法的优点是能在短时间内获得大量评价信息。但有时通过这种方法得到的信息不够准确和真实。

使用问卷调查法要注意：① 让家长了解问卷调查的意图，使其建立对教师的信任感，消除顾虑；② 问卷的语言应明确、易懂，便于家长正确理解问题的内容；③ 问卷设计应涵盖所需了解的全部内容，但回答方式应尽量简便，以便在不增加家长过多负担的情况下得到较丰富的信息。同时，简便的回答方式还有助于得到明确的回答，有利于日后进行统计分析。

三、幼儿发展状况的评估应注意的几点问题

教学评价的目的是对课程、教学方法以及学生培养方案进行分析，做出决策。具体来说，教学评价是一种系统化的持续的过程。在《幼儿园教育指导（试行）》中，提出了以下要注意的问题：

① 明确评价的目的是了解幼儿的发展需要，以便提供更加适宜的帮助和指导。

② 全面了解幼儿的发展状况，防止片面性，尤其要避免只重知识和技能，忽略情感、社会性和实际能力的倾向。

③ 在日常活动与教育教学过程中采用自然的方法进行。平时观察所获的具有典型意义的幼儿行为表现和所积累的各种作品等，是评价的重要依据。

④ 承认和关注幼儿的个体差异，避免用划一的标准评价不同的幼儿，在幼儿面前慎用横向比较。

⑤ 以发展的眼光看待幼儿，既要了解现有水平，又要关注其发展的速度、特点和倾向等。

知识拓展

反思与改进

波斯纳提出一个教师成长公式：经验+反思=成长。《幼儿园教育指导纲要（试行）》中有关教育评价的内容指出："评价的过程，是教师运用专业知识审视教育实践，发现、分析、研究解决问题的过程，也是其自我成长的重要途径。"教师要在教育教学实践中不断获得进步，就要学会有效运用自我评价，其核心策略是自我反思。

反思的过程，即教师的反思框架可以概括如下：

（1）教师选择特定问题加以关注，并从可能的领域，包括课程方面、学生方面等，收集关于这一问题的资料。

（2）教师开始分析收集来的资料，形成对问题的表征，以理解这一问题。他们可以利用自我提问来帮助理解。提出问题后，教师会在已有的知识中搜寻与当前问题相似或相关的信息。

（3）一旦对问题情境形成了明确的表征，教师就开始建立假设以解释情境和指导行动，并且对行动的短期和长期效果加以考虑。

（4）考虑过每种行动的效果后，教师开始实施行动计划。当这种行动再次被观察和分析时，就开始了新一轮循环。

反思的形式，主要有4种：① 回顾式反思。回顾式反思通常被视为"倒退着思考"的过程，也就是对先前经验的回想，并从回想中学习；② 深思熟虑式反思。在这种反思中，教师有意识地在所面临的实际问题与想象中的各种可能的解决方法之间建立连接，再从各种连接中选择最佳的解决方式；③ 行动中反思。阿格里斯等提出行动中反思与回顾式反思的差异，前者并不"倒退着思考"并"评估过去某一经验或行动的有效性"，而是不断地在行动过程中进行与问题情境的"对话"；④ 觉察意识式反思。觉察意识式反思包含智能与情意两大组成要素。吉斯德认为在这种反思中，教师要思考这样的问题："对我而言，什么是真正重要的？我在寻求什么样的价值？我真正关心的到底是什么？"

反思的方法，布鲁巴奇等人提出了4种反思方法，供参考：① 反思日记。在一天教学工作结束后，要求教师写下自己的经验，并与其指导教师共同分析；② 详细描述。教师相互观摩彼此的教学，详细描述他们所看到的情景，并对此进行讨论分析；③ 交流讨论。来自不同学校的教师聚集在一起，首先提出课堂上发生的问题，然后共同讨论解决的办法，最后得到的方案为所有教师及其他学校所共享；④ 行动研究。为弄明白课堂上遇到的问题的实质，探索以此改进教学的行动方案，教师以及研究者用以进行调查和实验研究。它不同于研究者由外部进行的旨在探索普遍法则的研究，而是直接着眼于教学实践的改进。此外，还可以通过博客、微博进行叙事研究，分享自己的教学感受。

重点知识点汇总

（1）掌握学前教育评价的概念、类型和方法。

（2）幼儿发展评估的注意事项。

经典真题解析

以下选项中，不是按照评价的参照体系分类的幼儿园教育评价是（　　）。

A. 相对评价和绝对评价　　B. 定性评价和定量评价

C. 个体内差异评价　　D. 终结性评价

答案　D

解析　根据评价的参照体系分类的幼儿园教育评价是个体内差异评价、定性评价、定量评价、相对评价、绝对评价。故选D

单元自测

一、单项选择题

1. 教师用奖励小红花的方式激励幼儿，体现了评价的（　　）。

A. 导向功能　　B. 激励功能

C. 诊断功能　　D. 交际功能

2. 在学前教育评价中，以（　　）为主要评价方式。

A. 幼儿自评　　B. 家长评价

C. 教师评价　　D. 教育主管部门评价

二、简答题

简述《幼儿园教育指导纲要（试行）》中对幼儿发展状况的评估提出的应注意的问题。

第七章　【参考答案】

一、单项选择题

1. 答案　B　解析　评价具有激励功能，评价可能引起一定的心理效果。适宜的评价与适宜的奖励制度相结合时，能激发幼儿的成就动机，为了追求好的评价结果，从而激励他们创造更大的成就。

2. 答案　C　解析　根据《幼儿园教育指导纲要（试行）》关于教育评价的规定，幼儿园教育工作实行以教师自评为主，园长以及有关管理人员、其他教师和家长等参与评价的制度。

二、简答题

答　在《幼儿园教育指导（试行）》中，提出了以下要注意的问题：

(1)明确评价的目的是了解幼儿的发展需要,以便提供更加适宜的帮助和指导。

(2)全面了解幼儿的发展状况,防止片面性,尤其要避免只重知识和技能,忽略情感、社会性和实际能力的倾向。

(3)在日常活动与教育教学过程中采用自然的方法进行。平时观察所获的具有典型意义的幼儿行为表现和所积累的各种作品等,是评价的重要依据。

(4)承认和关注幼儿的个体差异,避免用划一的标准评价不同的幼儿,在幼儿面前慎用横向比较。

(5)以发展的眼光看待幼儿,既要了解现有水平,又要关注其发展的速度、特点和倾向等。

附录　幼儿园教育指导纲要(试行)

总　则

一、为贯彻《中华人民共和国教育法》《幼儿园管理条例》和《幼儿园工作规程》,指导幼儿园深入实施素质教育,特制定本纲要。

二、幼儿园教育是基础教育的重要组成部分,是我国学校教育和终身教育的奠基阶段。城乡各类幼儿园都应从实际出发,因地制宜地实施素质教育,为幼儿一生的发展打好基础。

三、幼儿园应与家庭、社区密切合作,与小学相互衔接,综合利用各种教育资源,共同为幼儿的发展创造良好的条件。

四、幼儿园应为幼儿提供健康、丰富的生活和活动环境,满足他们多方面发展的需要,使他们在快乐的童年生活中获得有益于身心发展的经验。

五、幼儿园教育应尊重幼儿的人格和权利,尊重幼儿身心发展的规律和学习特点,以游戏为基本活动,保教并重,关注个别差异,促进每个幼儿富有个性的发展。

教育内容

幼儿园的教育内容是全面的、启蒙性的,可以相对划分为健康、语言、社会、科学、艺术五个领域,也可作其他不同的划分。各领域的内容相互渗透,从不同的角度促进幼儿情感、态度、能力、知识、技能等方面的发展。

健　康

(一)目标

1. 身体健康,在集体生活中情绪安定、愉快;
2. 生活、卫生习惯良好,有基本的生活自理能力;
3. 知道必要的安全保健常识,学习保护自己;
4. 喜欢参加体育活动,动作协调、灵活。

(二)内容与要求

1. 建立良好的师生、同伴关系,让幼儿在集体生活中感到温暖,心情愉快,形成安全感、信赖感。

2. 与家长配合,根据幼儿的需要建立科学的生活常规。培养幼儿良好的饮食、睡眠、盥洗、排泄等生活习惯和生活自理能力。

3. 教育幼儿爱清洁、讲卫生,注意保持个人和生活场所的整洁和卫生。

4. 密切结合幼儿的生活进行安全、营养和保健教育,提高幼儿的自我保护意识和能力。

5. 开展丰富多彩的户外游戏和体育活动,培养幼儿参加体育活动的兴趣和习惯,增强体质,提高对环境的适应能力。

6. 用幼儿感兴趣的方式发展基本动作,提高动作的协调性、灵活性。

7. 在体育活动中,培养幼儿坚强、勇敢、不怕困难的意志品质和主动、乐观、合作的态度。

(三)指导要点

1. 幼儿园必须把保护幼儿的生命和促进幼儿的健康放在工作的首位。树立正确的健康观念,在重视幼儿身体健康的同时,要高度重视幼儿的心理健康。

2. 既要高度重视和满足幼儿受保护、受照顾的需要,又要尊重和满足他们不断增长的独立要求,避免过度保护和包办代替,鼓励并指导幼儿自理、自立的尝试。

3. 健康领域的活动要充分尊重幼儿生长发育的规律,严禁以任何名义进行有损幼儿健康的比赛、表演或训练等。

4. 培养幼儿对体育活动的兴趣是幼儿园体育的重要目标,要根据幼儿的特点组织生动有趣、形式多样的体育活动,吸引幼儿主动参与。

语　言

(一)目标

1. 乐观与人交谈,讲话礼貌;

2. 注意倾听对方讲话,能理解日常用语;

3. 能清楚地说出自己想说的事;

4. 喜欢听故事、看图书;

5. 能听懂和会说普通话。

(二)内容与要求

1. 创造一个自由、宽松的语言交往环境,支持、鼓励、吸引幼儿与教师、同伴或其他人交谈,体验语言交流的乐趣,学习使用适当的、礼貌的语言交往。

2. 养成幼儿注意倾听的习惯,发展语言理解能力。

3. 鼓励幼儿大胆、清楚地表达自己的想法和感受,尝试说明、描述简单的事物或过程,发展语言表达能力和思维能力。

4. 引导幼儿接触优秀的儿童文学作品,使之感受语言的丰富和优美,并通过多种活动帮助幼儿加深对作品的体验和理解。

5. 培养幼儿对生活中常见的简单标记和文字符号的兴趣。

6. 利用图书、绘画和其他多种方式，引发幼儿对书籍、阅读和书写的兴趣，培养前阅读和前书写技能。

7. 提供普通话的语言环境，帮助幼儿熟悉、听懂并学说普通话。少数民族地区还应帮助幼儿学习本民族语言。

（三）指导要点

1. 语言能力是在运用的过程中发展起来的，发展幼儿语言的关键是创设一个能使他们想说、敢说、喜欢说、有机会说并能得到积极应答的环境。

2. 幼儿语言的发展与其情感、经验、思维、社会交往能力等其他方面的发展密切相关，因此，发展幼儿语言的重要途径是通过互相渗透的各领域的教育，在丰富多彩的活动中去扩展幼儿的经验，提供促进语言发展的条件。

3. 幼儿的语言学习具有个别化的特点，教师与幼儿的个别交流、幼儿之间的自由交谈等，对幼儿语言发展具有特殊意义。

4. 对有语言障碍的儿童要给予特别关注，要与家长和有关方面密切配合，积极地帮助他们提高语言能力。

社　会

（一）目标

1. 能主动地参与各项活动，有自信心；

2. 乐意与人交往，学习互助、合作和分享，有同情心；

3. 理解并遵守日常生活中基本的社会行为规则；

4. 能努力做好力所能及的事，不怕困难，有初步的责任感；

5. 爱父母长辈、老师和同伴，爱集体、爱家乡、爱祖国。

（二）内容与要求

1. 引导幼儿参加各种集体活动，体验与教师、同伴等共同生活的乐趣，帮助他们正确认识自己和他人，养成对他人、社会亲近、合作的态度，学习初步的人际交往技能。

2. 为每个幼儿提供表现自己长处和获得成功的机会，增强其自尊心和自信心。

3. 提供自由活动的机会，支持幼儿自主地选择、计划活动，鼓励他们通过多方面的努力解决问题，不轻易放弃克服困难的尝试。

4. 在共同的生活和活动中，以多种方式引导幼儿认识、体验并理解基本的社会行为规则，学习自律和尊重他人。

5. 教育幼儿爱护玩具和其他物品，爱护公物和公共环境。

6. 与家庭、社区合作，引导幼儿了解自己的亲人以及与自己生活有关的各行各业人们的劳动，培养其对劳动者的热爱和对劳动成果的尊重。

7. 充分利用社会资源，引导幼儿实际感受祖国文化的丰富与优秀，感受家乡的变化和发展，激发幼儿爱家乡、爱祖国的情感。

8. 适当向幼儿介绍我国各民族和世界其他国家、民族的文化,使其感知人类文化的多样性和差异性,培养理解、尊重、平等的态度。

(三)指导要点

1. 社会领域的教育具有潜移默化的特点。幼儿社会态度和社会情感的培养尤应渗透在多种活动和一日生活的各个环节之中,要创设一个能使幼儿感受到接纳、关爱和支持的良好环境,避免单一呆板的言语说教。

2. 幼儿与成人、同伴之间的共同生活、交往、探索、游戏等,是其社会学习的重要途径。应为幼儿提供人际间相互交往和共同活动的机会和条件,并加以指导。

3. 社会学习是一个漫长的积累过程,需要幼儿园、家庭和社会密切合作,协调一致,共同促进幼儿良好社会性品质的形成。

科　学

(一)目标

1. 对周围的事物、现象感兴趣,有好奇心和求知欲;

2. 能运用各种感官,动手动脑,探究问题;

3. 能用适当的方式表达、交流探索的过程和结果;

4. 能从生活和游戏中感受事物的数量关系并体验到数学的重要和有趣;

5. 爱护动植物,关心周围环境,亲近大自然,珍惜自然资源,有初步的环保意识。

(二)内容与要求

1. 引导幼儿对身边常见事物和现象的特点、变化规律产生兴趣和探究的欲望。

2. 为幼儿的探究活动创造宽松的环境,让每个幼儿都有机会参与尝试,支持、鼓励他们大胆提出问题,发表不同意见,学会尊重别人的观点和经验。

3. 提供丰富的可操作的材料,为每个幼儿都能运用多种感官、多种方式进行探索提供活动的条件。

4. 通过引导幼儿积极参加小组讨论、探索等方式,培养幼儿合作学习的意识和能力,学习用多种方式表现、交流、分享探索的过程和结果。

5. 引导幼儿对周围环境中的数、量、形、时间和空间等现象产生兴趣,建构初步的数概念,并学习用简单的数学方法解决生活和游戏中某些简单的问题。

6. 从生活或媒体中幼儿熟悉的科技成果入手,引导幼儿感受科学技术对生活的影响,培养他们对科学的兴趣和对科学家的崇敬。

7. 在幼儿生活经验的基础上,帮助幼儿了解自然、环境与人类生活的关系。从身边的小事入手,培养初步的环保意识和行为。

(三)指导要点

1. 幼儿的科学教育是科学启蒙教育,重在激发幼儿的认识兴趣和探究欲望。

2. 要尽量创造条件让幼儿实际参加探究活动,使他们感受科学探究的过程和方法,体验发现的乐趣。

3. 科学教育应密切联系幼儿的实际生活进行，利用身边的事物与现象作为科学探索的对象。

艺　术

（一）目标

1. 能初步感受并喜爱环境、生活和艺术中的美；

2. 喜欢参加艺术活动，并能大胆地表现自己的情感和体验；

3. 能用自己喜欢的方式进行艺术表现活动。

（二）内容与要求

1. 引导幼儿接触周围环境和生活中美好的人、事、物，丰富他们的感性经验和审美情趣，激发他们表现美、创造美的情趣。

2. 在艺术活动中面向全体幼儿，要针对他们的不同特点和需要，让每个幼儿都得到美的熏陶和培养。对有艺术天赋的幼儿要注意发展他们的艺术潜能。

3. 提供自由表现的机会，鼓励幼儿用不同艺术形式大胆地表达自己的情感、理解和想象，尊重每个幼儿的想法和创造，肯定和接纳他们独特的审美感受和表现方式，分享他们创造的快乐。

4. 在支持、鼓励幼儿积极参加各种艺术活动并大胆表现的同时，帮助他们提高表现的技能和能力。

5. 指导幼儿利用身边的物品或废旧材料制作玩具、手工艺品等来美化自己的生活或开展其他活动。

6. 为幼儿创设展示自己作品的条件，引导幼儿相互交流、相互欣赏、共同提高。

（三）指导要点

1. 艺术是实施美育的主要途径，应充分发挥艺术的情感教育功能，促进幼儿健全人格的形成。要避免仅仅重视表现技能或艺术活动的结果，而忽视幼儿在活动过程中的情感体验和态度的倾向。

2. 幼儿的创作过程和作品是他们表达自己的认识和情感的重要方式，应支持幼儿富有个性和创造性的表达，克服过分强调技能技巧和标准化要求的偏向。

3. 幼儿艺术活动的能力是在大胆表现的过程中逐渐发展起来的，教师的作用应主要在于激发幼儿感受美、表现美的情趣，丰富他们的审美经验，使之体验自由表达和创造的快乐。在此基础上，根据幼儿的发展状况和需要，对表现方式和技能技巧给予适时、适当的指导。

实　施

一、幼儿园的教育是为所有在园幼儿的健康成长服务的，要为每一个儿童，包括有特殊需要的儿童提供积极的支持和帮助。

二、幼儿园的教育活动，是教师以多种形式有目的、有计划地引导幼儿生动、活泼、主动活动的教育过程。

三、教育活动的组织与实施过程是教师创造性地开展工作的过程。教师要根据本《纲要》，从本地、本园的条件出发，结合本班幼儿的实际情况，制定切实可行的工作计划并灵活地执行。

四、教育活动目标要以《幼儿园工作规程》和本《纲要》所提出的各领域目标为指导，结合本班幼儿的发展水平、经验和需要来确定。

五、教育活动内容的选择应遵照本《纲要》第二部分的有关条款进行，同时体现以下原则：

(一)既适合幼儿的现有水平，又有一定的挑战性。

(二)既符合幼儿的现实需要，又有利于其长远发展。

(三)既贴近幼儿的生活来选择幼儿感兴趣的事物和问题，又有助于拓展幼儿的经验和视野。

六、教育活动内容的组织应充分考虑幼儿的学习特点和认识规律，各领域的内容要有机联系，相互渗透，注重综合性、趣味性、活动性，寓教育于生活、游戏之中。

七、教育活动的组织形式应根据需要合理安排，因时、因地、因内容、因材料灵活地运用。

八、环境是重要的教育资源，应通过环境的创设和利用，有效地促进幼儿的发展。

幼儿园的空间、设施、活动材料和常规要求等应有利于引发、支持幼儿的游戏和各种探索活动，有利于引发、支持幼儿与周围环境之间积极的相互作用。

幼儿同伴群体及幼儿园教师集体是宝贵的教育资源，应充分发挥这一资源的作用。

教师的态度和管理方式应有助于形成安全、温馨的心理环境；言行举止应成为幼儿学习的良好榜样。

家庭是幼儿园重要的合作伙伴。应本着尊重、平等、合作的原则，争取家长的理解、支持和主动参与，并积极支持、帮助家长提高教育能力。

充分利用自然环境和社区的教育资源，扩展幼儿生活和学习的空间。幼儿园同时应为社区的早期教育提供服务。

九、科学、合理地安排和组织一日生活。

时间安排应有相对的稳定性与灵活性，既有利于形成秩序，又能满足幼儿的合理需要，照顾到个体差异。

教师直接指导的活动和间接指导的活动相结合，保证幼儿每天有适当的自主选择和自由活动时间。教师直接指导的集体活动要能保证幼儿的积极参与，避免时间的隐性浪费。

尽量减少不必要的集体行动和过渡环节，减少和消除消极等待现象。

建立良好的常规，避免不必要的管理行为，逐步引导幼儿学习自我管理。

十、教师应成为幼儿学习活动的支持者、合作者、引导者。

以关怀、接纳、尊重的态度与幼儿交往。耐心倾听，努力理解幼儿的想法与感受，支持、鼓励他们大胆探索与表达。

善于发现幼儿感兴趣的事物、游戏和偶发事件中所隐含的教育价值，把握时机，积极引导。

关注幼儿在活动中的表现和反应，敏感地察觉他们的需要，及时以适当的方式应答，形成合作探究式的师生互动。

尊重幼儿在发展水平、能力、经验、学习方式等方面的个体差异，因人施教，努力使每一个幼儿都能获得满足和成功。

关注幼儿的特殊需要，包括各种发展潜能和不同发展障碍，与家庭密切配合，共同促进幼儿健康成长。

十一、幼儿园教育要与0～3岁儿童的保育教育以及小学教育相互衔接。

评　价

一、教育评价是幼儿园教育工作的重要组成部分,是了解教育的适宜性、有效性,调整和改进工作,促进每一个幼儿发展,提高教育质量的必要手段。

二、管理人员、教师、幼儿及其家长均是幼儿园教育评价工作的参与者。评价过程是各方共同参与、相互支持与合作的过程。

三、评价的过程,是教师运用专业知识审视教育实践,发现、分析、研究、解决问题的过程,也是其自我成长的重要途径。

四、幼儿园教育工作评价实行以教师自评为主,园长以及有关管理人员、其他教师和家长等参与评价的制度。

五、评价应自然地伴随着整个教育过程进行。综合采用观察、谈话、作品分析等多种方法。

六、幼儿的行为表现和发展变化具有重要的评价意义,教师应视之为重要的评价信息和改进工作的依据。

七、教育工作评价宜重点考察以下方面:

教育计划和教育活动的目标是否建立在了解本班幼儿现状的基础上。

教育的内容、方式、策略、环境条件是否能调动幼儿学习的积极性。

教育过程是否能为幼儿提供有益的学习经验,并符合其发展需要。

教育内容、要求能否兼顾群体需要和个体差异,使每个幼儿都能得到发展,都有成功感。

教师的指导是否有利于幼儿主动、有效地学习。

八、对幼儿发展状况的评估,要注意:

明确评价的目的是了解幼儿的发展需要,以便提供更加适宜的帮助和指导。

全面了解幼儿的发展状况,防止片面性,尤其要避免只重知识和技能,忽略情感、社会性和实际能力的倾向。

在日常活动与教育教学过程中采用自然的方法进行。平时观察所获的具有典型意义的幼儿行为表现和所积累的各种作品等,是评价的重要依据。

承认和关注幼儿的个体差异,避免用划一的标准评价不同的幼儿,在幼儿面前慎用横向的比较。

以发展的眼光看待幼儿,既要了解现有水平,又要关注其发展的速度、特点和倾向等。